Gerichtlicher Rechtsschutz und Kontrolldichte
in der EG-Fusionskontrolle

Europäische Hochschulschriften

Publications Universitaires Européennes
European University Studies

Reihe II
Rechtswissenschaft

Série II Series II
Droit
Law

Bd./Vol. 3237

PETER LANG
Frankfurt am Main · Berlin · Bern · Bruxelles · New York · Oxford · Wien

Holger Kröninger

Gerichtlicher Rechtsschutz und Kontrolldichte in der EG-Fusionskontrolle

PETER LANG
Europäischer Verlag der Wissenschaften

Die Deutsche Bibliothek - CIP-Einheitsaufnahme

Kröninger, Holger:

Gerichtlicher Rechtsschutz und Kontrolldichte in der EG-Fusionskontrolle / Holger Kröninger. - Frankfurt am Main ; Berlin ; Bern ; Bruxelles ; New York ; Oxford ; Wien : Lang, 2001
(Europäische Hochschulschriften : Reihe 2, Rechtswissenschaft ; Bd. 3237)
Zugl.: Saarbrücken, Univ., Diss., 2001
ISBN 3-631-38398-3

D 291
ISSN 0531-7312
ISBN 3-631-38398-3

www.peterlang.de

Meiner Frau
und meinen Eltern

Vorwort

Ich danke meinem Doktorvater Herrn Univ.-Prof. Dr. Stein für die großzügige Unterstützung, die zahlreichen Ermunterungen und Anregungen. Herrn Univ.-Prof. Dr. Meng danke ich für das Zweitgutachten, das er freundlicherweise übernommen hat.

Saarbrücken, im Juni 2001
Holger Kröninger

Inhaltsverzeichnis

Gerichtlicher Rechtsschutz und Kontrolldichte in der EG-Fusionskontrolle 23

Erstes Kapitel:
Gerichtlicher Rechtsschutz in der europäischen Fusionskontrolle 25

A. Einführung 25

B. Begriff des Rechtsschutzes und systematische Grundstruktur 26

I. Verfahren der Rechtsschutzgewährung 26

II. Rechtsschutz im Sinne des Gerichtsschutzes 27

C. VO (EWG) Nr. 4064/89 des Rates über die Kontrolle von Unternehmenszusammenschlüssen 29

I. Entstehungsgeschichte der VO Nr. 4064/89 29

II. Anwendungsbereich der Fusionskontrollverordnung 30

III. Kontrollrelevante Verfahren und Entscheidungen 32

1) Anmeldung nach Art. 4 VO Nr. 4064/89 als Instrument präventiver Kontrolle 32

2) Prüfung der Anmeldung und Einleitung des Verfahrens nach Art. 6 VO Nr. 4064/89 33

a) Einleitung des Verfahrens und Entscheidungsalternativen 33

b) Nichtanwendbarkeit der Verordnung, Art. 6 Abs. 1 lit. a) VO Nr. 4064/89 35

c) Freigabe innerhalb der Monatsfrist, Art. 6 Abs. 1 lit. b) VO Nr. 4064/89 35

d) Eröffnung des Hauptverfahrens, Art. 6 Abs. 1 lit. c) VO Nr. 4064/89 36

e) Mitteilung der Verfahrensentscheidung, Art. 6 Abs. 5 VO Nr. 4064/89 37

3) Hauptverfahren nach Art. 8 VO Nr. 4064/89 37

a) Überblick über die abschließenden Verwaltungsentscheidungen 37

aa) Vereinbarkeitsentscheidungen ohne Auflagen 38

bb) Modifikation des Zusammenschlusses und Genehmigung unter Auflagen 38

cc) Untersagung des Zusammenschlusses 40

b) Annexkompetenzen der Kommission 41

aa) Widerruf der Genehmigung und nachträgliche Untersagung 41

bb) Entflechtung des Zusammenschlusses 42

4) Verweisung an die zuständigen Behörden der Mitgliedsstaaten, Art. 9 VO Nr. 4064/89 43

a) Feinsteuerung der Kompetenzverteilung 43

b) Entscheidung und Verweisungsfiktion 44

c) Verfahren nach Verweisung 46

5) Vollzugsverbot gemäß Art. 7 VO Nr. 4064/89 47

a) Automatisiertes Vollzugsverbot als präventives Instrument 47

b) Antrag auf Befreiung vom Vollzugsverbot 47

6) Festsetzung von Geldbußen und Zwangsgeldern 48

7) Recht auf Anhörung nach Art. 18 VO Nr. 4064/89 49

a) Betroffene im Sinne des Art. 18 Abs. 1 VO Nr. 4064/89 50

b) Abgestufte Beteiligungsrechte für Personen mit hinreichendem Interesse 50

c) Rechtsprechung des EuG zu Art. 18 VO Nr. 4064/89 52

d) Fazit 55

IV. Exkurs: Die revidierte EG-Fusionskontrollverordnung 56

1) Ausgangslage 56

2) Einzelbetrachtung der Modifikationen 58

a) Regulierung von Mehrfachanmeldungen und Gemeinschaftsunternehmen 58

b) Verfahren und Fristen 59

aa) Bedingungen und Auflagen im ersten Verfahrensabschnitt 59

bb) Neuregelung des Vollzugsverbots nach Art. 7 VO Nr. 4064/89 60

cc) Verweisung an die zuständigen Behörden der Mitgliedsstaaten 61

dd) Fristen konkretisierende Grundsätze 62

c) Übergangsvorschriften 63

D. Funktionen des Rechtsschutzes in der Fusionskontrollverordnung 63

I. Anknüpfungspunkt: Rechtsschutz über Direktklagen 64

II. Grundlagen der Klagemöglichkeit in der VO Nr. 4064/89 65

III. Nichtigkeitsklage gemäß Art. 230 EGV 65

1) Potentieller Klägerkreis 66

2) Statthaftigkeit der Klage gegen Entscheidungen im Rahmen der Fusionskontrolle 66

a) Statthafter Klagegegenstand im Sinne des Art. 230 Abs. 4 EGV 67

b) Angreifbare Rechtsakte in der VO Nr. 4064/89 71

aa) Verfahrensbeendende Erklärungen innerhalb der VO Nr. 4064/89 71

(1) Nichtanwendbarkeit der Verordnung, Art. 6 Abs. 1 lit. a) VO Nr. 4064/89 72

(2) Entscheidungsalternativen Art. 6 Abs. 1 lit. b) VO Nr. 4064/89, Art. 8 Abs. 2, 3 VO Nr. 4064/89 74

(3) Erklärungsfiktion nach Art. 10 Abs. 6 VO Nr. 4064/89 76

(a) Konflikt gegenüber Art. 253 EGV 77

(b) Lösungsalternativen unter Berücksichtigung des Gebotes effektiven Rechtsschutzes 78

(c) Außerordentliches Beschwerderecht 79

(4) Erklärungen außerhalb des förmlichen Verfahrens 81

(5) Fazit 83

bb) Zwischenentscheidungen in der EG-Fusionskontrolle 84

(1) Anmeldeaufforderung der Kommission 84

(2) Eröffnung des Hauptverfahrens, Art. 6 Abs. 1 lit. c) VO Nr. 4064/89 86

(3) Ablehnung von Anträgen auf Anhörung oder Akteneinsicht 87

(4) Ablehnung des Antrages auf Befreiung vom Vollzugsverbot nach Art. 7 Abs. 4 VO Nr. 4064/89 n .F. 90

(a) Nicht reversible Auswirkungen 90

(b) Parallelüberlegung: Einstweilige Maßnahmen nach der VO Nr. 17/62 91

(5) Vorgehen gegen die Gewährung von Akteneinsicht 93

(6) Auskunftverlangen nach Art. 11 VO Nr. 4064/89 und Duldung von Nachprüfungen, Art. 13 VO Nr. 1464/89 93

(a) Zweistufige Ausgestaltung des Verfahrens 93

(b) Vermeidung irreversibler Beeinträchtigungen 95

cc) Entscheidungen über Geldbußen bzw. Zwangsgelder nach Art. 14 Nr. 4064/89 97

c) Bilanz 97

3) Klagebefugnis und die Entscheidung über subjektive Rechte 98

a) Grundlagen des Individualrechtsschutzes 98

b) Unternehmen, die am Zusammenschluß beteiligt sind 99

4) Klagebefugnis eines Konkurrenzunternehmens 100

a) Unmittelbare und individuelle Betroffenheit 101

aa) Betroffenheit innerhalb der VO Nr. 4064/89 101

bb) Unmittelbarkeit der Betroffenheit 102

(1) Materielle Determinanten des Gemeinschaftsrechts 102

(2) Entscheidung des EuGH zur Drittbetroffenheit in der VO Nr. 4064/89 104

(a) Sachverhalt und Verfahren der Entscheidung "Frankreich, SCAP u. EMC" 104

(b) Entscheidung des EuGH zur unmittelbaren Betroffenheit 105

(3) Einzelbetrachtung der Rechtsprechung des EuG zur Konkurrentenklage in der VO Nr. 4064/89 107

(a) Die Entscheidung "Air France I" 107

(b) Die Entscheidung "Air France II" 109

(4) Bilanz 110

cc) Individualisierung des Klägers 111

(1) Befund: Wertung der Beeinträchtigung 111

(2) Die Entscheidung des EuGH zur VO Nr. 4064/89 113

(3) Einzelbetrachtung der Rechtsprechung des EuG 116

(a) Die Entscheidung "Air France I" des EuG 116

(b) Fortführung der Rechtsprechung des EuG für die Fusionskontrolle 118

b) Zusammenfassende Bewertung der Rechtsprechung 121

5) Rechtsschutz der Aktionäre 122

a) Die Entscheidung "Zunis Holding" des EuG 123

aa) Sachverhalt und Verfahren 123

bb) Die Ansicht der Parteien zur Klagebefugnis 124

cc) Die Entscheidung des EuG zur Anfechtungslegitimation 125

dd) Konzeptionelle Einordnung und kritische Würdigung 126

b) Die Rechtsmittelentscheidung des EuGH 127

c) Der Schlussantrag des Generalanwalts Lenz 128

aa) Absage an die Klagebefugnis für Aktionäre 128

bb) Stellungnahme und Einbeziehung des Schutzzwecks der VO Nr. 4064/89 129

6) Rechtsschutz der Arbeitnehmervertretungen 130

a) Die Entscheidungen "CCE de Vittel u.a." und "CCE des grandes sources" des EuG 131

aa) Ausgangspunkt der Klagebefugnis in der Verfahrensgarantie 132

bb) Anerkennung der Anfechtungslegitimation durch das EuG 133

b) Wertungsgrundlagen und systematische Einordnung 136

7) Rechtsschutz der Marktpartner 137

a) Bezugnahme des Art. 2 Abs. 1 VO Nr. 4064/89 138

b) Kriterium der hinreichenden Gefährdung der Interessen 139

8) Rechtsschutz der Mitgliedsstaaten 140

IV. Entwicklung einer systematischen Struktur der Klagebefugnis in der Fusionskontrolle 142

1) Individuelle Betroffenheit und Verfahrensbeteiligung nach der Rechtsprechung und Literatur 143

a) Individualisierung aufgrund sekundärer Verfahrensgarantien 143

b) Individuelle Betroffenheit durch sonstige Verfahrensbeteiligung 145

c) Individualisierung ohne Verfahrensbeteiligung 146

2) Kritische Stellungnahme zu den Kriterien der Rechtsprechung 148

a) Absage an formalisierte Klagebefugnis 148

b) Keine negative Ausstrahlungswirkung mangelnder Verfahrensbeteiligung 149

3) Konzeption der materiellen individuellen Betroffenheit 150

V. Untätigkeitsklage gem. Art. 232 EGV 154

1) Potentielle Adressaten als Kläger im Rahmen der Fusionskontrolle 154

2) Untätigkeitsklage eines Drittbetroffenen 155

a) Erzwingung der Anmeldung gemäß Art. 4 VO Nr. 4064/89 155

aa) Drittbezogenheit des Klagegegenstandes 155

bb) Verpflichtung der Kommission zum Handeln 158

b) Widerruf einer genehmigenden Entscheidung 159

3) Vorverfahren 160

E. Zusammenfassung 161

Zweites Kapitel:
Gerichtliche Kontrolldichte im europäischen Fusionskontrollverfahren 163

A. Einführung 163

B. Die Grundlagen der gerichtlichen Prüfungskompetenz 164

I. Verfahren des Individualrechtsschutzes 164

II. Anknüpfungspunkt: Rechtsschutzintensive Entscheidungen der VO Nr. 4064/89 165

III. Kontrollrelevante Ermächtigungen als Bewertungsgrundlage 166

1) Art. 2 VO Nr. 4064/89 167

2) Materielle Ermächtigungen der Fusionskontrollverordnung 169

IV. Vorgaben der VO Nr. 4064/89 zur Kontrolldichte 170

1) Art. 21 VO Nr. 4064/89 als kompetenzzuweisende Norm 171

2) Art. 16 VO Nr. 4064/89, "Compétence de pleine juridiction" 172

a) Kriterien der gerichtlichen Überprüfung 173

b) Zuweisung des Kontrollauftrages für das materielle Recht 175

3) Bilanz 178

C. Die Rechtsprechung zur Kontrolldichte im Fusionskontrollverfahren 178

I. Die Entscheidung "Frankreich, SCPA u. EMC" 178

1) Sachverhalt und Verfahren 179

2) Entscheidung des EuGH zur Kontrolldichte 180

a) Detaillierte Überprüfung der Sachverhaltsfeststellungen 181

b) Sachverhaltliche Komplexität als formales Kontrollreduktionskriterium 182

c) Kontrollintensive Überprüfung im Einzelfall 184

II. Kontrollmodelle in der Rechtsprechungspraxis des EuG 185

1) Die Entscheidung "Air France I" 185

a) Sachverhalt und Verfahren 185

b) Entscheidung des EuG zur Kontrolldichte 186

2) Rekurierte Entscheidung "SIV u.a." 188

a) Sachverhalt und Verfahren 188

b) Reduzierte Kontrolle der Rechtmäßigkeit der Entscheidung 189

3) Prinzip des institutionellen Gleichgewichts zur Schlichtung horizontaler Kompetenzkonflikte 190

III. Bilanz: Ansätze allgemeiner Kontrollparameter 191

D. Allgemeine Vorgaben des Gemeinschaftsrechts und Kontrollgrenzen 193

I. Rechtmäßigkeitskontrolle und Ermessensnachprüfung 193

1) Ausgangspunkt: Kontrollbefugnis der Gemeinschaftsrichter 193

2) Konzeption der materiellen Kontrollgrenzen 194

a) Überprüfung der Rechtmäßigkeit 195

b) Berücksichtigung von Zweckmäßigkeitserwägungen 196

II. Bindung des Richters an die Klagegründe 197

1) Rechtsprechungspraxis des EuG und des EuGH 198

2) Unterschied der Konzeption zum deutschen Verwaltungsprozessrecht 202

a) Keine Beschränkung auf erhobene Rügen 202

b) Zulässige gemeinschaftsrechtliche, funktionsrechtliche Grenze 203

III. Art. 6 EMRK 205

1) Konkretisierung ungeschriebener Rechtsgrundsätze des Gemeinschaftsrechts 205

2) Reichweite der Schutzstandards der Konvention 208

a) Gemeinschaftsrechtliche Anwendbarkeit des Art. 6 EMRK im Fusionskontrollverfahren 208

b) Gerichtsschutzgarantie für "civil rights and obligation" 210

3) Intensitätsvorgabe an die Kontrolldichte 213

IV. Bilanz 215

E. Umfang richterlicher Kontrollkompetenzen 216

I. Die Kontrolle von Tatsachenfeststellungen 216

1) Der Untersuchungsgrundsatz als Verfahrensmaxime 217

a) Verfahrensrechtliche Geltung des Untersuchungsgrundsatzes im Gemeinschaftsrecht 217

b) Die Prozessmaximen in der Rechtsprechungspraxis des EuG 220

c) Der Verhandlungsgrundsatz als kumulative Prozeßmaxime 223

2) Vergleich und Bewertung 225

II. Die Kontrolle der Tatsachenwürdigung und Gestaltungsspielräume 227

1) Ausgangspunkt: Art. 33 Abs. 1 Satz 2 EGKSV 227

a) Einschätzungsprärogative bei der Beurteilung wirtschaftlicher Komplexe 228

aa) Bedeutungsgehalt der Reduktion gerichtlicher Kontrolldichte 228

bb) Anlehnung an "recours pour excés de pouvoir" 230

b) Aufgabe der beschränkten Kontrolle wirtschaftspolitischer Entscheidungen 231

aa) Rüge des "Ermessensmißbrauchs" und der "offensichtlichen Verkennung" 231

bb) "Ermessensmißbrauch" als "détournement de pouvoir" 232

cc) Begriff der "offensichtlichen Verkennung" als Willkürgrenze 234

c) Keine Ausschließlichkeitsfunktion des Art. 33 Abs. 1 Satz 2 EGKSV für unbestimmte Rechtsbegriffe 236

2) Einschätzungsprärogative der Kommission im Rahmen des Art. 230 EGV 238

a) Konzeption der Nachprüfungskompetenz 238

b) Allgemein gültige Kontrollparameter in der Entwicklung der Rechtsprechung 240

c) Einheitliche Kontrollreduktionstopoi als systematisierende Wertungsgrundlagen 241

aa) Komplexität ökonomischer Sachverhalte 241

bb) Entscheidungen mit materiellem Prognosecharakter 244

cc) Politischer Entscheidungsinhalt des administrativen Verhaltens 245

d) Bilanz 246

III. Besondere Kontrollbefugnisse im Wettbewerbsrecht 247

1) Art. 81 Abs. 1 EGV 249

a) Die gewährleistete Kontrolle des administrativ erfassten Sachverhaltes 249

b) Konzeptionelle Abweichung zu den allgemeinen Kontrolldichtevorgaben 254

c) Richterliche Modifikation des Kontrollprogramms 255

aa) Die "Remia"- Formel 256

(1) Sachverhalt und Verfahren der Entscheidung "Remia" 256

(2) Entscheidung des EuGH und divergierende Aussage zur Kontrolldichte 257

bb) Auflösung des vermeintlichen Widerspruchs 258

2) Die Kontrolldichtekonzeption zu Art. 82 Abs. 1 EGV 260

3) Differenzierte Kontrollsystematik zu Art. 81 Abs. 3 EGV 262

a) Tatbestandsmerkmale des Art. 81 Abs. 3 EGV als Wertungsgrundlage 262

b) Einschätzungsprärogative auf der Tatbestandsebene 263

aa) "Consten, Grundig"- Entscheidung 263

bb) Bestätigung durch die Rechtsprechungspraxis des EuG 265

cc) Fazit 267

c) Gebundene Entscheidung als Rechtsfolge 268

4) Bilanz 268

IV. Kontrolle von Form- und Verfahrensanforderungen 269

1) Begründungspflicht des Art. 253 EGV 269

2) Die fehlende Ausfertigung 272

3) Die Verletzung der Verteidigungsrechte 273

a) Relevanz bestehender Verteidigungsrechte als Verfahrens-garantie 273

b) Das Recht zur Akteneinsicht, Art. 18 VO Nr. 4064/89 276

F. Entwicklung einer Kontrolldichtekonzeption für die VO Nr. 4064/89 278

I. Legitimation allgemein gültiger Konzeptionen 278

II. Interdependenz zwischen subjektivem Rechtsschutz und Kontrolldichte 279

III. Die gewährleistete Sachverhaltskontrolle 281

IV. Die Kontrolle der Subsumtion 282

1) Rezeption der wettbewerbsrechtlichen Kontrollsystematik 283

2) Einschätzungsprärogative der Kommission 285

a) Beurteilung wirtschaftlich komplexer Sachverhalte 286

b) Industriepolitische Einwirkungsbefugnis der Kommission 288

aa) Bisherige Diskussion in der Literatur 289

bb) Art. 157 EGV als Grundlage industriepolitischer Einwirkungsmöglichkeit 290

c) Gewährleistung der funktionsgerechten Aufgabenverteilung 292

3) Der Kontrollmaßstab in der VO Nr. 4064/89 294

a) Abweichende Betrachtungsweise in der VO Nr. 4064/89 295

b) Gesteigerte Schlüssigkeitsprüfung als individuelles Korrektiv 296

4) Kompensation durch kontrollintensive Nachprüfung der Verfahrensgarantien 299

a) Die Konzeption im Lichte des Gebotes effektiven Rechtsschutzes 299

b) Kontrollfunktion der Verfahrensgarantien der VO Nr. 4064/89 301

V. Bilanz 303

G. Zusammenfassende Bewertung 305

Literaturverzeichnis 309

Gerichtlicher Rechtsschutz und Kontrolldichte in der EG- Fusionskontrolle

Auf Grundlage der Fusionskontrollverordnung vollziehen die Gemeinschaftsorgane unmittelbar EG-Recht[5]. Durch den direkten Vollzug in Form von Entscheidungen hat die Kommission in dem Fusionskontrollverfahren große Eingriffsbefugnisse in die Rechtssphäre des Einzelnen[6]. Die Frage nach einem ausreichenden Rechtsschutz stellt sich daher insbesondere auf dem Gebiet des EG-Kartellrechts.

Die Gründungsverträge der Europäischen Gemeinschaften haben ein gemeinschaftseigenes Rechtsschutzsystem geschaffen. Das System basiert vorrangig auf einem Rechtsschutz, der als Gerichtsschutz gewährleistet wird[7]. Die Untersuchung zum Inhalt und Umfang des gerichtlichen Rechtsschutzes in der EG-Fusionskontrolle gliedert sich in zwei Kapitel: Dem gerichtlichen Rechtsschutz in Form der Reichweite des subjektiven Rechtsschutzes und die Abgrenzung gerichtlicher Kontrolle gegenüber der Verwaltung vorbehaltenen Entscheidungsräumen ("Kontrolldichte") im europäischen Fusionskontrollverfahren als "Zweites Kapitel". Ausgangspunkt der Überlegungen sind das System der Klagearten und das materielle Fusionkontrollrecht, die Aufschluss über die Reichweite des gerichtlichen Rechtsschutzes geben.

---

[5]Everling, Ulrich, EG-Wettbewerbsrecht -Praxis des Gerichtshofes -, WuR 1989, S. 34 (37); vgl. auch: Baur, Jürgen E., Schadensersatz- und Unterlassungsansprüche bei Verstößen gegen die Kartellrechtsvorschriften des EWG-Vertrages, EuR 1988, S. 257 ff.

[6]Nolte, Norbert, Beurteilungsspielräume im Kartellrecht der Europäischen Gemeinschaft und der Bundesrepublik Deutschland, 1997, S. 19.

[7]Rengeling, Hans-Werner/Middeke, Andreas/Gellermann, Martin, Rechtsschutz in der Europäischen Gemeinschaft, 1994, Rdnr. 5 ff.

Erstes Kapitel:
Gerichtlicher Rechtsschutz in der europäischen Fusionskontrollverordnung

A. Einführung

Die europäische Fusionskontrolle unterteilt sich in drei Normenkomplexe, in die Fusionskontrollverordnung, VO (EWG) Nr. 4064/89[8], in die Art. 81, 82 EGV sowie in den Art. 66 EGKSV. Für diese drei Rechtsquellen stellt sich die Frage des Umfanges und der Reichweite des gerichtlichen Rechtsschutzes. Die Bearbeitung beschränkt sich dabei auf die Ausgestaltung des gerichtlichen Rechtsschutzes gegen Entscheidungen der Kommission, die diese auf Grundlage der VO Nr. 4064/89 trifft, die nach der Revision der Fusionskontrollverordnung[9] neue Aktualität gewonnen hat.

Die Möglichkeiten des Rechtsschutzes sind im Rahmen der Fusionskontrolle auch von eminenter praktischer Bedeutung, weil ein Zusammenschluss im Anwendungsbereich der VO Nr. 4064/89 erhebliches wirtschaftliches Potential und Gewicht repräsentiert. Besonders ins Blickfeld zu nehmen ist die Klagebefugnis kategorisierter Dritter, die ein rechtliches oder wirtschaftliches Interesse an der Anfechtung einer Fusionsgenehmigung haben.

Hinzu kommt, dass das nationale Wirtschaftsrecht in zunehmenden Maße dem Einfluss des Gemeinschaftsrechts unterliegt, sei es, dass die Europäische Union den Binnenmarkt durch Verordnungen unmittelbar ausgestaltet, sei es, dass sie in Form von Richtlinien einheitliche Vorgaben formuliert, die

[8]Verordnung (EWG) Nr. 4064/89 über die Kontrolle von Unternehmenszusammenschlüssen v. 21.12.1989, ABl. 1990 Nr. L 257/13, in der Fassung v. 09.07.1997, ABl. 1997 Nr. L 180/1.

[9]dazu ausführlich: Erstes Kapitel C. IV.

von den nationalen Gesetzgebern umgesetzt und befolgt werden müssen[10]. Diese Entwicklung gibt Anlass, den Blick auf das Rechtsschutzsystem in der Europäischen Gemeinschaft zu lenken und insbesondere der Frage nachzugehen, ob gegenüber der ausgestalteten europäischen Gesetzgebungs- und Verwaltungsmacht hinreichend Rechtsschutzmöglichkeiten zur Verfügung stehen[11].

Die behandelnden Probleme sind praktisch außerordentlich wichtig, für ihre Lösung ist in der vorliegenden Untersuchung der Versuch unternommen, grundlegende dogmatische Strukturen zu entwickeln.

B. Begriff des Rechtsschutzes und systematische Grundstruktur

I. Verfahren der Rechtsschutzgewährung

Eine prozessrechtliche Grundentscheidung der Gemeinschaft zugunsten einer bestimmten Rechtsschutzform, etwa als repressiv gewährter Primärrechtsschutz, kann für das Gemeinschaftsrecht nicht festgestellt werden[12]. Der richterliche Aufgabenbereich im Gemeinschaftsrecht reicht von der Erstellung von Gutachten nach Art. 300 EGV über Streitigkeiten mit verfassungsrechtlichem Charakter der institutionellen und privilegierten Kläger nach Art. 226, 230 Abs. 2 und 3, 232 EGV bis zu den verwaltungsrechtlichen Direktklagen Einzelner in Art. 230 Abs. 4, 232 Abs. 3 EGV[13]. Die verschiedenen Verfahrensarten der gerichtlichen Kontrolle basieren auf unterschiedlichen Strukturprinzipien und kor-

---

[10]Schwarze, Jürgen/Becker, Ulrich/Pollak, Christina, Implementation von Gemeinschaftsrecht, 1991.

[11]Sedemund, Jochim/Heinemann, Klaus, Rechtsschutz im Gemeinschaftsrecht, DB 1995, S. 713 ff.; Schwarze, Jürgen, Grundzüge und neuere Entwicklung des Rechtsschutzes im Recht der Europäischen Gemeinschaft, NJW 1992, S. 1065 ff.; ders., Der Rechtsschutz von Unternehmen im Europäischen Gemeinschaftsrecht, Grundlagen und neuere Entwicklungen, RiW 1996, S. 893 ff.

[12]Danwitz, Thomas von, Verwaltungsrechtliches System und europäische Integration, 1996, S. 178.

[13]Schwarze, Jürgen, Der Gerichtshof als Verfassungsgericht und als Rechtsschutzinstanz, 1983, S. 19 f.

respondieren mit unterschiedlichen Maßstäben richterlicher Kontrolle. Die spezifischen Wirkungslinien der einzelnen Verfahren des gerichtlichen Rechtsschutzes im EG-Recht werden trotz der divergierenden Strukturen durch eine einheitliche Handhabung gekennzeichnet[14]. Diese Grundlagen des Rechtsschutzes bilden den Ausgangspunkt für das Verfahren des gerichtlichen Rechtsschutzes im Rahmen der Fusionskontrollverordnung, das Gegenstand der Bearbeitung ist.

Es ist festzustellen, dass das EuG nicht an die Rechtsprechung des EuGH gebunden ist, jedoch häufig auf dessen Entscheidungen verweist[15]. In der Folge wird die Rechtsprechung des EuG und des EuGH als einheitliche Spruchpraxis behandelt, auf Abweichungen dieses Grundsatzes wird ausdrücklich hingewiesen.

II. Rechtsschutz im Sinne des Gerichtsschutzes

Der Rechtsschutz wird vorliegend als Gerichtsschutz verstanden, d. h. die Eröffnung gerichtlicher Instanzen und Verfahren zur Verteidigung einer eigenen Rechtsstellung. Andere institutionelle Vorkehrungen zu diesem Zweck, die auf europäischer Ebene zu finden sind[16], bleiben außer Betracht. Wesentliche Grundlage des Rechtsschutzsystems bildet der EuGH als "Wahrer des Gemeinschaftsrechts". Mit der Novellierung der Gründungsverträge durch den Maastricher Vertrag über die Europäische Union ist das Europäische Gericht erster Instanz - EuG - dem Gerichtshof primärrechtlich beigeordnet[17]. Das Ge-

---

[14]Danwitz, Thomas von, Verwaltungsrechtliches System und europäische Integration, 1996, S. 179.

[15]Bael, Ivo van/Bellis, Jean-Francois, Antidumping and other Trade Protection Laws of the EEC, 3. Aufl. 1994, Rdnr. 1138.

[16]man denke z. B. an den vom Europäischen Parlament ernannten Bürgerbeauftragten, der gemäß Art. 138 e EGV Beschwerden von Unionsbürgern über die Tätigkeit der Gemeinschaftsorgane entgegen nimmt.

[17]Beschluss des Rates v. 24.10.1988, ABl. 1988 Nr. L 319/1; Art. 168 a) EGV; Jung, Hans, Das Gericht erster Instanz der Europäischen Gemeinschaften, EuR 1992, S. 247 ff.; Niemeyer, Hans-Joachim, Erweiterte Zuständigkeiten für das Gericht erster Instanz der Europäischen Gemeinschaft, EuZW 1993, S. 529 f.

richt soll der Entlastung des EuGH dienen und in wichtigen Bereichen als Tatsacheninstanz, die der Kontrolle eines Rechtsmittelgerichts unterliegt, die Aufgabe des Gerichthofes wahrnehmen[18].

Der gerichtliche Rechtsschutz umfasst dabei zwei Fragenkreise: Erstens den Maßstab der gerichtlichen Überprüfung (Reichweite des subjektiven Rechtsschutzes) und zweitens die Abgrenzung gerichtlicher Kontrolle gegenüber der Verwaltung vorbehaltenen Entscheidungsräumen (Kontrolldichte). Die wesentlichen Antworten lassen sich aus dem System der Klagearten und dem materiellen Recht herleiten. Das Rechtsschutzsystem ist geprägt durch die Wechselbeziehung von Verfahrens- und materiellem Recht.

In diesem Zusammenhang ist darauf hinzuweisen, dass der europäische Verwaltungsrechtsschutz zum einen auf die verwaltungsprozessualen Elemente des europäischen Rechtsschutzsystems, d. h. auf die gerichtlichen Kontrollverfahren zielt und zum anderen er einen Prozess beschreibt, in dessen Verlauf die Regeln des innerstaatlichen Verwaltungsprozessrechts in fortschreitendem Maße durch Vorgaben aus dem europäischen Rechtsraum geprägt und zum Teil verdrängt werden[19]. Nachdem sich Begriff und Konzept eines europäischen Verwaltungsrechts durchgesetzt haben[20], zeigen diese beiden Elemente europäischen Verwaltungsrechtsschutzes, dass mittlerweile auch

[18]Jung, Hans, Das Gericht erster Instanz der Europäischen Gemeinschaften, EuR 1992, S. 247 (253); vgl.: Everling, Ulrich, Die Errichtung eines Gerichtshofes erster Instanz der Gemeinschaft, in: J. Schwarze (Hrsg.), Fortentwicklung des Rechtsschutzes in der europäischen Gemeinschaft, 1987, S. 39 ff.; Everling, Ulrich, Ansprache zum Abschied vom Gerichtshof der Europäischen Gemeinschaften, EuR 1988, S. 343 (344); Rabe, Hans-Jürgen, Das Gericht erster Instanz der Europäischen Gemeinschaften, NJW 1989, S. 3041 ff.

[19]Dörr, Oliver, in: H. Sodann/J. Ziekow (Hrsg.), Nomos-Kommentar zur Verwaltungsgerichtsordnung, Stand November 1999, EVR, Rdnr. 3.

[20]Sommermann, Karl-Peter, Europäisches Verwaltungsrecht oder Europäisierung des Verwaltungsrechts?, DVBl 1996, S. 889 ff.; Mögele, Rudolf, Deutsches und Europäisches Verwaltungsrecht - wechselseitige Einwirkungen, BayVBl 1993, S. 552; Grabitz, Eberhard, Europäisches Verwaltungsrecht -Gemeinschaftsrechtliche Grundsätze der Verwaltung, NJW 1989, S. 1776 f.; Everling, Ulrich, Elemente eines Europäischen Verwaltungsrechts, DVBl 1983, S. 649 ff.

ein europäisches Verwaltungsprozessrecht in der Entstehung inbegriffen ist[21]. Im vorliegenden Zusammenhang wird mit der Verwaltungsgerichtsbarkeit der gemeinschaftsrechtliche Individualrechtsschutz im Vordergrund stehen, also die Möglichkeit des Einzelnen, diesen betreffende Gemeinschaftsrechtsakte von einem Gericht auf ihre Rechtmäßigkeit überprüfen zu lassen. Diese subjektiv-rechtliche Komponente der Rechtstaatlichkeit ist als gemeinschaftsrechtliche Garantie eines effektiven Rechtsschutzes anerkannt[22].

C. VO (EWG) Nr. 4064/89 des Rates über die Kontrolle von Unternehmenszusammenschlüssen

Der Umfang der gerichtlichen Kontrolle wird von der vielfachen Vernetzung unterschiedlicher Kontrollparameter und den sachbereichsspezifischen Besonderheiten überlagert, die eine Auseinandersetzung mit den verfahrensrechtlichen und materiellrechtlichen Gesichtspunkten des konkreten Bereiches erforderlich macht. Die Fusionskontrollverordnung als wichtiges wettbewerbsrechtliches Instrument gilt es darzustellen, wobei primär auf die rechtsschutzrelevanten Bereiche eingegangen wird.

I. Entstehungsgeschichte der VO Nr. 4064/89

Die Fusionskontrollverordnung beruht auf der Überlegung, dass Zusammenschlüsse zuvor selbständiger Unternehmen zwar einerseits eine rationalisierende Wirkung haben und daher wettbewerbdienlich sein können, aber andererseits auch ein Gefährdungspotential besteht, dass sich Monopole bzw. Oligopole bilden, die den Wettbewerb behindern oder gefährden.

---

[21] Trianatafyllou, Dimitris, Zur Europäisierung des vorläufigen Rechtsschutzes, NVwZ 1992, S. 129 (134); vgl.: Caranta, Roberto, Judicial Protection against Member States: A new jus commune takes Shape, CMLRev 1995, S. 703 f.

In Art. 81 ff. EGV ist die Fusionskontrolle nicht ausdrücklich geregelt. Da Art. 3 lit. g) EGV jedoch die Errichtung eines Systems verlangt, das den Wettbewerb insgesamt vor einer Verfälschung schützt, fällt auch die Zusammenschlusskontrolle in den Regelungsbereich der Art. 81 ff. EGV. Problematisch ist hierbei, dass der Anwendung des Art. 82 EGV dogmatisch Grenzen gesetzt sind, insbesondere dass sich eine Fusionskontrolle auf vollzogene Zusammenschlüsse beschränken muss.

Dieser unbefriedigende Zustand wurde mit der präventiv ausgestalteten Fusionskontrollverordnung bereinigt. Die Entstehungsgeschichte der VO Nr. 4064/89 geht zurück auf einen auf die Art. 83 EGV und Art. 308 EGV gestützten Vorschlag der Kommission vom 18.07.1973, eine präventive Kontrolle durch vorherige Anmeldung und die Möglichkeit einer Verhinderung oder Entflechtung durch Unvereinbarkeitserklärung bzw. Trennungsanordnung der Unternehmenszusammenschlüsse zu schaffen, die geeignet ist, einen wirksamen Wettbewerb auf dem gemeinsamen Markt oder auf einem wesentlichen Teil desselben zu verhindern oder den Handel zwischen Mitgliedsstaaten zu beeinträchtigen[23].

Die Verordnung versteht sich als neues Rechtsinstrument, die erkennbar nicht vom Verbotsprinzip getragen ist, sondern als System der Eingriffsermächtigung angelegt ist.

II. Anwendungsbereich der Fusionskontrollverordnung

Die Fusionskontrollverordnung hat der Europäischen Kommission besondere Befugnisse für die Beurteilung sämtlicher Zusammenschlüsse mit gemein-

---

[22]EuGH, U. v. 15.05.1986, Rs. 222/84, (Johnston), Slg. 1986, 1651 (1682); EuGH, U. v. 15.10.1987, Rs. 222/86, (Heylens), Slg. 1987, 4097 (4117); EuGH, U. v. 03.12.1992, Rs. C-97/91, (Oleificio Borelli/Kommission), Slg. 1992, I-6313 (6334).

[23]Koch, Hans-Joachim, in: E. Grabitz/M. Hilf (Hrsg.), Kommentar zur Europäischen Union, Stand Oktober 1999, nach Art. 86, Rdnr. 2.

schaftsweiter Bedeutung übertragen. Wie jede nationale Zusammenschlusskontrolle definiert auch die VO Nr. 4064/89 die gemeinschaftsweite Bedeutung über quantitative Aufgreifkriterien. Es muss sich um Fusionen, den Erwerb von Beteiligungen oder die Gründung konzentrativer und nach der Novellierung[24] auch kooperativer Gemeinschaftsunternehmen handeln, und der weltweite Gesamtumsatz aller beteiligten Unternehmen muss mehr als 5 Milliarden ECU betragen bzw. der gemeinschaftsweite Gesamtumsatz von mindestens zwei beteiligten Unternehmen jeweils mehr als 250 Millionen ECU. Die EG-Wettbewerbsvorschriften unterschieden bisher zwischen konzentrativen und kooperativen Gemeinschaftsunternehmen; mit der Neuregelung des Art. 2 Abs. 4 VO Nr. 4064/89 folgt, dass zukünftig kooperative Vollfunktionsgemeinschaftsunternehmen, wenn die Schwellwerte nach Artikel 1 Abs. 2 oder 3 VO Nr. 4064/89 erreicht werden, in vollem Umfang den Verfahrensvorschriften der Fusionskontrollverordnung unterworfen sind[25].

Die Bestimmung des Anwendungsbereichs anhand von Umsatzgrenzen führt zu einer verhältnismäßig klaren Regelung[26], indem die wirtschaftliche Bedeutung eines Zusammenschlusses durch den weltweiten Gesamtumsatz aller beteiligten Unternehmen erfasst wird. Gleichzeitig ist hiermit eine "de minimis-Regelung" eingeführt, denn die Zusammenschlusskontrolle soll sich nicht auf Unternehmensverbindungen erstrecken, an denen neben einem Grossunternehmen nur kleine Unternehmenseinheiten beteiligt sind[27].

---

[24] siehe dazu ausführlich: Erstes Kapitel C. IV.

[25] Die Fusionskontrollverordnung findet nur auf Gemeinschaftsunternehmen Anwendung, die als Vollfunktionsunternehmen fungieren, auf die Unterscheidung zwischen konzentrativen und kooperativen Gemeinschaftsunternehmen wird verzichtet. Ein Vollfunktionsgemeinschaftsunternehmen liegt nur dann vor, wenn das Gemeinschaftsunternehmen auf Dauer alle Funktionen einer selbständigen wirtschaftlichen Einheit erfüllt. Entscheidungskriterium ist insoweit das selbständige wirtschaftliche Auftreten des Gemeinschaftsunternehmens am Markt. Auch Vollfunktionsgemeinschaftsunternehmen, die durch die Gründung einer Koordinierung des Wettbewerbsverhaltens voneinander unabhängiger Unternehmen bezweckt oder bewirkt, ist ebenfalls die Fusionskontrollverordnung anzuwenden.

[26] Immenga, Ulrich, in: U. Immenga/E.-J. Mestmäcker, EG-Wettbewerbsrecht, 1997, S. 813.

[27] Immenga, Ulrich, in: U. Immenga/E.-J. Mestmäcker, EG-Wettbewerbsrecht, 1997, S. 813.

III. Kontrollrelevante Verfahren und Entscheidungen

Das Fusionskontrollverfahren beginnt nach Art. 6 VO Nr. 4064/89 mit dem Eingang der Anmeldung. Es gliedert sich nach der gesetzlichen Regelung in das Vorprüfungsverfahren nach Art. 6 VO Nr. 4064/89 und das Hauptprüfungsverfahren nach Art. 8 VO Nr. 4064/89.

1) Anmeldung nach Art. 4 VO Nr. 4064/89 als Instrument präventiver Kontrolle

Nach Art. 4 VO Nr. 4064/89 sind Zusammenschlüsse von gemeinschaftsweiter Bedeutung innerhalb einer Woche nach dem Vertragsabschluss, der Veröffentlichung des Kauf- oder Tausch-angebots oder des Erwerbs einer die Kontrolle begründenden Beteiligung bei der Kommission anzumelden[28].

Dem förmlichen Verfahren gehen in aller Regel informelle Vorgespräche mit den Mitgliedern der Task Force, der Kartellbehörde der Kommission, voraus[29], so dass die kurz bemessene Frist von einer Woche in aller Regel zu realisieren ist, da diese Vorgespräche de facto zu einer Verlängerung der Wochenfrist für die Anmeldung eines geplanten Zusammenschlusses führen[30]. Im Mittelpunkt dieser Gespräche steht regelmäßig die Frage, in welchem Umfang die Unternehmen anmeldepflichtig sind[31].

---

[28] Vonnemann, Wolfgang, Die neue europäische Fusionskontrolle, DB 1990, S. 569 (571).

[29] Karl, Matthias, Die Rechtsstellung privater Dritter in der europäisches Fusionskontrolle in: W. Veelken/M. Karl/S. Richter (Hrsg.), Die europäische Fusionskontrolle. Grundzüge und Einzelfragen zur Verordnung (EWG) Nr. 4064/89, 1992, S. 37; Drauz, Götz/Schroeder, Dirk, Praxis der europäischen Fusionskontrolle, 3. Aufl. 1995, S. 187; Rohardt, Klaus-Peter, Die europäische Fusionskontrolle beginnt Gestalt anzunehmen, WuW 1991, S. 365 (374).

[30] vgl.: Fine, Frank L., EC Merger Control: An Analysis of the New Regulation, ECLR 1990, S. 47 f.

[31] Karl, Matthias, Die Rechtsstellung privater Dritter in der europäisches Fusionskontrolle in: W. Veelken/M. Karl/S. Richter (Hrsg.), Die europäische Fusionskontrolle. Grundzüge und Einzelfragen zur Verordnung (EWG) Nr. 4064/89, 1992, S. 37 (67).

Über Form, Inhalt und andere Einzelheiten der Anmeldung hat die Kommission gemäß Art. 23 VO Nr. 4064/89 Durchführungsbestimmungen in Kapitel I der VO Nr. 447/98[32] erlassen. Eine wirksame Anmeldung setzt die Vollständigkeit der geforderten Anmeldeunterlagen voraus, mit der Vorlage beginnen die Verfahrensfristen.

Nach Art. 4 Abs. 3 Satz 1 VO Nr. 4064/89 ist die Anmeldung unter Angabe der Namen der Beteiligten, der Art des Zusammenschlusses sowie der betroffenen Wirtschaftszweige zu veröffentlichen[33]. Die Pflicht zur Veröffentlichung trifft alle unter der Verordnung angemeldeten Zusammenschlüsse, soweit nicht offensichtlich im Voraus ausgeschlossen werden kann, dass der zur Anmeldung gebrachte Zusammenschluss nicht von der Verordnung Nr. 4064/89 erfasst wird[34].

2) Prüfung der Anmeldung und Einleitung des Verfahrens nach Art. 6 VO Nr. 4064/89

a) Einleitung des Verfahrens und Entscheidungsalternativen

Das förmliche Verfahren wird durch die vollständige Anmeldung in Gang gesetzt, Art. 6 Abs. 1 i. V. m. Art. 10 Abs. 1 VO Nr. 4064/89. Das Vorverfahren, das in der Praxis der europäischen Fusionskontrolle von überragender Bedeutung ist[35], ist nach Art. 10 Abs. 1 Satz 1 VO Nr. 4064/89 innerhalb eines Monats abzuschließen[36]. Die Monatsfrist verlängert sich um zwei weitere Wo-

---

[32]VO (EG) Nr. 447/98 der Kommission v. 01.03.1998, ABl. 1998 Nr. L 61, über die Anmeldungen, über die Fristen sowie über die Anhörung nach der VO (EWG) Nr. 4064/89 des Rates über die Kontrolle von Unternehmenszusammenschlüssen.

[33]Heidenhain, Martin, Zur Klagebefugnis Dritter in der Europäischen Fusionskontrolle, EuZW 1991, S. 590 (592).

[34]Immenga, Ulrich, in: U. Immenga/E.-J. Mestmäcker, EG-Wettbewerbsrecht, 1997, S. 963; de facto führt dies zu einer Veröffentlichung aller Anmeldungen.

[35]siehe dazu: Zweite Fortsetzung der Zusammenstellung der Entscheidungen der EG-Kommisson nach der FKVO, WuW 1997, S. 661 ff.

[36]hinsichtlich Berechnung, Hemmung und Wahrung der Fristen vgl.: Art. 10 VO Nr. 4064/89; VO Nr. 447/98.

chen, wenn ein Mitgliedsstaat einen Verweisungsantrag nach Art. 9 Abs. 2 VO Nr. 4064/89[37] gestellt hat oder wenn die beteiligten Unternehmen nach Anmeldung eines Zusammenschlusses gemäß Art. 6 Abs. 2 VO Nr. 4064/89 Verpflichtungen anbieten, die nach Auffassung der Parteien auf einer Entscheidung als Ergebnis des Vorverfahrens zu berücksichtigen sind. Verstreicht diese Frist ohne Kommissionsentscheidung, so gilt der Zusammenschluss nach Art. 10 Abs. 6 VO Nr. 4064/89 als erlaubt[38].

Als Ergebnis des Vorverfahrens nach Art. 6 Abs. 1 VO Nr. 4064/89 stellt die Verordnung der Kommission drei Handlungsalternativen zur Verfügung: Erstens kann die Kommission durch Entscheidung feststellen, dass der angemeldete Zusammenschluss nicht unter die Verordnung fällt, Art. 6 Abs. 1 lit. a) VO Nr. 4064/89; zweitens hat die Kommission die Befugnis, die Entscheidung zu treffen, keine Einwände zu erheben und den Zusammenschluss für vereinbar mit dem gemeinsamen Markt zu erklären, wenn der angemeldete Zusammenschluss zwar unter die Verordnung fällt, jedoch keinen Anlass zu ernsthaften Bedenken hinsichtlich seiner Vereinbarkeit mit dem gemeinsamen Markt gibt, Art. 6 Abs. 1 lit. b) VO Nr. 4064/89, und drittens kann die Kommission das Hauptverfahren eröffnen, wenn sie feststellt, dass der Zusammenschluss in den Anwendungsbereich der Verordnung fällt und Anlass zu ernsthaften Bedenken hinsichtlich der Vereinbarkeit mit dem gemeinsamen Markt bestehen, Art. 6 Abs. 1 lit. c) VO Nr. 4064/89[39]. Nach der Neufassung der Verordnung ist diese Option auch gültig in den Fällen, wenn die Wirkungen des Zusammenschlusses nach Änderungen durch die beteiligten Unternehmen eintreten.

---

[37]dazu ausführlich: Erstes Kapitel C. III. 4.
[38]Happe, Claus-Michael, Die Fristen im EG-Fusionskontrollverfahren, EuZW 1995, S. 303 (307).
[39]Stockenhuber, Peter, Europäisches Kartellrecht, 1999, S. 187.

b) Nichtanwendbarkeit der Verordnung, Art. 6 Abs. 1 lit. a) VO Nr. 4064/89

Die VO Nr. 4064/89 ist nicht anwendbar, wenn die gesetzliche Zusammenschlussdefinition im Sinne des Art. 3 VO Nr. 4064/89 nicht erfüllt ist[40] oder es dem Vorhaben an gemeinschaftsweiter Bedeutung fehlt, weil die Umsatzschwellen gemäß Art. 1 VO Nr. 4064/89 nicht erreicht werden[41]. Wird die Anwendbarkeit verneint, so unterliegt der Zusammenschluss der nationalen Fusionskontrolle, Art. 21 Abs. 2 VO Nr. 4064/89.

Vor der nationalen Wettbewerbsbehörde durchläuft das Zusammenschlussvorhaben ein eigenständiges Verfahren. Zudem kann es zu einer Überprüfung des Vorhabens nach den Bestimmungen der Art. 81, 82 EGV durch die Kommission kommen[42].

c) Freigabe innerhalb der Monatsfrist, Art. 6 Abs. 1 lit. b) VO Nr. 4064/89

Bejaht die Kommission die gemeinschaftsweite Bedeutung eines Zusammenschlusses, so überprüft sie, ob hinsichtlich der Vereinbarkeit mit dem gemeinsamen Markt Anlass zu ernsthaften Bedenken bestehen. Die Kommission hat dabei auch zu berücksichtigen, ob Änderungen durch die beteiligten Unternehmen dazu führen, dass kein Anlass zu ernsthaften Bedenken mehr besteht. Gleichzeitig kann sie die Entscheidung mit Bedingungen und Auflagen verbinden, um sicherzustellen, dass die beteiligten Unternehmen den Verpflichtungen nachkommen, die sie gegenüber der Kommission hinsichtlich einer mit dem gemeinsamen Markt zu vereinbarenden Gestaltung des Zusam-

---

[40] Entscheidung der Kommission v. 13.09.1993, (British Telecom/MCI); Entscheidung der Kommission v. 19.12.1991, (Mediobanca/Generali).

[41] Entscheidung der Kommission v. 13.07.1993, (Alcatel/STC); Entscheidung der Kommission v. 27.11.1991, (Cereol/Continentale Italiana).

[42] Entscheidung der Kommission v. 05.07.1993, (Pasteur Merieux/Merck); Entscheidung der Kommission v. 18.01.1993, (Philips/Thomson/SAGEM); ausführlich zu dem Verhältnis: Lampert, Thomas, Die Anwendbarkeit der EG-Fusionskontrollverordnung im Verhältnis zum Fusionskontrollrecht der Mitgliedsstaaten, 1995; Staudenmayer, Dirk, Das Verhältnis der Art. 85, 86 EWGV zur EG-Fusionskontrollverordnung, WuW 1992, S. 475 ff.

menschlusses eingegangen sind. Bestehen offensichtlich keine solchen Bedenken, erhebt die Kommission keine Einwände gegen den angemeldeten Zusammenschluss. Es ergeht für diesen Fall innerhalb der Monatsfrist eine förmliche Freigabeentscheidung gemäß Art. 6 Abs. 1 lit. b) VO Nr. 4064/89.

d) Eröffnung des Hauptverfahrens, Art. 6 Abs. 1 lit. c) VO Nr. 4064/89

Hat die Kommission festgestellt, dass der Zusammenschluss unter die Verordnung fällt, sowie dass ernsthafte Bedenken an der Vereinbarkeit mit dem gemeinsamen Markt bestehen, trifft sie die Entscheidung nach Art. 6 Abs. 1 lit. c) VO Nr. 4064/89 das Hauptverfahren und damit die sog. zweite Prüfungsphase einzuleiten. Für die Eröffnung des Hauptverfahrens muss der Zusammenschluss geeignet erscheinen, eine beherrschende Stellung zu begründen oder zu verstärken, durch die wirksamer Wettbewerb im gemeinsamen Markt oder auf einem wesentlichen Teil desselben erheblich behindert wird (Art. 2 VO Nr. 4064/89)[43].

Zu den materiellen Grundlagen ist lediglich angemerkt, dass zentrales Kriterium der Marktanteil der am Zusammenschluss beteiligten Unternehmen ist. Anhaltspunkt einer indizierten Bedenklichkeit ist dabei ein Marktanteil von 25 %, wobei die Kommission im Rahmen der Vorprüfung ihre Analysen auf die wesentlichen Märkte beschränkt[44]. Die Gesamtwürdigung aller relevanten Kriterien erfolgt erst in der eingehenden Prüfung der Marktverhältnisse während des Hauptverfahrens[45].

---

[43]ausführlich: Immenga, Ulrich, in: U. Immenga/E.-J. Mestmäcker, EG-Wettbewerbsrecht, 1997, S. 826 ff; Knittel, Michael, Die marktbeherrschende Stellung von Unternehmen nach der Fusionskontrollverordnung, 1999, S. 1 ff.; Amstutz, Marc, Kollektive Marktbeherrschung im europäischen Wettbewerbsrecht, 1999, S. 20 ff.

[44]Drauz, Götz/Schroeder, Dirk, Praxis der europäischen Fusionskontrolle, 3. Aufl. 1995, S. 206; allgemein: Opgenhoff, Carolin, Die europäische Fusionskontrolle zwischen Wettbewerbsrecht und Industriepolitik, 2000.

[45]Immenga, Ulrich, in: U. Immenga/E.-J. Mestmäcker, EG-Wettbewerbsrecht, 1997, S. 988 m. w. N.

e) Mitteilung der Verfahrensentscheidung, Art. 6 Abs. 5 VO Nr. 4064/89

Hat die Kommission gemäß Art. 6 Abs. 1 VO Nr. 4064/89 die Entscheidung getroffen, die Anwendbarkeit der Verordnung zu verneinen, eine Freigabe vorzunehmen oder das Hauptverfahren zu eröffnen, teilt sie dies den beteiligten Unternehmen und den zuständigen Behörden der Mitgliedsstaaten unverzüglich mit, Art. 6 Abs. 5 VO Nr. 4064/89.

3) Hauptverfahren nach Art. 8 VO Nr. 4064/89

a) Überblick über die abschließenden Verwaltungsentscheidungen

Jedes nach Art. 6 Abs. 1 lit. c) VO Nr. 4064/89 eingeleitete Verfahren führt zur Prüfung des Zusammenschlusses auf seine Vereinbarkeit mit dem gemeinsamen Markt hin. Das Ergebnis stellt die Kommission in einer förmlichen, das Hauptverfahren abschließenden Verwaltungsentscheidung fest (Art. 8 Abs. 1 VO Nr. 4064/89).

Sofern nicht unter den Voraussetzungen des Art. 9 VO Nr. 4064/89 eine Rückverweisung an die zuständige nationale Kartellbehörde erfolgt, ist die Kommission verpflichtet, den Zusammenschluss entweder mit dem gemeinsamen Markt für vereinbar, Art. 8 Abs. 2 VO Nr. 4064/89 oder für unvereinbar zu erklären, Art. 8 Abs. 3 VO Nr. 4064/89. Falls die Kommission diese förmliche Entscheidung nicht innerhalb der viermonatigen Frist für den Abschluss des Hauptverfahrens nach Art. 10 Abs. 3 VO Nr. 4064/89 trifft, gilt der Zusammenschluss unbeschadet des Art. 9 VO Nr. 4064/89 als mit dem Gemeinsamen Markt vereinbar erklärt, Art. 10 Abs. 6 VO Nr. 4064/89.

Die Genehmigung des Zusammenschlusses kann nach Art. 8 Abs. 2 VO Nr. 4064/89 auch mit Auflagen oder Bedingungen verbunden werden, um die Einhaltung verbotsabwendender Zusagen der beteiligten Unternehmen sicherzustellen.

aa) Vereinbarkeitsentscheidung ohne Auflagen

Stellt die Kommission fest, dass durch den Zusammenschluss keine marktbeherrschende Stellung begründet oder verstärkt wird,

erklärt sie nach Art. 8 Abs. 2 VO Nr. 4064/89 das Vorhaben ohne Einschränkungen für vereinbar mit dem gemeinsamen Markt. Die Vereinbarkeitsentscheidung erstreckt sich nach Art. 8 Abs. 2 Satz 2 VO Nr. 4064/89 auch auf die mit der Durchführung des Zusammenschlusses unmittelbar verbundenen und für sie notwendigen Einschränkungen. Damit werden Nebenabreden ("ancillary restraints"), die einen existentiellen Bezug zu dem Zusammenschluss haben[46], von der Anwendung des Art. 81 EGV ausgenommen, um eine Doppelkontrolle zu vermeiden.

bb) Modifikation des Zusammenschlusses und Genehmigung unter Auflagen

Falls sich im Hauptverfahren die ernsthaften Bedenken gegen einen Zusammenschluss bestätigen, können die beteiligten Unternehmen eine sonst drohende Untersagung durch die Modifikation ihres Zusammenschlussvorhabens abwenden. Die beteiligten Unternehmen gehen Verpflichtungen ein, um eine mit dem gemeinsamen Markt zu vereinbarende Gestaltung des Zusammenschlusses herzustellen[47]. Nach Inhalt und Zielrichtung lassen sich die von den

---

[46] Löffler, Heinz, in: E. Langen/H.-J. Bunte (Hrsg.), Kommentar zum deutschen und europäischen Kartellrecht, 8. Auflage 1997, Art. 8 FKVO, Rdnr. 14.

[47] ausführlich: Fuchs, Andrea, Zusagen, Auflagen und Bedingungen in der europäischen Fusionskontrolle, WuW 1996, S. 269 ff.

Unternehmen abgegebenen Zusagen in drei Kategorien[48] einordnen: *Veräußerungszusagen*[49], *Marktöffnungszusagen*[50] und *sonstige Entflechtungszusagen*[51].

Um die Vereinbarkeit sicherzustellen, kann die Kommission die Entscheidung mit Auflagen verbinden[52]. In der Entscheidungspraxis spricht die Kommission formelhaft zwar von "Bedingungen und Auflagen"[53] der Entscheidung. Materiellrechtlich handelte es sich um Auflagen[54], zumal sich die Kommission bisweilen ausdrücklich die Befugnis zum Widerruf ihrer Vereinbarkeitsentscheidung vorbehält.

Die Kommission kann auf die Erfüllung der von den beteiligten Unternehmen gemachten Zusagen durch Festsetzung von Zwangsgeldern nach Art. 15 Abs. 2 lit. a) VO Nr. 4064/89 hinwirken (bis zu 100.000 Euro[55] für jeden Tag des

---

[48]Mülbert, Peter O., Zusagen im deutschen und europäischen Fusionskontrollrecht, ZIP 1995, S. 699 (700); Fuchs, Andrea, Zusagen, Auflagen und Bedingungen in der europäischen Fusionskontrolle, WuW 1996, S. 269 (272); z. T. abweichende Einordnung durch: Bergmann, Helmut, Settlemenps in EC Merger Control Proceedings: A Summary of EC Enforcement Practice and a Comparison with the United States, Antitrust Law Journal 1993, S. 47 (56 ff.); Kerber, Wolfgang, Die europäische Fusionskontrollpraxis und die Wettbewerbskonzeption, 1994, S. 123 ff.

[49]beziehen sich auf die Aufgabe von Kapitalanteilen, Betriebsteilen oder Vermögensgegenständen und dienen dazu, die Marktanteile der betroffenen Unternehmen auf dem relevanten Markt zu reduzieren oder auch die Wettbewerbsfähigkeit eines konkurrierenden Unternehmens zu stärken; Entscheidung der Kommission v. 21.06.1994, (Procter und Gamble/VP Schickedanz II).

[50]zielen darauf ab, abgeschottete Märkte aufzubrechen, den Eintritt eines Newcomers zu ermöglichen oder zumindest Marktzutrittsschranken abzubauen, etwa durch die Auflösung von Alleinvertriebsbindungen oder Beendigung vertikaler Verflechtungen.

[51]haben die Beendigung finanzieller, personeller oder vertraglicher Verbindungen (potentieller) Konkurrenten zum Gegenstand.

[52]ausführlich: Harmjanz, Jan Dietrich, Auflagen und Bedingungen. Eine vergleichende Darstellung des EG-Fusionskontrollrechts und des U.S.-amerikanischen Antitrustrechts zu consent decrees, 1999, S. 81 ff.

[53]Entscheidung der Kommission v. 14.12.1993, (Kali und Salz/MdK/Treuhand); Entscheidung der Kommission v. 08.06.1994, (Schell/Montecatine); Entscheidung der Kommission v. 21.06.1994, (Procter und Gamble/VP Schickedanz II).

[54]ebenso: Fuchs, Andrea, Zusagen, Auflagen und Bedingungen in der europäischen Fusionskontrolle, WuW 1996, S. 269 (279); Heidenhain, Martin, Zusagenpraxis in der EG-Fusionskontrolle, EuZW 1994, S. 135 (136).

[55] Gemäß Art. 2 Abs. 1 der Verordnung (EG) Nr. 1103/97 des Rates v. 17.6. 1997 über bestimmte Vorschriften im Zusammenhang mit der Einführung des Euro, ABl. 1997 Nr. L 162/1, wird die ursprünglich in ECU bemessene Geldbuße nunmehr in Euro ausgedrückt.

Verzugs von dem in der Entscheidung bestimmten Zeitpunkt an); schuldhafte Verstöße gegen Auflagen können zudem mit der Verhängung von Geldbußen nach Art. 14 Abs. 2 lit. a) VO Nr. 4064/89 geahndet werden.

Schließlich ist die Kommission ermächtigt, den Zusammenschluss bedingt freizugeben; werden die Bedingungen für die Vereinbarkeitsentscheidung nicht erfüllt, fehlt es ipso iure an einer rechtswirksamen Genehmigung des Zusammenschlusses.

cc) Untersagung des Zusammenschlusses

Stellt die Kommission im Hauptverfahren fest, dass die Voraussetzungen des Art. 2 Abs. 3 VO Nr. 4064/89 vorliegen, dass der Zusammenschluss eine marktbeherrschende Stellung begründet, durch die wirksamer Wettbewerb behindert wird, hat sie den Zusammenschluss zu untersagen. Ein Ermessen steht ihr insoweit nicht zu[56]. Die Untersagungsentscheidung schließt das Verwaltungsverfahren ab. Rechtsvergleichend ist darauf hinzuweisen, dass die europäische Fusionskontrolle keine zweite Stufe wie etwa die Ministererlaubnis nach § 24 Abs. 3 GWB im deutschen Kartellrecht kennt.

Aus der Gegenüberstellung des Wortlauts des Art. 8 Abs. 2 und 3 VO Nr. 4064/89 ergibt sich, dass die Kommission nur angemeldete Zusammenschlüsse freigeben kann, jedoch eine Untersagung auch dann aussprechen kann, wenn das Vorhaben nicht angemeldet wurde[57]. Ein Vorprüfungsverfahren ist in den Fällen der Kenntnisnahme der Kommission außerhalb des Anmeldungsverfahrens nicht vorgesehen; Art. 6 VO Nr. 4064/89 gilt nur für angemeldete

[56]Stoffregen, Katrin, in: H. von der Groeben/J. Thiesing/C.-D. Ehlermann, Kommentar zum EU/EG-Vetrag, 5. Aufl. 1999, Fusionskontrollverordnung, Art. 8 Rdnr. 26; Schröter, Helmut, in: H. von der Groeben/J. Thiesing/C.-D. Ehlermann, Kommentar zum EG-Vertrag, 4. Aufl. 1991, Art. 87, zweiter Teil, Rdnr. 270.

[57]Löffler, Heinz, in: E. Langen/H.-J. Bunte (Hrsg.), Kommentar zum deutschen und europäischen Kartellrecht, 8. Aufl. 1997, Art. 8 FKVO, Rdnr. 5.

Zusammenschlüsse. Bei "unnotified mergers" besteht folglich konsequent keine zeitliche Schranke für die Untersagung entgegen Art. 10 VO Nr. 4064/89.

b) Annexkompetenzen der Kommission

Die drei Entscheidungskompetenzen zur Beendigung des Hauptverfahrens werden durch weitere Befugnisse der Kommission ergänzt, die der Richtigkeit und Durchsetzbarkeit der Entscheidungen dienen und insoweit als Annexkompetenzen der Kommission bezeichnet werden können[58].

aa) Widerruf der Genehmigung und nachträgliche Untersagung

Nach Art. 8 Abs. 5 und Abs. 6 der VO Nr. 4064/89 besitzt die Kommission die Kompetenz, die Genehmigung eines Zusammenschlusses zu widerrufen, wenn die Entscheidung arglistig herbeigeführt worden ist oder auf unrichtigen Angaben beruht, die von den beteiligten Unternehmen zu vertreten sind. Die Widerrufsbefugnis besteht auch gegenüber einer nach Art. 10 Abs. 6 VO Nr. 4064/89 fingierten Vereinbarkeitserklärung[59].

Die Widerrufsmöglichkeiten nach Art. 8 Abs. 5 VO Nr. 4064/89 sollen sicherstellen, dass nur solche Zusammenschlüsse zugelassen werden, bei deren wettbewerblicher Beurteilung die Kommission von einer zutreffenden Entscheidungsgrundlage ausgegangen ist[60]. Erhebliches Gewicht kommt wegen des engen Zusammenhangs mit der umfangreichen Zusagenpraxis der Kom-

---

[58] Immenga, Ulrich, in: U. Immenga/E.-J. Mestmäcker, EG-Wettbewerbsrecht, 1997, S. 996.

[59] a. A.: Bos, Pierre/Steuyck, Jules/Wytinck, Peter, Concentration Control in the European Economic Community, 1992, S. 277, wonach ein Widerruf aufgrund der Rechtsnatur der fingierten Vereinbarkeitserklärung ausscheidet ("Implied Declaration of Compatibility").

[60] Durch die Berücksichtigung von Zusagen wird die tatsächliche Durchführung der versprochenen Maßnahmen für die wettbewerbliche Beurteilung des Zusammenschlusses praktisch vorweggenommen. Werden Zusagen dann aber nicht (vollständig) erfüllt, beruht die Genehmigung insoweit auf einer unzutreffenden Tatsachenbasis.

mission vor allem dem potentiellen Widerruf, wegen des Verstoßes gegen Auflagen, zu.

Die Entscheidung über den Widerruf muss nach pflichtgemäßem Ermessen unter Berücksichtigung der wettbewerblichen Schutzkonzeption der Fusionskontrolle erfolgen[61]. Die Kommission darf von einem Widerruf grundsätzlich nur dann absehen, wenn der Zusammenschluss aufgrund zwischenzeitlicher Änderungen in den Marktverhältnissen nunmehr erlaubnisfähig wäre[62] oder wenn überwiegende Gründe des Vertrauensschutzes der beteiligten Unternehmen gegen den Widerruf sprechen[63]. Die Rechtsfolgen eines Widerrufs nach Art. 8 Abs. 5 VO Nr. 4064/89 sind nicht näher geregelt, sie bestimmen sich nach der Reichweite des erfolgten Widerrufs[64].

bb) Entflechtung des Zusammenschlusses

Ist der untersagte Zusammenschluss bereits vollzogen worden, so muss er entflochten werden[65]. Der Kommission steht entgegen dem insoweit nicht ganz eindeutigen Wortlaut des Art. 8 Abs. 4 VO Nr. 4064/89 ("kann") kein Ermessen hinsichtlich des "Ob" der Entflechtung zu, nur hinsichtlich der Art und Weise, in der sie für die Wiederherstellung wirksamen Wettbewerbs sorgt[66].

Die Kommission hat die Auswahl der als geeignet erachteten Maßnahmen zur Auflösung des Zusammenschlusses zu treffen, sowie die Entscheidung, ob die

---

[61]Fuchs, Andreas, Widerruf der Genehmigung und nachträgliche Untersagungsmöglichkeit nach der Fusionskontroll-Verordnung, EuZW 1996, S. 263 (265).

[62]soweit übereinstimmend: Jones, Christopher/Gonzáles-Diaz, Enrique, The EEC Merger Control, 1992, S. 231.

[63]Fuchs, Andreas, Widerruf der Genehmigung und nachträgliche Untersagungsmöglichkeit nach der Fusionskontroll-Verordnung, EuZW 1996, S. 263 (265).

[64]dazu näher: Fuchs, Andreas, Widerruf der Genehmigung und nachträgliche Untersagungsmöglichkeit nach der Fusionskontroll-Verordnung, EuZW 1996, S. 263 (266); Immenga, Ulrich, in: U. Immenga/E.-J. Mestmäcker, EG-Wettbewerbsrecht, 1997, S. 1014 f.; Krimphove, Dieter, Europäische Fusionskontrolle, 1992, S. 320 f.

[65]Löffler, Heinz, in: E. Langen/H.-J. Bunte (Hrsg.), Kommentar zum deutschen und europäischen Kartellrecht, 8. Aufl. 1997, Art. 8 FKVO, Rdnr. 6.

[66]Immenga, Ulrich, in: U. Immenga/E.-J. Mestmäcker, EG-Wettbewerbsrecht, 1997, S. 1018.

Entflechtungsanordnung gesondert erlassen wird oder Bestandteil der Untersagungsentscheidung nach Art. 8 Abs. 3 VO Nr. 4064/89 sein soll. Für die Art und Weise lassen sich keine generellen Vorgaben machen, das Handeln der Kommission muss sich an dem Zweck orientieren, die durch den Zusammenschluss bewirkte Wettbewerbsbeschränkung zu beseitigen. Demnach sind die Maßnahmen zur Wiederherstellung wirksamen Wettbewerbs geeignet, die vor dem Volllzug des Zusammenschlusses Gegenstand verbotsabwendender struktureller Zusagen seitens der Unternehmen hätten sein können[67]. Die Erfahrungen nationaler Rechtsordnungen haben gezeigt, dass die Auflösung vollzogener Zusammenschlüsse häufig äußerst problematisch sind, worin einer der wichtigsten Gründe für eine generelle präventive Fusionskontrolle zu sehen ist[68].

4) Verweisung an die zuständigen Behörden der Mitgliedsstaaten, Art 9 VO Nr. 4064/89

Die Verweisung an die zuständigen Mitgliedsstaaten im Rahmen der Fusionskontrollverordnung ist eine Entscheidung der Kommission, die für die Beteiligten im Lichte des Rechtsschutzes von Bedeutung sein kann.

a) Feinsteuerung der Kompetenzverteilung

Nach Art. 9 Abs. 1 VO Nr. 4064/89 kann die Kommission einen angemeldeten Zusammenschluss durch Entscheidung an die zuständige Behörde des betreffenden Mitgliedsstaats verweisen, wenn erstens eine Mitteilung eines Mitgliedsstaats vorliegt, zweitens ein gesonderter Markt in dem Mitgliedsstaat existiert und drittens die Gefahr der Begründung oder Verstärkung einer

---

[67] Krimphove, Dieter, Europäische Fusionskontrolle, 1992, S. 322.
[68] Schulte-Braucks, Reinhard, Die Auflösung marktbeherrschender Stellungen, 1980, S. 61 ff, zur US-amerikanischen Entflechtungspraxis.

marktbeherrschenden Stellung, durch die wirksamer Wettbewerb auf dem Referenzmarkt erheblich behindert würde, besteht[69].

Das Verweisungsverfahren ermöglicht eine Feinsteuerung der Kompetenzverteilung zwischen der Europäischen Gemeinschaft und den Mitgliedsstaaten im Bereich der Fusionskontrolle[70]. Das Verfahren hat zudem die Funktion, eine Kontrolllücke zu schließen, da die Fusionskontrollverordnung die Untersagung eines Zusammenschlusses grundsätzlich nur erlaubt, wenn durch den Zusammenschluss eine beherrschende Stellung begründet oder verstärkt wird, durch die der Wettbewerb im gemeinsamen Markt oder in einem wesentlichen Teil desselben behindert würde. Zusammenschlüsse, die zur Begründung oder Verstärkung einer marktgerechten Stellung nur in einem unwesentlichen Teil des gemeinsamen Marktes führen, können nicht untersagt werden[71]. Soweit die Verweisung eines Zusammenschlusses eine effiziente Kontrolle durch die sachnähere nationale Ebene ermöglichen soll, ist das Verweisungsverfahren auch eine Ausprägung des Subsidiaritätsprinzips[72].

b) Entscheidung und Verweisungsfiktion

Die Entscheidung über die Verweisung oder Nichtverweisung ergeht innerhalb der Frist von sechs Wochen nach Eingang der Anmeldung des Zusammenschlusses, Art. 9 Abs. 4 lit. a) VO Nr. 4064/89, wenn keine ernsthaften Beden-

---

[69]näher dazu: Immenga, Ulrich, in: U. Immenga/E.-J. Mestmäcker, EG-Wettbewerbsrecht, 1997, S. 1022 ff.

[70]Albers, Michael, Fusionskontrolle zwischen Wettbewerbs- und Industriepolitik, CR 1990, S. 444 (449); vgl. allgemein zum Subsidiaritätsprinzip im EG-Wettbewerbsrecht: Calliess, Christian, Subsidiaritäts- und Solidaritätsprinzip in der Europäischen Union, 2. Aufl. 1999, S. 221 ff.; Stein, Torsten, Freier Wettbewerb und Werbeverbote in der Europäischen Union, EuZW 1995, S. 435.

[71]Kamburoglou, Panagiotis, EWG-Wettbewerbspolitik und Subsidiarität, WuW 1993, S. 273 (279); Niederleithinger, Ernst, Das Verhältnis nationaler und europäischer Kontrolle von Zusammenschlüssen, WuW 1990, S. 721 (725); allgemein zum Verhältnis: Klose, Tobias, Das Verhältnis des deutschen zum europäischen Kartellrecht in der Verfügungspraxis des Bundeskartellamtes, 1998, S. 83 f.

ken an der Vereinbarkeit bestehen, oder spätestens innerhalb einer Frist von drei Monaten nach der Anmeldung, wenn die Kommission gemäß Art. 6 lit. c) VO Nr. 4064/89 die Entscheidung getroffen hat, das Hauptprüfungsverfahren einzuleiten. Wenn die Drei-Monats-Frist abläuft, ohne dass die Kommission trotz Erinnerung durch die Mitgliedsstaaten über den Verweisungsantrag entschieden hat und auch keine verbreiteten Schritte zum Erlass von Maßnahmen unternommen hat, die für eine Untersagung, Genehmigung unter Auflagen oder Entflechtung erforderlich sind, so gilt gemäß Art. 9 Abs. 5 VO Nr. 4064/89 die unwiderlegbare gesetzliche Vermutung, dass der Zusammenschluss an den Mitgliedsstaat verwiesen worden ist[73].

Nach einer im Schrifttum verbreiteten Auffassung soll diese Verweisungsfiktion des Art. 9 Abs. 5 VO Nr. 4064/89 entsprechend Anwendung finden, wenn die Kommission nach dem Verweisungsantrag die Sechs-Wochen-Frist verstreichen lässt, ohne dass Verfahren gemäß Art. 6 Abs. 1 lit. c) VO Nr. 4064/89 einzuleiten[74]. Für diesen Fall gilt der Zusammenschluss nach Art. 10 Abs. 6 VO Nr. 4064/89 als mit dem gemeinsamen Markt vereinbar erklärt, und ein Konflikt zur möglichen Verweisungsfiktion steht zur Diskussion.

Einer analogen Anwendung des Art. 9 Abs. 5 VO Nr. 4064/89 ist aber entgegenzutreten, weil keine Gesetzeslücke besteht, die durch einen Analogie-

[72]Hirsbrunner, Simon, Verweisung von Unternehmenszusammenschlüssen nach Art. 9 der EG-Fusionskontrollverordnung, EWS 1998, S. 233 (234); allgemein: EuGH, U. v. 14.12.2000, Rs. C-344/98, (Masterfoods), EWS 2001, S. 70 ff.

[73]Hirsbrunner, Simon, Verweisung von Unternehmenszusammenschlüssen nach Art. 9 der EG-Fusionskontrollverordnung, EWS 1998, S. 233 (237).

[74]Kirchhoff, Wolfgang, Europäische Fusionskontrolle, BB 1990, Beilage 14 zu Heft 11, S. 10; Lampert, Thomas, Die Anwendbarkeit der EG-Fusionskontrollverordnung im Verhältnis zum Fusionskontrollrecht der Mitgliedsstaaten, 1995, S. 121 f.; Löffler, Heinz, in: E. Langen/H.-J. Bunte (Hrsg.), Kommentar zum deutschen und europäischen Kartellrecht, 8. Aufl. 1997, Art. 9 FKVO, Rdnr. 7; Miersch, Michael, Kommentar zur EG-Verordnung Nr. 4064/89 über die Kontrolle von Unternehmenszusammenschlüssen, 1991, Art. 9 Anm. I.; Koch, Norbert, Die neuen Befugnisse der EG zur Kontrolle von Unternehmenszusammenschlüssen, EWS 1990, S. 65 (71); begründet wird die Auffassung damit, dass die Wettbewerbsinteressen der Mitgliedsstaaten bei Fehlen einer Verfahrenseinleitung durch die Kommission in nicht geringerem Grade die "automatische Verweisung" rechtfertige als bei eingeleitetem Verfahren. Dies erscheint auf den ersten Blick konsequent, da die Vereinbarkeitserklärung nach Art. 6 VO Nr. 4064/89 und die Verweisung nach Art. 9 VO Nr. 4064/89 sich nicht ausschließen, wenn eine Wettbewerbsbeschränkung auf regionalen oder lokalen Märkten droht.

schluss gefüllt werden könnte[75]. Die Verweisungsfiktion des Art. 9 Abs. 5 VO Nr. 4064/89 bezieht sich ausschließlich auf die Frist des Art. 9 Abs. 4 lit. b) VO Nr. 4064/89, setzt also die Einleitung des Hauptverfahrens voraus[76]. Eine Verweisungsfiktion ist auf die normierten Fallgruppen zu beschränken, zumal kein Bedürfnis für eine Ausweitung des Anwendungsbereiches der Regelung besteht[77].

c) Verfahren nach Verweisung

Eine Verweisung nach Art. 9 VO Nr. 4064/89 an die zuständige Behörde eines Mitgliedsstaats führt dazu, dass die Wettbewerbsvorschriften des Mitgliedsstaats angewendet werden und das weitere Verfahren vorbehaltlich der von Art. 9 Abs. 8 VO Nr. 4064/89 angeordneten Einschränkung dem Wettbewerbsrecht des betreffenden Mitgliedsstaates unterliegt[78].

---

[75]zu den Voraussetzungen: Anweiler, Jochen, Die Auslegungsmethoden des Gerichtshofes der Europäischen Gemeinschaften, 1997, S. 318 ff.

[76]Hirsbrunner, Simon, Verweisung von Unternehmenszusammenschlüssen nach Art. 9 der EG-Fusionskontrollverordnung, EWS 1998, S. 233 (238); Immenga, Ulrich, in: U. Immenga/E.-J. Mestmäcker, EG-Wettbewerbsrecht, 1997, S. 1028; es heißt in der Vorschrift zwar, dass eine Genehmigung unbeschadet des Art. 9 VO Nr. 4064/89 fingiert werde. Dieser Vorbehalt soll aber nur sicherstellen, dass eine Genehmigung nicht fingiert werden kann, nachdem ein Zusammenschluss an einen Mitgliedsstaat verwiesen worden ist. Hinzu kommt, dass die Kommission ihre Zuständigkeit zur Prüfung eines Zusammenschlusses verliert, sobald dieser genehmigt worden ist. Dies gilt auch, wenn eine Genehmigung infolge Fristablaufs fingiert worden ist. Die Kommission verfügt über keine eigene Zuständigkeit mehr, die sie durch eine Verweisung abtreten könnte.

[77]Schröck, Jörg, Zusammenschlusskontrolle im EG-Binnenmarkt, WiB 1995, S. 539 (541), der zu Recht darauf hinweist, dass mit der Klage die Anwendung nationalen Kartellrechts erzwungen werden kann, wenn die Kommission verweisen muss.

[78]Löffler, Heinz, in: E. Langen/H.-J. Bunte (Hrsg.), Kommentar zum deutschen und europäischen Kartellrecht, 8. Aufl. 1997, Art. 9 FKVO, Rdnr. 8, der vorschlägt, auch nach einer Verweisung an nationale Behörden anhand des Gemeinschaftsrechts zu beurteilen; dies ist abzulehnen, da diese Praxis eine Änderung des Art. 9 Abs. 3 lit. b VO Nr. 4064/89 voraussetzt; für den umgekehrten Fall: EuGH, U. v. 14.12.2000, Rs. C-344/98, (Masterfoods), EWS 2001, S. 70 ff.

5) Vollzugsverbot gemäß Art. 7 VO Nr. 4064/89

a) Automatisiertes Vollzugsverbot als präventives Instrument

Nach Art. 7 VO Nr. 4064/89 darf ein Zusammenschluss weder vor der Anmeldung noch danach vollzogen werden, bis der Zusammenschluss aufgrund einer Entscheidung gemäß Art. 6 Abs. 1 lit. b) oder Art. 8 Abs. 2 VO Nr. 4064/89 oder einer Vermutung gemäß Art. 10 Abs. 6 VO Nr. 4064/89 für vereinbar mit dem gemeinsamen Markt erklärt worden ist. Art. 7 Abs. 1 VO Nr. 4064/89 beinhaltet ein Vollzugsverbot des angemeldeten Zusammenschlusses für die Dauer des Verfahrens, ohne dass es dafür einer gesonderten Entscheidung bedarf[79].

Die Fusionskontrollverordnung enthält dabei keine Angaben, was unter dem Vollzug des Zusammenschlusses zu verstehen ist. Zu unterscheiden ist der Zusammenschluss und seine Durchführung, so dass als Vollzug alle rechtlichen oder tatsächlichen Handlungen anzusehen sind, die zur Verwirklichung des Zusammenschlusses führen[80]. Zum Vollzug gehören unter anderem die Wahrnehmungen gesellschaftsrechtlicher Kontrollrechte, organisatorische Maßnahmen zur Abstimmung der Geschäftspolitik oder personelle Veränderungen im Hinblick auf die entstehende wirtschaftliche Verbindung.

b) Antrag auf Befreiung vom Vollzugsverbot

Nach Art. 7 Abs. 4 VO Nr. 4064/89 kann ein Antrag auf Befreiung vom Vollzugsverbot gestellt werden, der mit Gründen versehen sein muss. Die Kommission beschliesst über den Antrag unter besonderer Berücksichtigung der möglichen Auswirkungen des Aufschubs des Vollzugs auf ein oder mehrere an

---

[79] Stoffregen, Katrin, in: H. von der Groeben/J. Thiesing/C.-D. Ehlermann, Kommentar zum EU/EG-Vetrag, 5. Aufl. 1999, Fusionskontrollverordnung, Art. 7 Rdnr. 5.
[80] Immenga, Ulrich, in: U. Immenga/E.-J. Mestmäcker, EG-Wettbewerbsrecht, 1997, S. 991.

dem Zusammenschluss beteiligte Unternehmen oder auf Dritte sowie der möglichen Gefährdung des Wettbewerbs durch den Zusammenschluss. Der Kommission steht insofern ein Entscheidungsspielraum zu, eine Befreiung ist nicht nur möglich, um schweren Schaden von den beteiligten Unternehmen oder Dritten abzuwenden[81]. Der Wettbewerb wird als Kriterium der Abwägung formuliert, dies führt zu einer Aufwertung des Verhältnismäßigkeitsprinzips[82].

6) Festsetzung von Geldbußen und Zwangsgeldern

Art. 14 und 15 VO Nr. 4064/89 enthalten Vorschriften über die Verhängung von Geldbußen und Zwangsgeldern zur Durchsetzung der in der Verordnung statuierten Pflichten, um eine effektive Fusionskontrolle zu gewährleisten. Das bestehende Sanktions-system verweist insoweit auf die pflichtauslösenden Grundbestimmungen und enthält selbst keine eigenständigen Tatbestandsmerkmale[83].

Art. 14 VO Nr. 4064/89 entspricht weitgehend der Parallelvorschrift des Art. 15 VO Nr. 17/62 und untergliedert ebenfalls nach der Schwere der Verfehlung zwei Tatbestandsgruppen: Erstens Verstösse gegen die Anmelde-, Auskunfts- und Duldungspflichten[84] und zweitens Verstösse gegen Art. 7 oder Art 8 VO Nr. 4064/89. Die Verhängung einer Geldbuße setzt voraus, dass eine intern zuständige Person rechtswidrig und schuldhaft gehandelt hat[85]. Art. 14 Abs. 4

---

[81]Baron, Michael, Die neuen Bestimmungen der europäischen Fusionskontrolle, WuW 1997, S. 579 (590); Niewiara, Manfred, Die novellierte europäische Fusionskontrollverordnung, EWS 1998, S. 113 (118).

[82]Mestmäcker, Ernst-Joachim, in: U. Immenga/E.-J. Mestmäcker, Gesetz gegen Wettbewerbsbeschränkungen: GWB-Kommentar, 2. Aufl. 1992, vor § 23, Rdnr. 181 m.w.N.; unklar: Kirchhoff, Wolfgang, Europäische Fusionskontrolle, BB 1990, Beilage 14 zu Heft 11, S. 4.

[83]Schroth, Hans-Jürgen, Sanktionbewehrte Pflichtstellungen in der geplanten EWG-Fusionsverordnung, WuW 1989, S. 103 (104).

[84]dazu: Schroth, Hans-Jürgen, Sanktionbewehrte Pflichtstellungen in der geplanten EWG-Fusionsverordnung, WuW 1989, S. 103 (104).

[85]EuGH, U. v. 07.06.1983, Rs. 100-103/80, (Pioneer/Kommission), Slg. 1983, 1825 (1903); Koch, Hans-Joachim, in: E. Grabitz/M. Hilf (Hrsg.), Kommentar zur Europäischen Union, Stand Oktober 1999, Art 15 VO 17, Rdnr. 24 ff., zu Art. 15 VO Nr. 17/62.

VO Nr. 4064/89 betont, dass die Bußgeldentscheidungen nicht strafrechtlicher Natur sind. Adressaten der Sanktion sind Unternehmen, Unternehmensvereinigungen und die in Art 3 Abs. 1 lit. b) VO Nr. 4064/89 benannten Personen.

Als Ergänzung zur Verhängung einer Geldbuße sieht Art. 15 VO Nr. 4064/89 die Festsetzung eines Zwangsgeldes vor, wenn die Anordnungen der Kommission nicht befolgt werden. Die Entscheidung, ob und in welcher Höhe Bußgelder verhängt werden und ob ein Zwangsgeld festgesetzt wird, steht im Ermessen der Kommission.

7) Recht auf Anhörung nach Art. 18 VO Nr. 4064/89

Vor Entscheidungen über eine Befreiung vom Vollzugsverbot (Art. 7 Abs. 4 VO Nr. 4064/89), eine Vereinbarkeitserklärung unter Bedingungen und Auflagen (Art. 8 Abs. 2 VO Nr. 4064/89), eine Unvereinbarkeitserklärung (Art. 8 Abs. 3 VO Nr. 4064/89), eine Trennungsanordnung (Art. 8 Abs. 4 VO Nr. 4064/89), einen Widerruf einer Vereinbarkeitserklärung (Art. 8 Abs. 5 VO Nr. 4064/89) oder eine Festsetzung von Geldbußen oder Zwangsgeldern (Art. 14 u. 15 VO Nr. 4064/89) gibt die Kommission den Betroffenen Gelegenheit zu Äußerungen (Art. 18 Abs. 1 VO Nr. 4064/89). Bei Entscheidungen über die Erteilung von Befreiungen gemäß des Vollzugsverbots kann die Kommission diese Anhörung nach Erlass nachholen (Art. 18 Abs. 2 VO Nr. 4064/89).

Die Kommission ist von Amts wegen verpflichtet, die Betroffenen vor Erlass der dort genannten Akte anzuhören[86]. Unmittelbar Betroffene haben das Recht auf Akteneinsicht (Art. 18 Abs. 3 VO Nr. 4064/89). Demgegenüber haben Personen, die ein hinreichendes Interesse geltend machen können, das Recht

---

[86]dazu: Karl, Matthias, Die Rechtsstellung privater Dritter in der europäischen Fusionskontrolle, in: W. Veelken/M. Karl/S. Richter (Hrsg.), Die europäische Fusionskontrolle. Grundzüge und Einzelfragen zur Verordnung (EWG) Nr. 4064/89, 1992, S. 37 (64); Körber, Torsten, Die Konkurrentenklage im Fusionskontrollrecht der USA, Deutschland und der Europäischen Union, 1996, S. 82.

angehört zu werden (Art. 18 Abs. 4 VO Nr. 4064/89). Art. 18 VO Nr. 4064/89 unterscheidet demnach zwischen zwei Arten von Verfahrensbeteiligten mit unterschiedlichen Rechten: Betroffenen auf der einen und Personen mit hinreichendem Interesse am Ausgang des Verfahrens auf der anderen Seite[87].

a) Betroffene im Sinne des Art. 18 Abs. 1 VO Nr. 4064/89

Betroffene im Sinne des Art. 18 Abs. 1 VO Nr. 4064/89 genießen umfassende Verfahrensrechte. Sie haben das Recht, sich vor bestimmten Entscheidungen der Kommission zu den ihnen gegenüber geltend gemachten Einwänden zu äußern. Die Kommission definiert den "Betroffenen"- Begriff im Sinne einer "durch die Entscheidung rechtlich betroffenen Person"[88]. Nach Art. 11 der von der Kommission erlassenen Verfahrensordnung[89] - VO Nr. 447/98 - sind Betroffene "Anmelder und andere Beteiligte", wobei als "andere Beteiligte" der Veräußerer und das Unternehmen, das übernommen werden soll, benannt sind. Beteiligte sind nach Art 11 Abs. 1 lit. d) VO Nr. 447/98 solche Personen, die Adressat einer Entscheidung nach Art. 14 oder 15 VO Nr. 4064/89 sind[90].

b) Abgestufte Beteiligungsrechte für Personen mit hinreichendem Interesse

Nach Art 18 Abs. 4, S. 1 VO Nr. 4064/89 kann die Kommission, sofern sie es für erforderlich erachtet, juristische und natürliche Personen anhören. Konkre-

---

[87]Langenheine, Bernd, in: H. von der Groeben/J. Thiesing/C.-D. Ehlermann, Kommentar zum EU/EG-Vetrag, 5. Aufl. 1999, Fusionskontrollverordnung, Art. 18 Rdnr. 2; Harmjanz, Jan Dietrich, Auflagen und Bedingungen. Eine vergleichende Darstellung des EG-Fusionskontrollrechts und des U.S.-amerikanischen Antitrustrechts zu consent decrees, 1999, S. 95.

[88]vgl.: Drauz, Götz/Schroeder, Dirk, Praxis der Europäischen Fusionskontrolle, 3. Aufl. 1995, S. 214.

[89]VO (EG) Nr. 447/98 der Kommission v. 01.03.1998, ABl. 1998 Nr. L 61, über die Anmeldungen, über die Fristen sowie über die Anhörung nach der VO (EWG) Nr. 4064/89 des Rates über die Kontrolle von Unternehmenszusammenschlüssen.

[90]dazu: Körber, Torsten, Die Konkurrentenklage im Fusionskontrollrecht der USA, Deutschlands und der Europäischen Union, 1996, S. 82.

tisiert wird das Beteiligungsverfahren in Art. 18 Abs. 4, S. 2 VO Nr. 4064/89, wonach einem Antrag auf Anhörung, insbesondere von Mitgliedern der Leitungsorgane der beteiligten Unternehmen oder rechtlich anerkannter Vertreter der Arbeitnehmer stattzugeben ist, wenn diese ein hinreichendes Interesse darlegen.

Als Dritte werden in Art. 11 Abs. 1 lit. c) VO Nr. 447/98 neben den in Art. 18 Abs. 4 Satz 2 VO Nr. 4064/89 genannten Wettbewerbern Kunden und Lieferanten bezeichnet. Die Kommission kann diese natürlichen oder juristischen Personen anhören, wenn sie oder die zuständigen Behörden der Mitgliedsstaaten es für erforderlich halten. Die Durchführung einer Anhörung steht in dem Ermessen der Kommission[91].

Einen Rechtsanspruch auf Anhörung besteht dagegen nach Art. 18 Abs. 4 Satz 2 VO Nr. 4064/89 i. V. m. Art. 16 VO Nr. 447/89 für einen Dritten, wenn dieser einen entsprechenden, schriftlichen Antrag gestellt hat und ein hinreichendes Interesse an den Auswirkungen des Zusammenschlusses geltend machen kann[92]. Der Wortlaut des Art. 18 Abs. 4 Satz 2 VO Nr. 4064/89 spricht dafür, dass ein Dritter ein subjektives Recht ausgestaltet mit Ansprüchlichkeit auf rechtliches Gehör hat[93]. Verfahrensrechtlich ist auf Art. 16 VO Nr. 447/98 hinzuweisen, der für die Anhörung Dritter ein zweistufiges Verfahren vorsieht. Zunächst ist ein schriftlicher Antrag auf Anhörung erforderlich, der von der Kommission in einem Bericht über Art und Gegenstand des Verfahrens beantwortet wird. Im Anschluss an diese Äußerung kann die Kommission dem Dritten Gelegenheit zur Teilnahme an einer förmlichen mündlichen Anhörung geben (Art. 16 Abs. 2 VO Nr. 447/98).

---

[91]Miersch, Michael, Kommentar zur EG-Verordnung Nr. 4064/89 über die Kontrolle von Unternehmenszusammenschlüssen, 1991, Art. 18, Anm. V.

[92]EuG, U. v. 27.04.1995, Rs. T-96/92, (CCE de la Société Générale des Grandes Sources u.a./Kommission), Slg. 1995, II-1216 (1240); zur Erforderlichkeit der Antragstellung vgl. auch: EuGH, U. v. 09.07.1987, Rs. 43/85, (Ancides/Kommission), Slg. 1987, 3131 (3153), zur VO Nr. 17/62.

c) Rechtsprechung des EuG zu Art. 18 VO Nr. 4064/89

Das EuG setzt sich grundlegend in den Entscheidungen "CCE de la Société générale des grandes sources", "Kaysersberg SA" und "Generali" mit der Vorschrift des Art. 18 Abs. 4 VO Nr. 4064/89 auseinander[94]. Die Gemeinschaftsrichter stellen in den Entscheidungen übereinstimmend grundlegend fest, dass sich aus Art. 18 Abs. 4 VO Nr. 4064/89 ergibt, dass die verfahrensrechtliche Stellung Dritter nicht mit der Stellung der in den ersten 3 Absätzen des Artikels genannten betroffenen Personen, Unternehmen und Unternehmensvereinigung gleichgesetzt werden könne. Während die von dem betreffenden Zusammenschluss betroffenen Personen, d. h. die an dem der Kommission zur Prüfung vorgelegten Zusammenschlussvorhaben Beteiligten, nach diesen Bestimmungen nach Ansicht des EuG über besondere Garantien verfügen, durch die die Beachtung ihres Anspruchs auf rechtliches Gehör im Verwaltungsverfahren gewährleistet ist, werde Dritten, die gegebenenfalls nur durch die Folgewirkungen der Entscheidungen berührt werden, in Art. 18 Abs. 4 VO Nr. 4064/89 nur das Recht auf Anhörung durch die Kommission zuerkannt, sofern sie dies beantragt und den Nachweis erbracht haben, dass sie insoweit über ein hinreichendes Interesse verfügen[95].

Das Gericht ist der Auffassung, dass der Schutz der berechtigten Interessen der qualifizierten Dritten i. S. d. Art. 18 Abs. 4 VO Nr. 4064/89 es nicht erfordert, dass diese im Verwaltungsverfahren über die gleichen Garantien verfügen, wie sie den an dem betreffenden Zusammenschluss beteiligten Personen gewährt werden, um die Beachtung ihres Anspruchs auf rechtliches Gehör im

---

[93]Körber, Torsten, Die Konkurrentenklage im Fusionskontrollrecht der USA, Deutschland und der Europäischen Union, 1996, S. 82 u. 89.

[94]EuG, U. v. 27.04.1995, Rs. T-96/92, (CCE de la Société Générale des Grandes Sources u.a./Kommission), Slg. 1992, II-1216 ff.; EuG, U. v. 27.11.1997, Rs. T-290/94, (Kaysersberg SA/Kommission), Slg. 1997, II-2144 ff; EuG, U. v. 25.02.1999, Rs. T-87/96, (Generali/Kommission), WuW 2000, S. 77 ff.

[95]EuG, U. v. 27.11.1997, Rs. T-290/94, (Kaysersberg SA/Kommission), Slg. 1997, II-2144 (2183); EuG, U. v. 27.04.1995, Rs. T-96/92, (CCE de la Société Générale des Grandes Sources u.a./Kommission), Slg. 1995, II-1216 (1240).

Laufe des Verfahrens vor der Kommission zu gewährleisten[96]. Es wird wörtlich ausgeführt:

"Aus diesem Grund wird ihnen in Art. 18 Abs. 4 der Verordnung das Recht auf Anhörung durch die Kommission nur zuerkannt, wenn sie dies beantragen und grundsätzlich den Nachweis erbracht haben, dass sie insoweit über ein hinreichendes Interesse verfügen, wobei es in dieser Hinsicht ausreicht, wenn die Vertreter der Arbeitnehmer der beteiligten Unternehmen nachweisen, dass ihr repräsentativer Charakter in dem Unternehmen nach dem anwendbaren nationalen Recht anerkannt ist"[97].

Wenn auch die verfahrensmäßigen Rechte der Dritten nicht so weit reichen, wie die Rechte, die den Beteiligten gewährt werden, um die Beachtung ihres Anspruchs auf rechtliches Gehör sicherzustellen, haben die qualifizierten Dritten nach der zutreffenden Ansicht des EuG, soweit sie ein hinreichendes Interesse darlegen, nach Art. 18 Abs. 4 VO Nr. 4064/89 das Recht auf Anhörung, wenn sie einen entsprechenden Antrag stellen[98].

Wie sich aus der Gesamtheit der Bestimmungen ergibt, haben damit Dritte, die mit dem am Zusammenschluss Beteiligten in Wettbewerb stehen, auf entsprechenden Antrag ein Recht auf Anhörung durch die Kommission, um zu den für sie nachteiligen Wirkungen des angemeldeten Zusammenschlussvorhabens Stellung zu nehmen, wobei aber dieses Recht mit der Beachtung der Verteidigungsrechte und dem Hauptziel der Verordnung, der Sicherstellung einer wirksamen Kontrolle und der Rechtssicherheit für die der Verordnung unterliegenden Unternehmen, in Einklang zu bringen ist[99].

---

[96]EuG, U. v. 27.04.1995, Rs. T-96/92, (CCE de la Société Générale des Grandes Sources u.a./Kommission), Slg. 1992, II-1216 (1240).
[97]EuG, U. v. 27.04.1995, Rs. T-96/92, (CCE de la Société Générale des Grandes Sources u.a./Kommission), Slg. 1992, II-1216 (1241).
[98]EuG, U. v. 27.11.1997, Rs. T-290/94, (Kaysersberg SA/Kommission), Slg. 1997, II-2144 (2184) unter Bezugnahme auf: EuGH, U. v. 09.07.1987, Rs. 43/85, (Ancides/Kommission), Slg. 1987, 3131 ff., zu Art. 19 Abs. 2 VO Nr. 17/62.
[99]EuG, U. v. 27.11.1997, Rs. T-290/94, (Kaysersberg SA/Kommission), Slg. 1997, II-2144 (2184), unter Bezugnahme auf: Beschluss des Präsidenten des EuG v. 02.12.1994, Rs. T-

Damit sind an die Anforderungen an ein hinreichendes Interesse keine hohen Anforderungen zu stellen[100]. Wie im Rahmen des Art. 19 Abs. 2 VO Nr. 17/62 ist auch hier kein rechtliches Interesse erforderlich, sondern es genügt bereits ein wirtschaftliches Interesse von einiger Intensität[101]. Im Ergebnis weist das Gericht den Klagegrund der Verletzung der Beteiligungsrechte zurück, wenn der Kläger keinen Antrag auf Anhörung gestellt hat.

In der jüngsten Entscheidung hatte das EuG sich mit der Frage zu beschäftigen, ob eine Anhörung nach Art. 18 VO Nr. 4064/89 vor einer Entscheidung nach Art. 6 Abs. 1 lit a) VO Nr. 4064/89 (Nichtanwendbarkeit der Verordnung) stattzufinden habe. Das Gericht stellt fest, dass Art. 18 VO Nr. 4064/89 das Recht der betroffenen Unternehmen festlegt, vor Erlass einer Reihe von in der Bestimmung aufgezählten Entscheidungen gehört zu werden. Es führt aus:

"Es erwähnt nicht diejenigen Entscheidungen, die, wie die vorliegende, gemäß Art. 6 Abs. 1 a) feststellen, dass der angemeldete Vorgang nicht unter die Verordnung Nr. 4064/89 fällt. Die Beachtung der Rechte der Verteidigung stellt jedoch ein grundlegendes Prinzip des Gemeinschaftsrechts dar und ist daher vor Erlass jeder Entscheidung, die die betroffenen Unternehmen beschweren kann, zwingend"[102].

Das Gericht erweitert damit nicht den Anwendungsbereich des Art. 18 VO Nr. 4064/89, sondern zieht die allgemeinen Grundsätze heran, um ein Beteiligungsrecht zu begründen. Die Entscheidung bestätigt im übrigen den hohen

---

322/94 R, (Union Carbide/Kommission), Slg. 1994, II-1159 (1175); EuG, U. v. 28.4.1999, Rs. T-221/95, (Endemol/Kommission), Slg. 1999, II-1299 ff.

[100] Immenga, Ulrich, in: U. Immenga/E.-J. Mestmäcker, EG-Wettbewerbsrecht, 1997, S. 1050; Karl, Matthias, Die Rechtsstellung privater Dritter in der europäisches Fusionskontrolle in: W. Veelken/M. Karl/S. Richter (Hrsg.), Die europäische Fusionskontrolle. Grundzüge und Einzelfragen zur Verordnung (EWG) Nr. 4064/89, 1992, S. 37 (53); Körber, Torsten, Die Konkurrentenklage im Fusionskontrollrecht der USA, Deutschlands und der Europäischen Union, S. 85; einschränkend: EuG, U. v. 25.3.1999, Rs. T-102/96, (Gencor/Kommission), Slg. 1999, II-753 ff.

[101] Körber, Torsten, Die Konkurrentenklage im Fusionskontrollrecht der USA, Deutschland und der Europäischen Union, 1996, S. 85; inszident auch: EuG, U. v. 24.03.1994, Rs. T-3/93, (Air France I/Kommission), Slg. 1994, II-121 (162).

[102] EuG, U. v. 25.02.1999, Rs. T-87/96, (Generali/Kommission), WuW 2000, S. 77 (82).

Stellenwert, den die Gemeinschaftsrichter der Beachtung der Verteidungsrechte zuschreiben.

d) Fazit

Beteiligungsrechte Dritter sind in der VO Nr. 4064/89 nur in geringem Umfang berücksichtigt, bedenkt man, dass Art. 18 Abs. 4 VO Nr. 4064/89 insoweit die einzige Norm ist. Gemäß Art. 18 Abs. 4 Satz 1 VO Nr. 4064/89 kann die Kommission natürliche oder juristische Personen anhören, wenn sie es für erforderlich hält. Die Durchführung steht in deren Ermessen[103].

Art. 18 Abs. 4 Satz 2 VO Nr. 4064/89 spricht Dritten ein Recht auf Anhörung zu, wenn sie einen entsprechenden schriftlichen Antrag gestellt haben und ein hinreichendes Interesse an den Auswirkungen des Zusammenschlusses geltend machen können[104]. Ein gewisser Beurteilungsspielraum verbleibt der Kommission bei der Prüfung, ob ein hinreichendes Interesse vorliegt[105]. Hieran sind jedoch keine hohen Anforderungen zu stellen.

Die Beachtung der Rechte der Verteidigung stellt ein grundlegendes Prinzip des Gemeinschaftsrechts dar[106], so dass auch vor Entscheidungen, die nicht in Art. 18 VO Nr. 4064/89 aufgezählt sind, Dritte mit einem hinreichenden Interesse gehört werden müssen.

---

[103]Miersch, Michael, Kommentar zur EG-Verordnung Nr. 4064/89 über die Kontrolle von Unternehmenszusammenschlüssen, 1991, Art. 18 Anm. V.

[104]EuG, U. v. 27.04.1995, Rs. T-96/92, (CCE de la Société Générale des Grandes Sources u.a./Kommission), Slg. 1995, II-1216 (1240); zur Antragstellung: EuGH, U. v. 09.07.1987, Rs. 43/85, (Ancides/Kommission), Slg. 1987, 3131 (3153), zur VO Nr. 17/62.

[105]EuGH, U. v. 17.01.1984, Rs. 43 u. 63/82, (VBVB u. VBBB/Kommission), Slg. 1984, 1957, zur VO Nr. 17/62.

[106]EuGH, U. v. 09.11.83, Rs. 322/81, (Michelin/Kommission), Slg. 1983, 3461 (3498); EuG, U. v. 19.06.1997, Rs. T-260/94, (Air Inter/Kommission), Slg. II-997 (1018).

IV. Exkurs: Die revidierte EG-Fusionskontrollverordnung

Mit der Verordnung Nr. 1310/97 des Rates vom 30.06.1997[107] beschloß der Rat der Europäischen Union mit Wirkung zum 01.03.1998 eine Reihe von Änderungen und Ergänzungen der europäischen Fusionskontrolle, die für den Umfang und die Reichweite des Rechtsschutzes von Bedeutung sind. Auch für das bessere Verständnis etwaiger Strukturen des Rechtsschutzes ist es dienlich, die Änderungen der Verordnung in die Konzeption einzubeziehen.

Die revidierte VO Nr. 4064/89 sieht Änderungen zu den Aufgreifkriterien, die den Anwendungsbereich der Verordnung bestimmen, für die Mehrfachanmeldungen, die Gemeinschaftsunternehmen und die Berechnung der Umsätze von Finanz- und Kreditinstituten vor. Die größte Tragweite haben zweifellos die Änderungen bezüglich der Mehrfachanmeldungen und der Behandlungen der Gemeinschaftsunternehmen. Für die Praxis wichtig sind zudem die Änderungen der Bestimmungen über Auflagen und Bedingungen sowie die Änderungen, die das Verfahren und die Fristen betreffen[108].

1) Ausgangslage

Bevor auf die einzelnen revidierten Vorschriften einzugehen ist, ist es angezeigt, die Entstehungsbedingungen zu skizzieren. Der Ausgangspunkt der Revision bildete ein Kompromiss, der der Verabschiedung der Fusionskontrollverordnung[109] im Jahr 1989 vorausgegangen war und das Ergebnis der an-

---

[107] ABl. 1997 Nr. L 180/1 zur Änderung der Verordnung (EWG) Nr. 4064/89 des Rates über die Kontrolle von Unternehmenszusammenschlüssen.

[108] allgemein: Karl, Matthias, Inkrafttreten der Änderungen zur Europäischen Fusionkontrolle vom 01.03.1998, EuR 1998, S. 219 ff; Drauz, Götz, Neuere Entwicklungen der EU-Fusionskontrolle unter Einschluß der zum 01. März 1998 eingetretenen Änderungen, in: J. Schwarze (Hrsg.), Neuere Entwicklungen auf dem Gebiet des europäischen Wettbewerbsrechts, 1999, S. 103 ff.

[109] Verordnung (EWG) Nr. 4064/89 des Rates v. 21.12.1989 über die Kontrolle von Unternehmenszusammenschlüssen, ABl. 1989 Nr. L 395/1, in der berichtigten Fassung, ABl. 1990 Nr. L 257/1.

schließenden Diskussion über das Grünbuch zur Überprüfung der VO Nr. 4064/89, das die Kommission 1996 vorgelegt hatte[110].

Die Kommission hatte die Funktionsweise der Fusionskontrollverordnung zunächst 1993 überprüft. Die damalige Untersuchung war durch die gesetzliche Verpflichtung in Art. 1 Abs. 3 VO Nr. 4064/89 veranlasst, die Aufgreifkriterien (Umsatzschwellen) und die Verweisungsvorschriften zu überprüfen, um die Verabschie
dung der Verordnung nicht weiter hinauszuzögern[111]. Als Ergebnis der Untersuchung wurde unter anderem vereinbart, die Überprüfung der Verordnung bis spätestens Ende 1996 zu verschieben, damit insbesondere Erfahrungen mit den Umsatzschwellenwerten gewonnen werden konnten[112].

Im Jahre 1996 legte die Kommission das Grünbuch über die Revision der Fusionskontrollverordnung vor[113], das eine Analyse der bisherigen Fusionskontrolle auf Gemeinschaftsebene sowie den Vorschlag konkreter Änderungen enthielt. Die wesentlichen Vorschläge der Kommission fanden die grundsätzliche Zustimmung bei den Mitgliedsstaaten und wurden in der Verordnung zur Änderung der Fusionskontrollverordnung (Änderungsverordnung)[114] zusammengefaßt.

---

[110] Grünbuch über die Revision der Fusionskontrollverordnung v. 31.01.1996, KOM (96) 19 endg.

[111] Bericht der Kommission v. 28.07.1993, KOM (93) 385 endg.

[112] Hirsbrunner, Simon, Die revidierte EG-Fusionskontroll-Verordnung, EuZW 1998, S. 69; Bericht der Kommission an den Rat über die Anwendung der Verordnung über Unternehmenszusammenschlüsse v. 28.07.1993, KOM (93) 385 endg.; Niewiarra, Manfred, Die novellierte Europäische Fusionskontrollverordnung, EWS 1998, S. 113.

[113] Fusionskontrolle der Gemeinschaft: Grünbuch über die Revision der Fusionskontrollverordnung v. 31.01.1996, KOM (96) 19 endg.

[114] Verordnung (EG) Nr. 1310/97 des Rates zur Änderung der Verordnung (EWG) Nr. 4064/89 v. 21.12.1989 über die Kontrolle von Unternehmenszusammenschlüssen, ABl. 1997 Nr. L 180/1; vgl. auch: Pohlmann, Petra, Die Vorschläge der Europäischen Kommission zu einer Änderung der Fusionskontrollverordnung, EWS 1997, S. 181.

2) Einzelbetrachtung der Modifikationen

In den folgenden Abschnitten wird ein kurzer Überblick über die Neuerungen, die Einfluss auf den Rechtsschutz intendieren, gegeben und die übergangsrechtlichen Bestimmungen zusammengefaßt.

a) Regulierung von Mehrfachanmeldungen und Gemeinschaftsunternehmen

Nach Art. 1 Abs. 2 VO Nr. 4064/89 a. F. war ein Zusammenschluss, der die bisherigen Schwellenwerte nicht erreichte, nach nationalem Kartellrecht zu beurteilen. Dies hatte zur Folge, dass eine erhebliche Anzahl von Zusammenschlüssen in mehreren nationalen Mitgliedsstaaten angemeldet werden musste, was für die Unternehmen mit großer Arbeitsbelastung und Kosten verbunden war und das Risiko von gegensätzlichen Beurteilungen mit sich brachte.

Art. 1 Abs. 3 VO Nr. 4064/89 n. F. sieht eine Anwendbarkeit der VO Nr. 4064/89 unter Absenkung der Schwellenwerte im Verhältnis zu dem unveränderten Art. 1 Abs. 2 VO Nr. 4064/89 vor, die in drei oder mehr Mitgliedsstaaten bestimmte Umsatzkriterien erfüllen[115]. Die Änderungsverordnung knüpft an den Gedanken an, dass eine gemeinschaftsrechtliche Institution inhaltlich und verfahrensmäßig besser in der Lage ist, einen Zusammenschluss zu beurteilen, der in die Zuständigkeit mehrerer Mitgliedsstaaten falle[116].

Dem Erfordernis der Mehrfachanmeldung ist man des weiteren entgegengetreten, indem man den Anwendungsbereich auf der Ebene der Gemeinschaftsunternehmen durch wettbewerbliche Beurteilungskriterien erweiterte. Die Neuerung besteht darin, dass künftig alle Vollfunktions-

---

[115] dazu: Immenga, Ulrich, in: U. Immenga/E.-J. Mestmäcker, EG-Wettbewerbsrecht, Ergänzungsband, Stand Juli 1998, S. 3.

[116] Fusionskontrolle der Gemeinschaft: Grünbuch über die Revision der Fusionskontrollverordnung v. 31.01.1996, KOM (96) 19 endg.

Gemeinschaftsunternehmen unter die europäische Fusionskontrolle fallen, unabhängig von einer etwaigen Wettbewerbskoordinierung, Art. 2 Abs. 4 VO Nr. 4064/89 n. F.[117]. Nicht erfaßt sind nach wie vor dagegen die sog. Teilfunktions- Gemeinschaftsunternehmen, die nicht alle Funktionen einer selbständigen wirtschaftlichen Einheit erfüllen, sowie alle Gemeinschaftsunternehmen, die nicht auf Dauer angelegt sind[118].

b) Verfahren und Fristen

Für den Rechtsschutz von elementarer Bedeutung sind die Neuerungen der revidierten Fusionskontrollverordnung, die das Verfahren und Fristen als materielles Fachrecht tangieren.

aa) Bedingungen und Auflagen im ersten Verfahrensabschnitt

Durch den neu geschaffenen Art. 6 Abs. 2 VO Nr. 4064/89 kann die Kommission bereits ihre Entscheidung nach Art. 6 Abs. 1 b) VO Nr. 4064/89 (Entscheidung im Vorprüfungsverfahren) mit Bedingungen und Auflagen verbinden. Die Kommission hatte in ihrer Praxis bereits seit längerer Zeit Zusagen im ersten Verfahrensabschnitt nach Art. 6 Abs. 1 b) VO Nr. 4064/89 entgegengenommen, was bislang wegen fehlender ausdrücklicher Rechtsgrundlage äußerst umstritten war. Die überwiegende Ansicht im Schrifttum lehnte dieses Vorgehen der Kommission mangels normierter Absicherung in der VO Nr.

[117]Opgenhoff, Carolin, Behandlung von Gemeinschaftsunternehmen nach der EG-Fusionskontrollverordnung, EWS 1999, S. 372 ff.; Niewiarra, Manfred, Die novellierte Europäische Fusionskontrollverordnung, EWS 1998, S. 113 (114 f.); Gilchrist, Joseph, Revision of the Merger Control Regulation, in: Forschungsinstitut für Wirtschaftsverfassung und Wettbewerb (Hrsg.), Schwerpunkte des Kartellrechts 1996, 1997, S. 59 (64); Hirsbrunner, Simon, Neue Entwicklungen der Europäischen Fusionskontrolle in den Jahren 1999 und 2000, EuZW 2001, S. 197 ff.

[118]vgl.: Bekanntmachung der Kommission über die Beurteilung kooperativer Gemeinschaftsunternehmen nach Art. 85 EWGV, ABl. 1993 Nr. C 43/2; Hirsbrunner, Simon, Die revidierte EG-Fusionskontroll-Verordnung, EuZW 1998, S. 69 (72).

4064/89 und der daraus resultierenden Durchsetzungsprobleme ab[119]. Die Ergänzung des Art. 6 VO Nr. 4064/89 bietet nunmehr die erforderliche Rechtsgrundlage[120]. In den Erwägungsgründen wird die neue Regelung mit einem Hinweis auf die vergleichbare Lage beim Abschluss des zweiten Verfahrensabschnitts legitimiert.

Auch der neu eingefügte Art. 8 Abs. 2 VO Nr. 4064/89 enthält eine weitere Änderung im Hinblick auf Bedingungen und Auflagen. Nach dem bisherigen Wortlaut sollte sichergestellt werden, dass die beteiligten Unternehmen Verpflichtungen nachkommen, die im Hinblick auf eine Änderung des ursprünglichen Zusammenschlussvorhabens eingegangen sind. Nach der Neufassung geht es nicht um Verpflichtungen hinsichtlich der Änderung des ursprünglichen Zusammenschlussvorhabens, sondern um eine mit dem gemeinsamen Markt zu vereinbarende Gestaltung des Zusammenschlusses. Hierin könnte eine nicht unbeachtliche Änderung im Hinblick auf die künftige Zusagenpraxis angedeutet sein[121].

bb) Neuregelung des Vollzugsverbots nach Art. 7 VO Nr. 4064/89

Eine konzeptionelle Auswirkung auf den Rechtsschutz hat die Änderung der Regelung über das Vollzugsverbot in Art. 7 VO Nr. 4064/89. Die bisherige

---

[119] Bael, Ivo van/Bellis, Jean-Francois, Antidumping and other Trade Protection Laws of the EEC, 3. Aufl. 1994, S. 510; Bechtold, Rainer, Zwischenbilanz zum EG-Fusionskontrollrecht, EuZW 1994, S. 653 (659); Heidenhain, Martin, Zusagenpraxis in der EG-Fusionskontrolle, EuZW 1994, S. 135 (136 f.); Heidenhain, Martin, Anmerkung zu EuG, U. v. 19.05.1994, Rs. T-2/93 (Air France II/Kommission), EuZW 1994, S. 540 (541); Löffler, Heinz, in: E. Langen/H.-J. Bunte (Hrsg.), Kommentar zum deutschen und europäischen Kartellrecht, 8. Aufl. 1997, Art. 6 FKVO, Rdnr. 11 ff.; Mülbert, Peter O., Zusagen im deutschen und europäischen Fusionskontrollrecht, ZIP 1995, S. 699 (706); Groger, Thomas/Janicki, Thomas, Weiterentwicklung des Europäischen Wettbewerbsrecht, WuW 1992, S. 991 (1000); Davies, John/Lavoie, Chantal, EEC Merger Control. A Half-Term Report Before the 1993 Review?, W. COMP. 1993, S. 27 (32).

[120] Heitzer, Eric, Konzerne im Europäischen Wettbewerbsrecht unter vergleichender Berücksichtigung ihrer wettbewerbsrechtlichen Behandlung durch Aufsichtsbehörden und Gerichte in den USA, 1997, S. 213; Baron, Michael, Die neuen Bestimmungen der europäischen Fusionskontrolle, WuW 1997, S. 579 (588).

Möglichkeit, den Vollzug nach Art. 7 Abs. 2 VO Nr. 4064/89 a. F. auszusetzen, wurde gestrichen. Nach dem neu eingefügten Art. 7 Abs. 4 VO Nr. 4064/89 kann jedoch weiterhin ein Antrag auf Befreiung vom Vollzugsverbot gestellt werden. In der Neufassung ist klargestellt, dass der Antrag auf Befreiung mit Gründen versehen sein muss.

Der Entscheidungsspielraum für die Kommission ist aufgrund dieser Vorschrift darüber hinaus erweitert worden. Deshalb wurde lediglich darauf abgestellt, ob die Befreiung zur Abwendung eines schweren Schaden von den beteiligten Unternehmen oder Dritten erforderlich ist[122]. Nunmehr soll die Kommission in ihrer Entscheidung alle relevanten Faktoren berücksichtigen, insbesondere soll der Verhältnismäßigkeitsgrundsatz in den Vordergrund gestellt werden[123].

cc) Verweisung an die zuständigen Behörden der Mitgliedsstaaten

Für die beteiligten Unternehmen und die Mitgliedsstaaten zeigt Art. 9 VO Nr. 4064/89 n. F. eine das System ändernde Wirkung. Die Änderung betrifft die bislang umstrittene Frage, wie die Kommission bei einem Antrag eines Mitgliedsstaats vorzugehen hat, wenn zwar ein gesonderter Markt i. S. d. Art. 9 Abs. 7 VO Nr. 4064/89 betroffen ist, dieser jedoch keinen wesentlichen Teil des gemeinsamen Marktes ausmacht.

In der Literatur wird unter besonderer Berücksichtigung auf das Subsidiaritätsprinzip überwiegend eine Verpflichtung angenommen, in diesem Fall an den Mitgliedsstaat zu verweisen[124]. Die Neufassung des Art. 9 VO Nr. 4064/89

---

[121]so: Immenga, Ulrich, in: U. Immenga/E.-J. Mestmäcker, EG-Wettbewerbsrecht, Ergänzungsband, Stand Juli 1998, S. 14.

[122]zu der bisherigen Praxis: Kirchhoff, Wolfgang, Europäische Fusionskontrolle, BB 1990, Beilage 14 zu Heft 11, S. 4.

[123]Niewiarra, Manfred, Die novellierte Europäische Fusionskontroll-Verordnung, EWS 1998, S. 113 (118).

[124]Janicki, Thomas, EG-Fusionskontrolle auf dem Weg zur praktischen Umsetzung, WuW 1990, S. 195 (203); Lampert, Thomas, Die Anwendbarkeit der EG-Fusionskontrollverordnung im Verhältnis zum Fusionskontrollrecht der Mitgliedsstaaten,

entspricht dieser Rechtsauffassung, indem sie die Rückverweisung bei Vorliegen eines "nicht wesentlichen Marktes" erleichtert.

Welche Auswirkung die Neuerung haben wird, definiert sich über das Tatbestandsmerkmal des "nicht wesentlichen" Marktes. Zur Klärung dieser Fragen haben Rechtsprechung[125] und Verwaltungspraxis einige Interpretationshilfen erarbeitet, ohne jedoch feste Konturlinien zu geben. Aus Gründen der Rechtssicherheit wird es notwendig sein, präzise, vorzugsweise auf Umsatzzahlen bezogene Kriterien für die Definition nicht wesentlicher Märkte auszuarbeiten[126].

dd) Fristen konkretisierende Grundsätze

Die Kopplung des Rechtsschutzes an das Verfahrensfachrecht erfordert die besondere Berücksichtigung der Änderungen der Verordnung, die die Fristen zum Inhalt haben. Das europäische Fusionskontrollverfahren enthält verschiedene Fristen, die der Kommission, den Unternehmen und den Mitgliedsstaaten gesetzt sind. Die Berechnung dieser Fristen war bislang nur partiell in Art. 10 VO 4064/89 a. F. geregelt. Die einschlägigen Bestimmungen der Durchführungsverordnung konkretisierten nunmehr diese Grundsätze[127].

Die Revision bringt insoweit eine Vereinheitlichung, als die Berechnung der Fristen ihre Grundlage in der Fusionskontrollverordnung findet. Art. 23 VO Nr. 4064/89 n. F. ermächtigt die Kommission zum Erlass von Durchführungsbestimmungen zur Berechnung geltender Fristen. Von dieser Ermächtigung hat

---

1995, S. 118; Niederleithinger, Ernst, Das Verhältnis nationaler und europäischer Kontrolle von Zusammenschlüssen, WuW`1990, S. 721 (727).

[125]EuGH, U. v. 16.12.1975, Rs. 40-48, 50, 54-56, 111, 113 u. 114/73, (Suiker Unie/Kommission), Slg. 1975, 1663 (1995).

[126]Hirsbrunner, Simon, Die revidierte EG-Fusionskontroll-Verordnung, EuZW 1998, S. 69 (74).

[127]VO (EG) Nr. 447/98 der Kommission v. 01.03.1998 (ABl. 1998 Nr. L 61) über die Anmeldungen, über die Fristen sowie über die Anhörung nach der VO (EWG) Nr. 4064/89 des Rates über die Kontrolle von Unternehmenszusammenschlüssen.

die Kommission mit der Verordnung Nr. 447/98 Gebrauch gemacht. Als wichtigste materielle Friständerungen sind die Verlängerung der Geltung des Vollzugsverbotes in Art. 7 VO Nr. 4064/89 und die Hemmung der Abschlussfrist im Vorprüfungsverfahren, Art. 10 Abs. 4 VO Nr. 4064/89 zu nennen.

c) Übergangsvorschriften

Die Bestimmungen sind seit dem 01.03.1998 in Kraft. Die Novellierung stellt in Art. 2 VO Nr. 4064/89 klar, dass die Verordnung keine Anwendung auf Zusammenschlüsse findet, die vor dem 01.03.1998 Gegenstand eines Vertragsabschlusses oder einer Veröffentlichung im Sinne des Art. 4 VO Nr. 4064/89 gewesen oder durch einen Erwerb im Sinne derselben Vorschrift zustande gekommen sind.

Ebenfalls ist sie auf Zusammenschlüsse nicht anzuwenden, hinsichtlich deren eine für den Wettbewerb zuständige Behörde eines Mitgliedsstaates vor dem 01.03.1998 ein Verfahren eröffnet hat.

D. Funktionen des Rechtsschutzes in der Fusionskontrollverordnung

Im folgenden Abschnitt wird der Versuch unternommen, unter Berücksichtigung der ermittelten Erkenntnisse zur Ausgestaltung des Verfahrensfachrechts, die Funktionen des Rechtsschutzes zu systematisieren. Dazu werden zunächst die prozessrechtlichen Anknüpfungspunkte hinterfragt, um die Reichweite des subjektiven Rechtsschutzes bestimmen zu können.

I. Anknüpfungspunkt: Rechtsschutz über Direktklagen

Nach dem EG-Vertrag zählen zu den Direktklagen die Nichtigkeitsklage nach Art. 230 EGV und die Untätigkeitsklage gemäß Art. 232 EGV. Die Nichtigkeitsklage ist als Gestaltungsklage im europäischen Rechtssystem von eminent praktischer Bedeutung, da sie es den Adressaten und privilegierten Dritten auf die gemeinschaftsrechtlichen Organakte bezogen, reziprok zur Aufsichtsklage der Kommission gestattet, die Einhaltung und die rechtmäßige Anwendung des Gemeinschaftsrechts zu sichern[128]. Gibt das EuG und der EuGH einer Nichtigkeitsklage statt, so heben sie die angefochtene Handlung nach Art. 231 EGV ganz oder teilweise im Wege des Gestaltungsurteils auf.

Die Untätigkeitsklage nach Art. 232 EGV bildet eine komplementäre Ergänzung zur Nichtigkeitsklage. Auch sie ist darauf gerichtet, die Rechtmäßigkeit des Verhaltens eines Gemeinschaftsorgans zu überprüfen, nur besteht das gerügte Verhalten hier nicht in einem Tun, sondern in einem Unterlassen[129]. Die Entscheidungsbefugnis des Gerichts wird auch dahingehend eingeschränkt, dass die Untätigkeitsklage im Gegensatz zur Nichtigkeitsklage eine reine Feststellungsklage ist, so dass Klageantrag und das materielle Recht den Inhalt des stattgebenden Urteils vollständig bestimmt[130]. Die Entwicklung besonderer Klage- und Urteilsformen ist begrenzt, der richterlichen Gestaltungsmacht sind in den Art. 231 u. 232 EGV gesetzliche Grenzen gesetzt, die einzuhalten sind.

---

[128] Thiele, Willi, Der Rechtsschutz durch den Europäischen Gerichtshof, DVP 1990, S. 311 (312); Rengeling, Hans-Werner/Middeke, Andreas/Gellermann, Martin, Rechtsschutz in der Europäischen Gemeinschaft, 1994, Rdnr. 122.

[129] Dörr, Oliver, in: H. Sodann/J. Ziekow (Hrsg.), Nomos-Kommentar zur Verwaltungsgerichtsordnung, Stand November 1999, EVR, Rdnr. 170.

[130] vgl.: Koenig, Christian/Sander, Claude, Einführung in das EG-Prozeßrecht, 1997, Rdnr. 334.

II. Grundlagen der Klagemöglichkeit in der VO Nr. 4064/89

Die VO Nr. 4064/89 selbst enthält keine Regelungen über den Rechtsschutz gegen Entscheidungen der Kommission, weist aber in Art. 21 VO Nr. 4064/89 darauf hin, dass die in der VO Nr. 4064/89 vorgesehenen Entscheidungen der Kommission einer Rechtmäßigkeitskontrolle durch den Gerichtshof unterliegen[131]. Die Fusionskontrollverordnung verweist damit hinsichtlich der Rechtsschutzmöglichkeiten auf die Art. 230 ff. EGV[132].

Für Klagen natürlicher oder juristischer Personen nach Art. 230 Abs. 4 EGV bzw. Art. 232 Abs. 3 EGV ist erstinstanzlich das EuG zuständig gemäß Art. 3 Abs. 1 lit. c) des Ratbeschlusses über die Errichtung des EuG[133]. Dem steht nicht entgegen, dass die VO Nr. 4064/89 in Art. 21 Abs. 1 VO Nr. 4064/89 von dem "Gerichtshof" spricht[134].

III. Nichtigkeitsklage gemäß Art. 230 EGV

Die für den Individualrechtsschutz wichtigste Klage ist die Nichtigkeitsklage nach Art 230 EGV. Sie dient der gerichtlichen Kontrolle der Gemeinschaftsorgane und dem Schutz einzelner vor rechtswidrigem Handeln dieser Organe[135].

---

[131]Deimel, Albert, Rechtsgrundlagen einer europäischen Zusammenschlusskontrolle. Das Spannungsfeld zwischen Fusionskontrollverordnung und den Wettbewerbsregeln des EWG-Vertrages, 1992, S. 125.

[132]Immenga, Ulrich, in: U. Immenga/E.-J. Mestmäcker, EG-Wettbewerbsrecht, 1997, S. 1089; Deimel, Albert, Rechtsgrundlagen einer europäischen Zusammenschlusskontrolle. Das Spannungsfeld zwischen Fusionskontrollverordnung und den Wettbewerbsregeln des EWG-Vertrages, 1992, S. 125; Körber, Torsten, Die Konkurrentenklage im Fusionskontrollrecht der USA, Deutschlands und der Europäischen Union, 1996, S. 249.

[133]Ratsbeschluss 88/519 v. 29.10.1988, ABl. 1988 Nr. L 319/1; geändert durch Ratsbeschluss 93/350 v. 08.06.1993, ABl. 1993 Nr. L 144/21.

[134]Heidenhain, Martin, Zur Klagebefugnis Dritter in der Europäischen Fusionskontrolle, EuZW 1991, S. 590 (591); Deimel, Albert, Rechtsgrundlagen einer europäischen Zusammenschlusskontrolle. Das Spannungsfeld zwischen Fusionskontrollverordnung und den Wettbewerbsregeln des EWG-Vertrages, 1992, S. 122; zu Unrecht zweifelnd: Bechtold, Rainer, Die Grundzüge der neuen EWG-Fusionskontrolle, RIW 1990, S. 252 (260).

[135]Koch, Klaus, Die Klagebefugnis Privater im Kartellverwaltungsrecht der Europäischen Entscheidungen gemäß Art. 173 Abs. 2 EWG-Vertrag, 1980, S. 216 ff.; Krück, Hans, in: H. von

Nach Art. 230 Abs. 4 EGV kann jede natürliche oder juristische Person gegen die an sie ergangenen Entscheidungen sowie gegen diejenigen Entscheidungen Klage erheben, die - obwohl sie als an eine andere Person gerichtete Entscheidung ergangen sind - sie unmittelbar und individuell betreffen.

1) Potentieller Klägerkreis

Für die Klageberechtigung der natürlichen Person kommt es nicht darauf an, ob es sich um Staatsangehörige eines europäischen Mitgliedsstaats handelt oder ob sie ihren Wohnsitz bzw. den ständigen Aufenthalt in einem Mitgliedsstaat haben[136]. Auch Angehörigen aus Drittstaaten kann unter den Voraussetzungen des Art. 230 Abs. 4 EGV ein Klagerecht zustehen, was insbesondere im Fusionskontrollrecht von Relevanz ist[137].

Während Art. 33 Abs. 2 EGKSV den Kreis der Klageberechtigten auf "Unternehmen und Verbände" beschränkt, fallen unter den Begriff der juristischen Person alle rechtsfähigen Personenvereinigungen[138]. Die Rechtsfähigkeit kann sich nach innerstaatlichem Recht, nach Gemeinschaftsrecht oder dem Völkerrecht richten[139]. Mit Blick auf das Bedürfnis, die Klagebefugnis europäischen Erfordernissen anzupassen und Diskriminierungen aufgrund verschiedener

---

der Groeben/J. Thiesing/C.-D. Ehlermann, Kommentar zum EU/EG-Vetrag, 5. Aufl. 1997, Art. 173, Rdnr. 1.

[136]Krück, Hans, in: H. von der Groeben/J. Thiesing/C.-D. Ehlermann, Kommentar zum EU/EG-Vetrag, 5. Aufl. 1997, Art. 173, Rdnr. 39.

[137]Rengeling, Hans-Werner/Middeke, Andreas/Gellermann, Martin, Rechtsschutz in der Europäischen Gemeinschaft, 1994, Rdnr. 134.

[138]Erichsen, Hans-Uwe/Weiß, Richard, System des Europäischen Rechtsschutzes, Jura 1990, S. 528 (530).

[139]EuG, U. v. 15.12.1999, Rs. T-132 u. 143/96, (Freistaat Sachsen u.a./Kommission), Rdnr. 81, noch nicht amtlich veröffentlicht, wonach der Freistaat Sachsen, da er nach deutschem Recht Rechtspersönlichkeit besitzt, Nichtigkeitsklage nach Art. 230 EGV erheben kann; vgl.: EuGH, U. v. 28.10.1982, Rs. 135/81, (Groupement des Agences de Voyages/Kommission), Slg. 1982, 3799 (3800), wonach einer Gelegenheitsvereinigung von juristischen Personen als juristische Person i. S. d. Gemeinschaftsrechts angesehen wurde, auch wenn ihr nach dem für sie geltenden Nationalrecht die Klagebefugnis fehlen würde.

einzelstaatlicher Regelungen zu vermeiden[140], befolgen die Gemeinschaftsrichter eine extensive Auslegung des Begriffs der juristischen Person im Sinne des Art. 230 Abs. 4 EGV.

Nach der deutschen Rechtsordnung sind somit nicht nur juristische Personen des Privatrechts, sondern auch diejenigen des öffentlichen Rechts klageberechtigt[141]. Dementsprechend können nicht nur Unternehmen oder Unternehmensverbände Klage erheben, sondern ebenso Berufsvereinigungen, Gewerkschaften[142] oder auch Gebietskörperschaften[143] sowie Arbeitnehmervertretungen[144]. Exemplarisch ist auf die "Philipp Morris"- Entscheidung zu verweisen, in der eine Gesellschaft aus North-Carolina eine der beiden Klägerinnen war[145].

2) Statthaftigkeit der Klage gegen Entscheidungen im Rahmen der Fusionskontrolle

a) Statthafter Klagegegenstand im Sinne des Art. 230 Abs. 4 EGV

Statthafter Klagegegenstand nach Art. 230 Abs. 4 EGV sind Entscheidungen, die an den Kläger gerichtet sind. Der Entscheidungsbegriff ist für Individualklagen dahingehend eingeschränkt, anders als bei Klagen der Gemeinschaftsorgane im Sinne des Art. 230 Abs. 2 u. 3 EGV, dass Verordnungen

---

[140] Weidinger, Wilhelm, Der Rechtsschutz betroffener Dritter im Kartellverwaltungsrecht der Europäischen Wirtschaftsgemeinschaft, 1968, S. 11.

[141] Daig, Hans-Wolfram, Nichtigkeits- und Untätigkeitsklagen im Recht der europäischen Gemeinschaften, 1985, Rdnr. 14; Constantinesco, Léontin-Jean, Das Recht der Europäischen Gemeinschaften I, 1977, S. 852.

[142] EuGH, U. v. 08.10.1974, Rs. 18/74, (Allgemeine Gewerkschaft/Kommission), Slg. 1974, 933 (944); EuG, B. v. 04.12.1991, Rs. T-78/91, (Moat u.a./Kommission), Slg. 1991, II-1387 (1392).

[143] EuGH, U. v. 08.03.1988, Rs. 222/83, (Differdange/Kommission), Slg. 1984, 2889 (2896); EuGH, U. v. 08.03.1988, Rs. 62 u. 72/87, (Wallon u. Glaverbel/Kommission), Slg. 1988, 1573 f; EuG, U. v. 15.12.1999, Rs. T-132 u. 143/96, (Freistaat Sachsen u.a./Kommission), Rdnr. 81, noch nicht amtlich veröffentlicht.

[144] EuG, U. v. 27.04.1995, Rs. T-12/93, (CCE de Vittel u.a./Kommission), Slg. 1995, II-1247 ff.

keinen tauglichen Klagegegenstand darstellen, es sei denn, es handelt sich um sogenannte Scheinverordnungen (nur formell eine Verordnung), die den Kläger unmittelbar und individuell betreffen[146]. In Theorie und Praxis bereitet die Abgrenzung zwischen "Scheinverordnungen" und (echten) Verordnungen im Sinne des Art. 249 Abs. 2 EGV sowie die Zuordnung der Maßnahmen als Richtlinien im Sinne von Art. 249 Abs. 3 EGV gegenüber den in Form von Richtlinien ergangenen Entscheidungen ("Scheinrichtlinien") Schwierigkeiten[147].

Im Rahmen der Fusionskontrollverordnung spielt diese Abgrenzung ebensowenig eine Rolle wie die Frage der Anfechtbarkeit von echten Verordnungen und Richtlinien, die gerade in jüngster Zeit Gegenstand bereichsspezifischer Judikatur des Gerichtshofes und des EuG war[148]. Die Entscheidungen, die auf Grundlage der VO Nr. 4064/89 erlassen werden, definieren den personellen Anwendungsbereich konkret, so dass die erforderliche Bestimmung der Rechtsnatur des angefochtenen Rechtsakts im Sinne von der in Art. 249 EGV

---

[145]EuGH, U. v. 17.11.1987, Rs. 142 u. 156/84, (BAT, Reynolds/Kommission), Slg. 1987, 4487 ff.

[146]EuGH, U. v. 14.12.1962, Rs. 16, 17/62, (Confédération Nationale des Producteurs de Fruits et Légumes/Rat), Slg. 1962, 936 (977), Cremer, Wolfram, Nichtigkeitsklagen Einzelner gegen Rechtsakte der Gemeinschaft: Klagegegenstand und Klagebefugnis nach Art. 173 EGV, EWS 1999, S. 48.

[147]Danwitz, Thomas von, Die Garantie effektiven Rechtsschutzes im Recht der Europäischen Gemeinschaft, NJW 1993, S. 1108 (1109); Cremer, Wolfram, Forschungssubventionen im Lichte des EGV: Zugleich ein Beitrag zu den gemeinschaftsrechtlichen Rechtsschutzmöglichkeiten gegenüber Subventionen, 1994, S. 207; a. A. : Wegmann, Manfred, Die Nichtigkeitsklage Privater gegen Normativakte der Europäischen Gemeinschaften, 1976, S. 119 f.

[147]ständige Rechtsprechung: EuGH, U. v. 06.10.1982, Rs. 307/81, (Alusiusse/Kommission), Slg. 1982, 3463; EuGH, U. v. 12.07.1993, Rs. C-168/93, (Gribraltar/Rat), Slg. 1993, I-4009; EuG, U. v. 11.01.1995, Rs. T-116/94, (Cassa Nazionale/Rat), Slg. 1995, II-1; EuG, U. v. 30.09.1997, Rs. T-122/96, (Federolio/Kommission), Slg. 1997, II-1559; EuG, U. v. 09.04.1997, Rs. T-47/95, (Terres rouges Consultant u.a./Kommission), Slg. 1997, II-481.

[148]EuG, U. v. 13.12.1995, Rs. T-481 u. 484/93, (Levende Varkens u.a./Kommission), Slg. 1995, II-2941 (2961); EuG, U. v. 09.04.1997, Rs. T-116/94, (Cassa Nationale/Rat), Slg. 1995, II-1 (13); EuGH, U. v. 18.05.1994, Rs. C-309/89, (Codorniu/Rat), Slg. 1994, I-1853 (1886); bezüglich Richtlinien: EuGH, U. v. 29.06.1993, Rs. C-298/89, (Gibraltar/Rat), Slg. 1993, I-3605 (3654); EuGH, U. v. 23.11.1995, Rs. C-10/95 P, (Asocarne/Rat), Slg. 1995, I-4149 (4163); Waelbroek, Denis/Fosselard, Denis, Annotation to joined cases T-480/93 and T-483/93, Antillean rice Mills, CMLRev 1996, S. 811 (817); Rabe, Hans-Jürgen, Rechtsschutz im Außenwirtschaftsrecht der EG, EuR 1991, S. 236 (240); Klüpfel, Karin, Zur Anfechtbarkeit von Richtlinien durch nicht-privillegierte Kläger, EuZW 1996, S. 393 f.; Koenig, Christian/Sander, Claude, Einführung in das EG-Prozeßrecht, 1997, Rdnr. 266.

getroffenen Unterscheidung zwischen Verordnung und Entscheidung sich erübrigt.

Hinzu kommt, dass gerade die jüngere Rechtsprechung des EuG bei der Bestimmung des statthaften Klagegegenstandes einen materiell-rechtlichen Entscheidungsbegriff verfolgt, der der formalisierten Bestimmung unter Bezugnahme auf Art. 249 EGV nur schwerlich zugänglich ist[149]. Die Gemeinschaftsrichter stellen zur Bestimmung der Anfechtbarkeit eines Rechtsakts häufig entscheidend auf die individuelle und unmittelbare Betroffenheit des Klägers ab[150]. Rein dogmatisch werden zwei prozessrechtlich divergierende Zulässigkeitsvoraussetzungen miteinander vermengt und das im EG-Vertrag vorgesehene Konzept der nur beschränkten Zulässigkeit von Individualklagen durchbrochen[151].

Nach der Rechtsprechung ist für die Feststellung, ob die angefochtene Maßnahme eine Handlung im Sinne des Art. 230 EGV[152] darstellt, auf ihr Wesen abzustellen. Alle Maßnahmen, die bindende Rechtswirkungen erzeugen, welche die Interessen der Kläger durch einen Eingriff ihrer Rechtsstellung beein-

[149] EuG, U. v. 24.06.1998, Rs. T-596/97, (Dalmine SpA/Kommission), Slg. 1998, II-2385 (2398); EuG, U. v. 09.04.1997, Rs. T-47/95, (Terre rouge consultant SA u.a./Kommission), Slg. 1997, I-481 (494); vgl.: Cooke, John D., Conflict of principle and pragmatism - locus standy under Article 173 (4) ECT, Vorträge, Reden und Berichte aus dem Europa-Institut-Sektion Rechtswissenschaft - Nr. 353 (1996), S. 28.

[150] EuG, U. v. 15.12.1999, Rs. T-132 u. 143/96, (Freistaat Sachsen u.a./Kommission), Rdnr. 81, noch nicht amtlich veröffentlicht; vgl.: EuG, U. v. 18.09.1996, Rs. T-155/94, (Climax Paper/Rat), Slg. 1996, II-873; EuG, U. v. 30.04.1998, Rs. T-214/95, (Vlaams Gewest/Kommission), Slg. 1998, II-717 (732); EuG, B. v. 16.06.1988, Rs. T-328/97, (Comunidad Autónoma de Cantabria/Rat), Slg. 1998, II-2271 (2284); EuG, U. v. 03.06.1997, Rs. T-60/96, (Merck/Kommission), Slg. 1997, II-849 (866); EuGH, U. v. 14.03.1990, Rs. C-156/87, (Gestetner Holdings/Rat u. Kommission), Slg. 1990, I-781 (833).

[151] dementsprechend verzichtet ein Teil der Literatur vollständig auf den statthaften Klagegegenstand als echte Zulässigkeitsvoraussetzung der Individualklage, z. B.: Wenig, Fritz-Harald, in: E. Grabitz/M. Hilf (Hrsg.), Kommentar zur Europäischen Union, Stand Oktober 1999, Art. 173, Rdnr. 53; Krück, Hans, in: H. von der Groeben/J. Thiesing/C.-D. Ehlermann, Kommentar zum EU/EG-Vetrag, 5. Aufl. 1997, Art. 173, Rdnr. 42.

[152] Ein "Nichtakt" liegt in Abgrenzung zu lediglich fehlerhaften, rechtswidrigen Akten vor, wenn eine Handlung mit besonderen schweren und offensichtlichen Fehlern behaftet ist; EuGH, U. v. 21.02.1974, Rs. 15-33, 52, 53, 57-109, 116, 117, 123, 135-137/73, (Kordner/Rat, Kommission und Europäisches Parlament), Slg. 1974, 177 (188); EuGH, U. v. 29.06.1995, Rs. C-135/93, (Spanien/Kommission), Slg. 1995, I-1651 (1679); EuG, U. v. 27.02.1992, Rs. T-49/89 u. a. (BASF/Kommission), Slg. 1992, II-318 (352).

trächtigen, sind Handlungen oder Entscheidungen, gegen die die Nichtigkeitsklage nach Art. 230 EGV gegeben ist[153]. Maßgeblich dafür, ob die angefochtene Erklärung im Sinne dieser Rechtsprechung eine mit der Nichtigkeitsklage anfechtbare Handlung darstellt, ist somit, ob sie Rechtswirkungen erzeugt[154]. Diese Wirkung erzeugt eine Entscheidung, die in Bezug auf den Kläger ein gesondertes Verfahren endgültig abschließt, nicht dagegen, wenn sie nur dem Zweck dient, eine endgültige Entscheidung vorzubereiten[155]. Zwischenentscheidungen sind nur dann separat angreifbar, wenn dies bereits die Rechtsstellung des Klägers unmittelbar und individuell berühren[156].

Die Beschränkung der Nichtigkeitsklage auf rechtsverbindliche Akte ist bereits im Wortlaut des Art. 230 Abs. 1 EGV angelegt, der Stellungnahmen und Empfehlungen ausdrücklich ausnimmt und für eine Anfechtung von Handlungen des Parlaments verlangt, dass diese Rechtswirkung gegenüber Dritten entfalte. Die äußere Form des Rechtsakts ist für die Frage der Anfechtbarkeit dabei ohne Einfluss[157]. Zusammenfassend liegt ein zulässiger Klagegegenstand nach Art. 230 Abs. 4 EGV vor, wenn es sich um eine rechtlich existente

---

[153]EuG, U. v. 15.12.1999, Rs. T-132 u. 143/96, (Freistaat Sachsen u.a./Kommission), Rdnr. 81, noch nicht amtlich veröffentlicht; EuG, U. v. 24.06.1998, Rs. T-596/97, (Dalmine SpA/Kommission), Slg. 1998, II-2385 (2398); bereits: EuGH, U. v. 11.11.1981, Rs. 60/81, (IBM/Kommission), Slg. 1981, 2639 (2651); EuG, U. v. 16.04.1997, Rs. T-541/93, (Connaughton u.a./Rat), Slg. 1997, II-549 (559); EuGH, U. v. 20.03.1997, Rs. C-57/95, (Frankreich/Kommission), Slg. 1997, I-1627 (1647); EuGH, U. v. 13.06.1991, Rs. C-50/90, (Sunzest/Kommission), Slg. 1991, I-2917 (2922).

[154]EuGH, U. v. 11.11.1981, Rs. 60/81, (IBM/Kommission), Slg. 1981, 2639 (2651); EuGH, U. v. 06.10.1982, Rs. 307/81, (Alusiusse/Kommission), Slg. 1982, 3463 (3472); EuG, U. v. 18.09.1996, Rs. T-353/94, (Postbank/Kommission), Slg. 1996, II-921 (937); EuG, U. v. 22.10.1996, Rs. T-154/94, (Salines de France/Kommission), Slg. 1996, II-1377 (1392); EuG, U. v. 09.06.1997, Rs. T-9/97, (Elf Atochem/Kommission), Slg. 1997, II-909 (918).

[155]ständige Rechtsprechung: EuGH, U. v. 11.11.1981, Rs. 60/81, (IBM/Kommission), Slg. 1981, 2639 (2652); EuGH, U. v. 14.03.1990, Rs. C-133, 150/87, (Nashua Corporation/Kommission u. Rat), Slg. 1990, I-719 (771); EuG, U. v. 10.07.1990, Rs. T-64/89, (Automec/Kommission), Slg. 1990, II-367 (382); EuG, U. v. 17.02.2000, Rs. T-241/97, (Stork Amsterdam/Kommission), Rdnr. 49, noch nicht amtlich veröffentlicht.

[156]EuG, U. v. 09.06.1997, Rs. T-9/97, (Elf Atochem/Kommission), Slg. 1997, II-909 (919); EuG, U. v. 14.03.1996, Rs. T-134/95, (Dysan/Kommission), Slg. 1996, II-181 (191).

[157]EuGH, U. v. 05.05.1977, Rs. 101/76, (Honig/Rat u. Kommission), Slg. 1977, 797; EuGH, U. v. 11.11.1981, Rs. 60/81, (IBM/Kommission), Slg. 1981, 2639 (2652); EuG, Air France I, II-126 (154); EuGH, U. v. 09.02.1984, Rs. 316/82 u. 40/83 (Kohler/Rechnungshof), Slg. 1984, 641.

Gemeinschaftshandlung mit Außenwirkung handelt, die einem Gemeinschaftsorgan zuzurechnen ist.

b) Angreifbare Rechtsakte in der VO Nr. 4064/89

Die systematisierte Darstellung der Klagerechte in der Fusionskontrolle orientiert sich nach dem Grundsatz, dass eine Anfechtung von Verfahrenshandlungen und Zwischenentscheidungen der Kommission nur in Betracht kommt, wenn diese in Bezug auf den Kläger ein gesondertes Verfahren endgültig abschließen, oder die Verfahrenshandlungen der Gemeinschaftsorgane selbst bereits die Rechtsstellung des Klägers unmittelbar und irreversibel berühren[158]. Die Betrachtung gliedert sich dieser Vorgabe entsprechend zunächst in verfahrensbeendende Erklärungen und Zwischenentscheidungen, die die separat angreifbaren Verfahrenshandlungen mitumfassen.

aa) Verfahrensbeendende Erklärungen innerhalb der VO Nr. 4064/89

Als verfahrensbeendender Rechtsakt kommt die Entscheidung nach Art. 6 Abs. 1 lit a) VO Nr. 4064/89 (Nichtanwendbarkeit der Verordnung), die Freigabe des Zusammenschlusses im Vor- oder Hauptverfahren, die Erklärungsfiktion nach Art. 10 Abs. 6 VO Nr. 4064/89 sowie Entscheidungen außerhalb des förmlichen Verfahrens in Betracht.

---

[158]ständige Rechtsprechung: EuGH, U. v. 11.11.1981, Rs. 60/81, (IBM/Kommission), Slg. 1981, 2639 (2652); EuGH, U. v. 14.03.1990, Rs. C-133, 150/87, (Nashua Corporation/Kommission u. Rat), Slg. 1990, I-719 (771); EuG, U. v. 1 0.07.1990, Rs. T-64/89, (Automec/Kommission), Slg. 1990, II-367 (382); EuG, U. v. 09.06.1997, Rs. T-9/97, (Elf Atochem/Kommission), Slg. 1997, II-909 (919); EuG, U. v. 14.03.1996, Rs. T-134/95, (Dysan/Kommission), Slg. 1996, II-181 (191); EuG, U. v. 17.02.2000, Rs. T-241/97, (Stork Amsterdam/Kommission), Rdnr. 49, noch nicht amtlich veröffentlicht.

(1) Nichtanwendbarkeit der Verordnung, Art. 6 Abs. 1 lit. a) VO Nr. 4064/89

Mit der Entscheidung nach Art. 6 Abs. 1 lit. a) VO Nr. 4064/89 erklärt die Kommission, dass der Zusammenschluss nicht unter die Fusionskontrollverordnung fällt. Damit stellt die Kommission verbindlich fest, dass sie auf der Grundlage der ihr vorliegenden Tatsachen unzuständig ist und schließt damit das Fusionskontrollverfahren nach der VO Nr. 4064/89 ab. Durch die Erklärung ermöglicht sie den Mitgliedsstaaten zudem die Anwendung ihres nationalen Kartellrechts auf den Zusammenschluss und befreit die am Zusammenschluss Beteiligten vom Vollzugsverbot des Art. 7 Abs. 1 VO Nr. 4064/89[159].

Die Rechtsprechung und der überwiegende Teil der Literatur folgert zutreffend daraus, dass die Erklärung nach Art. 6 Abs. 1 lit. a) VO Nr. 4064/89 eine Entscheidung darstellt, die mit der Nichtigkeitsklage angreifbar ist[160]. *Koch* dagegen beurteilt den Abschluss der Vorprüfung nach Art. 6 VO Nr. 4064/89 als deklaratorische Feststellung der Kommission, die die Rechtsstellung der Beteiligten unberührt lasse, so dass die Nichtigkeitsklage unstatthaft sei[161]. Er begründet seine Auffassung damit, dass Zusammenschlüsse nach der Fusionskontrollverordnung ebenso wie nach § 24 GWB grundsätzlich erlaubt seien, weshalb eine Erklärung nach Art. 6 Abs. 1 VO Nr. 4064/89 nur den geltenden Rechtszustand bestätige und die Rechtsstellung der Beteiligten unberührt lasse[162].

---

[159] Immenga, Ulrich, in: U. Immenga/E.-J. Mestmäcker, EG-Wettbewerbsrecht, 1997, S. 1091; Drauz, Götz/Schroeder, Dirk, Praxis der europäischen Fusionskontrolle, 3. Aufl. 1995, S. 223; allgemein zum Verhältnis: Merker, Nils, Subsidiarität und Delegation: Anwendung der Artikel 85 EGV und Artikel 86 EGV durch die nationalen Kartellbehörden, Problematik des Artikels 85 III EGV und der "comfort letters", 1997.

[160] EuG, U. v. 24.03.1994, Rs. T-3/93, (Air France I/Kommission), Slg. 1994, II-121 (152); EuG, U. v. 25.02.1999, Rs. T-87/96, (Generali/Kommission), WuW 2000, S. 77 (78); Heidenhain, Martin, Zur Klagebefugnis Dritter in der Europäischen Fusionskontrolle, EuZW 1991, S. 590 (593); Heidenhain, Martin, Anmerkung zu EuG, U. v. 19.05.1994, Rs. T-2/93 (Air France II/Kommission), EuZW 1994, S. 540; Körber, Torsten, Konkurrentenklage im Fusionskontrollrecht der USA, Deutschlands und der Europäischen Union, 1996, S. 259.

[161] Koch, Hans-Joachim, in: E. Grabitz/M. Hilf (Hrsg.), Kommentar zur Europäischen Union, Stand Oktober 1999, nach Art. 86, Rdnr. 32 u. 54.

Diese Begründung von *Koch* ist bei genauerer Betrachtung unter Berücksichtigung der Rechtsprechung und des Wortlauts der VO Nr. 4064/89 wenig überzeugend. Aus den Erwägungsgründen zur VO Nr. 4064/89 geht der Grundkonsens hervor, dass für Zusammenschlüsse, die wegen des begrenzten Marktanteils der beteiligten Unternehmen nicht geeignet sind, wirksam Wettbewerb zu verhindern, eine Vereinbarkeitsvermutung mit dem gemeinsamen Markt aufgestellt wird[163]. Wäre die Ansicht *Kochs* zutreffend, dass zunächst von der Wirksamkeit eines Zusammenschlusses ausgegangen werde, wäre diese Vermutung obsolet. Der Rat erwog, sowohl das Eingriffs- als auch das Verbotsprinzip einzuführen und entschied sich bewusst für das Neutralitätsprinzip[164]. Auch ist es wenig überzeugend, feststellenden Erklärungen per se die Rechtsverbindlichkeit abzusprechen, da eine verbindliche Konkretisierung einer Rechtslage Rechtswirkungen gegenüber den am Zusammenschluss beteiligten Unternehmen erzeugen kann[165].

Stuft die Kommission einen wirtschaftlichen Vorgang in bestimmter Weise ein, und entscheidet sie sich damit für ein in der VO Nr. 4064/89 vorgesehenes Kontrollverfahren, so stellt dies in Bezug auf die betroffenen Unternehmen keine bloße vorbereitende Maßnahme dar. Ein angemessener Schutz individueller Rechte wäre nicht gewährleistet, wenn diese Entscheidung oder die gegen sie zur Verfügung stehende Klage es nicht gestatten würde, die unumkehrbaren Auswirkungen dieser Einstufung zu beseitigen[166]. Die Entscheidung

---

[162]Koch, Norbert, Die neuen Befugnisse der EG zur Kontrolle von Unternehmenszusammenschlüssen, EWS 1990, S. 65 (70).

[163]Erwägungsgrund 13.

[164]Körber, Torsten, Die Konkurrentenklage im Fusionskontrollrecht der USA, Deutschland und der Europäischen Union, 1996, S. 256.

[165]vgl. schon: EuGH, U. v. 17.12.1959, Rs. 14/59, (Société des Fonderies de Pont-a-Mousson/Ruhrbehörde), Slg. 1958/59, 464 (486); Daig, Hans-Wolfram, Nichtigkeits- und Untätigkeitsklagen im Recht der europäischen Gemeinschaften, 1985, Rdnr. 34.

[166]EuG, U. v. 25.02.1999, Rs. T-87/96, (Generali/Kommission), WuW 2000, S. 77 (78); vgl.: EuGH, U. v. 30.06.1992, Rs. C-312/90, (Spanien/Kommission), Slg. 1992, I-4117 (4142); EuGH, U. v. 30.06.1992, Rs. C-47/91, (Italien/Kommission), Slg. 1992, I-4145 (4161), in denen der Gerichtshof ausführt, dass eine Entscheidung, die eine Beihilfe neu einstuft, einen anfechtbaren Rechtsakt darstellt, da sie die Einleitung eines besonderen Kontrollverfahrens mit sich bringt, das dadurch gekennzeichnet ist, dass die Auszahlung der Beihilfe aufgrund von Art. 93 Abs. 3 des Vetrages so lange ausgesetzt wird, bis diese für mit dem Vertrag vereinbar erklärt wird.

legt die Kriterien für die Beurteilung der Rechtmäßigkeit des in Rede stehenden Vorgangs sowie das Verfahren und die eventuellen Sanktionen fest, die auf den Zusammenschluss anwendbar sind. Sie kann die Rechtsstellung eines betroffenen Unternehmens verändern, in dem diesem die Möglichkeit genommen wird, die Rechtmäßigkeit des Vorgangs unter einem lediglich strukturellen Gesichtspunkt im Rahmen des beschleunigten Verfahrens nach der VO Nr. 4064/89 prüfen zu lassen, um eine Entscheidung zu erwirken, die endgültig über die Vereinbarkeit mit dem Gemeinschaftsrecht befindet[167].

Auch bewirkt eine Erklärung nach Art. 6 Abs. 1 lit. a) VO Nr. 4064/89, dass die Unternehmen von der Anmeldepflicht nach Art. 4 Abs. 1 VO Nr. 4064/89 befreit werden. Weiterhin führt angesichts der aufschiebenden Wirkung, die gemäß Art. 7 Abs. 1 VO Nr. 4064/89 grundsätzlich der Anmeldung eines Zusammenschlusses mit gemeinschaftsweiter Bedeutung zukommt, im Hinblick auf das gemeinschaftliche Kartellrecht die Erklärung zu einer Erlaubnis zur unmittelbaren Durchführung.

Es bestehen daher keine ernstlichen Bedenken, die Entscheidung nach Art. 6 Abs. 1 lit. a) VO Nr. 4064/89 als angreifbaren Rechtsakt im Sinne des Art. 230 Abs. 4 EGV anzuerkennen.

(2) Entscheidungsalternativen Art. 6 Abs. 1 lit. b) VO Nr. 4064/89, Art 8 Abs. 2, 3 VO Nr. 4064/89

Sowohl die Freigabe des Zusammenschlusses im Vor- bzw. sich anschließenden Hauptverfahren (Art. 6 Abs. 1 lit. b), Art. 8 Abs. 2 VO Nr. 4064/89) als auch die Untersagung des Vorhabens nach Art. 8 Abs. 3 VO Nr. 4064/89 sind ebenfalls als Entscheidungen anzusehen, die mit der Nichtigkeitsklage angreifbar sind.

---

[167]EuG, U. v. 25.02.1999, Rs. T-87/96, (Generali/Kommission), WuW 2000, S. 77 (78).

Diese rechtliche Einschätzung, die mit der Rechtsprechung des EuG[168] übereinstimmt, beruht auf der Rechtsnatur und Funktion der Erklärungen, die die Verordnung diesen zumisst. Die Entscheidungen nach Art. 6 Abs. 1 lit. b) und Art. 8 Abs. 2, 3 VO Nr. 4064/89 beenden bindend die Prüfung durch die Kommission und bewirken die endgültige Wirksamkeit der Vollzugsgeschäfte nach Art. 7 Abs. 5 VO Nr. 4064/89. Mit der Entscheidung geht ein weitergehender Ausschluss der Anwendbarkeit nationaler Regelungen auf den Zusammenschluss gemäß Art. 21 Abs. 2 Satz 1 VO Nr. 4064/89 einher.

Der actus contrarius dieser Entscheidungen wird mit dem Widerruf der Vereinbarkeitserklärung nach Art. 8 Abs. 5 VO Nr. 4064/89 geschaffen[169], so dass keine Zweifel bestehen, auch diese Kommissionsentscheidung als mit der Nichtigkeitsklage angreifbar anzusehen[170]. Dagegen stellt sich die Frage, ob eine (Teil-) Nichtigkeitsklage, die gegen eine Auflage gerichtet ist, mit der die Vereinbarkeitserklärung verbunden war, statthaft ist, erst in der Prüfung der Begründetheit der Klage[171]. Dort ist zu untersuchen, ob sich die etwaige Nichtigerklärung der Auflage auf die Entscheidung im übrigen auswirken kann, indem sie deren vollständige Nichtigkeit nach sich zieht[172].

Das Kriterium der verbindlichen Rechtswirkungen für den Entscheidungsbegriff wird auch gegenüber den Mitgliedsstaaten erfüllt. Die Anwendung der Verordnung schließt grundsätzlich angesichts ihrer Struktur die Anwendung anderer Bestimmungen, insbesondere die der Mitgliedsstaaten, aus, die das

---

[168]EuG, U. v. 19.05.1995, Rs. T-2/93, (Air France II/Kommission), Slg. 1994, II-327, zu Art. 6 Abs. 1 lit. b VO Nr. 4064/89; EuG, U. v. 27.04.1995, Rs. T-12/93, (CCE de Vittel u. a. /Kommission), Slg. 1995, II-1250, zu Art. 8 Abs. 2 VO Nr. 4064/89; EuG, U. v. 22.03.2000, Rs. T-125 u. 127/97, (Coca Cola/Kommission), Rdnr. 77 ff., noch nicht amtlich veröffentlicht, wonach selbst Vereinbarkeitsentscheidung für Anmelder anfechtbar sein kann.

[169]Immenga, Ulrich, in: U. Immenga/E.-J. Mestmäcker, EG-Wettbewerbsrecht, 1997, S. 1091.

[170]Stockenhuber, Peter, Europäisches Kartellrecht, 1999, S. 190.

[171]EuGH, U. v. 31.03.1998, Rs. C-68/94 u. C-30/95, (Frankreich, SCPA u. EMC/Kommission), Slg. 1998, I-1453 (1466); differenziert für ein "freiwillige" Auflage: EuG, U. v. 15.12.1999, Rs. T-22/97, (Kesko/Kommission), Rdnr. 55 ff., noch nicht amtlich veröffentlicht.

[172]Schlussantrag des GA Tesauro v. 06.12.1997, EuGH, Rs. C-68/94 u. C-30/95 (Frankreich, SCPA u. EMC/Kommission), Slg. 1998, I-1381 (1395); EuGH, U. v. 31.03.1998, Rs. C-68/94 u. C-30/95, (Frankreich, SCPA u. EMC/Kommission), Slg. 1998, I-1453 (1466).

Recht der Unternehmenszusammenschlüsse regeln[173]. Die Maßnahme entfaltet Wirkungen gegenüber den Mitgliedsstaaten, deren Gebiet von dem fraglichen Zusammenschluss unmittelbar oder mittelbar betroffen ist. Stellt die Kommission fest, dass ein Zusammenschluss keine gemeinschaftsweite Bedeutung hat, liegen die Voraussetzungen für einen Antrag eines oder gar mehrerer Mitgliedsstaaten nach Art. 22 Abs. 3 der VO Nr. 4064/89 vor[174].

(3) Erklärungsfiktion nach Art. 10 Abs. 6 VO Nr. 4064/89

Bislang in der Rechtsprechung ungeklärt ist die Frage, ob eine Nichtigkeitsklage auch gegenüber den Fiktionen nach Art. 10 Abs. 6 VO Nr. 4064/89 statthaft ist. Nach Art. 10 Abs. 6 VO Nr. 4064/89 gilt der Zusammenschluss als vereinbar erklärt, wenn die Kommission nicht innerhalb der normierten Fristen im Vor- oder Hauptverfahren das Vorhaben für vereinbar erklärt hat oder den Zusammenschluss untersagte.

Nach Art. 10 Abs. 6 VO Nr. 4064/89 wird nicht die Vereinbarkeit des Zusammenschlusses für den gemeinsamen Markt kraft Gesetzes, sondern (nur) die Abgabe einer entsprechenden Erklärung durch die Kommission fingiert, d. h. es wird unterstellt, dass die Kommission das Verfahren durch eine rechtzeitige Vereinbarkeitsentscheidung nach Art. 6 Abs. 1 lit. b) bzw. Art. 8 Abs. 2 VO Nr. 4064/89 abgeschlossen hat.

Es liegt der Schluss nahe, die Fiktion den Entscheidungen in ihren Rechtswirkungen gegenüber Beteiligten gleichzustellen. Der überwiegende Teil in der Literatur vertritt demnach auch die Auffassung, dass die Erklärungsfiktion nach Art. 10 Abs. 6 VO Nr. 4064/89 eine angreifbare Entscheidung i. S. d. Art. 230 Abs. 4 EGV sei[175].

---

[173] EuG, U. v. 24.03.1994, Rs. T-3/93, (Air France I/Kommission), Slg. 1994, II-121 (150).
[174] EuG, U. v. 24.03.1994, Rs. T-3/93, (Air France I/Kommission), Slg. 1994, II-121 (150).
[175] Körber, Torsten, Gerichtlicher Rechtsschutz in der europäischen Fusionskontrolle, RIW 1998, S. 910; Immenga, Ulrich, in: U. Immenga/E.-J. Mestmäcker, EG-Wettbewerbsrecht,

(a) Konflikt gegenüber Art. 253 EGV

Diese Auffassung lässt unberücksichtigt, dass eine Klage gegen die fingierte Entscheidung durch die Erklärungsfiktion des Art. 10 Abs. 6 VO Nr. 4064/89 als Klagegegenstand einen stillschweigend entgangenen, nicht mit Gründen versehenen Akt zum Inhalt hat. Dies führt zweifelsfrei zu einem Konflikt gegenüber Art. 253 EGV, der die Begründungspflicht statuiert. Dieser Gesichtspunkt wurde bislang lediglich von *Koch* und *Miersch* problematisiert[176], ohne überzeugende Lösungsansätze zu bieten.

Die Begründungspflicht ist eine formelle Anforderung, deren Verletzung in der Regel als eine Verletzung wesentlicher Formvorschriften i. S. d. Art. 230 Abs. 1 EGV zu werten ist[177]. Dies gilt insbesondere, wenn jegliche Begründung fehlt oder die Begründung quantitativ unzureichend respektiv und lückenhaft ist[178]. Es besteht darüber Einigkeit, dass das Fehlen jeglicher Begründung von Amts wegen zur Aufhebung des angefochtenen Rechtsaktes führt[179].

Begründungsfehler können nur dann durch Nachschieben von Gründen geheilt werden, wenn die Gründe schon vorher zumindest ansatzweise vorhan-

---

1997, S. 1091; Lange, Knut Werner, Beteiligungsrechte Dritter im Europäischen Fusionskontrollverfahren, in: Festschrift für K. Boujonge, 1996, S. 906 f., m. w. N; Immenga, Ulrich, in: U. Immenga/E.-J. Mestmäcker, EG-Wettbewerbsrecht, 1997, S. 1091; Körber, Torsten, Die Konkurrentenklage im Fusionskontrollrecht der USA, Deutschland und der Europäischen Union, 1996, S. 261; Koch, Norbert, Die neuen Befugnisse der EG zur Kontrolle von Unternehmenszusammenschlüssen, EWS 1990, S. 65 (72); Miersch, Michael, Kommentar zur EG-Verordnung Nr. 4064/89 über die Kontrolle von Unternehmenszusammenschlüssen, 1991, Art. 16 Anm. I.

[176] Miersch, Michael, Kommentar zur EG-Verordnung Nr. 4064/89 über die Kontrolle von Unternehmenszusammenschlüssen, 1991, Art. 16 Anm. I.; Koch, Norbert, Die neuen Befugnisse der EG zur Kontrolle von Unternehmenszusammenschlüssen, EWS 1990, S. 65 (72).

[177] EuGH, U. v. 07.07.1981, Rs. 158/80, (Rewe), Slg. 1981, 1805 (1833); Calliess, Christian, in: C. Calliess/M. Ruffert (Hrsg.), Kommentar zum EUV/EGV, 1999, Art. 253, Rdnr. 25; Müller-Ibold, Till, Die Begründungspflicht im europäischen Gemeinschaftsrecht, 1990, S. 9.

[178] vgl. bezüglich einer falschen Übersetzung: EuGH, U. v. 17.06.1987, Rs. 424 u. 425/85, (Frico u.a.), Slg. 1987, 2755; EuGH, U. v. 20.10.1987, Rs. 119/86, (Spanien/Rat), Slg. 1987, 4121.

[179] differenzierend zu den Abstufungen einzelner Begründungsmängel: Müller-Ibold, Till, Die Begründungspflicht im europäischen Gemeinschaftsrecht, 1990, S. 112 ff.; Schmidt, Gudrun, in: H. Von der Groeben/J. Thiesing/C.-D. Ehlermann, Kommentar zum EU/EG-Vertrag,

den waren und die nachträglichen Ausführungen nur einer detaillierten Erläuterung dienen[180]. Die Begründung muss zum Zeitpunkt ihrer Abgabe eine ausreichende und angemessene Angabe der tatsächlichen und rechtlichen Erwägungen enthalten[181]. Eine Begründung, die vor Gericht abgegeben wird, ist daher grundsätzlich verspätet und muss zurückgewiesen werden, da sie sonst ein Verstoß gegen das Rückwirkungsverbot bedeuten würde[182].

Die Zubilligung eines Klagerechts würde das EuG in die Lage versetzten, ohne materielle Prüfung die Erklärungsfiktion des Art. 10 Abs. 6 VO Nr. 4064/89 als Entscheidung der Kommission für nichtig erklären zu müssen. Dieses Ergebnis ist mit dem Sinn und Zweck der VO Nr. 4064/89, u. a. einen Interessenausgleich zwischen den Marktteilnehmern herzustellen, nicht vereinbar.

(b) Lösungsalternativen unter Berücksichtigung des Gebotes effektiven Rechtsschutzes

Der von *Koch* verfolgte Ansatz, dass die vorangegangene Übermittlung einer Abschrift der Anmeldung und die wichtigsten Schriftstücke als Surrogat für die Erfüllung der Anforderungen des Art. 253 EGV ausreicht, überzeugt nicht. Erstens bestehen erhebliche Zweifel, ob die Begründungspflicht durch die Bezugnahme auf Schriftstücke erfüllt wird, da gerade bei der zu treffenden Entscheidung für den Beteiligten die Gründe aus der Anmeldung und den von den Beteiligten vorgelegten Unterlagen nicht erkennbar sind. Zweitens erscheint

---

5. Aufl. 1997, Art. 190, Rdnr. 2 f; EuGH, U. v. 20.03.1959, Rs. 18/57, (Nold), Slg. 1958/59, 89 (116); EuGH, U. v. 07.07.1981, Rs. 158/80, (Rewe), Slg. 1981, 1805 (1833).

[180] EuG, U. v. 27.04.1995, Rs. T-442/93, (AAC/Kommission), Slg. 1995, II-1329, Aufforderung zur Vorlage von Unterlagen als prozessleitende Maßnahme, Art. 64 §§ 3,4 VerfO; Schloh, Bernhard/Hoenike, Mark, Die Anforderungsfrist bei der Konkurrentenklage im Beihilferecht nach Art. 173 EGV, EuZW 1997, S. 398 (402).

[181] ständige Rspr.: EuG, U. v. 14.05.1998, Rs. T-309/94, (KNP BT/Kommission), Slg. 1998, II-1010 (1028); EuG, U. v. 14.05.1998, Rs. T-295/94, (Buchmann/Kommission), Slg. 1998, II-816 (829); EuGH, U. v. 12.11.1996, Rs. C-84/94 (Vereinigtes Königreich/Rat), Slg. 1996, I-5755 (5815).

[182] Grabitz, Eberhard, in: E. Grabitz/M. Hilf (Hrsg.), Kommentar zur Europäischen Union, Stand Oktober 1999, Art. 190, Rdnr. 8; Geiger, Rudolf, Kommentar zum Vertrag zur Gründung der Europäischen Gemeinschaft, 2. Aufl. 1995, Art. 190, Rdnr. 6.

der sich anschließende Rechtsweg wenig praktikabel und für ein geordnetes Rechtsschutzverfahren nicht geeignet. Die Beteiligten wären gehalten, aus den ihnen überlassenen Unterlagen fiktive Entscheidungsgründe zu konstruieren, um die möglichen Erfolgsaussichten einer Klage zu ermitteln. Dies widerspricht dem Gebot des effektiven Rechtsschutzes.

Als weitere Variante kommt die Versagung jeglichen Rechtsschutzes gegen die Erklärungsfiktion nach Art. 10 Abs. 6 VO Nr. 4064/89 in Betracht[183]. Ein Ausschluss einer Klagemöglichkeit würde jedoch dazu führen, dass Dritte rechtsschutzlos gestellt werden könnten, indem die Kommission nicht innerhalb der normierten Fristen entscheidet. Es wäre denkbar, dass die Beteiligungsrechte aus Art. 18 VO Nr. 4064/89 verletzt werden, ohne dass den Betroffenen die Möglichkeit zustünde, diesen Verstoß gerichtlich überprüfen zu lassen[184]. Ein Klageausschluss läuft auch dem öffentlichen Interesse an der Durchsetzung der Fusionskontrollverordnung zuwider, da er die Zusammenschlusskontrolle auf europäischer Ebene ausschließen würde, wenn die Kommission eine Entscheidungsfrist bewusst oder unbewusst versäumt. Es liegt auf der Hand, dass in einem solchen Fall eine gerichtliche Kontrolle gewährleistet sein muss[185].

(c) Außerordentliches Beschwerderecht

Es erscheint sachgerecht, den Betroffenen ein außerordentliches Beschwerderecht in Anlehnung an Art. 3 VO Nr. 17/62 einzuräumen. Als Rechtsschutz-

---

[183]Körber, Torsten, Die Konkurrentenklage im Fusionskontrollrecht der USA, Deutschland und der Europäischen Union, 1996, S. 261, führt diese Überlegung ein.

[184]Körber, Torsten, Die Konkurrentenklage im Fusionskontrollrecht der USA, Deutschlands und der Europäischen Union, 1996, S. 261.

[185]Monopolkommission, Konzeption einer europäischen Fusionskontrolle, Sondergutachten 17, 1989, S. 96.

ziel der Beschwerde ist zum einen die Wiederaufnahme des Verfahrens[186] und zum anderen die Begründung der fiktiven Entscheidung zu formulieren[187].

Es trifft zwar zu, dass in der Fusionskontrollverordnung der Rat bewusst kein dem Art. 3 Abs. 2 lit. b) VO Nr. 17/62 vergleichbares Antragsrecht Dritter mit aufnahm[188]. Dieser Verzicht hat jedoch nicht seinen Grund darin, Konkurrenten nach der Fusionskontrollverordnung weniger zu schützen, sondern der Rat sah ein solches Antragsrecht im Anwendungsbereich der VO Nr. 4064/89 in aller Regel als überflüssig an, da anders als in dem von der VO Nr. 17/62 umfaßten Anwendungsbereich jeder Zusammenschluss, der von der VO Nr. 4064/89 mit umfaßt wird, angemeldet werden muss[189]. Entsprechend erkennt die Kommission und das EuG für den Ausnahmefall, dass eine Anmeldung unterbleibt, und dass die Kommission eine solche auch nicht erzwingt, ein über den Wortlaut der VO Nr. 4064/89 hinausgehendes, formloses Antragsrecht Dritter auch im Fusionskontrollverfahren an[190]. Damit trifft die Prämisse von der unterschiedlichen Konzeption der VO Nr. 4064/89 und der VO Nr. 17/62, bezogen auf die verschiedene Ausgestaltung von Rechten beteiligter Konkurrenzunternehmen, nicht zu, so dass auch eine Grundlage für ein daraus abgeleitetes Beschwerderecht besteht[191].

---

[186]vgl.: EuG, U. v. 28.10.1993, Rs. T-83/92, (Zunis Holding u.a./Kommission), Slg. 1993, II-1171 ff.

[187]zur Beschwerde allgemein: EuG, B. v. 29.09.1997, Rs. T-83/97, (Sateba/Kommission), Slg. 1997, II-1523 ff.; EuG, B. v. 29.04.1998, Rs. T-367/94, (Britisch Coal/Kommission), Slg. 1998, II-705; EuG, U. v. 16.09.1998, Rs. T-110/95, (IECC/Kommission II), Slg. 1998, II-3605 ff.

[188]Nowak, Carsten, Der Rechtsschutz von Beschwerdeführern im EG-Wettbewerbs- und EG-Außenhandelsrecht, EuZW 2000, S. 453 (455); siehe allgemein: Birk, Axel, Die gerichtliche Kontrolle von Kommissionsentscheidungen bei Zurückweisung von Beschwerden, EWS 1999, S. 176 ff.

[189]Körber, Torsten, Die Konkurrentenklage im Fusionskontrollrecht der USA, Deutschlands und der Europäischen Union, 1996, S. 80.

[190]EuG, U. v. 24.03.1994, Rs. T-3/93, (Air France I/Kommission), Slg. 1994, II-126 (155, 157); vgl.: Kommission, 15. Bericht über die Wettbewerbspolitik, 1985, S. 122 f.; Nowak, Carsten, Der Rechtsschutz von Beschwerdeführern im EG-Wettbewerbs- und EG-Außenhandelsrecht, EuZW 2000, S. 453 (455).

[191]Körber, Torsten, Die Konkurrentenklage im Fusionskontrollrecht der USA, Deutschlands und der Europäischen Union, 1996, S. 308.

Letzteres folgt auch aus der Rechtsprechung des EuGH, wonach das Schweigen des Gesetzgebers nicht dem Schutz der Rechte von Einzelpersonen entgegengehalten werden kann[192]. Die vorliegend aufgeworfene offene Frage, die eine mangelnde Regelungsdichte der Drittschutzproblematik im Bereich der gemeinschaftlichen Fusionskontrolle belegt, ist durch die Einräumung des außerordentlichen Beschwerderechtes zu beantworten[193]. Diese Alternative führt zu einem interessengerechten Ausgleich und wird dem Gebot des effektiven Rechtsschutzes gerecht. Sie fügt sich ein in die Rechtsprechung des EuGH und des EuG, wonach die Beschwerdeführer einen Anspruch darauf haben, über das Ergebnis ihrer Beschwerde durch eine Entscheidung der Kommission unterrichtet zu werden, gegen die Klage erhoben werden kann[194]. Entsprechend ist die sich anschließende Erklärung der Kommission mit der Nichtigkeitsklage anfechtbar.

(4) Erklärungen außerhalb des förmlichen Verfahrens

Wird ein Verfahren nach der VO Nr. 4064/89 eingeleitet, kann eine Rechtsschutzlücke dann entstehen, wenn die Anmeldung im Einverständnis mit der Kommission nach den informellen Vorgesprächen unterbleibt. Dieser Sachverhalt lag der Entscheidung "Air France I" des EuG zugrunde, in der das Gericht zu der Frage Stellung zu nehmen hatte, ob eine Presseerklärung der Kommission mit der Nichtigkeitsklage angefochten werden kann.

---

[192] EuGH, U. v. 15.03.1967, Rs. 8-11/66, (Cimenteries u.a./Kommission), Slg. 1967, 99 (123); Nowak, Carsten, Konkurrentenschutz in der EG: Interdependenz des gemeinschaftlichen und mitgliedstaatlichen Rechtsschutzes von Konkurrenten, 1997, S. 285; nach Auffassung von: Barfuß, Walter/Czernich, Dietmar, Nichtigkeitseinrede von Mitgliedsstaaten gegen Richtlinien analog Art. 184 EGV?, EuZW 1996, S. 621 (623), folgt die Verpflichtung zur rechtsschutzfreundlichen Auslegung des Gemeinschaftsrechts aus Art. 220 EGV.

[193] allgemein zu fusionskontrollverfahrensrechtlichen Beschwerdemöglichkeiten: Nowak, Carsten, Konkurrentenschutz in der EG: Interdependenz des gemeinschaftlichen und mitgliedstaatlichen Rechtsschutzes von Konkurrenten, 1997, S. 281 f. m. w. N.

[194] EuGH, U. v. 04.03.1999, Rs. C-119/97 P, (Ufex/Kommission), Slg. 1998, I-1341 (1396); EuGH, U. v. 18.03.1997, Rs. C-282/95 P, (Guérin automobiles/Kommission), Slg. 1997, I-1503 (1542); Nowak, Carsten, Der Rechtsschutz von Beschwerdeführern im EG-Wettbewerbs- und EG-Außenhandelsrecht, EuZW 2000, S. 453 (455), der einen Anspruch auf Erhalt einer Beschwerdeentscheidung folgert.

In dem bereits zitierten Verfahren beantragte die Air France als Klägerin, die Entscheidung vom 30.10.1992 für nichtig zu erklären, die vom Pressesprecher der Kommission bekanntgegeben und in der Presseagentur "Europe" am 31.10.1992 veröffentlicht wurde, und durch die die Kommission sich für nicht zuständig erklärte, gemäß der VO Nr. 4064/89 des Rates über die Kontrolle von Unternehmenszusammenschlüssen über den Zusammenschluss Dan Air mit British Airways zu erkennen[195].

Das EuG folgt der ständigen Rechtssprechung, wonach alle Maßnahmen, die verbindliche Rechtswirkung erzeugen, welche die Interessen des Klägers durch einen Eingriff in seine Rechtsstellung beeinträchtigen, mit der Anfechtungsklage nach Art. 230 EGV angreifbar sind[196]. Das EuG folgt damit der ganz herrschenden Meinung, dass die äußere Form eines Aktes für die Frage der Angreifbarkeit irrelevant ist[197]. Der Entscheidungsbegriff des Art. 230 Abs. 4 EGV wird weit, im Sinne einer funktionalen, dem Normzweck des Klagerechts Rechnung tragenden Auslegung verstanden[198]. Der Auffassung ist uneingeschränkt zuzustimmen, zumal den EG-Organen nicht vorbehalten sein darf, durch die Wahl der äußeren Form der Entscheidungen, Einfluss auf das Rechtsschutzssystem zu nehmen[199].

---

[195]EuGH, U. v. 24.03.1994, Rs. T-3/93, (Air France I/Kommission), Slg. 1994, II-126 ff.

[196]EuG, U. v. 24.03.1994, Rs. T-3/93, (Air France I/Kommission), Slg. 1994, II-126 (149); unter Bezugnahme auf: EuGH, U. v. 11.11.1981, Rs. 60/81, (IBM/Kommission), Slg. 1981, 2639; EuG, U. v. 10.07.1990, Rs. T-64/89, (Automec/Kommission), Slg. 1990, II-367.

[197]EuGH, U. v. 17.06.1980, Rs. 789, 790/90, (Calpak/Kommission), Slg. 1980, 1949 (1961); ausführlich: Schlussantrag des GA Jacobs, EuGH, Rs. C-358/89 (Extramet Industrie/Rat), Slg. 1991, I-2515 f.; Bernhardt, Wilfried, Verfassungsprinzipien-Verfassungsgerichtsfunktionen-Verfassungsprozeßrecht im EWG-Vertrag, 1987, S. 292 f.; EuG, U. v. 25.02.1999, Rs. T-87/96, (Generali/Kommission), WuW 2000, S. 77 (78); Wenig, Fritz-Harald, in: E. Grabitz/M. Hilf (Hrsg.), Kommentar zur Europäischen Union, Stand Oktober 1999, Art. 173, Rdnr. 53; einschränkend: Merker, Nils, Subsidiarität und Delegation: Anwendung der Artikel 83 EGV und Artikel 86 EGV durch die nationalen Kartellbehörden, Problematik des Artikels 85 III EGV und der "comfort letters", 1997, S. 187 f.

[198]Harmjanz, Jan Dietrich, Auflagen und Bedingungen. Eine vergleichende Darstellung des EG-Fusionskontrollrechts und des U.S.-amerikanischen Antitrustrechts zu consent decrees, 1999, S. 94.

[199]EuGH, U. v. 17.11.1987, Rs. 142 u. 156/84, (BAT, Reynolds/Kommission), Slg. 1987, 4487 (4571); zum deutschen Recht: BVerwGE 29, S. 310 (313); BVerwGE 13, S. 99 (103).

Als weitere Konsequenz aus dem Urteil ist der Rechtssatz zu formulieren, dass nicht in der VO Nr. 4064/89 vorgesehene Erklärungen dann mit der Nichtigkeitsklage angreifbar sind, wenn ihre Rechtswirkungen denjengen einer ausdrücklich vorgesehenen, verfahrensabschließenden Entscheidung entsprechen[200].

(5) Fazit

Die Entscheidung der Kommission im Vorverfahren, dass die Fusionskontrollverordnung nicht zur Anwendung kommt und die Erklärung, dass das Vorhaben mit dem gemeinsamen Markt vereinbar ist (Art. 6 Abs. 1 lit. a, b) VO Nr. 4064/89) sowie die deckungsgleiche verbindliche Beendigung des Hauptverfahrens einschließlich der Untersagung des Zusammenschlusses (Art. 8 Abs. 2, 3 VO Nr. 4064/89) sind mit der Nichtigkeitsklage angreifbar. Gleiches gilt bei funktionaler Betrachtungsweise für den Widerruf der Vereinbarkeitserklärung nach Art. 8 Abs. 5 VO Nr. 4064/89.

Etwas anderes gilt für die Erklärungsfiktion wegen Fristablaufs nach Art. 10 Abs. 6 VO Nr. 4064/89, da der Konflikt mit Art. 253 EGV und der daraus resultierenden Begründungspflicht nur mit der Einräumung eines außerordentlichen Beschwerderechts bereinigt werden kann. Die Zulassung einer Beschwerdeentscheidung dient den Betroffenen zur Wahrung des Gebotes effektiven Rechtsschutzes.

---

[200]Körber, Torsten, Konkurrentenklage in der europäischen Fusionskontrolle, EuZW 1996, S. 267 (268).

bb) Zwischenentscheidungen in der EG-Fusionskontrolle

Die VO Nr. 4064/89 sieht eine Reihe von sog. Zwischenentscheidungen vor, deren Angreifbarkeit weitgehend ungeklärt ist[201]. Zwischenentscheidungen sind dem Grunde nach unselbständige, lediglich die Hauptsacheentscheidung vorbereitende Maßnahmen, die nur inzident durch eine Klage gegen die Hauptsacheentscheidung angreifbar sind[202]. Die Analyse wird sich mit dem Regelungscharakter der einzelnen Entscheidungen auseinanderzusetzen haben im Hinblick auf die Eröffnung des individuellen Rechtsschutzes.

(1) Anmeldeaufforderung der Kommission

Für die am Zusammenschluss Beteiligten wird das Interesse formuliert, die Anmeldeaufforderung der Kommission anzufechten, wenn diese der Auffassung sind, dass das Vorhaben keine gemeinschaftsweite Bedeutung hat und damit nicht der Anmeldepflicht des Art. 4 VO Nr. 4064/89 unterliegt[203].

Es ist bereits zweifelhaft, ob die Beteiligten ein schützenswertes Interesse geltend machen können, von dem Verfahren nach der Fusionskontrollverordnung verschont zu bleiben. Gegen die Anfechtbarkeit der (bloßen) Aufforderung bestehen jedoch aus einem weiteren Gesichtspunkt Bedenken, da die Anmeldung lediglich vorbereitende Maßnahme für das weitere Verfahren ist. Bestätigt wird diese Einschätzung durch Art. 14 Abs. 1 lit. a) VO Nr. 4064/89, wonach der Kommission das Instrument des Bußgeldes zur Verfügung steht, falls die Beteiligten die Anmeldepflicht verletzt haben[204]. Ein schützenswertes

---

[201]Körber, Torsten, Gerichtlicher Rechtsschutz in der europäischen Fusionskontrolle, RIW 1998, S. 910 (911).
[202]EuGH, U. v. 11.11.1981, Rs. 60/81, (IBM/Kommission), Slg. 1981, 2639 (2652).
[203]so: Körber, Torsten, Gerichtlicher Rechtsschutz in der europäischen Fusionskontrolle, RIW 1998, S. 910 (911).
[204]Schroth, Hans-Jürgen, Sanktionbewehrte Pflichtstellungen in der geplanten EWG-Fusionsverordnung, WuW 1989, S. 103 (104).

Interesse steht den Beteiligten damit gegen die Bußgeldentscheidung zu, nicht bereits gegen die Aufforderung selbst.

Eine Angreifbarkeit der Anmeldeaufforderung würde daneben zu einem nachhaltigen Eingriff in das institutionelle Gleichgewicht führen, da das EuG anstelle der Kommission zu entscheiden hätte, ob eine Anmeldepflicht besteht und ob dieses Handeln von den Kontrollbefugnissen gedeckt wäre[205]. Die Befugnisse des Gemeinschaftsgerichts bestehen darin, die rechtliche Kontrolle über die Maßnahme auszuüben, die die Kommission in ihrer Eigenschaft als Verwaltungsbehörde ergreift, sie erstrecken sich jedoch nicht auf die Beurteilung der Fragen, zu denen dieses Organ noch nicht Stellung genommen hat[206]. Eine solche Befugnis würde der Erörterung der sachlichen Probleme vorgreifen und die strikte Trennung der verschiedenen Phasen des Verwaltungs- und des gerichtlichen Verfahrens durchbrechen. Das System der Zuständigkeitsverteilung zwischen der Kommission und den Gemeinschaftsgerichten stünde zur Disposition und eine geordnete Rechtspflege mit einem ordnungsgemäßen Ablauf des Verwaltungsverfahrens wäre gefährdet[207]. Für den so zu bestimmenden Funktionsbereich des EuG und des EuGH führt das institutionelle Gleichgewicht ganz allgemein zu einer Pflicht zum "judicial self- restraint" gegenüber den Organen der Gemeinschaft[208]und im konkreten Fall zur mangelnden Anfechtbarkeit der Erklärung der Kommission.

---

[205]EuG, B. v. 12.07.1996, Rs. T-52/96 R (Sogecable/Kommission), Slg. 1996, II-797; nicht eindeutig: Nowak, Carsten, Der Rechtsschutz von Beschwerdeführern im EG-Wettbewerbs- und EG-Außenhandelsrecht, EuZW 2000, S. 453 (455).

[206]EuG, B. v. 12.07.1996, Rs. T-52/96 R (Sogecable/Kommission), Slg. 1996, II-797 (812); Nicolaysen, Gert, Europarecht I, 1991, S. 179; Tonne, Michael, Effektiver Rechtsschutz durch staatliche Gerichte als Forderung des europäischen Gemeinschaftsrechts, 1997, S. 335 ff.

[207]EuG, U. v. 10.07.1990, Rs. T-64/89 (Automec/Kommission), Slg. 1990, II-367 (382).

[208]Rengeling, Hans-Werner, Deutsches und Europäisches Verwaltungsrecht, VVDStRL 53, S. 202 (232); Danwitz, Thomas von, Verwaltungsrechtliches System und europäische Integration, 1996, S. 131.

(2) Eröffnung des Hauptverfahrens, Art. 6 Abs. 1 lit. c) VO Nr. 4064/89.

Ein berechtigtes Interesse, die Eröffnung des Hauptverfahrens durch die Nichtigkeitsklage zu beseitigen, liegt in der Tatsache, dass tatbestandlich die Feststellung der Kommission vorausgeht, der angemeldete Zusammenschluss falle unter die Verordnung, und es gäbe Anlass zu ernsthaften Bedenken hinsichtlich seiner Vereinbarkeit mit dem gemeinsamen Markt , Art. 6 Abs. 1 lit. c) VO Nr. 4064/89. Nach gefestigter Rechtsprechung können (nur) Handlungen, die die Rechtsstellung der betreffenden Unternehmen sofort und irreversibel beeinträchtigen, bereits vor Abschluss eines Verwaltungsverfahrens die Zulässigkeit einer Nichtigkeitsklage rechtfertigen[209].

Nach der bisherigen Fassung der Verordnung war übereinstimmend die Rechtsnatur der Maßnahme dahingehend charakterisiert worden, dass sie geprägt ist durch die Überleitung in ein sich anschließendes Verfahren, die gegenüber den Beteiligten im Fusionskontrollverfahren zum Ausdruck bringt, dass das zu untersuchende Zusammenschlussvorhaben nicht bedenkenlos genehmigungsfähig ist. Rechtswirkungen erzeugte Art. 6 Abs. 1 lit. c) VO Nr. 4064/89 a. F. lediglich in der Weise, dass der bis zur abschließenden Entscheidung bestehende Schwebezustand unverändert fortbestand, eine Verlängerung des nach Art. 7 Abs. 1 VO Nr. 4064/89 a. F. auf drei Wochen geltende Vollzugsverbot war damit nicht verbunden[210]. Sie war daher nach ganz herrschender Meinung nicht mit der Nichtigkeitsklage angreifbar[211].

---

[209] EuG, B. v. 25.05.1998, Rs. T-267/97, (Broome u. Wellington/Kommission), Slg. 1998, II-2191 (2200).

[210] Körber, Torsten, Gerichtlicher Rechtsschutz in der europäischen Fusionskontrolle, RIW 1998, S. 910 (911); differenzierter und offensichtlich den Entscheidungscharakter bejahend: Zilles, Stephan, Die Anfechtungslegitimation von Dritten im europäischen Fusionskontrollrecht, 1997, S. 76.

[211] Immenga, Ulrich, in: U. Immenga/E.-J. Mestmäcker, EG-Wettbewerbsrecht, 1997, S. 1092; Schröter, Helmut, in: H. von der Groeben/J. Thiesing/C.-D. Ehlermann, Kommentar zum EG-Vertrag, 4. Aufl. 1991, Art. 87 -zweiter Teil, Rdnr. 282; a. A.: Kirchhoff, Wolfgang, Europäische Fusionskontrolle, BB 1990, Beilage 14 zu Heft 11, S. 14, ohne nähere Begründung.

Seit dem 01.03.1998 entfaltet das Vollzugsverbot nach Art. 7 Abs. 1 VO Nr. 4064/89 n. F. bis zur Vereinbarkeitserklärung Wirkung. Als Folge könnte dadurch der Entscheidung über das Eröffnen des Hauptverfahrens rechtsverbindliche Wirkung zukommen, da die Erklärung "faktisch" ein andauerndes Vollzugsverbot zur Folge hat. Dieses Andauern ist jedoch nicht unmittelbar Folge der Erklärung nach Art. 6 Abs. 1 lit. c) VO Nr. 4064/89, sondern beruht unmittelbar auf der gesetzlichen Anordnung nach Art. 7 Abs. 1 VO Nr. 4064/89 n. F. Die Rechtswirkungen sind nicht der Entscheidung nach Art. 6 VO Nr. 4064/89 zuzuordnen. Hinzu kommt, dass es an einer irreversiblen Beeinträchtigung der Beteiligten fehlt, weil sie nach Art. 7 Abs. 4 VO Nr. 4064/89 n. F. jederzeit einen Antrag auf Befreiung vom Vollzugsverbot stellen können.

Die Verlängerung der Rechtsunsicherheit der Beteiligten über den Bestand des Zusammenschlusses ist durch die Konzeption der Fusionskontrollverordnung vorgegeben und hinzunehmen, zumal korrigierende Instrumentarien die Verordnung selbst vorgibt[212]. Die Handlung, mit der die Kommission ein Verfahren nach der Fusionskontrollverordnung einleitet, ist daher rein vorbereitende Handlung, die nicht geeignet ist, die Rechtsstellung der Klägerin sofort und irreversibel zu beeinträchtigen[213].

Eine Nichtigkeitsklage gegen Erklärungen nach Art. 6 Abs. 1 lit. c) VO Nr. 4064/89 ist (auch) weiterhin nicht statthaft.

(3) Ablehnung von Anträgen auf Anhörung oder Akteneinsicht

Lehnt die Kommission den Antrag eines Wettbewerbers auf Anhörung nach Art. 18 Abs. 4 Satz 2 VO Nr. 4064/89 als Zwischenentscheidung ab, ist nach

---

[212] Immenga, Ulrich, in: U. Immenga/E.-J. Mestmäcker, EG-Wettbewerbsrecht, 1997, S. 1092; Drauz, Götz/Schroeder, Dirk, Praxis der europäischen Fusionskontrolle, 3. Aufl. 1995, S. 223.

[213] für das Einleiten eines Anti-Dumping-Verfahrens: EuG, B. v. 25.05.1998, Rs. T-267/97, (Broome u. Wellington/Kommission), Slg. 1998, II-2193 (2201).

der Rechtsprechung des EuGH diese Zwischenentscheidung, die kein separates Verfahren rechtsverbindlich abschließt, grundsätzlich nicht separat angreifbar[214]. Im Hinblick auf die kurzen Fristen, die die Fusionskontrollverordnung für das Fusionskontrollverfahren in Art. 10 Abs. 1 bis 3 VO Nr. 4064/89 bestimmt, wäre die Zulassung von Klagen gegen solche Zwischenentscheidungen und Verfahrenshandlungen vor Abschluss des Fusionskontrollverfahrens nicht praktikabel. Bei Zulassung solcher Klagen vor Abschluss des Verwaltungsverfahrens könnte das Gericht zudem gezwungen sein, der Beurteilung sachlicher Probleme durch die Kommission vorzugreifen. Eine solche Kompetenz der Gemeinschaftsrichter widerspricht dem Gebot des institutionellen Gleichgewichts, das eine Trennung zwischen Verwaltungsverfahren und gerichtlicher Nachprüfung fordert[215], ohne dass dies wegen überwiegender Rechtsschutzinteressen der potentiellen Kläger erforderlich wäre.

Gleichwohl können auch Zwischenentscheidungen in Ausnahmefällen eigenständig rechtliche Wirkungen erzeugen, wenn durch sie ungeachtet ihrer Hilfsfunktion für die Endentscheidung abschließend über einen davon getrennten oder abgetrennten Sachverhalt entschieden wird[216]. Die Ausnahme erfaßt die Fälle, in denen eine endgültige und irreversible Beinträchtigung rechtlich geschützter Positionen des Klägers eintreten kann[217] und die Hauptsacheklage nicht geeignet ist, den nicht wiedergutzumachenden Auswirkungen vorzubeugen[218].

---

214 EuGH, U. v. 13.07.1971, Rs. 8/71 (Komponistenverband/Kommission), Slg. 1971, 705 (710), zu Art. 19 VO Nr. 17 und Art. 5 VO Nr. 99/63.

215 EuGH, U. v. 11.11.1981, Rs. 60/81, (IBM/Kommission), Slg. 1981, 2639 (2652).

216 EuGH, U. v. 24.06.1986, Rs. 53/85, (AKZO Chemie/Kommission), Slg. 1986, 1985 (1990).

217 EuG, U. v. 06.02.1998, Rs. T-124/96, (Interporc/Kommission), Slg. 1998, II-231.

218 EuGH, U. v. 28.11.1991, Rs. C-170/89, (BEUC/Kommission), Slg. 1991, I-5709 (5739); EuG, B. v. 04.05.1998, Rs. T-84/97, (EUC/Kommission), Slg. 1998, II-797 (809), die Nichtigkeitsklage gegen die erneute Ablehnung der Kommission, dem Kläger Zugang zu nicht vetraulichen Unterlagen zu gewähren, wies das EuG mit der Begründung ab, dass eine Nichtigkeitsklage gegen eine rein bestätigende Entscheidung unzulässig sei. In den Entscheidungsgründen lässt jedoch das EuG keinen Zweifel daran, dass die Entscheidung selbständig angreifbar wäre.

Ist die Nichtigkeitsklage nicht statthaft, kann als Korrelat die Verletzung von Verfahrensrechten im Rahmen einer Klage gegen die das Verfahren abschließende Entscheidung geltend gemacht werden[219]. Zudem können die von einer solchen Ablehnungsentscheidung Betroffenen die Hauptsacheentscheidung auch unter Hinweis auf die Verletzung ihrer Verfahrensbeteiligungsrechte anfechten[220]. In einer weiteren Entscheidung hat das EuG folgerichtig festgestellt, dass eine Person, der vom Rat der Zugang zu Dokumenten verweigert wird, bereits aus diesem Grund ein Interesse an der Nichtigerklärung der ablehnenden Entscheidung hat[221].

Damit wird dem Gebot des effektiven Rechtsschutzes ausreichend Rechnung getragen, insbesondere auch deswegen, weil bei Erfolg der Klage die Kommission nach Art. 10 Abs. 5 VO Nr. 4064/89 erneut in die Prüfung des Zusammenschlusses eintritt unter Beachtung der Verfahrensbeteiligung, die nachgeholt werden muss.

---

[219] Immenga, Ulrich, in: U. Immenga/E.-J. Mestmäcker, EG-Wettbewerbsrecht, 1997, S. 1092; Körber, Torsten, Die Konkurrentenklage im Fusionskontrollrecht der USA, Deutschland und der Europäischen Union, 1996, S. 264; EuG, U. v. 17.12.1991, Rs. T-7/89 (Hercules Chemicals/Kommission), Slg. 1991, II-1711 (1739); EuG, U. v. 29.06.1995, Rs. T-30/91, (Solvay/Kommission), Slg. 1995, II-1775 ff.; Moore, Sarah, Annotation to Case T-30/91, Solvay v. Commission, Case T-36/91, ICI v. Commission, CMLRev 1996, S. 355 (366).

[220] EuG, U. v. 27.04.1995, Rs. T-12/93, (CCE de Vittel u.a./Kommission), Slg. 1995, II-1250 (1276); EuG, U. v. 27.04.1995, Rs. T-96/92, (CCE de la Société Générale des Grandes Sources u.a./Kommission), Slg. 1995, II-1216 (1231); EuG, U. v. 27.11.1997, Rs. T-290/94, (Kaysersberg SA/Kommission), Slg. 1997, II-2144 (2183); Krück, Hans, in: A. Dauses (Hrsg.), Handbuch des EG-Wirschaftsrechts, Stand Januar 1999, H. I., Rdnr. 438; Due, Ole, Verfahrensrechte der Unternehmen in Wettbewerbsverfahren vor der EG-Kommission, EuR 1998, S. 33 (40).

[221] EuG, U. v. 17.06.1998, Rs. T-174/95, (Svenska Journalistförbundet/Rat), Slg. 1998, II-2293; vgl.: Lenaerts, Koen von, Sanktionen der Gemeinschaftsorgane gegenüber natürlichen und juristischen Personen, EuR 1997, S. 17 (31 f.).

(4) Ablehnung des Antrages auf Befreiung vom Vollzugsverbot nach Art. 7 Abs. 4 VO Nr. 4064/89 n. F.

(a) Nicht reversible Auswirkungen

Nach Art. 7 Abs. 4 VO Nr. 4064/89 kann ein Antrag auf Befreiung vom Vollzugsverbot gestellt werden, der mit Gründen versehen sein muss. Die Kommission beschließt über den Antrag unter besonderer Berücksichtigung der möglichen Auswirkungen des Aufschubs des Vollzugs auf einen oder mehrere an dem Zusammenschluss beteiligte Unternehmen oder auf Dritte sowie der möglichen Gefährdung des Wettbewerbs durch den Zusammenschluss. Die Befreiung kann mit Bedingungen und Auflagen verbunden werden, die Voraussetzungen für einen wirksamen Wettbewerb zu sichern.

Mit Blick auf die erheblichen, teils nicht mehr durch ein Obsiegen im Hauptsacheverfahren reversible Auswirkungen des Vollzugsverbots für die Beteiligten, haben diese ein Interesse, die Ablehnung der Befreiung vom Vollzugsverbot nach Art. 7 Abs. 4 VO Nr. 4064/89 separat anzugreifen[222].

Eine gerichtliche Entscheidung über die Befreiung vom Vollzugsverbot ist ohne eine gerichtliche Bewertung der materiellen Rechtslage und damit ohne eine Vorwegnahme wesentlicher, nach der Fusionskontrollverordnung und der Kommission vorbehaltener Erwägungen nicht denkbar. Dies schließt jedoch die Selbständigkeit der Entscheidung nicht aus, da auf die verbindliche Rechtswirkung abzustellen ist[223]. Handlungen in einem mehrphasigen Verfahren sind dann anfechtbar, wenn es sich um Maßnahmen handelt, die den Standpunkt des Organs zum Abschluss des Verfahrens endgültig festlegen,

---

[222]bereits zu Art. 7 Abs. 2 u. 4 VO Nr. 4064/89 a. F.: Bos, Pierre/Steuyck, Jules/Wytinck, Peter, Concentration Control in the European Economic Community, 1992, Rdnr. 4-371; Immenga, Ulrich, in: U. Immenga/E.-J. Mestmäcker, EG-Wettbewerbsrecht, 1997, S. 1092.

[223]EuG, B. v. 25.05.1998, Rs. T-267/97, (Broome u. Wellington/Kommission), Slg. 1998, II-2191 (2200).

und, negativ bestimmt, es sich nicht um Zwischenmaßnahmen handelt, die die abschließende Entscheidung vorbereiten sollen.

(b) Parallelüberlegung: Einstweilige Maßnahmen nach der VO Nr. 17/62

Für die Selbständigkeit der Entscheidung werden sowohl die Verfahrensvorschriften des Art. 12 VO Nr. 447/98, die eine Anhörung vor beschwerenden Entscheidungen nach Art. 7 Abs. 4 VO Nr. 4064/89 vorschreiben[224], als auch die Tatsache, dass einstweilige Maßnahmen nach der VO Nr. 17/62 der gerichtlichen Überprüfung zugänglich sind, herangezogen[225]. Das Argument der Parallelüberlegung zu Art. 3 VO Nr. 17/62 erweist sich bei genauerer Betrachtung jedoch als nicht sehr stichhaltig.

Es trifft zu, dass eine Entscheidung, mit der ein Antrag auf Erlass einstweiliger Maßnahmen nach Art. 3 Abs. 1 der VO Nr. 17/62 abgelehnt wird, nach ständiger Rechtsprechung des EuGH und des EuG einen anfechtbaren Rechtsakt darstellt, wenn die Kommission zum Erlass solcher Maßnahmen befugt ist[226]. Die Rechtsprechung zieht Art. 211 EGV heran, wonach die Kommission die Befugnisse auszuüben hat, die ihr der Rat zur Durchführung der von ihm erlassenen Vorschriften überträgt. Soweit es um die Anwendung der Art. 81, 82 EGV geht, übt die Kommission die Befugnisse aufgrund der VO Nr. 17/62 aus[227]. Zu diesen Befugnissen gehört insbesondere auch die Möglichkeit, eine Zuwiderhandlung gegen die Wettbewerbsregeln festzustellen und zu ahnden.

---

[224]Immenga, Ulrich, in: U. Immenga/E.-J. Mestmäcker, EG-Wettbewerbsrecht, 1997, S. 1092.

[225]Fine, Frank L., EC Merger Control: An Analysis of the New Regulation, ECLR 1990, S. 47 f.

[226]EuG, U. v. 16.03.1998, Rs. T-235/95, (Goldstein/Kommission), Slg. 1998, II-525 (539); EuGH, U. v. 04.03.1982, Rs. 182/89, (Gauff/Kommission), Slg. 1982, 799 (817); EuGH, B. v. 17.10.1984, Rs. 83 u. 84/84, (N.M./Kommission u. Rat), Slg. 1984, 3571 (3573); Birk, Axel, Die gerichtliche Kontrolle von Kommissionsentscheidungen bei Zurückweisung von Beschwerden, EWS 1999, S. 176.

[227]EuG, U. v. 16.03.1998, Rs. T-235/95, (Goldstein/Kommission), Slg. 1998, II-525 (540); EuG, U. v. 15.01.1997, Rs. T-77/95, (SFEI/Kommission), Slg. 1997, II-1 (21); Birk, Axel, Die gerichtliche Kontrolle von Kommissionsentscheidungen bei Zurückweisung von Beschwerden, EWS 1999, S. 176 (179).

Anläßlich eines solchen Verfahrens kann die Kommission einstweilige Maßnahmen anordnen[228].

Richtig ist, dass die Kommission zur Ablehnung eines Antrages auf Befreiung des Vollzugsverbotes befugt ist. Insoweit besteht zu den einstweiligen Maßnahmen der VO Nr. 17/62 eine vergleichbare Ausgangslage. Allerdings ist die Interessenlage, die mit den beiden Maßnahmen verbunden ist, nicht vergleichbar, so dass einer Parallelüberlegung entgegenzutreten ist. Die einstweiligen Maßnahmen nach der VO Nr. 4064/89 sind darauf gerichtet, die wirksame Erfüllung der Aufgaben der Kommission zu ermöglichen und insbesondere die praktische Wirksamkeit etwaiger Entscheidungen sicherzustellen, mit denen die Unternehmen verpflichtet werden, die festgestellten Zuwiderhandlungen zu beenden. Demgegenüber stellt Art. 7 Abs. 4 VO Nr. 4064/89 n. F. den Unternehmen ein Instrumentarium zur Verfügung, von dem Vollzugsverbot befreit zu werden, ist also von der dogmatischen Grundausgestaltung gegensätzlich angelegt. Die Kommission kann eine Ausnahme von der normierten Vorlage zulassen und greift nicht zur Wahrung des Rechts ein.

Im Ergebnis ist dennoch der Auffassung zuzustimmen, dass die Ablehnung des Antrages auf Befreiung vom Vollzugsverbot mit der Nichtigkeitsklage angreifbar ist. Die Versagung des Rechtsschutzes gegen die ablehnende Entscheidung der Kommission könnte dazu führen, dass teils nicht mehr durch das Obsiegen im Hauptsacheverfahren reversible Auswirkungen durch das Vollzugsverbot für die Beteiligten eintreten[229]. Diese Betrachtungsweise hätte eine Lücke im Rechtsschutzsystem zur Folge, für deren Berechtigung keine sachlichen Gründe ersichtlich sind.

---

[228]EuGH, B. v. 17.01.1980, Rs. 792/79 R, (Camera Care/Kommission), Slg. 1980, 119.
[229]Vgl.: EuGH, U. v. 07.11.1985, Rs. 145/83, (Adams/Kommission), Slg. 1985, 3539.

(5) Vorgehen gegen die Gewährung von Akteneinsicht

Wie bereits ausgeführt, ist gegen Zwischenentscheidungen, durch die eine endgültige und irreversible Beeinträchtigung rechtlich geschützter Positionen des Klägers eintreten können, der Klageweg eröffnet. Dies gilt unabhängig davon, ob die Entscheidung im Rahmen eines anderen Verfahrens ergangen ist. Die Gewährung von Akteneinsicht an einen anderen Verfahrensbeteiligten oder Dritten ist geeignet, rechtliche Interessen des Betroffenen zu beeinträchtigen, da berechtigte Geheimhaltungsinteressen bestehen können[230].

Die Kommission hat das Interesse der Unternehmen an der Wahrung ihrer Geschäftsgeheimnisse zu berücksichtigen, ebenso muss die Vertraulichkeit von Daten und Informationen gegeben sein[231]. Diese Interessen können es rechtfertigen, die Gewährung von Akteneinsichtgesuchen zu versagen. Ein Verstoß führt zur Angreifbarkeit der Entscheidung unter Hinweis auf die drohende Verletzung der gemeinschaftsrechtlichen Garantie der vertraulichen Behandlung von Informationen, ohne die Hauptsacheentscheidung abwarten zu müssen[232].

(6) Auskunftverlangen nach Art. 11 VO Nr. 4064/89 und Duldung von Nachprüfungen, Art. 13 VO Nr. 4064/89

(a) Zweistufige Ausgestaltung des Verfahrens

Betroffene der Entscheidungen der Kommission nach Art. 11 Abs. 5 VO Nr. 4064/89 (Auskunftsverlangen) und Art. 13 Abs. 3 VO Nr. 4064/89 (Duldung

[230]EuG, U. v. 06.02.1998, Rs. T-124/96, (Interporc/Kommission), Slg. 1998, II-231.

[230]EuGH, U. v. 28.11.1991, Rs. C-170/89, (BEUC/Kommission), Slg. 1991, I-5709 (5740); EuG, B. v. 04.05.1998, Rs. T-84/97, Slg. 1998, II-797 (809).

[231]für die Anmeldung: Art. 4 Abs. 3, S. 2 VO Nr. 4064/89; EuG, U. v. 29.06.1995, Rs. T-30/91, (Solvay/Kommission), Slg. 1995, II-1775 (1790); EuG, B. v. 04.04.1990, Rs. T-30/89, (Hilti/Kommission), Slg. 1990, II-163 (168); EuGH, U. v. 25.10.1983, Rs. 107/82, (AEG/Kommission), Slg. 1983, 3151 (3192).

von Nachprüfungen) haben ein legitimes Interesse an einer selbständigen Überprüfung durch die Gemeinschaftsrichter. Die Kommission kann zur Erfüllung der ihr mit dieser Verordnung übertragenen Aufgaben sowohl von den Regierungen als auch von den zuständigen Behörden der Mitgliedsstaaten sowie von den Unternehmen und Unternehmensvereinigungen, die am Zusammenschluss beteiligt sind, alle erforderlichen Auskünfte einholen. Diese Auskünfte sind Mitteilungen der betroffenen Unternehmen über tatsächliche Umstände und Verhältnisse; Meinungen oder Werturteile müssen die Unternehmen hingegen nicht abgeben[233].

Das Verfahren zur Erlangung der Auskunft ist entsprechend dem Verfahren in der VO Nr. 17/62 zweistufig ausgestaltet. Zunächst richtet die Kommission gemäß Art. 11 Abs. 1 i.V.m. Art. 11 Abs. 5 VO 4064/89 unter Fristsetzung ein Auskunftsverlangen an ein betroffenes Unternehmen oder an die betroffene Person und übermittelt eine Kopie des Verlangens an den entsprechenden Mitgliedsstaat. Sie weist bereits auf mögliche Geldbußen für den Fall hin, dass die Erteilung der Auskünfte nicht wahrheitsgemäß erfolgt, Art. 11 Abs. 3 VO Nr. 4064/89[234].

Werden die Auskünfte nicht innerhalb der vorgegebenen Frist erteilt, fordert die Kommission in der zweiten Stufe des Verfahrens die Auskünfte durch eine förmliche Entscheidung an. Diese Entscheidung muss die geforderten Auskünfte detailliert bezeichnen sowie auf die möglichen Sanktionen hinweisen.

Gleiches gilt für das Recht der Nachprüfung gemäß Art. 13 VO Nr. 4064/89, dessen Regelungsgehalt mit dem des Art. 14 VO Nr. 17/62 im wesentlichen identisch ist. Die Kommission kann zur Erfüllung der ihr mit Verordnung über-

---

[232]EuGH, U. v. 24.06.1986, Rs. 53/86, (AKZO Chemie/Kommission), Slg. 1986, 1965, (1990).

[233]Miersch, Michael, Kommentar zur EG-Verordnung Nr. 4064/89 über die Kontrolle von Unternehmenszusammenschlüssen, 1991, Art. 11 Anm. I.

[234]Winterfeld, Achim von, Ermittlungsbefugnisse der EG-Kommission gegenüber Unternehmen am Beispiel des Kartellrechts, RIW 1992, S. 524 ff.; Gillmeister, Ferdinand, Ermittlungsrechte im deutschen und europäischen Kartellordnungswidrigkeitenverfahren, 1985, S. 137 f.

tragenen Aufgaben bei Unternehmen und Unternehmensvereinigungen alle erforderlichen Nachprüfungen vornehmen. Wie beim Auskunftsersuchen ist auch das Nachprüfungsverfahren zweistufig aufgeteilt; in einer ersten Phase ist die freiwillige Mitwirkung der Unternehmen Voraussetzung; weigert sich das Unternehmen, können die Beteiligten durch formelle Entscheidung zur Mitwirkung verpflichtet werden, Art. 13 Abs. 3 VO Nr. 4064/89.

Wie im Verfahren nach der VO Nr. 17/62 stellt sich auch im Fusionskontrollverfahren die Frage nach dem Auskunftsverweigerungsrecht[235]. Zwar gibt es im Gemeinschaftsrecht keinen allgemeinen Grundsatz, dass die Unternehmen davor bewahrt sind, sich im Verfahren des Wettbewerbsrechts selbst zu belasten. Grenze des Aufkunftsverlangen sind jedoch die Verteidigungsrechte des Adressaten, die nicht beeinträchtigt werden dürfen[236].

(b) Vermeidung irreversibler Beeinträchtigungen

Um irreversible Schäden zu vermeiden, muss den Unternehmen ein eigenständiges Klagerecht gegen die formellen Entscheidungen im Zusammenhang mit der Auskunftserteilung und der Duldung von Nachprüfungen zuerkannt werden[237]. Eine Beeinträchtigung des Verfahrens durch die selbständige Klagemöglichkeit ist nicht zu befürchten, da die Frist des Art. 10 Abs. 3 VO Nr. 4064/89, wonach die Entscheidung über angemeldete Zusammenschlüsse innerhalb einer Frist von höchstens 4 Monaten erlassen werden muss, nach Art. 10 Abs. 4 VO Nr. 4064/89 bis zur gerichtlichen Entscheidung gehemmt ist. Das Unternehmen hat nach zutreffender Ansicht die Verzögerung im Sinne

---

[235] EuGH, U. v. 18.10.1989, Rs. 374/87, (Orkem/Kommission), Slg. 1989, 3283 (3348); Lenaerts, Koen von, Sanktionen der Gemeinschaftsorgane gegenüber natürlichen und juristischen Personen, EuR 1997, S. 17 (35).

[236] EuGH, U. v. 18.10.1989, Rs. 374/87, (Orkem/Kommission), Slg. 1989, 3283 (3348); Winterfeld, Achim von, Ermittlungsbefugnisse der EG-Kommission gegenüber Unternehmen am Beispiel des Kartellrechts, RIW 1992, S. 524 (527); Miersch, Michael, Kommentar zur EG-Verordnung Nr. 4064/89 über die Kontrolle von Unternehmenszusammenschlüssen, 1991, Art. 11 Anm. IV.

[237] Immenga, Ulrich, in: U. Immenga/E.-J. Mestmäcker, EG-Wettbewerbsrecht, 1997, S. 1093.

der vorgenannten Vorschrift zu vertreten, wenn es als Adressat dem Auskunfts- oder Duldungsverlangen der Kommission nicht binnen der ihm von der Kommission gesetzten Frist nachkommt[238].

Aus denselben Gründen ist die Erklärung der Kommission gemäß Art. 10 Abs. 1 S. 2 VO Nr. 4064/89, dass die Anmeldung unvollständig ist wegen des darin liegenden Informationsverlangens separat angreifbar[239]. Zu bedenken ist, dass die Klage nach Art. 230 Abs. 4 EGV gemäß Art. 242 EGV keine aufschiebende Wirkung hat. Die Frist des Art. 10 Abs. 1 S. 1 VO Nr. 4064/89, innerhalb eines Monats die Entscheidung im Vorverfahren zu treffen, beginnt erst zu laufen, wenn der Kläger vor dem EuG obsiegt hat, bzw. bei Abweisung der Klage das Unternehmen die gewünschten Mitteilungen macht, die zu der Vollständigkeit der bei der Anmeldung zu erteilenden Auskünfte führt (vgl. Art. 10 Abs. 1 S. 2 VO Nr. 4064/89).

cc) Entscheidungen über Geldbußen bzw. Zwangsgelder nach Art. 14 VO Nr. 4064/89

Die Entscheidungen über Geldbußen bzw. Zwangsgelder nach Art. 14, 15 VO Nr. 4064/89 betreffen ein klar vom Hauptsacheverfahren unterscheidbares, eigenständiges Verfahren[240]. Es bestehen zutreffenderweise weder in der Rechtsprechung noch in der Literatur Zweifel, dass die Adressaten dieser Entscheidungen diese mit der Nichtigkeitsklage nach Art. 230 Abs. 4 EGV angreifen können[241].

---

[238] Happe, Claus-Michael, Die Fristen im EG-Fusionskontrollverfahren, EuZW 1995, S. 303 (307).

[239] vgl.: Bos, Pierre/Steuyck, Jules/Wytinck, Peter, Concentration Control in the European Economic Community, 1992, Rdnr. 4-367.

[240] Körber, Thorsten, Gerichtlicher Rechtsschutz in der europäischen Fusionskontrolle, RIW 1998, S. 910 (911).

[241] Bos, Pierre/Steuyck, Jules/Wytinck, Peter, Concentration Control in the European Economic Community, 1992, Rdnr. 4-373; Immenga, Ulrich, in: U. Immenga/E.-J. Mestmäcker, EG-Wettbewerbsrecht, 1997, S. 1092; Körber, Thorsten, Gerichtlicher Rechtsschutz in der europäischen Fusionskontrolle, RIW 1998, S. 910 (911); EuG, U.v. 14.05.1998, Rs. T-319/94, (Fiskeby Bord/Kommission), Slg. 1998, II-1331; EuG, U.v. 14.05.1998, Rs. T-

c) Bilanz

Die Klagerechte in der Fusionskontrolle orientieren sich an dem Grundsatz, dass eine Anfechtung von Verfahrenshandlungen und Zwischenentscheidungen der Kommission in Betracht kommt, wenn diese dem Kläger gegenüber ein gesondertes Verfahren endgültig abschließen, nicht dagegen, wenn sie nur dem Zweck dienen, eine endgültige Entscheidung vorzubereiten. Erklärungen der Kommission nach Art. 6 Abs. 1 lit. a), b), Art. 8 Abs. 2 und 3 VO Nr. 4064/89 und Kommissionserklärungen außerhalb des förmlichen Fusionskontrollverfahrens, die diesen Erklärungen in ihren Rechtswirkungen entsprechen, sind mit der Nichtigkeitsklage nach Art. 230 Abs. 4 EGV angreifbar.

Nicht statthaft ist die Klage gegen die Eröffnung des Hauptverfahrens nach Art. 6 Abs. 1 lit. c) VO Nr. 4064/89 sowie gegen die Ablehnung eines Antrages auf Anhörung nach Art. 18 Abs. 4 S. 2 VO Nr. 4064/89. Diesen Entscheidungen fehlt eine rechtsverbindliche Wirkung, zumal sie inzident im Wege der gerichtlichen Nachprüfung der Hauptsacheentscheidung überprüft werden.

Die Erklärungsfiktion nach Art. 10 Abs. 6 VO Nr. 4064/89 ist wegen des offenen Konfliktes gegenüber Art. 253 EGV ebenfalls nicht mit der Nichtigkeitsklage angreifbar, den Betroffenen, die eine Rechtsverletzung geltend machen können, ist ein außerordentliches Beschwerderecht in Anlehnung an Art. 3 VO Nr. 17/62 einzuräumen.

Dem gegenüber selbständig angreifbar ist die Ablehnung des Antrages auf Befreiung vom Vollzugsverbot in Art. 7 Abs. 4 VO Nr. 4064/89 sowie die förmliche Entscheidung gegenüber Auskunftspflichtigen und die Verpflichtung, Nachprüfungen zu dulden. Schließlich haben die Adressaten einer Geldbuße oder eines Zwangsgeldes die Möglichkeit, die Rechtmäßigkeit der Festsetzung mit der Nichtigkeitsklage durch das EuG überprüfen zu lassen.

310/94, (Gruber und Weber/Kommission), Slg. 1998, II-1043; EuG, U. v. 14.05.1998, Rs. T-334/94, (Sarrio/Kommission), Slg. 1998, II-1439.

3) Klagebefugnis und die Entscheidung über subjektive Rechte

Von der Frage des statthaften Gegenstands einer Nichtigkeitsklage ist die Prozessvoraussetzung der Klagebefugnis zu trennen, die an die subjektiv-rechtliche Stellung des Klägers anknüpft[242].

a) Grundlagen des Individualrechtsschutzes

Die Begründung und der Schutz von Individualrechten durch das Gemeinschaftsrecht bildet eine Grundkategorie der Rechtsprechung des EuGH und des EuG. Ausgehend von Art. 220 EGV kommt dem Gerichtshof die Aufgabe zu, das Recht bei der Auslegung und Anwendung des Vertrages zu sichern. Dieser umfassende Rechtsprechungsauftrag wird durch die einzelnen Verfahrensarten konkretisiert und dadurch formell eingegrenzt[243]. Die Befugnis natürlicher und juristischer Personen, Direktklage vor den Gerichten zu erheben, um die Nichtigkeitserklärung der angefochtenen Handlung zu erreichen, besteht in drei verschiedenen Fallgruppen.

Nach Art. 230 Abs. 4, 1. Alt. EGV sind die Adressaten von Entscheidungen befugt, diese anzufechten. Den Fall der Drittbetroffenheit regelt Art. 230 Abs. 4, 3. Alt. EGV. Danach wird die Befugnis zur Erhebung der Direktklage auf Entscheidungen ausgedehnt, die an andere Personen gerichtet sind, den Klageberechtigten aber unmittelbar und individuell betreffen[244]. Sobald das Gemeinschaftsrecht unmittelbar durch Gemeinschaftsorgane vollzogen wird, der Vollzug also durch den EuGH bzw. durch das EuG kontrolliert wird, sind die

---

[242] Dörr, Oliver, in: H. Sodann/J. Ziekow (Hrsg.), Nomos-Kommentar zur Verwaltungsgerichtsordnung, Stand November 1999, EVR, Rdnr. 111.

[243] Prinzip der begrenzten Einzelermächtigung nach Art. 4 Abs. 1 Satz 2 EGV; vgl.: Krück, Hans, in: H. von der Groeben/J. Thiesing/C.-D. Ehlermann, Kommentar zum EU/EG-Vetrag, 5. Aufl. 1997, Art. 164, Rdnr. 1.

[244] EuGH, U. v. 11.11.1981, Rs. 60/81, (IBM/Kommission), Slg. 1981, 2639 (2651); EuGH, U. v. 08.03.1988, Rs. 222/83, (Gemeinde Differdange), Slg. 1984, 2889 (2896); Ehlers, Dirk, Die Klagebefugnis nach deutschem Gemeinschaftsrecht und US-amerikanischem Recht, VerwArch 84, S. 139 (150).

maßgeblichen Vorgaben für den Rechtsschutz im Primärrecht enthalten[245]. Es wird im Nachfolgenden insbesondere zu untersuchen sein, welche Anforderungen an die unmittelbare und individuelle Betroffenheit eines Dritten im Rahmen der Fusionskontrollverordnung zu stellen sind, um die Reichweite des subjektiven Rechtsschutzes dogmatisch abzusichern. Als Ausgangslage ist rechtlich festzuhalten, dass Divergenzen zwischen den einzelnen Sachgebieten für die Bestimmung der Klagebefugnis Dritter bestehen.

b) Unternehmen, die am Zusammenschluss beteiligt sind

Der Adressat einer belastenden Entscheidung ist nach dem Wortlaut des Art. 230 Abs. 4 EGV ohne weiteres klagebefugt. Nach der VO Nr. 4064/89 sind Adressaten einer Entscheidung nach Art. 6 VO Nr. 4064/89 oder Art. 8 VO Nr. 4064/89 nur die Personen, die den Zusammenschluss nach Art. 4 VO Nr. 4064/89 angemeldet haben[246], also die Fusionsbeteiligten und die Erwerber. Alle anderen Personen oder Unternehmen müssen als Nichtadressaten nach Art. 230 Abs. 4 EGV geltend machen, durch eine Entscheidung unmittelbar und individuell betroffen zu werden. Die Klagebefugnis ist teils formell, teils materiell bestimmt. Soweit der Kläger Adressat der Entscheidung ist, ist die Klagebefugnis allein durch diesen Umstand dargetan, soweit der Adressat durch die Entscheidung tatsächlich beschwert ist[247]. Dies gilt auch, wenn er Adressat einer Entscheidung ist, mit der ein von ihm gestellter Antrag abgelehnt worden ist[248]. Gleiches gilt auch für Parteien, die gegen die von ihnen

---

[245]Classen, Claus-Dieter, Die Europäisierung der Verwaltungsgerichtsbarkeit: Eine vergleichende Untersuchung zum deutschen, französischen und europäischen Verwaltungsprozeßrecht, 1996, S. 65.
[246]Immenga, Ulrich, in: U. Immenga/E.-J. Mestmäcker, EG-Wettbewerbsrecht, 1997, S. 1094.
[247] EuG, U. v. 25.3.1999, Rs. T-102/96, (Gencor/Kommission), Slg. 1999, II-753 ff.
[248]EuGH, U. v. 11.05.1989, Rs. 193, 194/87, (Maurissen u.a./Rechnungshof), Slg. 1989, 1045 (1078); systematisch dazu: Rengeling, Hans-Werner/Middeke, Andreas/Gellermann, Martin, Rechtsschutz in der Europäischen Gemeinschaft, 1994, Rdnr. 156 ff.; Gündisch, Jürgen, Rechtsschutz in der Europäischen Gemeinschaft, 1994, S. 80 f.

selbst gegebenen Zusagen Nichtigkeitsklage erheben, sofern diese auf eine Entscheidung der Kommission zurückgehen[249].

Das Unternehmen, das am Zusammenschluss durch die Anmeldung beteiligt ist, ist als Adressat einer Entscheidung im Sinne des Art. 230 Abs. 1 EGV klagebefugt.

4) Klagebefugnis eines Konkurrenzunternehmens

Wendet sich eine natürliche oder juristische Person an eine drittgerichtete Entscheidung, so setzt die Klagebefugnis voraus, dass der Kläger durch den Rechtsakt unmittelbar und individuell betroffen ist. Die Entwicklung der Anforderungen steht in einem Wechselspiel zu den potentiellen Klägergruppen, so dass eine gruppenspezifische Betrachtungsweise geboten ist, die sich an den anerkannten Betroffenen in der Fusionskontrollverordnung orientiert. Es handelt sich hierbei um Konkurrenzunternehmen, Interessenverbände von Arbeitnehmern, Aktionäre und Mitgliedsstaaten[250]. Unter den Begriff des Konkurrenzunternehmens sind dabei nicht nur Unternehmen, die in einem konkurrierenden Wettbewerb mit denen am Zusammneschluss Beteiligten stehen, zu fassen. Auch für die nicht am Zusammenschluss beteiligten Unternehmen, die durch Auflagen und Bedingungen, mit denen die Erklärung der Vereinbarkeit versehen werden kann, betroffen sind, stellt sich die Frage der Klagebefugnis.

Konkurrenten im Sinne dieser Begriffsdefinition sind als Nichtadressaten der Entscheidungen nach Art. 6, 8 VO Nr. 4064/89 dann klagebefugt i. S. des Art.

---

[249]EuG, U. v. 15.12.1999, Rs. T-22/97, (Kesko/Kommission), Rdnr. 55 ff., noch nicht amtlich veröffentlicht; aber: EuG, U. v. 22.03.2000, Rs. T-125 u. 127/97, (Coca Cola/Kommission), Rdnr. 77 ff., noch nicht amtlich veröffentlicht; Montag, Frank/Leibenath, Christoph, Aktuelle Probleme in der Europäischen Fusionskontrolle, WuW 2000, S. 842 (861).
[250]Zilles, Stephan, Die Anfechtungslegitimation von Dritten im europäischen Fusionskontrollrecht, 1997, S. 126 ff.

230 Abs. 4 EGV, wenn sie schlüssig darlegen, dass sie durch eine solche Entscheidung unmittelbar und individuell betroffen sind[251].

a) Unmittelbare und individuelle Betroffenheit

aa) Betroffenheit innerhalb der VO Nr. 4064/89

Das EuG und der EuGH haben bei der Prüfung des Art. 230 Abs. 4 EGV das Merkmal der Betroffenheit selten[252] isoliert geprüft, sondern die Klagebefugnis sogleich unter den Gesichtspunkten des unmittelbaren bzw. individuellen Betroffenseins erörtert. Aus der Rechtsprechung lässt sich dennoch ableiten, dass die Gemeinschaftsrichter das Betroffensein im Sinne einer Interessenbeeinträchtigung verstehen und keineswegs eine Beeinträchtigung subjektiver Rechte verlangen[253]. Im Ergebnis besteht trotz der terminologischen Unschärfen im Gesetz, in der Literatur und Rechtsprechung weitgehend Einigkeit darüber, dass Art. 230 Abs. 4 EGV unter dem Gesichtspunkt der Betroffenheit auch eine wirtschaftliche Interessensbeeinträchtigung durch eine Kommissionsentscheidung ausreichen lässt[254].

---

[251]Schlussantrag des GA Roemer v. 28.10.1969, EuGH, Rs. 10, 18/68 (Eridania), Slg. 1969, 485 (492); Wenig, Fritz-Harald, in: E. Grabitz/M. Hilf (Hrsg.), Kommentar zur Europäischen Union, Stand Oktober 1999, Art. 173, Rdnr. 52; Krück, Hans, in: H. von der Groeben/J. Thiesing/C.-D. Ehlermann, Kommentar zum EU/EG-Vetrag, 5. Aufl. 1997, Art. 173, Rdnr. 44; Weidinger, Wilhelm, Der Rechtsschutz betroffener Dritter im Kartellverwaltungsrecht der Europäischen Wirtschaftsgemeinschaft, 1968, S. 13; Sedemund, Jochim/Heinemann, Klaus, Rechtsschutz im Gemeinschaftsrecht, DB 1995, S. 713.

[252]insoweit abweichend: EuGH, U. v. 23.11.1971, Rs. 62/79 (Bock/Kommission), Slg. 1971, 897 (907).

[253]zu Art. 33 Abs. 2 EGKS: EuGH, U. v. 14.12.1962, Rs. 16, 17/62, (Confederation/Rat), Slg. 1962, 961 (980); EuG, U. v. 17.09.1992, Rs. T-138/89, (NBV u. NVB/Kommission), Slg. 1992, II-2181; EuG, B. v. 18.02.1998, Rs. T-189/97, (Comité D'Entreprise de la Société Francaise de Production u.a./Kommission). Slg. 1998, II-337 (348); Cremer, Wolfram, Forschungssubventionen im Lichte des EGV: Zugleich ein Beitrag zu den gemeinschaftsrechtlichen Rechtsschutzmöglichkeiten gegenüber Subventionen, 1994, S. 221.

[254]EuGH, U. v. 28.01.1986, Rs. 169/84, (Cofaz u.a./Kommission), Slg. 1986, 391 (416); EuG, U. v. 28.10.1993, Rs. T-83/92, (Zunis Holding u.a./Kommission), Slg. 1993, II-1171 (1183); ausführlich dazu: Schlussantrag des GA Lenz v. 12.09.1995, EuGH, Rs. C-480/93 P, (Zunis Holding u.a./Kommission), Slg. 1996, I-2 (15); a. A.: Koch, Hans-Joachim, in: E. Grabitz/M. Hilf (Hrsg.), Kommentar zur Europäischen Union, Stand Oktober 1999, nach Art. 86, Rdnr. 54; Koch, Norbert, Die neuen Befugnisse der EG zur Kontrolle von Unternehmenszusam-

Die im Wettbewerb mit denen am zugelassenen Zusammenschluss beteiligten Unternehmen stehenden Konkurrenten werden diese Voraussetzungen regelmäßig erfüllen[255]. Eine Entscheidung, die rechtlich und tatsächlich die sofortige Durchführung eines Zusammenschlusses gestattet, wird in der Regel die Lage auf dem oder den betroffenen Märkten unmittelbar ändern, so dass eine wirtschaftliche Betroffenheit eines Konkurrenten anzunehmen ist[256].

bb) Unmittelbarkeit der Betroffenheit

(1) Materielle Determinanten des Gemeinschaftsrechts

Das Kriterium der unmittelbaren Betroffenheit findet in der Judikatur des EuGH und des EuG (ebenfalls) kaum Beachtung[257]. Die Rechtsprechung unterlässt häufig die Abgrenzung zu dem Erfordernis der Individualisierung des Klägers, sondern prüft einheitlich die beiden normierten Voraussetzungen.

Es besteht partiell Einigkeit, dass die unmittelbare Betroffenheit eines Klägers voraussetzt, dass er durch die Entscheidung selbst betroffen ist, d. h. eine mögliche Beeinträchtigung eigener, nicht nur von Dritten abgeleiteter Rechte oder Interessen geltend machen kann, die aus der Entscheidung selbst resultiert, ohne dass es dazu weiterer, nicht zwingend durch die Entscheidung vor-

---

menschlüssen, EWS 1990, S. 65 (72); Miersch, Michael, Kommentar zur EG-Verordnung Nr. 4064/89 über die Kontrolle von Unternehmenszusammenschlüssen, 1991, Art. 16, Anm. I., die unter Hinweis auf die fehlende Rechtsbetroffenheit Dritter allerdings nicht deren Betroffenheit als solche, sondern nur die unmittelbare bzw. individuelle Betroffenheit in Abrede stellen und auf deren Ansichten daher bei der Auseinandersetzung mit diesen Kriterien zurückzukommen sein wird.

[255]EuG, U. v. 24.03.1994, Rs. T-3/93, (Air France I/Kommission), Slg. 1994, II-126 (161); Cremer, Wolfram, Forschungssubventionen im Lichte des EGV: Zugleich ein Beitrag zu den gemeinschaftsrechtlichen Rechtsschutzmöglichkeiten gegenüber Subventionen, 1994, S. 221, auf staatliche Beihilfen bezogen; Körber, Torsten, Konkurrentenklage in der europäischen Fusionskontrolle, EuZW 1996, S. 267 (269).

[256]EuG, U. v. 19.05.1994, Rs. T-2/93, (Air France II/Kommission), Slg. 1994, II-327 (340).

[257]Daig, Hans-Wolfram, Nichtigkeits- und Untätigkeitsklagen im Recht der europäischen Gemeinschaften, 1985, Rdnr. 87; Zilles, Stephan, Die Anfechtungslegitimation von Dritten im europäischen Fusionskontrollrecht, 1997, S. 92.

gezeichneter Umsetzungsakte bedarf[258]. Dies ist unstreitig der Fall, wenn der angegriffene Rechtsakt bereits die endgültige Regelung enthält und zwischen ihr und der Beeinträchtigung der Rechtsstellung des Klägers ein unmittelbarer Kausalzusammenhang besteht[259].

Ist dagegen zu einer konkreten Beeinträchtigung noch ein weiterer Umsetzungsakt erforderlich, fehlt es formal an der Unmittelbarkeitsbeziehung zwischen dem Gemeinschaftsrechtsakt und der Betroffenheit des Klägers[260]. Dieser wäre auf den gerichtlichen Rechtsschutz gegen die Durchführungsmaßnahme zu verweisen. Die Gemeinschaftsrichter vermeiden ein im Einzelfall unbilliges Ergebnis durch einen sog. materiellen Unmittelbarkeitsbegriff, der sich nicht rein formal bestimmt. Danach ist der Kläger selbst dann, wenn es eines weiteren Umsetzungsaktes bedarf, von den Gemeinschaftsrechtsakten unmittelbar betroffen, wenn die Durchführungsmaßnahme eine zwingende Folge des Gemeinschaftsakts ist[261]. Unmittelbare Betroffenheit liegt (auch) dann vor, wenn zwar ein gemeinschaftlicher Vollzugsakt nötig ist, der entsprechenden Instanz aber kein Entscheidungsspielraum verbleibt[262].

Bei drittgerichteten Entscheidungen kommt es für die unmittelbare Betroffenheit maßgeblich auf die materiellen Determinanten durch den Gemeinschafts-

[258] EuGH, U. v. 28.10.1982, Rs. 135/81, (Groupement des Agences de Voyages/Kommission), Slg. 1982, 3799 (3807); EuG, U. v. 27.04.1995, Rs. T-12/93, (CCE de Vittel u.a./Kommisson), Slg. 1995, II-1250 (1266); Immenga, Ulrich, in: U. Immenga/E.-J. Mestmäcker, EG-Wettbewerbsrecht, 1997, S. 1094; Burchard, Friedrich von, Der Rechtsschutz natürlicher und juristischer Personen gegen EG-Richtlinien gemäß Art. 173 Abs. 2 EWG-Vertrag, EuR 1991, S. 140 (150).

[259] EuG, U. v. 11.07.1996, Rs. T-528, 542, 543, 546/93, (Métropole Télévision/Kommission), Slg. 1996, II-649 ff.

[260] vgl.: EuGH, U. v. 16.03.1978, Rs. 123/77, (UNICME/Rat), Slg. 1978, 845 (851); EuGH, U. v. 10.07.1984, Rs. 126/83, (STS/Rat), Slg. 1984, 2769 (2779).

[261] Burchard, Friedrich von, Der Rechtsschutz natürlicher und juristischer Personen gegen EG-Richtlinien gemäß Art. 173 Abs. 2 EWG-Vertrag, EuR 1991, S. 140 (151); Dörr, Oliver, in: H. Sodann/J. Ziekow (Hrsg.), Nomos-Kommentar zur Verwaltungsgerichtsordnung, Stand November 1999, EVR, Rdnr. 119.

[262] EuG, U. v. 15.12.1999, Rs. T-132 u. 143/96, (Freistaat Sachsen u.a./Kommission), Rdnr. 89, noch nicht amtlich veröffentlicht; EuGH, U. v. 13.05.1971, Rs. 41 u. 44/70, (International Fruit/Kommission), Slg. 1971, 411 (422); EuGH, U. v. 27.11.1984, Rs. 264/81, (Savma/Kommission), Slg. 1984, 3915 (3932); EuG, U. v. 14.05.1995, Rs. T-480 u. 483/93, (Antillean Rice Mills/Kommission), Slg. 1995, II-2305 (2330); EuGH, U. v. 05.05.1998, Rs. C-386/96 P, (Societé Louis Dreyfus/Kommission), Slg. 1998, I-2309.

rechtsakt an, so dass die wirtschaftliche Betrachtungsweise das Kriterium bestimmt[263]. Die Notwendigkeit der Umsetzung des Rechtsaktes durch den Adressaten als Ausführungshandlung ist für die Betroffenheit des Konkurrenten nach dem einschlägigen Fachrecht zu beurteilen. Es ist zu klären, ob die angegriffene Maßnahme die Regelung selbst enthält oder ob die konkrete Umsetzung die Beeinträchtigung konstituiert[264].

(2) Entscheidung des EuGH zur Drittbetroffenheit in der VO Nr. 4064/89

(a) Sachverhalt und Verfahren der Entscheidung "Frankreich, SCPA u. EMC"

In dem ersten Urteil des EuGH als Tatsacheninstanz zur VO Nr. 4064/89 hatten sich die Gemeinschaftsrichter mit der Zulässigkeit zweier Nichtigkeitsklagen von Unternehmen auseinanderzusetzen, die beide nicht Adressaten der Kommissionsentscheidung waren[265]. Am 14.07.1993 wurde bei der Kommission gemäß Art. 4 Abs. 1 VO Nr. 4064/89 das Vorhaben eines Zusammenschlusses der Kali und Salz AG und der Mitteldeutschen Kali AG angemeldet. Die Kommission erklärte in der streitigen Entscheidung den angemeldeten Zusammenschluss für mit dem gemeinsamen Markt vereinbar, machte dazu jedoch gemäß Art. 8 Abs. 2 VO Nr. 4064/89 zur Voraussetzung, dass bestimmte, der Kommission gegenüber abgegebene Zusagen der Beteiligten eingehalten werden. Diese enthielten u.a. die Verpflichtung, die bisherige Zusammenarbeit mit der Firma "SCPA" als Vertriebspartner für den französichen Markt zu beenden und die Struktur der Firma "Potacan", an der die Firma "EMC" zu 50 % beteiligt war, so zu verändern, dass jeder Partner in die Lage

---

[263]Körber, Torsten, Konkurrentenklage in der europäischen Fusionskontrolle, EuZW 1996, S. 267 (270); Daig, Hans-Wolfram, Nichtigkeits- und Untätigkeitsklagen im Recht der europäischen Gemeinschaften, 1985, Rdnr. 135; a. A.: Koch, Hans-Joachim, in: E. Grabitz/M. Hilf (Hrsg.), Kommentar zur Europäischen Union, Stand Oktober 1999, nach Art. 86, Rdnr. 54.

[264]Deimel, Albert, Rechtsgrundlagen einer europäischen Zusammenschlusskontrolle. Das Spannungsfeld zwischen Fusionskontrollverordnung und den Wettbewerbsregeln des EWG-Vertrages, 1992, S. 127; Daig, Hans-Wolfram, Nichtigkeits- und Untätigkeitsklagen im Recht der europäischen Gemeinschaften, 1985, Rdnr. 135.

versetzt wird, von der Firma "Potacan" erlangtes Kali jeweils unabhängig von den anderen Partnern auf dem Markt der Gemeinschaft zu vermarkten[266].

SCPA und EMC hatten beim EuG Klage gemäß Art. 230 EGV erhoben auf teilweise Nichtigerklärung der streitigen Entscheidung mit dem Ziel der Aufhebung dieser Auflagen. Die Fanzösische Republik hatte beim EuGH gemäß Art. 230 EGV ebenfalls gegen die Kommissionsentscheidung Nichtigkeitsklage erhoben. Da die Klagen, mit denen der Gerichtshof und das EuG befaßt waren, die Gültigkeit desselben Rechtsaktes betrafen, hat das EuG die Rechtssache T-88/94 an den Gerichtshof abgegeben, damit dieser über den Antrag auf Nichtigerklärung entscheiden kann. Der Gerichtshof hat beide Rechtssachen gemäß Art. 43 VerfO zur gemeinsamen Entscheidung verbunden. Die Klagen hatten Erfolg.

(b) Entscheidung des EuGH zur unmittelbaren Betroffenheit

Die Kommission erhob die Einrede der Unzulässigkeit und machte geltend, dass die Kläger weder unmittelbar noch individuell betroffen seien. Die klagenden Unternehmen seien nicht wegen bestimmter persönlicher Eigenschaften oder besonderer, sie aus dem Kreis aller übrigen Personen heraushebender Umstände berührt und es fehle daher an der unmittelbaren und individuellen Betroffenheit[267].

Zur Begründung der Zulässigkeit ihrer Klagen beschränkte sich der Vortrag der klagenden Unternehmen auf die individuelle Betroffenheit.

---

[265]EuGH, U. v. 31.03.1998, Rs. C-68/94 u. C-30/95, (Frankreich, SCPA u. EMC/Kommission), Slg. 1998, I-1453 ff.

[266]EuGH, U. v. 31.03.1998, Rs. C-68/94 u. C-30/95, (Frankreich, SCPA u. EMC/Kommission), Slg. 1998, I-1453 (1456 ff.)

[267]EuGH, U. v. 31.03.1998, Rs. C-68/94 u. C-30/95 (Frankreich, SCPA u. EMC/Kommission), Slg. 1998, I-1453 (1467).

Die Gemeinschaftsrichter sehen die Kläger als unmittelbar betroffen an. Einführend stellen sie fest, dass "*nach Art. 173 Abs. 4 des Vertrages eine natürliche oder juristische Person nur dann Klage gegen eine an eine andere Person gerichtete Entscheidung erheben kann, wenn diese Entscheidung sie unmittelbar und individuell betrifft*"[268]. Zu der Frage, ob die streitige Entscheidung die klagenden Unternehmen unmittelbar betrifft, führt der EuGH aus, dass die Bedingungen, von deren Einhaltung die Erklärung der Vereinbarkeit des Zusammenschlusses mit dem gemeinsamen Markt abhängig gemacht wurde, sich auf Zusagen der Beteiligten des Zusammenschlusses gegenüber der Kommission beziehen, deren Umsetzung die Lage von SCPA rechtlich wie tatsächlich berührt. Zum einen beeinträchtigt die Erfüllung der Bedingung, die das Ausscheiden von Kali und Salz und Mitteldeutscher Kali AG aus der Kali-Export GmbH betrifft, den Fortbestand dieses Exportkartells selbst und somit insbesondere die Stellung von SCPA, die über kein Vertriebsnetz für den Absatz ihrer Erzeugnisse auf den Fernexportmärkten verfügt. Zum anderen umfasst die Erfüllung der anderen Bedingung die Auflösung der Betriebsbeziehungen zwischen SCPA und Kali und Salz[269]. Der Gerichtshof führt zur unmittelbaren Betroffenheit weiter wörtlich aus:

"*Schließlich können zwar die Bedingungen, mit denen die streitige Entscheidung der Kommission verbunden ist, die Interessen der klagenden Unternehmen nur insoweit berühren, als die Zusagen, auf die sie sich beziehen, von den Beteiligten des Zusammenschlusses in der Praxis umgesetzt werden. Da diese der Kommission gegenüber die Zusage abgegeben haben, als Gegenleistung für eine Erklärung der Vereinbarkeit des Zusammenschlusses mit dem gemeinsamen Markt bestimmte Maßnahmen zu ergreifen, kann jedoch kein Zweifel an der Festigkeit und der Konsequenz ihres Willens zur Einhaltung ihrer Zusagen bestehen, zumal die Kommission gemäß Art. 8 Abs. 5*

---

[268]EuGH, U. v. 31.03.1998, Rs. C-68/94 u. C-30/95 (Frankreich, SCPA u. EMC/Kommission), Slg. 1998, I-1453 (1469).
[269]EuGH, U. v. 31.03.1998, Rs. C-68/94 u. C-30/95 (Frankreich, SCPA u. EMC/Kommission), Slg. 1998, I-1453 (1470).

Buchstabe b ihre Entscheidung widerrufen kann, wenn die beteiligten Unternehmen einer darin vorgesehenen Auflage zuwider handeln"[270].

Der EuGH statuiert den Grundsatz, dass ein nicht am Zusammneschluss beteiligtes Unternehmen durch eine Bedingung einer Vereinbarkeitsentscheidung nach Art. 8 VO Nr. 4064/89 unmittelbar betroffen sein kann. Der Unmittelbarkeitszusammenhang zwischen der Entscheidung der Kommission und der Beeinträchtigung des Unternehmens wird durch die Umsetzung der Maßnahme des privaten Adressaten nicht tangiert.

(3) Einzelbetrachtung der Rechtsprechung des EuG zur Konkurrentenklage in der VO Nr. 4064/89

Das EuG hatte demgegenüber über die Zulässigkeit von Konkurrentenklagen zu entscheiden, mit denen im Wettbewerb stehende Unternehmen gegen die Billigung eines Zusammenschlusses vorgingen.

(a) Die Entscheidung "Air France I"

In der ersten "Air France"- Entscheidung hatte das EuG auch zu der Frage der unmittelbaren Betroffenheit eines Konkurrenten durch die Nichtuntersagung eines Zusammenschlusses Stellung zu nehmen[271]. Das Kriterium der unmittelbaren Betroffenheit stand wegen des Gegenstands der Klage, eine Presseerklärung, mit der die Kommission sich nicht für zuständig erklärte, nach der Fusionskontrollverordnung über den Ankauf der Dan Air durch die British Airways zu entscheiden, zur Disposition.

---

[270]EuGH, U. v. 31.03.1998, Rs. C-68/94 u. C-30/95 (Frankreich, SCPA u. EMC/Kommission), Slg. 1998, I-1453 (1470).
[271]EuG, U. v. 24.03.1994, Rs. T-3/93, (Air France I/Kommission), Slg. 1994, II-126 f.

Nach Auffassung der Kommission beeinträchtige die Erklärung die Rechtsstellung der Klägerin nicht. Allein der Umstand, dass die Klägerin mit den Zusammenschlussbeteiligten British Airways und Dan Air im Wettbewerb stehe, reiche nicht aus, um sie als durch den Zusammenschluss unmittelbar betroffen anzusehen[272].

Die Klägerin sah dagegen die Voraussetzungen des Art 230 Abs. 4 EGV als erfüllt an, da die Übernahme des Mitbewerbers Dan Air die Marktposition derart ändere, dass die unmittelbaren Mitbewerber des übernehmenden Unternehmens von dieser Übernahme unmittelbar betroffen seien. British Airways trete nicht nur am Flughafen Gatwick an die Stelle der Dan Air; von den sieben Linien, die die Route Paris-London bedienten, kontrolliere British Airways nunmehr vier; auf der Route Nizza-London betrage der Anteil von British Airways am Verkehrsvolumen 70 %, was ihr auf diesem Sondermarkt eine offenkundige behindernde, beherrschende Stellung einräume[273].

Das EuG folgt der Argumentation der Klägerin und bejaht die unmittelbare Betroffenheit durch die Kommissionserklärung. Es führt aus:

"Im Hinblick auf diese Grundsätze der Rechtsprechung ergibt sich (...), daß die angefochtene Entscheidung, da sie rechtlich und tatsächlich die sofortige Durchführung des Zusammenschlusses gestattet, die Lage auf dem oder den betroffenen Märkten unmittelbar ändert, die dann nur noch vom alleinigen Willen der Parteien abhängt[274]."

Die Gemeinschaftsrichter stellen sich damit auf den Standpunkt, dass mit dem Wegfall der Anmeldepflicht auch das Vollzugsverbot des Art. 7 Abs. 1 VO Nr. 4064/89 entfällt, mit der Folge der Beeinträchtigung von Rechten, die ein Konkurrent unmittelbar betreffen. Das EuG führt weiter aus:

---

[272] EuG, U. v. 24.03.1994, Rs. T-3/93, (Air France I/Kommission), Slg. 1994, II-126 (160).
[273] EuG, U. v. 24.03.1994, Rs. T-3/93 (Air France I/Kommission), Slg. 1994, II-126 (161).
[274] EuG, U. v. 24.03.1994, Rs. T-3/93 (Air France I/Kommission), Slg. 1994, II-126 (161).

"Aus den Bedingungen der Vereinbarung vom 23. Oktober 1992 ergibt sich für den vorliegenden Fall klar, daß diese am 01. November 1992, spätestens aber mit dem Eintritt der in ihr enthaltenen aufschiebenden Bedingungen wirksam werden sollte. Zu diesen Bedingungen gehört im übrigen auch die hinreichend klare Erklärung der Kommission gegenüber den Unternehmen, daß der Zusammenschluss nicht unter die Verordnung falle. Unter diesen Umständen betrifft die angefochtene Erklärung die auf dem oder den Luftverkehrsmärkten tätigen Wirtschaftsunternehmen unmittelbar, zumal die Übergabe der Titel, mit der der Zusammenschluss tatsächlich durchgeführt wurde, am 08. November 1992 erfolgte; diese Unternehmen konnten im Zeitpunkt der angefochtenen Handlung eine unmittelbare oder schnelle Änderung des Marktzustandes als sicher erachten. Wäre die Kommission hingegen zu dem Ergebnis gelangt, dass der Zusammenschluss eine "gemeinschaftsweite Bedeutung" habe, so wäre eine Änderung der Marktlage nicht vor Ablauf der Frist in Art. 7 Abs. 1 der Verordnung und damit ggf. erst dann eingetreten, wenn diese Unternehmen ihre Rechte geltend gemacht hätten und wenn sie angehört worden wären[275]."

Das EuG stützt die unmittelbare Betroffenheit damit auf den weiteren sachlichen Grund, dass die Entscheidung auf die Verfahrensrechte von Dritten Rechtswirkungen erzeugt, so dass die Stellung von Mitbewerbern auf dem oder den Luftverkehrsmärkten unmittelbar berührt ist.

(b) Die Entscheidung "Air France II"

In dem Verfahren "Air France II"[276] vor dem EuG stellte die Klägerin die feststellende Entscheidung der Kommission nach Art. 6 Abs. 1 b) der VO Nr. 4064/89, dass der fragliche Zusammenschluss, der Erwerb von 49,4 % des

---

[275] unter Verweis auf: EuGH, U. v. 25.10.1977, Rs. 26/76, (Metro/Kommission), Slg. 1977, 1875; EuGH, U. v. 19.05.1993, Rs. C-198/91, (Cook/Kommission), Slg. 1993, I-2487 (2528).

[276] EuG, U. v. 19.05.1994, Rs. T-2/93, (Air France II/Kommission), Slg. 1994, II-327 f.

Kapitals der Gesellschaft TAT European Airlines durch die British Airways, keine ernsthaften Zweifel in Bezug auf die Vereinbarkeit mit dem gemeinsamen Markt aufwerfe, zur Überprüfung. In diesem Verfahren bestreitet die Kommission bereits nicht mehr, dass die Klägerin unmittelbar durch die Entscheidung betroffen ist[277]. Das Gericht führt folgerichtig aus:

"Im vorliegenden Fall ist zwischen den Beteiligten unstreitig, daß die Klägerin durch die Entscheidung unmittelbar betroffen ist. Daher ist zu prüfen, ob sie auch individuell durch die Entscheidung betroffen ist."[278].

Die Individualisierung der Klägerin wird Gegenstand der folgenden Analyse sein.

(4) Bilanz

Nach der Rechtsprechung des EuGH sind nicht am Zusammenschluss beteiligte Unternehmen durch eine Bedingung oder Auflage eines genehmigten Zusammenschlusses, die ihre Interessen berühren, unmittelbar betroffen, auch wenn diese (noch) von den Beteiligten des Zusammenschlusses umgesetzt werden müssen. Diese Rechtsansicht verdient die uneingeschränkte Zustimmung, fügt sie sich in das System einer materiellen Betrachtungsweise des Unmittelbarkeitsbegriffes ohne Vorbehalt ein.

Konkurrenten eines am Zusammenschluss beteiligten Unternehmens sind nach zutreffender Ansicht des EuG unmittelbar betroffen, in dem die Nichtuntersagung rechtlich und tatsächlich die sofortige Durchführung des Zusammenschlusses gestattet und die Lage auf dem oder den betroffenen Märkten unmittelbar ändert. Im Rahmen der Fusionskontrolle ist es ausreichend, dass die eintretenden Nachteile unmittelbare Folge des Zusammenschlusses sind,

---
[277]EuG, U. v. 19.05.1994, Rs. T-2/93, (Air France II/Kommission), Slg. 1994, II-327 (340).
[278]EuG, U. v. 19.05.1994, Rs. T-2/93, (Air France II/Kommission), Slg. 1994, II-327 (340).

weil die Entscheidung und der Zusammenschluss insoweit eine Wirkungseinheit bilden[279].

Nach der Rechtssprechung des EuGH und des EuG im Rahmen der VO Nr. 4064/89 wird der Unmittelbarkeitszusammenhang zwischen der Entscheidung der Kommission und der Beeinträchtigung eines Konkurrenten durch die Umsetzung der Maßnahme der privaten Adressaten nicht tangiert[280].

cc) Individualisierung des Klägers

In der Praxis erweist sich vor allem das Kriterium der individuellen Betroffenheit als problematisch. Die Schwierigkeiten beruhen im wesentlichen auf der fehlenden Stringenz und Konsistenz der Rechtsprechung der Gemeinschaftsrichter, die dazu führt, dass sich die genaue Bedeutung dieser Zulässigkeitsvoraussetzung nur noch durch eine sachbereichsbezogene Bildung von Fallgruppen erschließt[281].

(1) Befund: Wertung der Beeinträchtigung

Der in der ständigen Rechtsprechung wiederholte Ausgangspunkt für die Bestimmung des Kriteriums der individuellen Betroffenheit formuliert der EuGH schon 1963 in seiner "Plaumann"- Entscheidung:

"Wer nicht selbst Adressat einer Entscheidung ist, kann nur dann geltend machen von ihr individuell betroffen zu sein, wenn die Entscheidung ihn wegen

---

279 Zilles, Stephan, Die Anfechtungslegitimation von Dritten im europäischen Fusionskontrollrecht, 1997, S. 93; Körber, Torsten, Die Konkurrentenklage im Fusionskontrollrecht der USA, Deutschlands und der Europäischen Union, 1996, S. 273 f.

280 einschränkend ohne nähere Begründung: Immenga, Ulrich, in: U. Immenga/E.-J. Mestmäcker, EG-Wettbewerbsrecht, 1997, S. 1095.

281 Dörr, Oliver, in: H. Sodann/J. Ziekow (Hrsg.), Nomos-Kommentar zur Verwaltungsgerichtsordnung, Stand November 1999, EVR, Rdnr. 121.

bestimmter persönlicher Eigenschaften oder besonderer, ihn aus dem Kreis aller übrigen Personen heraushebender Umstände berührt und ihn daher in ähnlicher Weise individualisiert wie den Adressaten[282]."

Die Gemeinschaftsrichter haben in jüngerer Zeit hinsichtlich der Klagebefugnis Einzelner neue Akzente gesetzt, die zu einer Erweiterung des Rechtsschutzes geführt haben, deren Bedeutung über die Bezugnahme zur "Plaumann"- Entscheidung hinausgehen. Systematisch knüpft die Rechtsprechung negativ bestimmt die individuelle Betroffenheit nicht an die Kriterien des Entscheidungsbegriffs des Art. 230 Abs. 1 EGV an[283], sondern prüfen die Individualisierung des Klägers weitgehend unabhängig vom Entscheidungscharakter des Rechtsaktes[284]. Konsequent schließt nach Ansicht der Gerichte auch der Normcharakter die individuelle Betroffenheit nicht aus[285]. Im einzelnen liegt eine individuelle Betroffenheit nicht schon dann vor, wenn der Kreis der Adressaten des Rechtsaktes zu einem konkreten Zeitpunkt bestimmbar ist[286]. Anderenfalls wäre das Kriterium der individuellen Betroffenheit überflüssig, weil es neben der unmittelbaren Betroffenheit keine eigenständige Bedeutung erlangen könnte[287].

---

[282]ständige Rechtsprechung: EuGH, U. v. 15.07.1963, Rs. 25/62, (Plaumann/Kommission), Slg. 1963, 211 (238); EuGH, U. v. 02.02.1988, Rs. 67, 68 u. 70/85, (van der Kooy u.a./Kommission), Slg. 1988, 219 (267); EuG, U. v. 27.04.1995, Rs. T-12/93, (CCE de Vittel u.a./Kommission), Slg. 1995, II-1247 (1266); EuG, U. v. 27.04.1995, Rs. T-435/93, (Aspec/Kommission), Slg. 1995, II-1281 (1308); EuG, B. v. 30.09.1997, Rs. T-122/96, (Federolio/Kommission), Slg. 1997, II-1559 (1580).

[283]Daig, Hans-Wolfram, Nichtigkeits- und Untätigkeitsklagen im Recht der europäischen Gemeinschaften, 1985, Rdnr. 86; Allkemper, Ludwig, Der Rechtsschutz des einzelnen nach dem EG-Vertrag, 1995, S. 62; Classen, Claus-Dieter, Die Europäisierung der Verwaltungsgerichtsbarkeit: Eine vergleichende Untersuchung zum deutschen, französischen und europäischen Verwaltungsprozeßrecht, 1996, S. 70.

[284]EuG, U. v. 10.07.1996, Rs. T-482/93, (Weber/Kommission), Slg. 1996, II-609 (627); EuG, U. v. 07.11.1996, Rs. T-298/94, (Roquette Frères/Rat), Slg. 1996, II-1531 (1543).

[285]EuGH, U. v. 185/94, (Codorniu/Rat), Slg. 1994, I-1853 (1886); EuG, U. v. 13.12.1995, Rs. T-481 u. 484/93, (Levende Varkens u.a./Kommission), Slg. 1995, II-2941 (2961); EuG, U. v. 18.09.1996, Rs. T-155/94, (Climax Paper/Rat), Slg. 1996, II-873.

[286]EuGH, U. v. 05.05.1977, Rs. 101/76, (Scholtemhonig/Rat u. Kommission), Slg. 1977, 799 (807); EuGH, U. v. 27.05.1980, Rs. C-229/88, (Cargill), Slg. 1990, I-1303 (1320); EuGH, U. v. 24.02.1987, Rs. 28/86, (Deutz und Geldermann/Rat), Slg. 1987, 941 (951); Isaac, Guy, Droit Communautaire Général, 4. Aufl. 1993, S. 245.

[287]EuGH, U. v. 14.12.1962, Rs. 16, 17/62, (Conédération nationale des Producteurs de Fruits et Légumes), Slg. 1962, 961 (978); Toth, Akos G., The Individual and European Law, ICLQ 1975, S. 659 (677); Harding, Christopher, The Private Interest In Challenging Community

Die Individualisierungskriterien sind daher jenseits des Art. 230 Abs. 4 EGV zu suchen. Die Gemeinschaftsrichter sehen einen Kläger aus dem Kreis der übrigen Wirtschaftsteilnehmer herausgetreten, wenn dieser den Entzug oder die Entwertung materieller Rechtspositionen geltend machen kann[288]. Im Bereich der Konkurrentenklage muss der Kläger nach Ansicht der Gemeinschaftsrichter eine spürbare Beeinträchtigung von Marktpositionen geltend machen können[289]. Eine erhebliche oder spürbare Beeinträchtigung der Marktposition des Klägers wird in einigen Entscheidungen kumulativ, in weiteren als ausschließliches Kriterium zur Klagebefugnis herangezogen[290].

Eine weitere, insbesondere in diesem Bereich wichtige Konstellation individueller Betroffenheit liegt in der Einräumung der Möglichkeit verfahrensrechtlicher Mitwirkung auf der Ebene des Primär- und Sekundarrechts[291].

(2) Die Entscheidung des EuGH zur VO Nr. 4064/89

In der bereits ausführlich vorgestellten Entscheidung "Frankreich, SCPA u. EMC" hat der EuGH detailliert Stellung zu der Frage genommen, ob ein (drit-

---

Action, ELR 1980, S. 355 (357); Grzybek, Patrick, Prozessuale Grundrechte im Europäischen Gemeinschaftsrecht, 1993, S. 119; Arnull, Anthony, Private applicants and the action for annullment under Article 173 of the EC Treaty, CMLR 1995, S. 7 (35); a. A.: Bleckmann, Albert, Zur Klagebefugnis für die Individualklage vor dem EuGH, in: Festschrift für F. C. Menger, 1985, S. 871 (873); kritisch: Danwitz, Thomas von, Die Garantie effektiven Rechtsschutzes im Recht der Europäischen Gemeinschaft, NJW 1993, S. 1118 (1114).

[288] EuGH, U. v. 17.01.1985, Rs. 11/82 (Piraiki-Patraiki/Kommission), Slg. 1985, 207 (244); EuGH, U. v. 185/94 (Codorniu/Rat), Slg. 1994, I-1853 (1886); Koenig, Christian/Sander, Claude, Einführung in das EG-Prozeßrecht, 1997, Rdnr. 294 f.

[289] Maselis, Ignace/Gilliams, Hans M., Rights of complainants in Community Law, ELR 1997, S. 103 (107); Körber, Torsten, Konkurrentenklage in der europäischen Fusionskontrolle, EuZW 1996, S. 267 (270).

[290] EuGH, U. v. 20.03.1985, Rs. 264/82, (Timex/Rat u. Kommission), Slg. 1985, 849 (865); EuG, U. v. 11.07.1996, Rs. T-528, 542, 543 u. 546/93, (Métropole Télévision u. a./Kommission), Slg. 1996, II-649 (674); EuG, U. v. 22.10.1996, Rs. T-266/94, (Foreningen af Jernskibs-Maskinbyggerier i Danmark u. a./Kommission), Slg. 1996, II-1399 (1418); Cremer, Wolfram, Nichtigkeitsklagen einzelner gegen Rechtsakte der Gemeinschaft: Klagegegenstand und Klagebefugnis nach Art. 173 EGV, EWS 1999, S. 48 (50) m. w. N.

[291] Classen, Claus-Dieter, Die Europäisierung der Verwaltungsgerichtsbarkeit: Eine vergleichende Untersuchung zum deutschen, französischen und europäischen Verwaltungspro-

tes) Unternehmen durch eine Bedingung eines genehmigten Zusammenschlusses individuell betroffen sein kann.

Die Kommission begründete ihre Einrede der Unzulässigkeit der Klagen im wesentlichen damit, dass die klagenden Unternehmen nicht im Sinne des Art. 230 Abs. 4 EGV individuell betroffen seien. Zwar seien die Unternehmen in der streitigen Entscheidung namentlich erwähnt worden, doch seien sie nicht von Anfang an am Verfahren vor der Kommission beteiligt gewesen und hätten nicht durch ihre Erklärungen den Verfahrensablauf weitgehend bestimmt[292]. Auch reiche die Beteiligung der Firma "EMC" an der Firma "Potacan" nicht aus, um sie als von der Entscheidung individuell betroffen zu betrachten, da die Zusage in bezug auf Potacan keinen Entscheidungscharakter habe[293].

Zur Begründung der Zulässigkeit ihrer Klagen machten die klagenden Unternehmen zunächst geltend, sie seien in der streitigen Entscheidung nicht nur namentlich bezeichnet, sondern stünden auch im Zentrum der Erwägungen und der Begründung der Kommission. Ferner sei für die Feststellung, ob ein Einzelner von einer Entscheidung individuell betroffen sei, zum einen der dem betreffenden Unternehmen entstandene Schaden und zum anderen die Rolle zu berücksichtigen, die diese Unternehmen im Verfahren vor der Kommission gespielt hätten[294]. Die klagenden Unternehmen führten weiter aus, dass ihnen durch die Auflösung der Kali-Export GmbH ein Schaden entstehe. Außerdem laufe der Umstand, dass die Kommission die Zusage von Kali und Salz in ihre Entscheidung mit aufgenommen habe, auf die Anordnung einer Teilung der Produktion hinaus, die für die Firma "EMC" sehr schädlich sei, jedoch im Gegensatz für Kali und Salz sehr vorteilhaft sein könne. Außerdem sei erwiesen,

---

zeßrecht, 1996, S. 70; Dietze, Philipp von, Verfahrensbeteiligung und Klagebefugnis im EG-Recht, 1995, S. 85.

[292] EuGH, U. v. 31.03.1998, Rs. C-68/94 u. C-30/95 (Frankreich, SCPA u. EMC/Kommission), Slg. 1998, I-1453 (1467).

[293] EuGH, U. v. 31.03.1998, Rs. C-68/94 u. C-30/95 (Frankreich, SCPA u. EMC/Kommission), Slg. 1998, I-1453 (1467).

dass die klagenden Unternehmen beide an dem Verfahren, was zur streitigen Entscheidung geführt habe, beteiligt gewesen seien[295].

Der EuGH folgt den Argumenten der Kläger und bejaht die individuelle Betroffenheit. Der Gerichtshof führt aus:

"Zweitens ist zur Frage, ob die klagenden Unternehmen auch individuell betroffen sind, darauf abzustellen, daß, wie der Gerichtshof im erwähnten Urteil Plaumann/Kommission ausgeführt hat, wer nicht Adressat einer Entscheidung ist, nur dann geltend machen kann, von ihr individuell betroffen zu sein, wenn sie ihn wegen bestimmter persönlicher Eigenschaften oder besonderer, ihn aus dem Kreis aller übrigen Personen heraushebender Umstände berührt und ihn daher in ähnlicher Weise individualisiert wie den Adressaten.

Unter Berücksichtigung des Umstands, daß die Rechtsprechung des Gerichtshofes in diesem Zusammenhang der Rolle, die natürliche oder juristische Personen im vorprozessualen Verfahren gespielt haben, Gewicht beimißt (vgl. dahin gehend die Urteile vom 20. März 1985 in der Rechtssache 264/82, Timex/Rat und Kommission, Slg. 1985, 849, und Cofaz u. a./Kommission, a. a. O., Rndnr. 24), ist zunächst auszuführen, daß die klagenden Unternehmen im Verwaltungsverfahren vor der Kommission Gelegenheit zur Abgabe von Erklärungen hatten, die die Kommission für die Zwecke der streitigen Entscheidung berücksichtigt hat. Insbesondere hat die Kommission nach den Akten aufgrund von Besorgnissen, die diese Unternehmen zum Ausdruck gebracht hatten, darauf verzichtet, aus der Zusage der Beteiligten des Zusammenschlusses eine förmliche Bedingung für die Vereinbarkeit des Zusammenschlusses mit dem gemeinsamen Markt zu machen"[296].

---

[294]EuGH, U. v. 31.03.1998, Rs. C-68/94 u. C-30/95 (Frankreich, SCPA u. EMC/Kommission), Slg. 1998, I-1453 (1468).
[295]EuGH, U. v. 31.03.1998, Rs. C-68/94 u. C-30/95 (Frankreich, SCPA u. EMC/Kommission), Slg. 1998, I-1453 (1468).

Die Gemeinschaftsrichter leiten alternativ die individuelle Betroffenheit aus dem Umstand her, dass erstens die Bedingungen, mit denen die Erklärung der Vereinbarkeit versehen ist, das Ergebnis der Beurteilung der sich aus dem Zusamenschluss ergebenen Wettbewerbslage ist, die die Kommission unter Berücksichtigung hauptsächlich der Situation von SCPA und EMC als Bestandteil eines Duopols mit Kali u. Salz/MdK vorgenommen hat[297]. Zweitens sind die Bedingungen geeignet, die Marktstellung der klagenden Unternehmen erheblich zu beeinträchtigen[298].

Der EuGH begründet damit die individuelle Betroffenheit mit der Wettbewerbsstellung der Kläger und den Auswirkungen des Zusammenschlusses auf die wirtschaftliche Tätigkeit beider Unternehmen[299]. Im übrigen wird der Verfahrensbeteiligung Bedeutung zugemessen, ohne die individuelle Betroffenheit direkt daraus herzuleiten.

(3) Einzelbetrachtung der Rechtsprechung des EuG

(a) Die Entscheidung "Air France I" des EuG

In der bereits vorgestellten ersten "Air France"- Entscheidung des EuG, die eine Nichtigkeitsklage gegen eine formlose (in ihrem Inhalt einer nach Art. 6 Abs. 1 lit. a) VO Nr. 4064/89 gleichgestellten) Erklärung der Unzuständigkeit der Kommission für den Zusammenschluss British Airways und Dan Air[300] zum Gegenstand hatte, war die Individualisierung des Klägers Gegenstand der rechtlichen Ausführungen. Die Kommission hatte die unmittelbare und indivi-

---

[296]EuGH, U. v. 31.03.1998, Rs. C-68/94 u. C-30/95 (Frankreich, SCPA u. EMC/Kommission), Slg. 1998, I-1453 (1471).
[297]EuGH, U. v. 31.03.1998, Rs. C-68/94 u. C-30/95 (Frankreich, SCPA u. EMC/Kommission), Slg. 1998, I-1453 (1471).
[298]EuGH, U. v. 31.03.1998, Rs. C-68/94 u. C-30/95 (Frankreich, SCPA u. EMC/Kommission), Slg. 1998, I-1453 (1472).
[299]vgl.: Schlussantrag des GA Tesauro v. 06.12.1997, EuGH, Rs. C-68/94 u. C-30/95 (Frankreich, SCPA u. EMC/Kommission), Slg. 1998, I-1381 (1397).
[300]EuG, U. v. 24.03.1994, Rs. T-3/93, (Air France I/Kommission), Slg. 1994, II-126 ff.

duelle Betroffenheit der Klägerin mit dem Argument negiert, die angefochtene Erklärung beeinflusse die Frage der Vereinbarkeit des Zusammenschlusses mit dem gemeinsamen Markt nicht, so dass sie aus diesem Grund auch keine Rechtswirkungen zeige[301].

Die Klägerin hatte vorgetragen, dass die Entscheidung der Kommission, sie sei zur Prüfung der Vereinbarkeit nicht zuständig, die Rechtslage ändere. Hinzu komme, dass auf dem Markt der verschiedenen Netze der großen europäischen Flugunternehmen die Air France der Hauptkonkurrent von British Airways sei. Der Erwerb von Dan Air habe daher einen Vervielfältigungseffekt, der die Klägerin umittelbar berühre[302].

Das EuG führt zur individuellen Betroffenheit aus:

"Wer nicht Adressat einer Entscheidung ist, kann nur dann geltend machen, von ihr individuell betroffen zu sein, wenn die Entscheidung ihn wegen bestimmter persönlicher Eigenschaften oder besonderer, ihn aus dem Kreis aller übrigen Personen heraushebende Umstände berührt und ihn daher in ähnlicher Weise individualisiert wie den Adressaten (Urteil Plaumann/Kommission, aaO).

Was schließlich die Frage betrifft, ob die Klägerin von der angefochtenen Entscheidung individuell betroffen ist, so ergibt sich aus dem Verfahren, was die Kommission im übrigen zugestanden hat, dass die Lage von Air France sich im Hinblick auf den fraglichen Zusammenschluß von dem anderer internationaler Luftverkehrsunternehmen deutlich unterscheidet. Der Zusammenschluß hat zur Folge, daß BA auf den von Dan Air bedienten Strecken an deren Stelle tritt. (...)

[301]EuG, U. v. 24.03.1994, Rs. T-3/93, (Air France I/Kommission), Slg. 1994, II-126 (159); unter Bezugnahme auf: EuGH, U. v. 24.06.1986, Rs. 53/85, (Akzo/Kommission), Slg. 1986, 1965; EuGH, U. v. 11.11.1981, Rs. 6/81, (IBM/Kommission), Sgl. 1981, 2639.
[302]EuG, U. v. 24.03.1994, Rs. T-3/93, (Air France I/Kommission), Slg. 1994, II-126 (161).

Auf allen diesen Linien verstärkt BA ihre Stellung durch den Erwerb von Dan Air erheblich, während entsprechend die Gruppe Air France ihre Wettbewerbsstellung in einer Weise berührt sieht, die sie von allen anderen Flugunternehmen unterscheidet. Unter diesen Umständen kann Air France im Sinne des Urteils Plaumann dem Adressaten einer Entscheidung gleichgestellt werden. Die Klägerin hat damit hinreichend dargetan, daß die angefochtene Handlung ihre Marktposition erheblich beeinträchtigt und sie im Sinne der Urteile Eridania u.a./Kommission und Cofaz u.a./Kommission unmittelbar und individuell betrifft[303]*."*

Das EuG begründet, dem EuGH folgend, die individuelle Betroffenheit eines Konkurrenten durch die Wettbewerbssituation, die der fragliche Zusammenschluss konstituiert, wobei die Marktposition den Ausgangspunkt der Überlegungen bildet.

(b) Fortführung der Rechtsprechung des EuG für die Fusionskontrolle

Wie ausgeführt richtete sich die Klage der Air France in der zweiten Entscheidung gegen die feststellende Entscheidung der Kommission nach Art. 6 Abs. 1 b) der VO Nr. 4064/89, dass der fragliche Zusammenschluss in Form des Erwerbs von 49,9 % des Kapitals der Gesellschaft TAT European Airlines durch die British Airways keine ernsthaften Zweifel in Bezug auf die Vereinbarkeit mit dem gemeinsamen Markt aufwerfe. Der zugrunde gelegte Vertrag über den Erwerb sah weiterhin eine Kaufoption von British Airways für die weiteren 50,1 % vor, die bis zum 1. April 1997 jederzeit ausgeübt werden kann. Der TAT wird darin das Recht eingeräumt, von British Airways den Kauf dieser restlichen 50,1 % des Kapitals zum 1. April 1997 zu verlangen.

Die Entscheidung der Kommission beruhte auf der Feststellung, dass British Airways vor dem fraglichen Zusammenschluss in keiner Weise auf den inner-

[303] EuG, U. v. 24.03.1994, Rs. T-3/93, (Air France I/Kommission), Slg. 1994, II-126 (162).

französischen Linien präsent gewesen sei, während TAT dort 1991 einen Anteil von 3,8 % am gesamten Linienverkehr, ausgedrückt in der Gesamtzahl beförderter Fluggäste, gehabt habe und auf die Air France demgegenüber (direkt oder über das Tochterunternehmen Air Inter) 84,9 % der Anzahl von Fluggästen entfallen seien. Es bestünden damit keine Zweifel an der Vereinbarkeit des Zusammenschlusses mit dem gemeinsamen Markt.

Ohne förmlich eine Einrede der Unzulässigkeit zu erheben, äußerte die Kommission Zweifel an der Zulässigkeit der Klage, da die Klägerin nicht dargetan habe, dass sie durch die Handlung, deren Nichtigerklärung sie beantragt, individuell betroffen sei[304]. Die Kommission führte dazu aus, da die Verordnung Nr. 4064/89 keine Regelung über ein Beschwerdeverfahren enthalte, könnten die Voraussetzungen, die der Gerichtshof im Zusammenhang mit Art. 88 Abs. 2 EWG- Vertrag aufgestellt habe, sinngemäß als Kriterium für die Beurteilung der Zulässigkeit einer Klage gegen eine im Rahmen der Verordnung erlassene Vereinbarkeitsentscheidung herangezogen werden[305]. Danach habe die Klägerin nicht ausreichend dargelegt, inwiefern ihre Position auf dem relevanten Markt durch den fraglichen Zusammenschluss spürbar beeinträchtigt würde, so dass es an einer individuellen Betroffenheit fehle[306].

Die Klägerin vertrat dagegen die Ansicht, allein durch ihre Beteiligung am Verwaltungsverfahren sei sie bereits in so ausreichendem Maße individualisiert, dass ihre Klage für zulässig befunden werden müsse. Auch werde ihre Wettbewerbsposition durch den fraglichen Zusammenschluss wegen dessen Konzentrationswirkung notwendigerweise spürbar beeinträchtigt, so dass sie ein individuelles Interesse im Sinne des Art. 230 EWG- Vertrag habe.

---

[304]EuG, U. v. 19.05.1994, Rs. T-2/93, (Air France II/Kommission), Slg. 1994, II-327 (338).
[305]EuGH, U. v. 28.01.1986, Rs. 169/84, (Cofaz u.a./Kommission), Slg. 1986, 391 ff.
[306]EuG, U. v. 19.05.1994, Rs. T-2/93, (Air France II/Kommission), Slg. 1994, II-327 (338).

Das EuG würdigt den Sachverhalt wie folgt:

"Nach ständiger Rechtsprechung kann, wer nicht Adressat einer Entscheidung ist, nur dann geltend machen, von ihr individuell betroffen zu sein, wenn die Entscheidung ihn wegen bestimmter persönlicher Eigenschaften oder besonderer, ihn aus dem Kreis aller übrigen Personen heraushebender Umstände berührt und ihn daher in ähnlicher Weise individualisert wie den Adressaten (Urteil des Gerichtshofes vom 15. Juli 1963 in der Rechtssache 25/62, Plaumann/Kommission, Slg. 1963, 213, und Urteil des Gerichts vom 28. Oktober 1993 in der Rechtssache T-83/92, Zunis Holding u.a./Kommission, Slg. 1993, II-1169).

Das Gericht hat daher zu prüfen, ob im Fall der Klägerin besondere Umstände vorliegen, die sie aus dem Kreis aller übrigen Personen herausheben[307]."

Das EuG stellt fest, dass die Klägerin der Kommission auf die Mitteilung nach Art. 4 Abs. 3 VO Nr. 4064/89 hin ihre mit Zahlenmaterial und Statistiken untermauerten Einwände gegen den fraglichen Zusammenschluss übermittelt hat und dass auf diese Einwände die Kommission geantwortet hat. Die Stellungnahme betrifft zum einen die Umschreibung des Marktes, auf die nach Ansicht der Klägerin bei der Beurteilung der Auswirkung des Zusammenschlusses abzustellen ist und zum anderen die Auswirkungen auf die Wettbewerbsposition von British Airways gegenüber den anderen Wirtschaftsteilnehmern und insbesondere gegenüber der Klägerin. Weiter führt das EuG aus, dass sich schon aus dem Wortlaut der angefochtenen Entscheidung ergibt, dass die Wettbewerbssituation von der Kommission vor allem unter Berücksichtigung der Situation der Klägerin beurteilt worden ist[308]. Auch geht aus den Akten hervor, dass die Klägerin durch eine Vereinbarung, die zwischen ihr, der französischen Regierung und der Kommission geschlossen worden war, verpflichtet wird, ihre Beteiligung an TAT ganz aufzugeben und dass der Zusam-

---

[307] EuG, U. v. 19.05.1994, Rs. T-2/93, (Air France II/Kommission), Slg. 1994, II-327 (340).
[308] EuG, U. v. 19.05.1994, Rs. T-2/93, (Air France II/Kommission), Slg. 1994, II-327 (341).

menschluss zwischen TAT und British Airways 4 Monate später bei der Kommission angemeldet wurde.

Das Gericht ist der Ansicht, dass diese drei Umstände ausreichen, um die Klägerin aus dem Kreis aller übrigen Personen herauszuheben, und dass sie daher in ähnlicher Weise individualisiert ist wie die Adressaten der Entscheidung[309].

b) Zusammenfassende Bewertung der Rechtsprechung

Der EuGH hält eine Klage eines nicht am Zusammenschluss beteiligten Unternehmens gegen eine Bedingung, mit der eine Vereinbarkeitserklärung versehen ist, für zulässig. Das klagende Unternehmen ist individuell betroffen im Sinne des Art. 230 Abs. 4 EGV, wenn die Zusage der Beteiligten des Zusammenschlusses geeignet ist, die Stellung der Kläger auf dem Markt erheblich zu beeinträchtigen und das klagende Unternehmen im vorprozessualen Verwaltungsverfahren gestaltend mitgewirkt hat[310].

Das EuG bejaht zusammenfassend die Klagebefugnis eines Konkurrenzunternehmens in der Air France I- Entscheidung aus dem Gesichtspunkt, dass die Klägerin in ihrer Wettbewerbsstellung berührt ist, die sie von allen anderen Fluggunternehmen deutlich unterscheidet[311]. Das Gericht nimmt auch Bezug auf die Klagebefugnis aus den Verfahrensgarantien und führt aus, dass die Nichtanwendung der Verordnung der Klägerin das Anhörungsrecht aus Art. 18 Abs. 4 VO Nr. 4064/89 nimmt, was ebenfalls für die individuelle Betroffenheit spricht[312].

---

[309]EuG, U.v. 19.05.1994, Rs. T-2/93, (Air France II/Kommission), Slg. 1994, II-327 (342).
[310]EuGH, U. v. 31.03.1998, Rs. C-68/94 u. C-30/95 (Frankreich, SCPA u. EMC/Kommission), Slg. 1998, I-1453 (1471).
[311]EuG, U. v. 24.03.1994, Rs. T-3/93, (Air France I/Kommission), Slg. 1994, II-126, (162).
[312]EuG, U. v. 24.03.1994, Rs. T-3/93, (Air France I/Kommission), Slg. 1994, II-126, (162).

In der zweiten Air France- Entscheidung führt das EuG zur individuellen Betroffenheit drei Gründe an: Erstens hat die Klägerin eine Stellungnahme an die Kommission gerichtet, zweitens hat die Kommission die Wettbewerbssituation der Klägerin untersucht und drittens stellt das Gericht die Tatsache heraus, dass die Air France im Rahmen einer Entflechtung die eigene Beteiligung an der TAT Fluglinie aufgegeben hat[313].

Die Begründungen des EuGH und des EuG zur individuellen Betroffenheit leiden darunter, dass die Gemeinschaftsrichter eine dogmatische Grundformel ihrer Rechtsfindung nicht offenbaren. Es bleibt unklar, welche inhaltlichen Anforderungen an eine Individualisierung durch eine materielle Betroffenheit zu stellen sind. Auch behandeln die Gerichte die Klagebefugnis aus Verfahrensgarantie zu apodiktisch. Insbesondere das EuG bezieht die bisherige Judikatur des Gerichtshofes zur Klagebefugnis verfahrensbeteiligter Dritter nicht umfassend in seine Entscheidungsgründe ein. Die allein rekurrierte "Plaumann-Formel" erscheint nicht geeignet, um eine umfassende Rechtsprechung zur Klagebefugnis von Konkurrenzunternehmen in der Fusionskontrollverordnung vorzuzeichnen.

Vor dem Versuch des Entwurfs einer systematischen Grundstruktur gilt es, die Rechtsprechung des EuG zu weiteren beteiligten Dritten gegen Entscheidungen der Kommission auf Grundlage der VO Nr. 4064/89 darzustellen und zu analysieren.

5) Rechtsschutz der Aktionäre

Im Blickwinkel des Anliegerschutzes ist Gegenstand der rechtlichen Beurteilung, inwieweit Anteilsinhaber eigene Rechte und Interessen prozessual durchsetzen können. Es ist zu untersuchen, ob auch Aktionären die Legitima-

[313] EuG, U.v. 19.05.1994, Rs. T-2/93, (Air France II/Kommission), Slg. 1994, II-327 (342).

tion zukommen kann, gegen eine europäische Fusionsgenehmigung Klage zu erheben.

Das EuG hatte bislang einmalig in der "Zunis Holding"- Entscheidung Gelegenheit, zu der Frage der Klagebefugnis von Aktionären Stellung zu nehmen[314]. Anschließend hatte der EuGH im Rechtsmittelverfahren Anlass zur rechtlichen Würdigung des Sachverhaltes[315]. Die Entscheidungen können für die weitere Behandlung der Klagen von Aktionären und auch Konkurrenten gegen Maßnahmen der Kommission in der Fusionskontrolle richtungsweisenden Charakter aufweisen.

a) Die Entscheidung "Zunis Holding" des EuG

aa) Sachverhalt und Verfahren

Gegenstand der Klage war die Entscheidung der Kommission auf der Grundlage von Art. 6 Abs. 1 lit. a) VO Nr. 4064/89, dass die angemeldete Transaktion, die darin bestand, dass Mediobanca ihre Beteiligung an der Generali von 5,98 % auf 12,84 % erhöhte, nicht in den Anwendungsbereich der Verordnung falle, weil sie Mediobanca nicht in die Lage versetzte, allein oder gemeinsam mit anderen einen bestimmten Einfluss auf Generali auszuüben.

Die Klägerinnen, die sämtlich Aktionäre von Generali waren, beantragten das Verfahren wiederzueröffnen, nachdem ihnen eine bis dahin als geheim reklamierte Vereinbarung zwischen Mediobanca und Generali bekannt wurde, die u. a. die Bildung eines aus Vertretern von Generali und ihren beiden Hauptaktionären bestehenden Lenkungsausschusses vorsah, mit dem auf die Ernen-

---

[314]EuG, U. v. 28.10.1993, Rs. T-83/92, (Zunis Holding u.a./Kommission), Slg. 1993, II-1171 ff.
[315]EuGH, U. v. 11.01.1996, Rs. C-480/93 P, (Zunis Holdigung u.a./Kommission), Slg. 1996, I-24 ff.

nung bestimmter Mitglieder der Verwaltungs- und Leitungsgremien von Generali Einfluss genommen werden sollte.

Die Kommission lehnte den Antrag der Klägerinnen auf Wiedereröffnung des Verfahrens mit der wesentlichen Begründung ab, dass die Entscheidung nicht auf unzutreffenden Informationen beruht habe, da der Kommission die geschlossene Vereinbarung im Zeitpunkt der Entscheidung bekannt gewesen sei. Die Klägerinnen beantragten, diese bekanntgegebene Entscheidung der Kommission für nichtig zu erklären.

bb) Die Ansicht der Parteien zur Klagebefugnis

Die Aktionäre begründeten ihre Klagebefugnis im Sinne des Art. 230 Abs. 4 EGV vorrangig damit, dass der Sachverhalt, der zu dem vorliegenden Rechtsstreit geführt habe, auf einer Erhöhung des Aktienkapitals von Generali zurückgehe, wodurch sie aus diesem Grunde unmittelbar und individuell betroffen seien[316]. Des weiteren führten die Klägerinnen aus, dass sie sich unzweifelhaft an dem Verfahren beteiligt hätten, wenn ihnen seinerzeit die Tatsachen bekannt gewesen wären, die ihnen später zur Kenntnis gelangt seien. Die Klägerinnen schlussfolgerten, dass ihnen die Klagebefugnis schon aus der Verfahrensbeteiligung zugestanden hätte, wonach auch vorliegend sie klagebefugt seien.

Die Kommission, die die Unzulässigkeitseinrede erhoben hatte, führte zur Klagebefugnis aus, dass das streitgegenständliche Schreiben nicht dahin ausgelegt werden könne, dass es einen die Klägerinnen unmittelbar und individuell betreffenden Rechtsakt darstelle[317]. Die Kommission bemerkte in diesem Zusammenhang, unabhängig von der allgemeinen Frage, ob und wann Minder-

---

[316] EuG, U. v. 28.10.1993, Rs. T-83/92, (Zunis Holding u.a./Kommission), Slg. 1993, II-1171 (1178).

[317] EuG, U. v. 28.10.1993, Rs. T-83/92, (Zunis Holding u.a./Kommission), Slg. 1993, II-1171 (1177).

heitsaktionäre von aufgrund der Verordnung Nr. 4064/89 getroffenen Entscheidungen unmittelbar und individuell betroffen sein könnten, dies die Klägerinnen jedenfalls nicht seien.

cc) Die Entscheidung des EuG zur Anfechtungslegitimation

Zunächst erwähnenswert stellt das EuG im Hinblick auf den Entscheidungscharakter der angegriffenen Maßnahme fest, dass die Weigerung, einen Rechtsakt zurückzunehmen, nur dann im Rahmen des Art. 230 Abs. 4 EGV überprüft werden kann, wenn der erlassene Rechtsakt selbst angreifbar ist[318]. Die ergangene Feststellung der Kommission, die Verordnung komme nicht zur Anwendung, ist vom Rechtscharakter her eine als mit der Nichtigkeitsklage angreifbare Entscheidung anzusehen[319].

Zur unmittelbaren und individuellen Betroffenheit im Sinne des Art. 230 Abs. 4 EGV führt das EuG wörtlich aus:

"Hierzu ist zunächst zu bemerken, daß allein die Tatsache, daß eine Maßnahme die Beziehungen zwischen den verschiedenen Aktionären eine Gesellschaft beeinflussen kann, es nicht rechtfertigt, jeden dieser Aktionäre als von dieser Maßnahme unmittelbar und individuell betroffen anzusehen. Nur bei Vorliegen besonderer Umstände kann ein solcher Aktionär mit der Begründung, die Maßnahme wirke sich auf seine Stellung innerhalb der Gesellschaft aus, gemäß Art. 173 EWG-Vertrag vorgehen (Urteil des Gerichtshofes vom 10. Dezember 1969 in den Rechtssachen 10/68 und 18/68, Eridania u.a./Kommission, Slg. 1969, 459)[320]*"*.

---

[318]vgl. dazu: Drauz, Götz/Schroeder, Dirk, Praxis der europäischen Fusionskontrolle, 3. Aufl. 1995, S. 224.

[319]unter Bezugnahme auf: EuGH, U. v. 08.03.1972, Rs. 42/71, (Nordgetreide/Kommission), Slg. 1972, 105 (110); EuGH, U. v. 07.05.1990, Rs. C-87/89, (Sonito u.a./Kommission), Slg. 1990, I-1981 (2009).

[320]EuG, U. v. 28.10.1993, Rs. T-83/92, (Zunis Holding u.a./Kommission), Slg. 1993, II-1171 (1183).

Die Gemeinschaftsrichter stellen fest, dass die von der Kommission gemäß Art. 6 Abs. 1 lit. a) VO Nr. 4064/89 getroffene Feststellung, dass ein bei ihr angemeldeter Zusammenschluss nicht unter diese Verordnung falle, für sich genommen nicht geeignet ist, den Inhalt oder den Umfang der Rechte der Aktionäre zu verändern, weder aus ihrer vermögensrechtlichen Stellung noch durch ihr begründetes Recht auf Mitwirkung an der Leitung der Gesellschaft. Es wird bemerkt, dass die Entscheidung die Klägerinnen in ihrer Eigenschaft als Aktionärinnen von Generali in gleicher Weise wie alle übrigen der etwa 140.000 Aktionäre dieser Gesellschaft berührt. Selbst wenn mit den Klägerinnen entgegen den Feststellungen in der Entscheidung anzunehmen wäre, dass Mediobanca allein oder zusammen mit anderen Unternehmen die Kontrolle über Generali erlangt hätte, berührt eine solche Kontrollübernahme die Interessen der Klägerinnen in gleicher Weise wie diejenigen der übrigen Aktionäre. Hieraus folgt, dass die Entscheidung der Kommission die Klägerinnen nicht individuell betreffen kann[321]. Die Klage wird daher als unzulässig zurückgewiesen.

dd) Konzeptionelle Einordnung und kritische Würdigung

Bei der Betrachtung der Entscheidung des EuG fällt auf, dass das EuG sich nur sehr zurückhaltend mit der (materiellen) Frage auseinandersetzt, inwiefern die Erhöhung der Beteiligung der Mediobanca an der Generali Auswirkungen auf die Rechte der Aktionäre hat, und welche Bedeutung die Verfahrensbeteiligung der Anteilseigner für die individuelle Betroffenheit hat. Die Begründung zur Beeinflussung der Rechte der Klägerinnen zielt in die Richtung, dass Aktionäre unter besonderen Umständen individuell betroffen sein können und legt den Schluss nahe, dass es sich um bestimmte Großaktionäre handeln muss[322]. Dieser Ansatzpunkt erscheint insofern bedenklich, als Kleinaktionäre, die mangels anderer Einflussmöglichkeiten noch schutzbedürftiger sind, ein

[321] EuG, U. v. 28.10.1993, Rs. T-83/92, (Zunis Holding u.a./Kommission), Slg. 1993, II-1171 (1183).
[322] vgl. auch: EuGH, U. v. 16.05.1991, Rs. C-358/89, (Extramet Industrie/Rat), Slg. 1991, I-2501 (2532).

Klagerecht aus diesem Gesichtspunkt zu versagen wäre[323]. Für die systematische Bedeutung des Individualrechtsschutzes deutet das EuG (auch) ein Klagerecht zu Gunsten von Vereinigungen von Kleinaktionären an, die ein bestimmtes, nicht unerhebliches Quorum erreichen[324]. Parallel wird der Grundsatz des EuG herausgestellt, dass die Umstände des Einzelfalles bei der Ermittlung der Beeinträchtigungen tatsächlicher und rechtlicher Interessen zugrunde zu legen sind. Diese Überlegungen belegen, dass das Urteil einer Vielzahl von Interpretationen offensteht, was einer stringenten Rechtsprechung nicht förderlich ist.

Das EuG lässt darüberhinaus in seiner Entscheidung unberücksichtigt, dass auch Aktionären ein Recht auf Anhörung nach Art. 18 Abs. 4 VO Nr. 4064/89 zustehen kann, wenn sie ein hinreichendes Interesse an einer Beteiligung nachweisen. Das EuG hätte einen Maßstab für die Zuerkennung individueller Betroffenheit aus der Verfahrensbeteiligung formulieren können, unterlässt dies jedoch ohne erkennbaren Grund. Das Urteil vermittelt den Eindruck, das Gericht meide bewusst eine grundsätzliche Auseinandersetzung mit der Klagebefugnis von Aktionären aus Verfahrensrechten. Dies ist nicht befriedigend.

b) Die Rechtsmittelentscheidung des EuGH

Gegen die ungünstige Entscheidung des EuG hatten die Klägerinnen Rechtsmittel eingelegt. Sie beantragten, das angefochtene Urteil aufzuheben, die von der Kommission erhobene Einrede der Unzulässigkeit zurückzuweisen und die Sache an das Gericht erster Instanz zurückzuverweisen.

Der EuGH weist das Rechtsmittel zurück, ohne dass die geltend gemachten Rechtsmittelgründe geprüft werden müßten. Begründet wird die Zurückwei-

[323]so auch: Körber, Torsten, Gerichtlicher Rechtsschutz in der europäischen Fusionskontrolle, RIW 1998, S. 910 (915).

[324]Körber, Torsten, Gerichtlicher Rechtsschutz in der europäischen Fusionskontrolle, RIW 1998, S. 910 (915).

sung ausschließlich auf Grundlage der rechtlichen Überzeugung, dass das streitgegenständliche Schreiben keine anfechtbare Handlung darstellt, da diese lediglich eine frühere Entscheidung bestätigt habe[325]. Das Urteil ist folglich für die Analyse der Klagebefugnis von Aktionären nicht verwertbar, dem Gebot der Vollständigkeit entsprechend allerdings aufzuführen.

c) Der Schlussantrag des Generalanwalts *Lenz*

Jegliche Auseinandersetzung in der einschlägigen Literatur fehlt bislang zu dem Schlussantrag des GA *Lenz* in der Rechtssache "Zunis Holding", obwohl dieser zur Klagebefugnis grundsätzliche Ausführungen enthält, die für die Rechtsprechung richtungsweisend sein können[326]. Zum einen nimmt der Generalanwalt explizit Stellung zu der Frage, ob Aktionäre gegen Entscheidungen im Rahmen der Fusionskontrollverordnung klagen können, zum anderen werden allgemein gültige Wertungen zur Anfechtungsbefugnis von Beteiligten am Fusionskontrollverfahren vorgenommen.

aa) Absage an die Klagebefugnis für Aktionäre

In dem Schlussantrag führt GA *Lenz* aus, dass es zweifelhaft sei, ob Gesellschaftern des Unternehmens, dessen Kontrolle (möglicherweise) erworben wird, überhaupt ein Klagerecht gegen Entscheidungen der Kommission auf der Grundlage der Fusionskontrollverordnung zustehe, wenn Gegenstand der Klage die Genehmigung eines Zusammenschlusses ist oder die Feststellung, dass die Verordnung auf diesen Zusammenschluss nicht anwendbar ist. Der Generalanwalt sieht die Regelung der Streitigkeiten, die sich aus der Abgrenzung der Rechte der Gesellschafter untereinander sowie ihrer Rechte gegen-

---

[325] EuGH, U. v. 11.01.1996, Rs. C-480/93 P, (Zunis Holding u.a./Kommission), Slg. 1996, I-24 (29).

[326] Schlussantrag des GA Lenz v. 12.09.1995, EuGH, Rs. C-480/93 P, (Zunis Holding u.a./Kommission), Slg. 1996, I-2 ff.

über dem Unternehmen, an dem sie beteiligt sind, ergeben, als eine Sache des Gesellschaftsrechts an[327]. Die Fusionskontrollverordnung sei dafür nicht geschaffen, wonach er zu der Ansicht neige, den Aktionären eines Unternehmens die Befugnis zur Erhebung von Klagen gegen Entscheidungen der Kommission im Bereich der Fusionskontrolle generell abzusprechen[328].

Von weitergehender Bedeutung sind die Ausführungen zur individuellen Betroffenheit und dem Recht der Verfahrensbeteiligung. *Lenz* vertritt die Auffassung, dass selbst die Annahme unterstellt, die Rechtsmittelführer wären auf der Grundlage nach Art. 18 Abs. 4 VO Nr. 4064/89 anzuhören gewesen, daraus nicht zu folgern sei, dass sie im vorliegenden Fall als klagebefugt anzusehen seien. Die bloße Tatsache, dass eine Person in einem Verwaltungsverfahren angehört worden ist, vermittele ihr noch nicht die Befugnis, die darauf erlassene Entscheidung anzufechten[329].

bb) Stellungnahme unter Einbeziehung des Schutzzwecks der VO Nr. 4064/89

Die Rechtsausführung des Generalanwaltes, dass die Klage von Aktionären schlechthin als unzulässig anzusehen ist, verdient grundsätzlich im Ergebnis Zustimmung. Aktionäre stehen als solche nicht im Wettbewerb und damit außerhalb des Schutzbereiches der Fusionskontrollverordnung[330]. Der Zusammenhang zwischen der internen Struktur einer Aktiengesellschaft und ihrer Stellung im Wettbewerb bedingt zwar auch eine gewisse wettbewerbliche Be-

---

[327] unter Bezug auf: Brown, Adrian, Judicial Review of Commission Decisions under the Merger Regualtion: The first Cases, ECLR 1994, S. 296 (305).
[328] Schlussantrag des GA Lenz v. 12.09.1995, EuGH, Rs. C-480/93 P, (Zunis Holding u.a./Kommission), Slg. 1996, I-2 (18).
[329] Schlussantrag des GA Lenz v. 12.09.1995, EuGH, Rs. C-480/93 P, (Zunis Holding u.a./Kommission), Slg. 1996, I-2 (21).
[330] Zilles, Stephan, Die Anfechtungslegitimation von Dritten im europäischen Fusionskontrollrecht, 1997, S. 171.

deutung der Aktionäre, er vermittelt rechtlich den Aktionären jedoch nur eine mittelbare Stellung im Wettbewerb[331].

Wie sich aus den Begründungserwägungen der Verordnung ergibt, dient die Verordnung dem Schutz des Wettbewerbs und fügt sich ein in das von Art. 3 lit. g) EGV geforderte System, das den Wettbewerb innerhalb des Binnenmarkts vor Verfälschungen schützt[332]. Die Verordnung überträgt der Kommission nicht die Aufgabe eines Hüters der Interessen von Minderheitsaktionären. Es ist nicht zu erkennen, wie ein Gesellschafter eines an einem Fusionskontrollverfahren beteiligten Unternehmens ein für den Wettbewerb relevantes Interesse an einer Entscheidung der Kommission auf Grundlage der VO Nr. 4064/89 haben könnte. Es ist daher von dem Regelfall auszugehen, dass Aktionären kein Klagerecht nach Art. 230 Abs. 4 EGV zusteht.

Einer näheren Analyse bedürfen die Ausführungen im Schlussantrag zur Bedeutung der Beteiligungsrechte für die Klagebefugnis. Nicht ohne Brisanz für die Entscheidungspraxis des EuG verneint GA *Lenz* die individuelle Betroffenheit der Klägerinnen, ungeachtet der Tatsache, ob ein Recht auf Anhörung nach Art. 18 Abs. 4 VO Nr. 4064/89 zusteht. Diese Rechtsauffassung wird in dem anschließenden Versuch einer strukturellen Zuordnung der Klagebefugnis in der Fusionskontrolle zu berücksichtigen sein.

6) Rechtsschutz der Arbeitnehmervertretungen

Nach Art. 18 Abs. 4 Satz 2 VO Nr. 4064/89 sind rechtlich anerkannte Vertreter der Arbeitnehmer der Unternehmen auf Antrag vor Entscheidungen im Rahmen der Fusionskontrollverordnung zu hören. Diese Privilegierung ist An-

[331] a. A.: Mülbert, Peter O., Zusagen im deutschen und europäischen Fusionskontrollrecht, ZIP 1995, S. 699 (710).

[332] siehe insbesondere die ersten sieben Begründungserwägungen der Verordnung.

knüpfungspunkt für die Analyse einer Klagebefugnis von Arbeitnehmervertretungen.

a) Die Entscheidungen "CCE de Vittel u.a." und "CCE des grandes sources" des EuG

Das EuG hatte bislang in zwei Entscheidungen, die die Klage französischer gesetzlicher Personalvertretungsorgane und nach französischem Recht als repräsentativ anerkannte Gewerkschaften zum Gegenstand hatten, sich mit der Klagebefugnis von Arbeitnehmervertretungen auseinanderzusetzen[333].

Der ersten Entscheidung lag die Klage des Comité central d'entreprise de la société anonyme Vittel, des Comité d'Etablissement de Pierval und der Gewerkschaft Fédération générale agroalimentaire zugrunde, die gegen die Entscheidung der Kommission, den Zusammenschluss in Form des öffentlichen Übernahmeangebots der Nestlé SA für die Anteile der Source Perrier SA nur unter Auflagen und Bedingungen mit dem gemeinsamen Markt für vereinbar zu erklären, gerichtet war. Die Kläger beantragten die Nichtigerklärung der Entscheidung, soweit diese für die Anerkennung Bedingungen auferlegte, die nach Ansicht der Kläger rechtswidrig und überflüssig waren. Die Bedingungen und Auflagen, auf deren einzelne Aufzählung verzichtet wird, sollten nach Auffassung der Kommission auf dem französischen Markt für abgefülltes Wasser den Marktzutritt eines starken Konkurrenten ermöglichen, der über hinreichende Resourcen verfügt, um in einen wirksamen Wettbewerb mit der Nestlé SA zu treten.

Die zweite Rechtssache war ebenfalls gegen die vorgenannte Entscheidung der Kommission gerichtet, Kläger waren die Personalvertretungsorgane CCE

[333] EuG, U. v. 27.04.1995, Rs. T-96/92, (CCE de la Société Générale des Grandes Sources u.a./Kommission), Slg. 1995, II-1216 ff.; EuG, U. v. 27.04.1995, Rs. T-12/93, (CCE de Vittel u.a./Kommission), Slg. 1995, II-1247 ff.

de la Société générale des grandes sources, CE de la Source Perrier gemeinsam mit der Gewerkschaft Syndicat CGT de la Source Perrier. Die Kläger begehrten die Nichtigerklärung der Entscheidung insgesamt verbunden mit der Aufforderung, den bereits vollzogenen Zusammenschluss nach Art. 8 Abs. 4 VO Nr. 4064/89 zu entflechten.

aa) Ausgangspunkt der Klagebefugnis in der Verfahrensgarantie

Die Kläger stützen ihre Befugnis zur Anfechtung der Entscheidung auf Art. 18 Abs. 4 VO Nr. 4064/89, der die rechtlich anerkannten Vertreter der Arbeitnehmer der an dem fraglichen Zusammenschluss beteiligten Unternehmen erwähnt und, da ein hinreichendes Interesse dargelegt sei, ihnen das Recht damit zukomme, auf Antrag von der Kommission vor dem Erlass ihrer Entscheidung angehört zu werden. Sie berief sich ferner auf Art. 15 Abs. 1 VO Nr. 2367/90[334] und die dazu ergangene Rechtsprechung, woraus die Klagebefugnis folge, unabhängig ob die Kläger dieses Anhörungsrecht des Art. 18 VO Nr. 4064/89 im konkreten Fall ausgeübt haben oder nicht[335].

Die Kläger machten weiter geltend, dass sie ein besonderes Interesse an der Nichtigerklärung der angefochtenen Entscheidung hätten, da diese Grundrechte sozialer Art beeinträchtige, die sowohl im französischen Recht als auch in der Gemeinschaftsrechtsordnung anerkannt worden seien, und die die Kommission beachten müsse, wenn sie ihre Kontrolle über Zusammenschlüsse gemäß der Verordnung Nr. 4064/89 ausübe[336].

---

[334] Verordnung (EWG) Nr. 2367/90 der Kommission v. 25. Juli 1990 über die Anmeldungen, über die Fristen sowie über die Anhörung nach der Verordnung Nr. 4064/89, ABl. 1990 Nr. L 219/5.

[335] EuG, U. v. 27.04.1995, Rs. T-96/92, (CCE de la Société Générale des Grandes Sources u.a./Kommission), Slg. 1995, II-1216 (1226); EuG, U. v. 27.04.1995, Rs. T-12/93, (CCE de Vittel u.a./Kommission), Slg. 1995, II-1247 (1261).

[336] EuG, U. v. 27.04.1995, Rs. T-96/92, (CCE de la Société Générale des Grandes Sources u.a./Kommission), Slg. 1995, II-1216 (1226); EuG, U. v. 27.04.1995, Rs. T-12/93, (CCE de Vittel u.a./Kommission), Slg. 1995, II-1247 (1261).

Die Kommission vertrat demgegenüber den Standpunkt, dass die Kläger im Hinblick auf die wesentliche Zielsetzung der Verordnung, im gemeinsamen Markt einen wirksamen Wettbewerb aufrechtzuerhalten und zu entwickeln, kein Rechtsschutzinteresse für die Kläger bestünde. Die rechtlich anerkannten Vertreter der Arbeitnehmer hätten nur dann ein schutzwürdiges Interesse, wenn sie, wenigstens prima facie, nachweisen könnten, dass ein von der Kommission genehmigter Zusammenschluss die in Art. 2 EG-Vertrag genannten Ziele eindeutig beeinträchtige[337].

Die Kläger hätten nach Ansicht der Kommission auch von dem Recht auf Anhörung Gebrauch machen müssen, da der Gerichtshof auf dem Gebiet des Wettbewerbsrechts die Verfahrensgarantien gerade mit dem Ziel anerkannt habe, dass ihm die Kontrolle der Beachtung dieser verfahrensmäßigen Rechte ermöglicht werde[338].

bb) Anerkennung der Anfechtungslegitimation durch das EuG

Das EuG erkennt die Anfechtungsbefugnis rechtlich anerkannter Arbeitnehmervertretungen gegen Maßnahmen, die ihre Grundlage in der Fusionskontrollverordnung haben, an. Es rekurriert den Gedanken, dass nach dem Sinn und Zweck der Verordnung Nr. 4064/89 die Lage der Arbeitnehmer der Unternehmen, die an dem betreffenden Zusammenschluss beteiligt sind, in bestimmten Fällen von der Kommission beim Erlass ihrer Entscheidung berücksichtigt werden kann. Aus diesem Grunde individualisiert die Verordnung die rechtlich anerkannten Vertreter der Arbeitnehmer dieser Unternehmen, die zum Zeitpunkt des Erlasses der Entscheidung eine geschlossene und klar um-

---

[337] EuG, U. v. 27.04.1995, Rs. T-96/92, (CCE de la Société Générale des Grandes Sources u.a./Kommission, Slg. 1995, II-1216 (1223); EuG, U. v. 27.04.1995, Rs. T-12/93, (CCE de Vittel u.a./Kommission), Slg. 1995, II-1247 (1258).

[338] unter Bezugnahme auf: EuGH, U. v. 25.10.1977, Rs. 26/76, (Metro/Kommission), Slg. 1977, 1875; EuGH, U. v. 28.01.1986, Rs. 169/84, (Cofaz/Kommission), Slg. 1986, 391.

rissene Gruppe darstellen, indem sie ihnen ausdrücklich ein spezifisches Recht einräumt, sich im Verwaltungsverfahren zu äußern[339].

Es reicht aus, dass die rechtlich anerkannten Vertreter der Arbeitnehmer der an einem Zusammenschluss beteiligten Unternehmen unter den Dritten, die ein für eine Anhörung durch die Kommission hinreichendes Interesse darlegen, ausdrücklich genannt werden, um sie aus dem Kreis aller übrigen Personen herauszuheben, ohne dass, wie dies die Kommission geltend gemacht habe, zur Beurteilung der Zulässigkeit der Klage festgestellt werden muss, ob dieser Zusammenhang wenigstens dem ersten Anschein nach die im Vertrag genannten Ziele beeinträchtigt. Diese Frage ist vielmehr im Rahmen der Begründetheit zu beurteilen[340].

Das EuG stellt weiter klar, dass die Klagebefugnis Dritter, die ein für eine Anhörung im Verwaltungsverfahren hinreichendes Interesse haben, nicht notwendig von ihrer Beteiligung an diesem Verfahren abhängt. Es führt aus:

"Außerdem entbehrt das Vorbringen der Kommission, daß die Kläger durch die Entscheidung nicht individuell betroffen seien, weil sie nicht gemäß Artikel 18 Absatz 4 der Verordnung ihre Anhörung im Verwaltungsverfahren beantragt hätten, jeder Grundlage. Nach der These der Kommission wird die Klagebefugnis qualifizierter Dritter, denen im Verwaltungsverfahren verfahrensmäßige Rechte zustehen, allgemein von ihrer tatsächlichen Beteiligung an diesem Verfahren abhängig gemacht und somit eine zusätzliche Zulässigkeitsvoraussetzung in Form eines zwingenden Vorverfahrens eingeführt, die in Artikel 173 des Vertrages nicht vorgesehen ist. Wie die Kläger ausführen, steht diese einschränkende Auslegung im Widerspruch zu den genannten Be-

[339] EuG, U. v. 27.05.1995, Rs. T-96/92, (CCE de la Société Générale des Grandes Sources u.a./Kommission), Slg. 1995, II-1216 (1229); EuG, U. v. 27.04.1995, Rs. T-12/93, (CCE de Vittel u.a./Kommission), Slg. 1995, II-1247 (1266).
[340] EuG, U. v. 27.05.1995, Rs. T-96/92, (CCE de la Société Générale des Grandes Sources u.a./Kommission), Slg. 1995, II-1216 (1230).

stimmungen des Vertrages, nach denen jede Person zur Anfechtung einer Entscheidung befugt ist, die sie unmittelbar und individuell betrifft [341]*"*.

Das EuG stellt fest, dass der Gerichtshof niemals entschieden hat, dass die Beteiligung eines Dritten an dem Verfahren eine notwendige Voraussetzung für die Annahme bildet, dass sie durch die Entscheidung der Kommission individuell betroffen sind[342]. Somit genügt nach Auffassung des Gerichts, was die rechtlich anerkannten Vertreter der Arbeitnehmer der beteiligten Unternehmen angeht, da deren Zahl und Identität beim Erlass der Entscheidung feststellbar ist, allein der Umstand, dass die Verordnung Nr. 4064/89 sie unter den Dritten, die ein hinreichendes Interesse an der Abgabe einer Erklärung vor der Kommission darlegen, ausdrücklich und spezifisch erwähnt. Damit sind sie aus dem Kreis aller übrigen Personen herausgehoben und durch die aufgrund der Verordnung erlassenen Entscheidung als individuell betroffen anzusehen.

Zur unmittelbaren Betroffenheit führt das EuG aus, dass der fragliche Zusammenschluss die eigenen Rechte der Vertreter der Arbeitnehmer nicht beeinträchtigen kann. Die Personalvertretungsorgane können sich auf eigene Rechte im Zusammenhang mit den Aufgaben und Befugnissen berufen, die durch die geltende Regelung in einem Unternehmen mit einer bestimmten Struktur zugewiesen werden. Sie haben aber nicht den Anspruch auf den Fortbestand der Unternehmensstruktur[343].

Die Klagen werden insoweit für unzulässig erklärt, als sie nicht auf die Gewährleistung des Schutzes der den Klägern im Verwaltungsverfahren zuer-

---

[341] EuG, U. v. 27.04.1995, Rs. T-12/93, (CCE de Vittel u.a./Kommission), Slg. 1995, II-1247 (1269).

[342] EuGH, U. v. 11.10.1983, Rs. 210/81, (Demo-Studio Schmidt/Kommission), Slg. 1983, 3045 (3063); EuGH, U. v. 22.10.1986, Rs. 75/84, (Metro/Kommission), Slg. 1986, 3021 (3079); EuGH, U. v. 20.03.1985, Rs. 264/82, (Timex/Rat u. Kommission), Slg. 1985, 849 (865).

[343] EuG, U. v. 27.05.1995, Rs. T-96/92, (CCE de la Société Générale des Grandes Sources u.a./Kommission), Slg. 1995, II-1216 (1232); EuG, U. v. 27.04.1995, Rs. T-12/93, (CCE de Vittel u.a./Kommission), Slg. 1995, II-1247 (1271).

kannten Verfahrensgarantien gerichtet waren[344]. Im Rahmen der Begründetheit wird lediglich geprüft, ob die Entscheidung die verfahrensmäßigen Rechte der Kläger verletze.

b) Wertungsgrundlagen und systematische Einordnung

Den Entscheidungen des EuG ist in allen Punkten vorbehaltlos zuzustimmen. Gewerkschaften und Personalvertretungsorgane können ihre Klagebefugnis nicht aus der Beeinträchtigung der Interessen ihrer Mitglieder ableiten, da Art. 230 Abs. 4 EGV eine unmittelbare Beeinträchtigung eigener Rechte oder Interessen verlangt[345]. Die Kritik, das EuG nehme zu Unrecht die Arbeitnehmervertretungen in den Schutzbereich der Verordnung auf, wird der Entscheidung nicht gerecht[346]. Die Verordnung selbst privilegiert die Arbeitnehmervertretungen, indem sie diese in Art. 18 Abs. 4 VO Nr. 4064/89 ausdrücklich erwähnt als Dritte, die ein hinreichendes Interesse darlegen können. Wenn namentlich *Zilles* die Arbeitnehmervertretungen nicht in dem "Schutzfeld" der Fusionskontrollverordnung sieht, so wäre die konsequente Forderung, Art. 18 Abs. 4 Satz 2 VO Nr. 4064/89 zu ändern. Solange die Verordnung jedoch normativ dritte Personen privilegiert, ist die Entscheidung des EuG, diese Gruppen als individuell betroffen für die Geltendmachung der Verfahrensrechte anzusehen, nicht zu beanstanden. Das EuG weist folgerichtig eine Klage einer Arbeitnehmervertretung gegen die Entscheidung der Kommission, mit der ein nach Art. 88 Abs. 2 EGV eingeleitetes Verfahren abgeschlossen und die Prüfung der Vereinbarkeit einer Beihilfe mit dem Gemeinsamen Markt beendet wurde, als unzulässig zurück[347]. Das Gericht führt aus, dass es im Bereich der staatlichen

[344] EuG, U. v. 27.05.1995, Rs. T-96/92, (CCE de la Société Générale des Grandes Sources u.a./Kommission), Slg. 1995, II-1216 (1238); EuG, U. v. 27.04.1995, Rs. T-12/93, (CCE de Vittel u.a./Kommission), Slg. 1995, II-1247 (1277).

[345] bereits: EuGH, U. v. 28.10.1982, Rs. 135/81, (Groupement des Agences de Voyages/Kommission), Slg. 1982, 3799 (3807).

[346] Zilles, Stephan, Die Anfechtungslegitimation von Dritten im europäischen Fusionskontrollrecht, 1997, S. 175.

[347] EuG, B. v. 18.02.1998, Rs. T-189/97, (Comité d'entreprise de la Société francaise de production u.a./Kommission), Slg. 1998, II-337 ff.

Beihilfen keine ähnlichen Verordnungsvorschriften wie die der VO Nr. 4064/89 gibt, die den anerkannten Vertretern der Arbeitnehmer ausdrücklich prozessuale Vorrechte zuerkennt. Die Kläger können sich somit nicht auf diese Eigenschaft berufen, um geltend zu machen, dass sie durch die angefochtene Entscheidung individuell betroffen sind[348].

In diesem Zusammenhang entsteht der Eindruck, dass die Reichweite der fusionskontrollrechtlichen Entscheidungen zu den Arbeitnehmervertretungen überdehnt wird. Indem das Gericht ausdrücklich die unmittelbare Betroffenheit der Personalvertretungen verneint und die Klage nur zulässig erklärt für die Verletzung der Verfahrensrechte, kann nicht davon gesprochen werden, dass Arbeitnehmervertretungen im Rahmen der Fusionskontrolle als allgemein klagebefugt angesehen werden können[349]. Eine Verknüpfung zwischen der Verletzung der Verfahrensrechte und der Überprüfung der materiellen Entscheidungen findet gerade nicht statt. Die Geltendmachung von der Verletzung der gewährleisteten Verfahrensrechte nach Art. 18 Abs. 4 Satz 2 VO Nr. 4064/89 kann den Arbeitnehmervertretungen nicht ernstlich in Abrede gestellt werden. Ohne die Überprüfung der Anhörungsrechte wäre das Rechtsschutzsystem lückenhaft. Von dem Vorliegen eines hinreichenden Interesses ist nach dem Wortlaut des Art. 18 Abs. 4 Satz 2 VO Nr. 4064/89 auszugehen.

7) Rechtsschutz der Marktpartner

Der Unternehmenszusammenschluss kann nicht nur für die Konkurrenten der beteiligten Unternehmen nachteilige Auswirkungen haben, sondern auch die Beeinträchtigung von Interessen von Lieferanten und Abnehmern durch eine

[348] EuG, B. v. 18.02.1998, Rs. T-189/97, (Comité d'entreprise de la Société francaise de production u.a./Kommission), Slg. 1998, II-337 (349).

[349] so aber: Körber, Torsten, Gerichtlicher Rechtsschutz in der europäischen Fusionskontrolle, RIW 1998, S. 910 (915); Zilles, Stephan, Die Anfechtungslegitimation von Dritten im europäischen Fusionskontrollrecht, 1997, S. 176; zutreffend: Immenga, Ulrich, in: U. Immenga/E.-J. Mestmäcker, EG-Wettbewerbsrecht, 1997, S. 1095.

Schlechterstellung im Wettbewerb ermöglichen[350]. Ein Zusammenschluss führt zur Begrenzung der Marktpartner und damit zu einer Einschränkung der Auswahlmöglichkeit[351]. Besondere Bedeutung kommt deshalb der Anfechtungslegitimation von Lieferanten und Abnehmern im Hinblick auf eine europäische Fusionsgenehmigung zu.

a) Bezugnahme des Art. 2 Abs. 1 VO Nr. 4064/89

Ein Urteil des EuG zur Klagebefugnis von Lieferanten und Abnehmern in der europäischen Fusionskontrolle steht noch aus. Vereinzelt wird die Klagebefugnis ohne nähere Begründung bejaht[352]. Es ist ungeklärt, ob das Anfechtungsrecht dieser Marktpartner an besondere Voraussetzungen zu knüpfen ist. Häufig wird die Klageberechtigung von Lieferanten und Abnehmern in entsprechender Fortführung der Klagebefugnis von Konkurrenzunternehmen bestimmt[353].

Ausgangspunkt der Überlegungen muss Art. 2 Abs. 1 VO Nr. 4064/89 sein, der ausdrücklich die Wahlmöglichkeiten der Lieferanten und Abnehmer formuliert. Die Kommission ist damit verpflichtet, bei der Prüfung, ob Zusammenschlüsse im Sinne der Verordnung mit dem gemeinsamen Markt vereinbar sind, die Interessen der Lieferanten und Abnehmer zu berücksichtigen. Um den Begriff von *Zilles* aufzugreifen, ist zu konstatieren, dass diese Gruppe im

---

[350] Ein Unternehmenszusammenschluss kann jedoch auch die Wettbewerbssituation der Marktpartner positiv beeinflussen, wenn durch die Fusion ein Mehrbedarf für eine größere Produktion entsteht, kann der Lieferant dadurch besser gestellt sein. Die Abnehmer können u. U. von einer besseren Kostenstruktur in den fusionierten Betrieben profitieren.

[351] Weidinger, Wilhelm, Der Rechtsschutz betroffener Dritter im Kartellverwaltungsrecht der Europäischen Wirtschaftsgemeinschaft, 1968, S. 84.

[352] Heidenhain, Martin, Zur Klagebefugnis Dritter in der Europäischen Fusionskontrolle, EuZW 1991, S. 590 (594); Karl, Matthias, Die Rechtsstellung privater Dritter in der europäisches Fusionskontrolle in: W. Veelken/M. Karl/S. Richter (Hrsg.), Die europäische Fusionskontrolle. Grundzüge und Einzelfragen zur Verordnung (EWG) Nr. 4064/89, 1992, S. 37 (44).

[353] Immenga, Ulrich, in: U. Immenga/E.-J. Mestmäcker, EG-Wettbewerbsrecht, 1997, S. 1095.

Schutze der Fusionskontrollverordnung steht[354]. Dieser Umstand genügt jedoch allein nicht, um die Zulieferer und Abnehmer aus dem Kreis aller übrigen Personen herauszuheben und sie als durch die aufgrund dieser Verordnung erlassene Entscheidung individuell betroffen anzusehen, da die Nennung in Art. 2 Abs. 1 VO Nr. 4064/89 nicht die Gewährung von Verfahrensrechten nach sich zieht.

b) Kriterium der hinreichenden Gefährdung der Interessen

Die unmittelbare und individuelle Betroffenheit steht in Wechselbeziehung zu einem materiellen Gefährdungspotential. Die Partner müssen nachweisen, dass eine hinreichende Gefährdung ihrer Interessen besteht, insbesondere dass der Kläger infolge bestehender Geschäftsbeziehungen oder besonderer wirtschaftlicher Vorkehrungen möglicherweise durch den Zusammenschluss einen konkreten wirtschaftlichen Nachteil erfahren könne[355]. Anknüpfunspunkt, der die Zulieferer und Abnehmer aus dem Kreis aller übrigen Personen herausheben lässt, ist bei horizontalen Zusammenschlüssen der Marktanteil als wichtiger Indikator und die Darlegung drohender wirtschaftlicher Abhängigkeit[356]. Hierbei ist jedoch zu bedenken, dass die aktuellen Vertragsbeziehungen durch einen Zusammenschluss nicht unmittelbar geändert werden, eine Beeinträchtigung findet nur insoweit statt, als der künftige Verhaltensspielraum auf dem Markt eingeschränkt werden kann. Aus diesem Gesichtspunkt besteht die Möglichkeit, dass die Zulieferer und Abnehmer individuell und unmittelbar betroffen sind. Im Allgemeinen dürften die Maßstäbe für die Darlegung des Interesses bei Abnehmern und Zulieferern höher sein als bei Konkurrenten, denen typischerweise bereits erhebliche Nachteile drohen, falls noch keine

---

[354]Zilles, Stephan, Die Anfechtungslegitimation von Dritten im europäischen Fusionskontrollrecht, 1997, S. 160; vgl. auch: Miersch, Michael, Kommentar zur EG-Verordnung Nr. 4064/89 über die Kontrolle von Unternehmenszusammenschlüssen, 1991, Art. 2 II. 3 b).

[355]Weidinger, Wilhelm, Der Rechtsschutz betroffener Dritter im Kartellverwaltungsrecht der Europäischen Wirtschaftsgemeinschaft, 1968, S. 88.

[356]Für Lieferanten wird dazu auch das Schlagwort "zunehmender Einkaufsmarkt" verwendet.

Marktsituation besteht, in der die Vertragspartner in wirtschaftliche Abhängigkeit von den zusammengeschlossenen Unternehmen geraten können[357].

Abnehmer und Lieferanten können im Rahmen der VO Nr. 4064/89 als Dritte klagebefugt sein, wenn sie eine Gefährdung durch die wettbewerbsbeschränkende Marktmacht darlegen können. Ausgangspunkt der Überlegungen wird der Marktanteil der am Zusammenschluss beteiligten Unternehmen sein, im Hinblick auf die Reduzierung der vertraglichen Autonomie der Zulieferer und Abnehmer durch den Wegfall von Marktteilnehmern. Eine Bewertung der ökonomischen Intensität ist als zusätzliches Kriterium abzulehnen, da für die Marktpartner die wirtschaftlichen Auswirkungen kaum zu beurteilen sind[358].

8) Rechtsschutz der Mitgliedsstaaten

Die Mitgliedsstaaten können jede Handlung eines Gemeinschaftsorgans, somit auch die Entscheidung der Kommission auf Grundlage der VO Nr. 4064/89, gemäß Art. 230 Abs. 2 EGV durch Erhebung einer Nichtigkeitsklage der gerichtlichen Nachprüfung zuführen. Der Mitgliedsstaat ist als Kläger privilegiert, die Nichtigkeitsklage stellt sich als objektive Beanstandungsklage dar[359]. Die Klagebefugnis der Mitgliedsstaaten ergibt sich unmittelbar aus Art. 230 Abs. 2 EGV, die Geltendmachung eines besonderen Rechtsschutzinteresses ist nicht erforderlich[360].

Soweit Art. 9 Abs. 9 VO Nr. 4064/89 explizit das Klagerecht der Mitgliedsstaaten nach dem Hinweis auf die Anwendung der innerstaatlichen Wettbe-

---

[357] Körber, Torsten, Gerichtlicher Rechtsschutz in der europäischen Fusionskontrolle, RIW 1998, S. 910 (914), der auch auf die Interessen der Abnehmer abstellt; vgl. auch: EuGH, U. v. 21.02.1973, Rs. 6/72, (Continental Can/Kommission), Slg. 1973, 215.

[358] Cremer, Wolfram, Nichtigkeitsklagen einzelner gegen Rechtsakte der Gemeinschaft: Klagegegenstand und Klagebefugnis nach Art. 173 EGV, EWS 1999, S. 48 (54).

[359] Koch, Klaus, Die Klagebefugnis Privater im Kartellverwaltungsrecht der Europäischen Entscheidungen gemäß Art. 173 Abs. 2 EWG-Vertrag, 1980, S. 220.

[360] Geiger, Rudolf, Kommentar zum Vertrag zur Gründung der Europäischen Gemeinschaft, 2. Aufl. 1995, Art. 173, Rdnr. 13.

werbsvorschriften hinweist, insbesondere auf die Klage gegen die Ablehnung eines Verweisungsantrages nach Art. 9 Abs. 3 VO Nr. 4064/89, hat dies nur deklaratorische Bedeutung. Die Unschärfe der Formulierung ist dahingehend zu berichtigen, dass klagebefugt nur die Mitgliedsstaaten selbst sind, nicht dagegen die nationalen Kartellbehörden[361].

Das Begehr des Mitgliedsstaates auf gerichtliche Klärung kann sich neben den Entscheidungen des EuG auf Grundlage des Art. 6 VO Nr. 4064/89 und Art. 8 VO Nr. 4064/89 wie bereits erwähnt auch auf die Ablehnung eines Verweisungsantrages nach Art. 9 Abs. 4 VO Nr. 4064/89 beziehen. Weiterhin räumt die Verordnung in Art. 21 Abs. 3 VO Nr. 4064/89 den Mitgliedsstaaten die Kompetenz zum Schutz berechtigter Interessen zu, worin eine Durchbrechung des Ausschließlichkeitsprinzips zu sehen ist[362]. Die Entscheidung der Kommission, über die Anerkennung solcher Interessen, nachdem der Mitgliedsstaat die besonderen öffentlichen Interessen im Sinne der Kommission mitgeteilt hat, ist durch den Mitgliedsstaat anfechtbar[363]. Nach derzeitigem Kenntnisstand hatte von der Möglichkeit, einen Antrag auf Anerkennung eines öffentlichen Interesses im Sinne von Art. 21 Abs. 3 VO Nr. 4064/89 zu stellen, bisher lediglich Großbritannien Gebrauch gemacht[364]. Die Kommission hat ein diesbezügliches Interesse Großbritanniens als berechtigt und öffentlich im Sinne von Art. 21 Abs. 3 VO Nr. 4064/89 anerkannt[365].

---

[361]Löffler, Heinz, in: E. Langen/H.-J. Bunte (Hrsg.), Kommentar zum deutschen und europäischen Kartellrecht, 8. Aufl. 1997, Art. 9 FKVO, Rdnr. 21.

[362]Immenga, Ulrich, in: U. Immenga/E.-J. Mestmäcker, EG-Wettbewerbsrecht, 1997, S. 1059; vgl.: Calliess, Christian, Subsidiaritäts- und Solidaritätsprinzip in der Europäischen Union, 2. Aufl. 1999, S. 330 f.

[363]Bos, Pierre/Steuyck, Jules/Wytinck, Peter, Concentration Control in the European Economic Community, 1992, Rdnr. 4-377, der bei Untätigkeit der Kommission auf die Möglichkeit der Untätigkeitsklage gemäß Art. 232 EGV hinweist.

[364]Die zuständigen öffentlichen Behörden sollten grundsätzlich alleinberechtigt sein, beabsichtigte Zusammenschlüsse im Bereich des Marktes für Wasserversorgung in ihrer Wirkung daraufhin zu untersuchen, ob die verbleibende Zahl von Wettbewerbern die Versorgung der Bevölkerung mit qualitativ hochwertigem Wasser zu angemessenen Preisen gewährleistet, "Water Industry Act 1991".

[365]WuW/E EV 2309 UK Water Industry.

IV. Entwicklung einer systematischen Struktur der Klagebefugnis in der Fusionskontrolle

Der Befund der Rechtsprechung belegt, dass die Entwicklung einer systematischen Struktur der Kriterien für die Gewährung individuellen Rechtsschutzes an der Beteiligung der Rechtssuchenden an dem der Entscheidung vorangegangenen Verwaltungsverfahren ansetzen muss. Der EuGH und das EuG erkennen (mittlerweile) die verfahrensrechtliche Mitwirkung auf der Ebene des Primär- oder Sekundärrechts als bedeutsamstes Kriterium individueller Betroffenheit an[366].

Angesichts der besonderen Schwierigkeit vollständiger Ermittlung und Bewertung des entscheidungserheblichen Sachverhalts dient die Beteiligung der Betroffenen auch der objektiven Rechtskontrolle[367]. Die Gemeinschaftsrichter heben regelmäßig die Bedeutung der Beteiligungsrechte für den Rechtsschutz hervor[368] und machen damit deutlich, dass die Verwaltungsverfahren auch individualschützende Funktion besitzen, also nicht allein die funktionale objektive Rechtskontrolle erfüllen[369]. Die Anfechtungsbefugnis stellt sich als Konsequenz eines zuvor von den Gemeinschaftsorganen begründeten Verwaltungsverfahrens dar, um so die gerichtliche Überprüfung der durchgeführten Verfahrenshandlungen zu gewährleisten[370].

---

366 Classen, Claus-Dieter, Die Europäisierung der Verwaltungsgerichtsbarkeit: Eine vergleichende Untersuchung zum deutschen, französischen und europäischen Verwaltungsprozeßrecht, 1996, S. 70.

367 Danwitz, Thomas von, Verwaltungsrechtliches System und europäische Integration, 1996, S. 74.

368 EuGH, U. v. 28.01.1986, Rs. 169/84, (Cofaz/Kommission), Slg. 1986, 391 (414); EuGH, U. v. 20.03.1985, Rs. 264/82, (Timex/Rat u. Kommission), Slg. 1985, 849 (865); EuGH, U. v. 19.05.1993, Rs. C-198/93, (Cook/Kommission), Slg. 1993, I-2487 (2528); EuG, U. v. 06.07.1995, Rs. T-447-449/93, (AITEC u.a./Kommission), Slg. 1995, II-1971 (1988); EuG, U. v. 18.09.1995, Rs. T-49/93, (Side/Kommission), Slg. 1995, II-2501 (2515); EuGH, U. v. 31.03.1998, Rs. C-68/94 u. C-30/95, (Frankreich, SCPA u. EMC/Kommission), Slg. 1998, I-1453 (1471).

369 Classen, Claus-Dieter, Die Europäisierung der Verwaltungsgerichtsbarkeit: Eine vergleichende Untersuchung zum deutschen, französischen und europäischen Verwaltungsprozeßrecht, 1996, S. 70.

370 EuGH, U. v. 04.10.1983, Rs. 191/82, (Fediol/Kommission), Slg. 1983, 2913.

1) Individuelle Betroffenheit und Verfahrensbeteiligung nach der Rechtsprechung und Literatur

a) Individualisierung aufgrund sekundärer Verfahrensgarantien

Der EuGH und das EuG erkennen in einer Reihe von Entscheidungen an, dass eine hinreichende Individualisierung des Klägers durch seine antragsgemäße Beteiligung am sekundärrechtlich ausgestalteten Behördenverfahren eintreten kann[371]. Herauszuheben ist die "Cofaz"- Entscheidung des EuGH, in der der Gerichtshof die Rechtsprechung in der Feststellung zusammenfasste, Dritte haben immer dann eine Klagemöglichkeit, wenn sie entweder ein Recht darauf haben, bei der Kommission die Aufhebung des angegriffenen Verhaltens zu beantragen oder, wenn sie unter Inanspruchnahme anderer Verfahrensgarantien eine wesentliche Rolle gespielt haben und durch die Entscheidung spürbar in ihrer Marktstellung betroffen werden[372].

Eine Verfahrensgarantie in Form eines Anhörungsrechts enthält Art. 18 Abs. 4 Satz 2 VO Nr. 4064/89. Danach ist dem Antrag auf Anhörung von natürlichen oder juristischen Personen stattzugeben, die ein hinreichendes Interesse darlegen und insbesondere Mitglieder der Leitungsorgane der beteiligten Unternehmen oder rechtlich anerkannte Vertreter der Arbeitnehmer dieser Unternehmen sind[373]. Die Literatur folgert für die Fusionskontrolle aus der Rechtsprechung überwiegend, dass ein Wettbewerber dann als durch eine Entscheidung der Kommission individualisiert anzusehen sei, wenn er antrags-

---

[371]EuGH, U. v. 02.02.1988, Rs. 67, 68 u. 70/85, (van der Kooy u.a./Kommission), Slg. 1988, 219 (268); EuGH, U. v. 15.06.1993, Rs. C-225/93, (Matgra/Kommission), Slg. 1993, I-3203 (3255); EuGH, U. v. 28.01.1986, Rs. 169/84, (Cofaz/Kommission), Slg. 1986, 391 (414); EuGH, U. v. 20.03.1985, Rs. 264/82, (Timex/Rat u. Kommission), Slg. 1985, 849 (865); EuGH, U. v. 19.05.1993, Rs. C-198/93, (Cook/Kommission), Slg. 1993, I-2487 (2528); EuG, U. v. 06.07.1995, Rs. T-447-449/93, (AITEC u.a./Kommission), Slg. 1995, II-1971 (1988); EuG, U. v. 18.09.1995, Rs. T-49/93, (Side/Kommission), Slg. 1995, II-2501 (2515).

[372]EuGH, U. v. 28.01.1986, Rs. 169/84, (Cofaz/Kommission), Slg. 1986, 391 (414); EuGH, U. v. 25.10.1977, Rs. 26/76, (Metro/Kommission), Slg. 1977, 1875 (1902), EuGH, U. v. 04.10.1983, Rs. 191/82, (Fediol/Kommission), Slg. 1983, 2913 (2935); EuG, U. v. 18.05.1994, Rs. T-37/92 (BEUC u. NCC/Kommission), Slg. 1994, II-285 (307); EuG, U. v. 24.01.1995, Rs. T-114/92, (BEMIM/Kommission), Slg. 1995, II-147 (160).

[373]ausführlich: Erstes Kapitel C. III. 7.

gemäß angehört wurde, ohne dass es einer zusätzlichen materiellen Betroffenheit bedürfe[374]. Art 18 Abs. 4 VO Nr. 4064/89 setze ein hinreichendes Interesse für die Anhörung voraus, das ausreiche, die individuelle Betroffenheit des Klägers zu vermuten[375].

Die Rechtsprechung des EuGH und des EuG im Rahmen der Fusionskontrollverordnung zur Anerkennung einer hinreichenden Individualisierung des Klägers durch seine antragsgemäße Beteiligung am sekundärrechtlich ausgestalteten Behördenverfahren stellt sich differenziert dar. In der bereits vorgestellten "Air France II"- Entscheidung deutet das EuG lediglich an, dass die Anhörung des Klägers gemäß Art. 18 Abs. 4 VO Nr. 4064/89 zu einer individuellen Betroffenheit führen kann. Die Gemeinschaftsrichter stellen drei Umstände heraus, die wörtlich "insgesamt" zur individuellen Betroffenheit führen, wobei einer dieser Umstände das Erheben von schriftlichen Einwänden, die Beurteilung der Auswirkung des Zusammenschlusses betreffend, darstellt[376]. Ob die Beteiligung für sich genommen ausreicht, um die Klagebefugnis zu konstituieren, lässt die Entscheidung offen.

Das EuG erkennt in zwei weiteren Entscheidungen an, dass rechtlich anerkannte Vertreter der Arbeitnehmer durch die spezifische Nennung in Art. 18 Abs. 4 Satz 2 VO Nr. 4064/89 aus dem Kreis aller übrigen Personen heraus-

---

[374]Heidenhain, Martin, Zur Klagebefugnis Dritter in der Europäischen Fusionskontrolle, EuZW 1991, S. 590 (594); Immenga, Ulrich, Die Sicherung unverfälschten Wettbewerbs durch Europäische Fusionskontrolle, WuW 1990, S. 371 (373); Kurz, Stefan, Das Verhältnis der EG-Fusionskontrollverordnung zu Art. 85 u. 86 EWG-Vertrages, 1993, S. 163; Axster, Oliver, Die Europäische Fusionskontrolle, in: Festschrift für K. Quack, 1991, S. 569 (588); Sedemund, Jochim/Heinemann, Klaus, Rechtsschutz im Gemeinschaftsrecht, DB 1995, S. 713 (715) m. w. N.; einschränkend: Kirchhoff, Wolfgang, Europäische Fusionskontrolle, BB 1990, Beilage 14 zu Heft 11, S. 15; Karl, Matthias, Die Rechtsstellung privater Dritter in der europäisches Fusionskontrolle in: W. Veelken/M. Karl/S. Richter (Hrsg.), Die europäische Fusionskontrolle. Grundzüge und Einzelfragen zur Verordnung (EWG) Nr. 4064/89, 1992, S. 37 (79).

[375]Immenga, Ulrich, in: U. Immenga/E.-J. Mestmäcker, EG-Wettbewerbsrecht, 1997, S. 1096; Körber, Torsten, Konkurrentenklage in der europäischen Fusionskontrolle, EuZW 1996, S. 267 (271), unter Hinweis auf: EuG, U. v. 27.04.1995, Rs. T-96/92, (CCE de la Société Générale des Grandes Sources u.a./Kommission), Slg. 1995, II-1216 (1232); EuG, U. v. 27.04.1995, Rs. T-96/92, (CCE de la Société Générale des Grandes Sources u.a./Kommission), Slg. 1995, II-1216 (1230).

[376]EuG, U. v. 19.05.1994, Rs. T-2/93, (Air France II/Kommission), Slg. 1994, II-327 (340).

zuheben sind, und sie durch die aufgrund dieser Verordnung erlassenen Entscheidung als individuell betroffen anzusehen sind[377]. Die Anerkennung der Klagebefugnis der Arbeitnehmervereinigungen ist allerdings nicht aussagekräftig, da das Gericht die Begründetheitsprüfung für diesen Fall auf die Rüge der Verletzung der Verfahrensrechte beschränkt.

b) Individuelle Betroffenheit durch sonstige Verfahrensbeteiligung

Als weitere methodische Kategorie ist die sonstige Verfahrensbeteiligung als Merkmal der Individualisierung zu bestimmen. Die Rechtsprechung auch zu diesem Kriterium stellt sich differenziert dar. Der EuGH lässt eine freiwillige Einbeziehung ins Verwaltungsverfahren durch die Kommission genügen[378], während ein auf eigene Initiative des Klägers beruhendes Eingreifen oder ein Vortrag außerhalb eines förmlichen Verfahrens nicht ausreicht[379].

Sowohl der EuGH als auch das EuG haben zur Fusionskontrollverordnung den Umstand, dass die Kommission sich mit den Stellungnahmen der Kläger beschäftigt hat, als berücksichtigenswert angesehen[380]. Das EuG führt aus, dass auch ein Wettbewerber, der sich lediglich auf eine Aufforderung der Kommission an die Allgemeinheit hin geäußert hat, dann individuell betroffen

---

[377] EuG, U. v. 27.04.1995, Rs. T-12/93, (CCE de Vittel u.a./Kommission), Slg. 1995, II-1247; EuG, U. v. 27.04.1995, Rs. T-96/92, (CCE de la Société Générale des Grandes Sources u.a./Kommission), Slg. 1995, II-1216.

[378] EuGH, U. v. 15.06.1993, Rs. C-225/93, (Matgra/Kommission), Slg. 1993, I-3203 (3255); EuGH, U. v. 28.01.1986, Rs. 169/84, (Cofaz/Kommission), Slg. 1986, 391 (414); EuGH, U. v. 20.03.1985, Rs. 264/82, (Timex/Rat u. Kommission), Slg. 1985, 849 (865); EuGH, U. v. 19.05.1993, Rs. C-198/93, (Cook/Kommission), Slg. 1993, I-2487, (2528); Dietze, Philipp von, Verfahrensbeteiligung und Klagebefugnis im EG-Recht, 1995, S. 85; Nihoul, Paul, La recevabilité des recours en annulation introduites par un particulier à l'encontre d'un acte communautaire de porté générale, RTDE 1994, S. 171 (181).

[379] EuG, U. v. 09.08.1995, Rs. T-585/93, (Greenpeace/Kommission), Slg. 1995, II-2205 (2229); EuG, U. v. 05.06.1996, Rs. T-398/94, (Kahn Scheepvaart/Kommission), Slg. 1996, II-477 (492); Cremer, Wolfram, Nichtigkeitsklagen einzelner gegen Rechtsakte der Gemeinschaft: Klagegegenstand und Klagebefugnis nach Art. 173 EGV, EWS 1999, S. 48 (50) m. w. N.

[380] EuGH, U. v. 31.03.1998, Rs. C-68/94 u. C-30/95, (Frankreich, SCPA u. EMC/Kommission), Slg. 1998, I-1453 (1471); EuG, U. v. 19.05.1994, Rs. T-2/93, (Air France II/Kommission), Slg. 1994, II-327 (340).

ist, wenn die Kommission die Wettbewerbssituation auf den betroffenen Märkten auch und vor allem unter Berücksichtigung seiner Marktposition beurteilt hat[381]. Das EuG verfolgt offenbar den Ansatz, dass eine Verfahrensbeteiligung, die außerhalb der antragsgemäßen Anhörung nach Art. 18 Abs. 4 VO Nr. 4064/89 liegt, nicht per se ausreicht, um die individuelle Betroffenheit zu begründen. Das Gericht prüft zusätzlich eine spürbare Beeinträchtigung der rechtlichen und wirtschaftlichen Interessen des Klägers[382].

Auch der EuGH verfolgt dieses Konzept in der Entscheidung "Frankreich, SCPA u. EMC", in dem der Beteiligung am vorprozessualen Verfahren zwar "Gewicht" beigemessen wird[383], die Klagebefugnis allerdings nach materiellen Gesichtspunkten bejaht wird.

c) Individualisierung ohne Verfahrensbeteiligung

Es stellt sich die Frage, ob ein Kläger auch dann hinreichend individualisiert sein kann, wenn er überhaupt nicht am Verwaltungsverfahren beteiligt war. Der Gerichtshof hat im Bereich des Wettbewerbs und der staatlichen Beihilfen wie des Dumpings und der Subventionen die Beteiligung qualifizierter Dritter am Verwaltungsverfahren nur in dem Sinne berücksichtigt, dass sie unter bestimmten Voraussetzungen eine Vermutung für die Zulässigkeit der von ihnen mit dem Ziel erhobenen Klage begründet, und dass der Gemeinschaftsrichter nicht nur prüft, ob die verfahrensmäßigen Rechte beachtet worden sind, sondern auch, ob die Entscheidung einen offensichtlichen Beurteilungsfehler auf-

---

[381]EuG, U. v. 19.05.1994, Rs. T-2/93, (Air France II/Kommission), Slg. 1994, II-327 (340); Immenga, Ulrich, in: U. Immenga/E.-J. Mestmäcker, EG-Wettbewerbsrecht, 1997, S. 1097.

[382]diese Einschätzung teilend: Immenga, Ulrich, in: U. Immenga/E.-J. Mestmäcker, EG-Wettbewerbsrecht, 1997, S. 1097; Körber, Torsten, Konkurrentenklage in der europäischen Fusionskontrolle, EuZW 1996, S. 267 (271).

[383]EuGH, U. v. 31.03.1998, Rs. C-68/94 u. C-30/95, (Frankreich, SCPA u. EMC/Kommission), Slg. 1998, I-1453 (1471), unter Bezugnahme auf: EuGH, U. v. 28.01.1986, Rs. 169/84, (Cofaz/Kommission), Slg. 1986, 391 (414); EuGH, U. v. 25.10.1977, Rs. 26/76, (Metro/Kommission), Slg. 1977, 1875 (1902).

weist oder auf einem Ermessensmissbrauch beruht[384]. Der Gerichtshof hat nicht entschieden, dass die Beteiligung des klagenden Dritten an dem Verfahren eine notwendige Voraussetzung für die Annahme bildet, dass sie durch die Entscheidung der Kommission individuell betroffen sind. Daraus lässt sich ableiten, dass die individuelle Betroffenheit jedenfalls *auch* auf wirtschaftliche Interessen gestützt werden kann[385].

Weitergehend hat das EuG mehrfach ausdrücklich festgestellt, dass eine vorangegangene Verfahrensbeteiligung nicht als notwendige Voraussetzung der Klagebefugnis aufgefasst werden darf[386]. Für die Fusionskontrolle führt das EuG explizit aus, dass die unterbliebene Anhörung gemäß Art. 18 Abs. 4 VO Nr. 4064/89 die Frage des individuellen Betroffenseins nicht tangiert[387]. Die tatsächliche Beteiligung an einem Verwaltungsverfahren als zusätzliche Zulässigkeitsvoraussetzung steht in Widerspruch zu Art. 230 EGV, nach dem jede Person zur Anfechtung einer Eintscheidung befugt ist, die sie unmittelbar und individuell betrifft[388].

---

[384] EuGH, U. v. 25.10.1977, Rs. 26/76, (Metro/Kommission), Slg. 1977, 1875 (1902); EuGH, U. v. 04.10.1983, Rs. 191/82, (Fediol/Kommission), Slg. 1983, 2913 (2935); EuGH, U. v. 28.01.1986, Rs. 169/84, (Cofaz u.a./Kommission), Slg. 1986, 391 (414); EuGH, U. v. 11.10.1983, Rs. 210/81, (Demo-Studio Schmidt/Kommission), Slg. 1983, 3045 (3063); EuG, U. v. 16.07.1998, Rs. T-72/97, (Prodrec/Kommission), Slg. 1998, II-2850.

[385] EuGH, U. v. 15.06.1993, Rs. C-225/93, (Matgra/Kommission), Slg. 1993, I-3203 (3255); EuGH, U. v. 28.01.1986, Rs. 169/84, (Cofaz/Kommission), Slg. 1986, 391 (414); EuGH, U. v. 20.03.1985, Rs. 264/82, (Timex/Rat u. Kommission), Slg. 1985, 849 (865); EuGH, U. v. 10.12.1969, Rs. 10, 18/68, (Eridania/Kommission), Slg. 1996, 459 (482); EuGH, U. v. 17.11.1998, Rs. C-70/97 P, (Kruidvat BVBA/Kommission), Slg. 1998, II-7183 (7223).

[386] EuG, U. v. 27.04.1995, Rs. T-435/93, (ASPEC u. a. /Kommission), Slg. 1995, II-1281 (1303); EuGH, U. v. 16.05.1991, Rs. C-358/89, (Extramet Industrie/Rat), Slg. 1991, I-2501 (2532); EuG, U. v. 08.09.1995, Rs. T-49/93, (SIDE/Kommission), Slg. 1995, II-2501 (2514); Nowak, Carsten, Konkurrentenschutz in der EG: Interdependenz des gemeinschaftlichen und mitgliedstaatlichen Rechtsschutzes von Konkurrenten, 1997, S. 459.

[387] EuG, U. v. 27.04.1995, Rs. T-96/92, (CCE de la Société Générale des Grandes Sources u.a./Kommission), Slg. 1995, II-1216 (1232); EuG, U. v. 27.04.1995, Rs. T-96/92, (CCE de la Société Générale des Sources u.a./Kommission), Slg. 1995, II-1216 (1230).

[388] EuG, U. v. 27.04.1995, Rs. T-96/92, (CCE de la Société Générale des Grandes Sources u.a./Kommission), Slg. 1995, II-1216 (1230).

2) Kritische Stellungnahme zu den Kriterien der Rechtsprechung

Die Analyse der Rechtsprechung hat sich insbesondere mit den Bestrebungen der Gemeinschaftsrichter, die Klagebefugnis zu formalisieren, und den daraus resultierenden Folgen für das Fusionskontrollverfahren zu beschäftigen.

a) Absage an formalisierte Klagebefugnis

Es bestehen im Rahmen der VO Nr. 4064/89 im Hinblick auf den Schutz des Konkurrenten gegen die Individualisierung aus rein formalen Gründen Bedenken[389]. Die Rechtsansicht, dass aus der Anhörung gemäß Art. 18 Abs. 4 VO Nr. 4064/89 die Klagebefugnis des Konkurrenten folge, hält einer Überprüfung nicht stand[390]. Es trifft zwar zu, dass im Rahmen des Art. 18 Abs. 4 VO Nr. 4064/89 die Kommission überprüft, ob der jeweilige Dritte ein hinreichendes Interesse für seine Anhörung darlegt. Die Verknüpfung des Anhörungsrechts mit der individuellen Betroffenheit setzt voraus, dass die Begriffe des "hinreichenden Interesses" und der "individuellen Betroffenheit" deckungsgleich sind[391]. Die Anforderungen an die Berechtigung divergieren nach dem Wortlaut der beiden Normen, so dass eine dogmatische Absicherung äußerst zweifelhaft erscheint. Die Voraussetzungen an die Antragsberechtigung gemäß Art. 18 VO Nr. 4064/89 sind zudem niedriger einzustufen als die Kriterien einer individuellen Betroffenheit im Sinne des Art. 230 Abs. 4 EGV[392].

---

[389] entgegen: Krimphove, Dieter, Europäische Fusionskontrolle, 1992, S. 335; Arnheim, Elke van/Sandrock, Otto, New Merger Control Rules in the EEC, in: The International Lawyer, 1991, S. 859 (872); Axster, Oliver, Die Europäische Fusionskontrolle, in: Festschrift für K. Quack, 1991, S. 569 (586); Dauses, Manfred A./Fugmann, Friedrich, Europäische Fusionskontrolle: Wettbewerbspolitisches Instrument zur Verwirklichung des Binnenmarktes, ZfRV 1993, S. 177 (183).

[390] Picot, Gerhard, Kauf und Restruktierung von Unternehmen, Handbuch zum Wirtschaftsrecht, 1995, S. 569; Röhling, Andreas, Offene Fragen der Europäischen Fusionskontrolle, ZIP 1990, S. 1179 (1184).

[391] dies zu Recht reklamierend: Zilles, Stephan, Die Anfechtungslegitimation von Dritten im europäischen Fusionskontrollrecht, 1997, S. 137.

[392] Zilles, Stephan, Die Anfechtungslegitimation von Dritten im europäischen Fusionskontrollrecht, 1997, S. 138; Fischer, Claudia, Die Stellung Dritter im euopäischen Wettbewerbsverfahren: Eine vergleichende Untersuchung mit Blick auf das Antidumping- und EGKS-

Aber selbst unterstellt, dass die Anforderungen identisch sind, kann von einem reinen formalen Kriterium zur Ermittlung der Klagebefugnis keine Rede sein. Die individuelle Betroffenheit knüpft für diesen Fall an die Antragsberechtigung des Art. 18 Abs. 4 VO Nr. 4064/89 an, die anhand von materiellen Kriterien zu ermitteln ist. Die Klagebefugnis eines Dritten im Sinne des Art. 230 EGV wird dadurch inzident auf materielle Aspekte zurückgeführt[393]. Es erscheint inkonsequent, in diesen Fällen der verfahrensrechtlichen Mitwirkung individualschützende Funktion zuzusprechen. Dies wird im übrigen der Rechtsprechung, die wegen ihrer Flexibilität und dem einzelfallbezogenen pragmatischen Ansatz hervorgehoben wird[394], nicht gerecht.

b) Keine negative Ausstrahlungswirkung mangelnder Verfahrensbeteiligung

Die Beteiligung an dem Verwaltungsverfahren ist als Kriterium im Rahmen der Fusionskontrolle nur begrenzt tauglich, da nicht allen Maßnahmen ein Verwaltungsverfahren vorangeht, die den durch die Entscheidung benachteiligten Unternehmen die Gelegenheit einräumt, ihre Einwände geltend zu machen. Es gibt zwar einen engen Zusammenhang mit dem Schutzzweck der Wettbewerbsnorm und den resultierenden Verfahrensgarantien, die Schlussfolgerung jedoch, dass dieser Schutz nach den anwendbaren Vorschriften gerade durch die Teilnahme des Betroffenen am Verwaltungsverfahren (ausschließlich) verwirklicht werde und für die Klagebefugnis zwingend vorauszusetzen sei, hält dagegen einer Überprüfung nicht stand[395].

Recht sowie ausgewählte nationale Rechtsordnungen, 1990, S. 13; Gleiss, Alfred/Hirsch, Martin, Kommentar zum EG-Kartellrecht, 4. Aufl. 1993, Art. 3 VO Nr. 17, Rdnr. 8, zu Art. 3 VO Nr. 17/62.

[393]Körber, Torsten, Die Konkurrentenklage im Fusionskontrollrecht der USA, Deutschland und der Europäischen Union, 1996, S. 305.

[394]Cooke, John D., Conflict of principle and Pragmatism - Locus standi under Article 174 (4) ECT, Vorträge, Reden und Berichte aus dem Europa-Institut-Sektion Rechtswissenschaft -, Nr. 353, 1996, S. 35.

[395]so aber: Karl, Matthias, Die Rechtsstellung privater Dritter in der europäisches Fusionskontrolle in: W. Veelken/M. Karl/S. Richter (Hrsg.), Die europäische Fusionskontrolle. Grundzüge und Einzelfragen zur Verordnung (EWG) Nr. 4064/89, 1992, S. 37 (76).

Allein der Umstand, dass der Verfahrensabschnitt, in dem diese Garantien bestehen, nicht eingeleitet wurde, kann nicht zur Unzulässigkeit der Klage führen. Ein Unternehmen, das namentlich als Konkurrent des begünstigten Unternehmens unter den Schutz der Fusionskontrollverordnung fällt, verliert diese Stellung nicht dadurch, dass die Kommission die Einleitung des Verfahrens ablehnt, zumal im Falle der Einleitung des Verfahrens den Unternehmen die zur Verwirklichung dieses Schutzes vorgesehenen Garantien zugestanden hätten. Eine solche Handhabe würde zu erheblichen Lücken im Rechtsschutzsystem führen[396]. Unbestreitbar besteht ein öffentliches Interesse an einer gerichtlichen Nachprüfung, wenn aufgrund des Handelns der Kommission das behördliche Verfahren nicht stattgefunden hat[397].

Mit dem Kriterium der Verfahrensbeteiligung ist ein Maßstab für die Individualisierung des Klägers beschrieben, ein Exklusivitätsverhältnis für die Individualisierung ist daraus jedoch nicht herzuleiten[398]. Dies gilt sowohl für die negativen Folgen der Nichtbeteiligung am Verwaltungsverfahren als auch für die rein formale Kopplung der Klagebefugnis an die Anhörung nach Antrag gemäß Art. 18 Abs. 4 VO Nr. 4064/89.

3) Konzeption der materiellen individuellen Betroffenheit

Im Rahmen der Fusionskontrolle ist der Konzeption einer materiellen individuellen Betroffenheit der Vorrang einzuräumen. Ausgangspunkt der Überlegungen ist, dass der gerichtliche Rechtsschutz nach Art 230 Abs. 4 EGV trotz des vorgesehenen objektiv rechtlichen Prüfungsmaßstabes der Durchsetzung materieller Rechte und Interessen von Betroffenen dient. Dies führt zu einem

[396] Körber, Torsten, Die Konkurrentenklage im Fusionskontrollrecht der USA, Deutschland und der Europäischen Union, 1996, S. 308.
[397] Monopolkommission, Konzeption einer europäischen Fusionskontrolle, Sondergutachten 17, 1989, S. 96.
[398] Zilles, Stephan, Die Anfechtungslegitimation von Dritten im europäischen Fusionskontrollrecht, 1997, S. 98; Lange, Knut Werner, Beteiligungsrechte Dritter im Europäischen Fusionskontrollverfahren, in: Festschrift für K. Boujonge, 1996, S. 906 (912).

System des Rechtsschutzes, das die individuelle Betroffenheit über materielle Wertungen definiert. Ausgehend vom Wortlaut des Art. 230 Abs. 4 EGV ist zwischen den Betroffenen und den individuell Betroffenen zu differenzieren. Diese Differenzierung korrespondiert mit dem tatsächlichen Befund, dass der wirtschaftlich betroffene Kreis einer Maßnahme im Rahmen der Fusionskontrolle kaum überschaubar ist. Es gilt Abgrenzungsmerkmale zu erarbeiten, die einer systematischen Zuordnung zugänglich sind. Diese ergeben sich aus einer Gesamtschau der formalen und materiellen Kriterien, die die Klagebefugnis indizieren.

Diese Betrachtungsweise führt zu einer Erweiterung der Klagebefugnis, da die formelle Beteiligung des Konkurrenten nicht erforderlich ist. Demgegenüber bedarf es einer restriktiveren Auslegung des formalisierten Betroffenheitskriteriums, da im Rahmen der Fusionskontrolle eine spürbare Beeinträchtigung zusätzlich neben der Beteiligung am Verwaltungsverfahren vorliegen muss[399].

Der EuGH verfolgt zwar den Ansatz, die Individualisierung des Klägers zu formalisieren[400]. Es ginge jedoch zu weit, wollte man aus diesen Entscheidungen den Rechtssatz des EuGH ableiten, im Rahmen der individuellen Betroffenheit keine materiellen Wertungen gelten zu lassen. In der Eridania- Entscheidung weist die Formulierung, "*nur bei Vorliegen besonderer Umstände kann der Einzelne, der geltend macht, die Maßnahme wirke sich auf seine Marktstellung aus, nach Art. 173 EG-Vertrag Klage erheben*" darauf hin, dass der EuGH sehr wohl die materielle Individualisierung als Kriterium zugrundelegt[401]. Wenn der Gerichtshof und das EuG in ihren Urteilen besonders darauf

[399]Ausnahme: Die Rüge der Verletzung der verfahrensmäßigen Rechte.

[400]EuGH, U. v. 21.05.1987, Rs. 97/85, (Deutsche Lebensmittelwerke/Kommission), Slg. 1987, 2265 (2286), das Unternehmen hatte gegen eine an Deutschland gerichtete Entscheidung Klage erhoben, nach der zur Ermittlung des optimalen Butterpreises für jedes gekaufte Paket Butter ein Paket EG-Butter kostenlos an den Verbraucher abgegeben werden sollte. Als Herstellerin von Margarine fürchtete die Klägerin Umsatzverluste; EuGH, U. v. 10.12.1968, Rs. 10 u. 18/68, (Eridania/Kommission), Slg. 1969, 459 (482), die Klägerin, eine italienische Zuckerfabrik, wandte sich gegen die Subventionierung von Konkurrenzunternehmen durch Zuschüsse.

[401]ähnlich: Zilles, Stephan, Die Anfechtungslegitimation von Dritten im europäischen Fusionskontrollrecht, 1997, S. 102.

hinweisen, dass die Klagemöglichkeit dem Schutz der "berechtigten" Interessen dient, wird dadurch klargestellt, dass rein äußerliche Umstände und insbesondere die Verfahrensbeteiligung noch nicht ausreichen, um den Kläger einem Adressaten gleichstellen zu können; hinzukommen muss vielmehr, dass er als schützende Person in den Anwendungsbereich der Wettbewerbsvorschrift fällt[402].

Das EuG bejaht die individuelle Betroffenheit, wenn ein Gemeinschaftsorgan verpflichtet ist, aufgrund spezifischer gemeinschaftsrechtlicher Normen, die Interessen des Klägers als bestimmten Personenkreis beim Erlass einer beabsichtigten Handlung zu berücksichtigen[403]. Dieser Ansatzpunkt im Kontext mit der individuellen Betroffenheit lässt Parallelen zur Schutznormtheorie zu[404], ohne allerdings eine Rechtsbetroffenheit zu verlangen. Das Kriterium führt im Ergebnis zu einem materiellen, der spürbaren Beeinträchtigung der Marktposition ähnlichen, Prüfungsprogramm.

Die Beteiligung am Fusionskontrollverfahren eignet sich als Indikator für eine Gefährdung des Klägers durch das angegriffene Zusammenschlussvorhaben[405], entbindet das Gericht jedoch nicht, materiell rechtliche Kriterien zu überprüfen. Dies bestätigt der EuGH und das EuG zutreffenderweise in ihren Entscheidungen zur VO Nr. 4064/89, die den Ansatz dieser gestuften materiellen Klagebefugnis zeigen. Die Gerichte stützten die individuelle Betroffenheit auch darauf, dass die Unternehmen in ihrer wirtschaftlichen Marktposition be-

---

[402]siehe dazu auch: Schlussantrag des GA Lenz v. 17.09.1992, EuGH, Rs. C-313/90 (CIRFS u.a./Kommission), Slg. 1993, I-1148 (1164).

[403]EuG, U. v. 14.09.1995, Rs. T-480 u. 483/93 (Antillean Rice Mills u.a./Kommission), Slg. 1995, II-2310 (2331); EuG, U. v. 13.12.1995, Rs. T-481 u. 484/93, (Levende Varkens u.a./Kommission), Slg. 1995, II-2941 (2961), unter Bezugnahme auf: EuGH, U. v. 17.01.1985, Rs. 11/82 (Piraiki-Patraiki/Kommission), Slg. 1985, 207 (246).

[404]Cremer, Wolfram, Nichtigkeitsklagen einzelner gegen Rechtsakte der Gemeinschaft: Klagegegenstand und Klagebefugnis nach Art. 173 EGV, EWS 1999, S. 48 (53).

[405]Zilles, Stephan, Die Anfechtungslegitimation von Dritten im europäischen Fusionskontrollrecht, 1997, S. 136.

einträchtigt sind[406]. Dies ist ein rein materieller Umstand, dessen Wertung die Gemeinschaftsrichter zur Bestimmung der Klagebefugnis heranziehen.

Es ist namentlich *Zilles* zu folgen, der eine Individualisierung des Klägers dann annimmt, wenn neben der Betroffenheit durch die Verfahrensbeteiligung auch eine materielle Betroffenheit vorliegt[407]. Die Gerichte sind allerdings weit davon entfernt, ein spezifisches Kriterium für die Klagebefugnis von Dritten im Europäischen Fusionskontrollrecht herauszubilden. Es ist zu konstatieren, dass Ausgangspunkt für die Klagebefugnis die mögliche Gefährdung der rechtlichen und wirtschaftlichen Interessen der Kläger ist. Ein Konkurrenzunternehmen muss darlegen, dass es durch das Zusammenschlussvorhaben nicht unerheblich benachteiligt ist, so dass eine Gefährdung im Wettbewerb vorliegt. Zur Bestimmung der materiellen Gefährdung sind auf die Kriterien des Art. 2 Abs. 1 VO Nr. 4064/89, bei horizontalen Zusammenschlüssen insbesondere auf den Marktanteil der zusammengeschlossenen Unternehmen abzustellen[408].

Als Indikator für eine materielle Gefährdung eines Konkurrenzunternehmens sind entsprechend die Kriterien des Marktanteils, der wirtschaftlichen Macht und Finanzkraft des Fusionspartners, der Entwicklung des Angebots und der Nachfrage, der rechtlichen oder tatsächlichen Marktzutrittschancen sowie die Entwicklung des wirtschaftlichen und technischen Fortschritts heranzuziehen.

---

[406]EuG, U. v. 19.05.1994, Rs. T-2/93, (Air France II/Kommission), Slg. 1994, II-323 (341); EuGH, U. v. 31.03.1998, Rs. C-68/94 u. C-30/95, (Frankreich, SCPA u. EMC/Kommission), Slg. 1998, I-1453 (1472).

[407]Körber, Torsten, Die Konkurrentenklage im Fusionskontrollrecht der USA, Deutschland und der Europäischen Union, 1996, S. 306; Zilles, Stephan, Die Anfechtungslegitimation von Dritten im europäischen Fusionskontrollrecht, 1997, S. 141, unter Anlehnung an: EuGH, U. v. 28.01.1986, Rs. 169/84, (Cofaz u.a./Kommission), Slg. 1986, 391.

[408]Zilles, Stephan, Die Anfechtungslegitimation von Dritten im europäischen Fusionskontrollrecht, 1997, S. 135 f.

V. Untätigkeitsklage gemäß Art. 232 EGV

Während die Nichtigkeitsklage nach Art. 230 EGV als Gestaltungsklage auf die Beseitigung des angefochtenen Handelns gerichtet ist, zielt die Untätigkeitsklage nach Art. 232 EGV auf die Feststellung eines Unterlassens eines Organs als gemeinschaftsrechtswidrig. Die Bedeutung der Untätigkeitsklage ergibt sich vor dem Hintergrund, dass das Gemeinschaftsrecht anders als die nationalen Rechtsordnungen keine Verpflichtungsklage zum Erlass bestimmter Rechtsakte kennt[409].

1) Potentielle Adressaten als Kläger im Rahmen der Fusionskontrolle

Gemäß Art. 232 Abs. 3 EGV können natürliche und juristische Personen im Rahmen einer Untätigkeitsklage nur Beschwerde darüber führen, dass ein Gemeinschaftsorgan es unterlassen hat, einen Gemeinschaftsakt an sie zu richten.

Für die Erhebung einer Untätigkeitsklage durch potentielle Adressaten einer Entscheidung der Kommission nach Art. 6 VO Nr. 4064/89 oder Art. 8 VO Nr. 4064/89 ist nach der Konzeption der Verordnung kein Raum[410]. Unterlässt es die Kommission, auf eine Anmeldung hin binnen der Monatsfrist des Art. 10 Abs. 1 VO Nr. 4064/89 ein Verfahren einzuleiten oder nach Einleitung desselben innerhalb der 4-Monats-Frist des Art. 10 Abs. 3 VO Nr. 4064/89 eine Entscheidung nach Art. 8 VO Nr. 4064/89 zu treffen, so wird nach Art. 10 Abs. 6 VO Nr. 4064/89 die Abgabe einer Vereinbarkeitserklärung der Kommission fingiert. Insofern besteht kein Raum für die Untätigkeitsklage durch die Anmelder. Durch die Erklärungsfiktion des Art. 10 Abs. 6 VO Nr. 4064/89 fehlt es an

[409] Rengeling, Hans-Werner/Middeke, Andreas/Gellermann, Martin, Rechtsschutz in der Europäischen Gemeinschaft, 1994, Rdnr. 200.

[410] Immenga, Ulrich, in: U. Immenga/E.-J. Mestmäcker, EG-Wettbewerbsrecht, 1997, S. 1098; Körber, Torsten, Konkurrentenklagen in der europäischen Fusionskontrolle, EuZW 1996, S. 267 (272).

einer rechtswidrigen Unterlassung der Gemeinschaftsorgane, die eine Untätigkeitsklage rechtfertigt[411].

2) Untätigkeitsklage eines Drittbetroffenen

Es sind in der Fusionskontrollverordnung zwei Fallkonstellationen denkbar, die zur Erhebung einer Untätigkeitsklage durch eine Person, die nicht selbst Adressat der begehrten Entscheidung ist, führen kann. Ein Dritter (vorrangig Konkurrenzunternehmen) kann ein Interesse daran haben, dass ein Zusammenschluss zur Anmeldung gebracht wird. Unterlässt es die Kommission, die Anmeldung zu erzwingen und stellt den Zusammenschluss auch nicht ausdrücklich frei, besteht Anlass für den Dritten, die Kommission zum Handeln aufzufordern. Die zweite Sachverhaltsvariante, die die Frage nach der Zulässigkeit einer Untätigkeitsklage aufwirft, findet ihre Grundlage in Art. 8 Abs. 5 VO Nr. 4064/89, wonach die Kommission Entscheidungen wiederrufen kann, wenn die Vereinbarkeitserklärung auf unrichtigen Angaben beruht oder die beteiligten Unternehmen einer in der Entscheidung vorgesehenen Auflage zuwiderhandeln. Dritte können ein rechtliches Interesse haben, die Kommission aufzufordern, ein förmliches Prüfverfahren zu eröffnen und dies unter Umständen auch mittels der Untätigkeitsklage gerichtlich durchzusetzen[412].

a) Erzwingung der Anmeldung gemäß Art. 4 VO Nr. 4064/89

aa) Drittbezogenheit des Klagegenstandes

Die Frage der Klagebefugnis von Drittbetroffenen gegen das Unterlassen von Entscheidungen im Rahmen der Fusionskontrollverordnung wurde bislang nur

---

[411] allgemein: Krück, Hans, in: H. von der Groeben/J. Thiesing/C.-D. Ehlermann, Kommentar zum EG-Vertrag, 5. Aufl. 1997, Art. 175 Rdnr. 1.

[412] für das Beihilfeverfahren: Nunez Müller, Marco/Kamann, Hans-Georg, Erweiterter Beteiligtenschutz im Beihilfenrecht der EG - die Untätigkeitsklage, EWS 1999, S. 332 (336).

ansatzweise diskutiert. Nach dem Wortlaut des Art. 232 Abs. 3 EGV ist eine Untätigkeitsklage nur zulässig, wenn ein Gemeinschaftsorgan einen Akt unterlassen hat, der an den Kläger zu richten gewesen wäre. Daraus wurde gefolgert, dass nur Untätigkeitsklagen "potentieller Adressaten" zulässig seien[413]. Das EuG folgt richtigerweise dieser Ansicht gerade für die Fusionskontrollverordnung nicht[414]. Das Gericht formuliert in der "Air France I"- Entscheidung den folgenden Leitsatz wörtlich:

" Hört ein Dritter von formlosen Kontakten zwischen einem Unternehmen und der Kommission im Rahmen der Kontrolle von Unternehmenszusammenschlüssen nach der Verordnung Nr. 4064/89, so kann er der Kommission eine Frist dafür setzen, das Unternehmen zur förmlichen Anmeldung des beabsichtigten Zusammenschlusses zu zwingen. Damit ist ihm im Falle des Schweigens der Kommission die Untätigkeitsklage, im Falle ihrer Weigerung die Nichtigkeitsklage eröffnet"[415].

Dieses obiter dictum paßt sich in die bisherige Rechtsprechung des EuGH ein. Die Urteile des EuGH zur Unzulässigkeit der Untätigkeitsklage betrafen Ausnahmefälle, in denen der jeweilige Kläger von den beantragten Handlungen nicht einmal unmittelbar und individuell hätte betroffen werden können[416].

---

[413]EuGH, U. v. 10.06.1982, Rs. 246/81, (Lord Bethell/Kommission), Slg. 1982, 2277 (2281); EuGH, U. v. 22.05.1996, Rs. T-277/94, (Aitec/Kommission), Slg. 1996, II-351 (375); Schlussantrag des GA Capotorti v. 11.07.1979, EuGH, Rs. 125/78, (GEMA/Kommission), Slg. 1979, 3193 (3199 f.); Schlussantrag des GA Slynn v. 10.06.1982, EuGH, Rs. 246/81, (Lord Bethell/Kommission), Slg. 1982, 2277 (2295 f.); Bleckmann, Albert, Europarecht, 6. Aufl. 1997, Rdnr. 606.

[414]EuG, U. v. 23.03.1994, Rs. T-3/93, (Air France I/Kommission), Slg. 1994, II-123 (Leitsatz 3); EuG, U. v. 15.09.1998, Rs. T-95/96, (Gestevision Telecinco/Kommission), Slg. 1998, II-3407 (3426); ebenfals eine Klageberechtigung bejahend: Rengeling, Hans-Werner/Middeke, Andreas/Gellermann, Martin, Rechtsschutz in der Europäischen Gemeinschaft, 1994, Rdnr. 221; Streinz, Rudolf, Europarecht, 4. Aufl. 1999, S. 197; Gündisch, Jürgen, Rechtsschutz in der Europäischen Gemeinschaft, 1994, S. 87; Nowak, Carsten, Der Rechtsschutz von Beschwerdeführern im EG-Wettbewerbs- und EG-Außenhandelsrecht, EuZW 2000, S. 453 (455).

[415]EuG, U. v. 23.03.1994, Rs. T-3/93, (Air France I/Kommission), Slg. 1994, II-123 (Leitsatz 3).

[416]Nunez Müller, Marco/Kamann, Hans-Georg, Erweiterter Beteiligtenschutz im Beihilfenrecht der EG - die Untätigkeitsklage, EWS 1999, S. 332 (334).

Auch die teilweise vorangegangenen und nachfolgenden Entscheidungen des EuG, in denen ausgeführt wird, dass natürliche und juristische Personen sich auf Art. 232 Abs. 3 des Vertrages nur berufen können, um feststellen zu lassen, dass ein Gemeinschaftsorgan unter Verletzung des Vertrages einen Akt nicht erlassen hat, dessen Adressaten sie sein können[417], stehen der hier vertretenen Auffassung nicht entgegen. Der EuGH und das EuG verfolgen in den einschlägigen Urteilen immer den Ansatz, dass parallel zur Nichtigkeitsklage ein Individualkläger gegen ein Gemeinschaftsorgan Untätigkeitsklage erheben kann, wenn dieses es unterlassen hat, einen Rechtsakt zu erlassen, der zwar nicht an den Kläger adressiert worden wäre, ihn aber unmittelbar und individuell betroffen hätte[418]. Damit hat ein Drittbetroffener in den aufgezeigten Fallkonstellationen die Möglichkeit, um Rechtschutz mit der Untätigkeitsklage nachzusuchen.

Die Ausweitung der Klagebefugnis des Art. 232 Abs. 3 EGV auf unmittelbar und individuell betroffene Unternehmen und Beteiligte ist auch aus Rechtschutzgesichtspunkten angezeigt. Die Beschwer eines Konkurrenten durch ein an einen Anderen adressierten, aber ihn belastenden Rechtsakt ist die gleiche wie bei der Unterlassung eines den Adressaten belastenden, aber ihn begünstigenden Rechtsakt[419]. Die sich aus dem Wortlaut des Art. 232 Abs. 3 EGV ergebende Adressatenstellung bezieht sich nicht unmittelbar auf den Kläger, sondern es wird allgemein auf jede natürliche oder juristische Person Bezug genommen[420]. Würde man den Begriff der Maßnahme in Art. 230 bzw. Art.

---

[417] EuG, U. v. 12.11.1996, Rs. T-47/96, (SDDDA/Kommission), Slg. 1996, II-1559 (1574); EuGH, U. v. 22.05.1996, Rs. T-277/94, (Aitec/Kommission), Slg. 1996, II-351 (375); EuG, U. v. 23.01.1991, Rs. T-3/90, (Prodifarma/Kommission), Slg. 1991, II-1 (14); offen gelassen: EuG, B. v. 06.07.1998, Rs. T-286/97, (Goldstein/Kommission), Slg. 1998, II-2631 (2638).

[418] EuGH, U. v. 26.11.1996, Rs. C-68/95, (T. Port), Slg. 1996, I-6065 (6105); EuG, U. v. 15.09.1998, Rs. T-95/96, (Gestevision Telecinco/Kommission), Slg. 1998, II-3407 (3426).

[419] Koenig, Christian/Sander, Claude, Einführung in das EG-Prozeßrecht, 1997, Rdnr. 364; Daig, Hans-Wolfram, Nichtigkeits- und Untätigkeitsklagen im Recht der europäischen Gemeinschaften, 1985, Rdnr. 331; Rengeling, Hans-Werner/Middeke, Andreas/Gellermann, Martin, Rechtsschutz in der Europäischen Gemeinschaft, 1994, Rdnr. 221.

[420] Cremer, Wolfram, in: C. Calliess/M. Ruffert (Hrsg.), Kommentar zum EUV/EGV, 1999, Art. 232, Fußnote 18, der zutreffend davon spricht, dass es sich methodisch nicht um eine Rechtsfortbildung "contra legem" handelt, da entgegen den Passagen aus den Urteilen des EuG die Norm das Wort "nur" nicht enthält.

232 EGV unterschiedlich auslegen, würde es vom Verhalten der Gemeinschaftsorgane (Erlass oder Nichterlass einer drittwirkenden Maßnahme) abhängen, ob für den Konkurrenten ein Rechtsbehelf gegeben wäre oder nicht[421]. Die Anerkennung der positiven Konkurrentenklage entspricht dem rechtsstaatlichen Postulat eines umfassenden Individualrechtsschutzes[422].

bb) Verpflichtung der Kommission zum Handeln

Das EuG geht offensichtlich davon aus, dass die Kommission eine Verpflichtung hat, ein Unternehmen zur förmlichen Anmeldung des beabsichtigten Zusammenschlusses zu zwingen[423]. Der Kläger kann jedoch nur individuell und unmittelbar betroffen sein, wenn eine Anmeldepflicht nach Art. 4 Abs. 1 VO Nr. 4064/89 besteht[424]. Beteiligte können die ihnen zustehenden Verfahrensgarantien im förmlichen Vorprüfungsverfahren und sich anschließenden Hauptprüfungsverfahren nur durchsetzen, wenn sie die Möglichkeit haben, die das Verfahren abschließenden Entscheidungen anzufechten[425]. Die Entscheidung, die die Einleitung des förmlichen Verfahrens verhindert und damit auch die Beseitigung der Möglichkeit der Anhörung Beteiligter enthält, berührt den Kläger individuell[426]. Die Beteiligteneigenschaft kann allein die individuelle Be-

[421] Nunez Müller, Marco/Kamann, Hans-Georg, Erweiterter Beteiligtenschutz im Beihilfenrecht der EG - die Untätigkeitsklage, EWS 1999, S. 332 (334); so schon: Schlussantrag des GA Dutheillet de Lamothe, EuGH, Rs. 15/71, (Mackprang/Kommission), Slg. 1971, 797 (808).

[422] Allkemper, Ludwig, Der Rechtsschutz des einzelnen nach dem EG-Vertrag, 1995, S. 116; Nowak, Carsten, Der Rechtsschutz von Beschwerdeführern im EG-Wettbewerbs- und EG-Außenhandelsrecht, EuZW 2000, S. 453 (455).

[423] EuG, U. v. 24.03.1994, Rs. T-3/93, (Air France I/Kommission), Slg. 1994, II-121 (3. Leitsatz); allgemein zur Verpflichtung zum Handeln: EuG, U. v. 09.09.1999, Rs. T-127/98, (UPS Europe/Kommission), Rdnr. 35, noch nicht amtlich veröffentlicht; EuG, U. v. 15.09.1998, Rs. T-95/96, (Gestevisión Telecinco/Kommission), Slg. 1998, II-3407 (3426).

[424] Körber, Torsten, Die Konkurrentenklage im Fusionskontrollrecht der USA, Deutschland und der Europäischen Union, 1996, S. 264, dessen Konstruktion einer konkludenten Erklärung der Kommission über die fehlende gemeinschaftsweite Bedeutung nicht überzeugt.

[425] EuGH, U. v. 19.05.1993, Rs. C-198/91, (Cook/Kommission), Slg. 1993, I-2487 (2527); EuGH, U. v. 15.06.1993, Rs. C-225/91, (Matra/Kommission), Slg. 1993, I-3203 (3255); EuGH, U. v. 02.04.1998, Rs. C-367/95 P, (Kommission/Sytraval u. Brink's France), Slg. 1998, I-1719 (1766); vgl. auch: Kruse, Eberhard, Die Rechtstellung Dritter im Beihilfekontrollverfahren, EuR 1999, S. 119 (122).

[426] Sinnaeve, Adinda, Der Konkurrent im Beihilfeverfahren nach der neuesten EuGH-Rechtsprechung, EuZW 1995, S. 172; Polley, Romina, Die Konkurrentenklage im Europäi-

An das Erfordernis der fehlenden Stellungnahme sollten keine zu hohen Anforderungen gestellt werden, um den Rechtsschutz über die Untätigkeitsklage im Rahmen der VO Nr. 4064/89 nicht unnötig einzuschränken[435].

E. Zusammenfassung

Art. 230 EGV bietet nach einer funktionalen Betrachtungsweise einen lückenlosen Rechtsschutz für die am Zusammenschluss beteiligten Unternehmen, Konkurrenzunternehmen sowie Marktteilnehmern, die aus materiellen Gesichtspunkten eine unmittelbare und individuelle Betroffenheit darlegen können. Für bestimmte Gruppen scheidet die Anfechtungslegitimation in der europäischen Fusionskontrolle von vornherein aus. Die Individualisierung eines Dritten erfolgt mit Hilfe eines speziellen, fusionskontrollrechtlichen Kriteriums. Maßgeblich ist, ob der Kläger durch den angegriffenen Unternehmensanschluss im Wettbewerb gefährdet ist.

Die Klagerechte orientieren sich an dem Grundsatz, dass eine Anfechtung von Verfahrenshandlungen und Zwischenentscheidungen der Kommission dann in Betracht kommt, wenn diese dem Kläger gegenüber ein gesondertes Verfahren endgültig abschließen. Erklärungen der Kommission nach Art. 6 Abs. 1 lit. a), b) und Art. 8 Abs. 2 u. 3 VO Nr. 4064/89 sind mit der Nichtigkeitsklage nach Art. 230 Abs. 4 EGV angreifbar. Nicht statthaft ist dagegen die Klage gegen die Eröffnung des Hauptverfahrens sowie gegen Verfahrenshandlungen der Kommission, die eine endgültige Entscheidung erst vorbereiten.

Kommentar zum EUV/EGV, 1999, Art. 223 Rdnr. 11; Nunez Müller, Marco/Kamann, Hans-Georg, Erweiterter Beteiligtenschutz im Beihilfenrecht der EG - die Untätigkeitsklage, EWS 1999, S. 332 (335).

[435] Nunez Müller, Marco/Kamann, Hans-Georg, Erweiterter Beteiligtenschutz im Beihilfenrecht der EG - die Untätigkeitsklage, EWS 1999, S. 332 (335), für das Beihilfenrecht.

Wettbewerber können im Rahmen der Fusionskontrollverordnung gegen ein Unterlassen der Kommission im Wege der Untätigkeitsklage nach Art. 232 Abs. 3 EGV vorgehen, wenn parallel zur Nichtigkeitsklage der Kläger geltend machen kann, durch den potentiellen Rechtsakt unmittelbar und individuell betroffen zu sein. Damit besteht für den privilegierten Dritten ein lückenloser Rechtsschutz gegenüber Entscheidungen der Kommission nach der VO Nr. 4064/89.

Zweites Kapitel: Gerichtliche Kontrolldichte im europäischen Fusionskontrollverfahren

A. Einführung

Ein wirksamer Rechtsschutz im Rahmen der Fusionskontrollverordnung verlangt hinreichende gerichtliche Prüfungskompetenzen gegenüber der angegriffenen Verwaltungsentscheidung. Die Abgrenzung der gerichtlichen Kontrolle gegenüber den der Verwaltung vorbehaltenen Entscheidungsräumen ist die Frage der "Intensität", "Dichte" oder der "Genauigkeit" der Gerichtskontrolle[436]. Prozessrechtlich geht es um die Überprüfung des Verwaltungsermessens, um unbestimmte Gesetzesbegriffe und Beurteilungsermächtigungen.

Umfang und Intensität der gerichtlichen Kontrolle des Verwaltungshandelns spiegeln eine grundlegende Kategorie in der verwaltungsrechtlichen Dogmatik wider, die vor allem im deutschen Verfassungs- und Verwaltungsrecht kontrovers diskutiert wird[437], während Art, Umfang und Intensität der gerichtlichen Kontrolle von Verwaltungsentscheidungen im Gemeinschaftsrecht erst vereinzelt in jüngster Zeit Gegenstand rechtlicher Betrachtungen geworden sind[438].

---

[436] Schmidt-Aßmann, Eberhard, in: F. Schoch/E. Schmidt-Aßmann/R. Pietzner (Hrsg.), VwGO-Kommentar, Stand Januar 2000, Einleitung, Rdnr. 181.

[437] Siehe: BVerfGE 15, S. 275 (282); BVerfGE 51, S. 304 (312); BVerfGE 84, S. 34 (49); BVerfGE 88, S. 40 (56); Ossenbühl, Fritz, Gedanken zur Kontrolldichte in der verwaltungsgerichtlichen Rechtsprechung, in: Festschrift für K. Redeker, 1993, S. 55 ff.; Hofmann, Christian, Der Beitrag der neueren Rechtsprechung des BVerfG zur Dogmatik des Beurteilungsspielraums, NVwZ 1995, S. 740 ff.; Sendler, Horst, Die neue Rechtsprechung des Bundesverfassungsgerichts zu den Anforderungen an die verwaltungsgerichtliche Kontrolle, DVBl 1994, S. 1089 ff.; Schmidt-Aßmann, Eberhard, Die Kontrolldichte: Verfassungsgerichtliche Vorgaben und Perspektiven, DVBl 1997, S. 281 ff.; Herzog, Roman, Verfassung und Verwaltungsgerichte-zurück zu mehr Kontrolldichte?, NJW 1992, S. 2601 ff.

[438] Schwarze, Jürgen, Die gerichtliche Kontrolle der europäischen Wirtschaftsverwaltung, in: J. Schwarze/E. Schmidt-Aßmann (Hrsg.), Das Ausmaß der gerichtlichen Kontrolle im Wirtschaftsverwaltungs- und Umweltrecht, 1992, S. 203 ff.; Herdegen, Matthias/Richter, Stefan, Die Rechtslage in den europäischen Gemeinschaften, in: J.A. Frowein (Hrsg.), Die Kontrolldichte bei der gerichtlichen Überprüfung von Handlungen der Verwaltung, 1993, S. 209 ff.; Adam, Winfried Anselm, Die Kontrolldichte-Konzeption des EuGH und der deutschen Gerichte, 1993, S. 149 ff., Nolte, Norbert, Beurteilungsspielräume im Kartellrecht der Europäischen Gemeinschaft und der Bundesrepublik Deutschland, 1997; Rausch, Rolf, Die Kontrolle von Tatsachenfeststellungen und -würdigungen durch den Gerichtshof der Euro-

Allgemein dokumentieren die Untersuchungen zunächst die Schwierigkeit, allgemeine Konturlinien und Grundsätze gerade in der Rechtsprechung des EuGH und des EuG zu erkennen und zu formulieren, da diese in besonderer Weise von sachbereichsspezifischen Besonderheiten und von einer vielfachen Vernetzung unterschiedlicher Kontrollparameter geprägt sind[439]. Daher ist auch die folgende Darstellung, die die Kontrolldichte im Fusionskontrollverfahren unter Bezugnahme auf die Rechtsprechung des EuG und des EuGH zum Kartellrecht skizzieren soll, auf diesen speziellen Bereich des EG-Eigenverwaltungsrechts beschränkt.

B. Die Grundlagen der gerichtlichen Prüfungskompetenz

I. Verfahren des Individualrechtsschutzes

Ausgangspunkt der Überlegungen für die Kontrolldichte ist die Nichtigkeitsklage nach Art. 230 EGV als Rechtsschutzverfahren vor den Gemeinschaftsgerichten, das den Individualrechtsschutz in den Vordergrund stellt. Die Nichtigkeitsklage ist gemäß Art. 230 EGV auf vier Klagegründe zu stützen: Unzuständigkeit, Verletzung wesentlicher Formvorschriften, Verletzungen von Vertragsrecht oder Durchführungsrecht und Ermessensmissbrauch, wobei das Schwergewicht der Prüfung bei dem Klagegrund der Rechtsverletzung liegt.

Die gerichtliche Kontrolle der Anwendung des einzelnen Tatbestandes führt zu den Fragen der Definition, der Tatsachenfeststellung und der Subsumtion. Das deutsche Recht geht hier vom Grundsatz vollständiger gerichtlicher Kontrolle aus und anerkennt Ausnahmen bestimmter Typen nur gemäß besonderer ge-

---

päischen Gemeinschaften, 1994, Danwitz, Thomas von, Verwaltungsrechtliches System und europäische Integration, 1996, Pache, Eckhard, Die Kontrolldichte in der Rechtsprechung des Gerichtshofes der Europäischen Gemeinschaften, DVBl 1998, S. 380 ff.

[439] Nolte, Norbert, Beurteilungsspielräume im Kartellrecht der Europäischen Gemeinschaft und der Bundesrepublik Deutschland, 1997, S. 99 ff., 112 ff.; Rausch, Rolf, Die Kontrolle von Tatsachenfeststellungen und -würdigungen durch den Gerichtshof der Europäischen Gemeinschaften, 1994, S. 153 ff.

setzlicher Ermächtigung[440]. Die Gemeinschaftsrichter binden sich nicht so strikt an bestimmte dogmatische Grundformen. Insbesondere bildet die traditionelle deutsche Unterscheidung zwischen unbestimmten Gesetzesbegriffen und Ermessen keine Grundlinie ihrer Rechtsprechung[441].

Die gerichtliche Kontrollintensität hängt von der Struktur des geregelten Sachgebietes und von der Verfahrensgestaltung ab, woraus sich wiederum sehr differenzierte Maßstäbe für die Kontrolldichte im Einzelfall ergeben[442]. Innerhalb der einzelnen Rechtsgebiete soll das Wettbewerbsrecht durch eine intensive gerichtliche Überprüfung gekennzeichnet sein[443]. Die Untersuchung orientiert sich im folgenden zunächst an den Vorschriften der Fusionskontrollverordnung. Im Anschluss daran wird eine Analyse der Rechtsprechung zur Fusionskontrollverordnung und zu den allgemeinen Vorgaben des Gemeinschaftsrechts für die Kontrolldichte vorzunehmen sein.

II. Anknüpfungspunkt: Rechtsschutzintensive Entscheidungen der VO Nr. 4064/89

Für die Rechtsschutzkonzeption von herausragender Bedeutung ist die Frage der Reichweite des Rechtsschutzes gegen Entscheidungen der Kommission, mit denen diese einen Zusammenschluss für vereinbar oder unvereinbar mit dem gemeinsamen Markt erklärt. Eine Vereinbarkeitsentscheidung ist in zwei

---

[440] Schmidt-Aßmann, Eberhard, in: F. Schoch/E. Schmidt-Aßmann/R. Pietzner (Hrsg.), VwGO-Kommentar, Stand Januar 2000, Einleitung, Rdnr. 131 u. 186 ff.

[441] Herdegen, Matthias/Richter, Stefan, Die Rechtslage in den europäischen Gemeinschaften, in: J.A. Frowein (Hrsg.), Die Kontrolldichte bei der gerichtlichen Überprüfung von Handlungen der Verwaltung, 1993, S. 209 ff.; Rausch, Rolf, Die Kontrolle von Tatsachenfeststellungen und -würdigungen durch den Gerichtshof der Europäischen Gemeinschaften, 1994, S. 238 ff; Schmid-Lossberg, Alexander, Kontrolldichte im EG-Wirtschaftsrecht, 1992, S. 1 ff.

[442] Schmidt-Aßmann, Eberhard, in: F. Schoch/E. Schmidt-Aßmann/R. Pietzner (Hrsg.), VwGO-Kommentar, Stand Januar 2000, Einleitung, Rn 131.

[443] Schwarze, Jürgen, Die gerichtliche Kontrolle der europäischen Wirtschaftsverwaltung, in: J. Schwarze/E. Schmidt-Aßmann (Hrsg.), Das Ausmaß der gerichtlichen Kontrolle im Wirtschaftsverwaltungs- und Umweltrecht, 1992, S. 203 (255); Adam, Winfried Anselm, Die Kontrolldichte-Konzeption des EuGH und der deutschen Gerichte, 1993, S. 219; Everling,

Verfahrensabschnitten denkbar, im Vorverfahren nach Art. 6 Abs. 1 lit. b VO Nr. 4064/89, wenn die Kommission die gemeinschaftsweite Bedeutung des Zusammenschlusses bejaht, aber hinsichtlich der Vereinbarkeit mit dem gemeinsamen Markt keinen Anlass zu ernsthaften Bedenken sieht und im Hauptverfahren nach Art. 8 Abs. 2 VO Nr. 4064/89[444].

Für die am Zusammenschluss beteiligten Unternehmen ist daneben die Untersagung des Zusammenschlusses bzw. die Freigabe lediglich unter Auflagen und Bedingungen nach Art. 8 Abs. 2 und 3 VO Nr. 4064/89 auch gerade im Hinblick auf die gerichtliche Kontrolldichte von Bedeutung. Daneben spielen die Verfahrensgarantien und deren Durchsetzbarkeit für das Rechtsschutzsystem eine große Rolle, so dass die Entscheidungen, die auf Grundlage des Art. 18 VO Nr. 4064/89 getroffen werden, in die Konzeption mit einzubeziehen sind. Das Wechselspiel zwischen der Kommission vorbehaltenen Entscheidungsräumen und der Nachprüfung von Verfahrensgarantien spielt dabei eine wesentliche Rolle[445].

III. Kontrollrelevante Ermächtigungen als Wertungsgrundlage

Das gerichtliche Prüf- und Entscheidungsprogramm richtet sich nach dem materiellen Recht. Eine Begrenzung der gerichtlichen Entscheidungsbefugnis kommt in Betracht, wenn die Anwendung eines unbestimmten Rechtsbegriffs Abwägungen, Prognosen oder Wertungen erfordert[446]. Verwendet der Gesetzgeber konkretisierungsbedürftige Rechtsbegriffe, so kann darin ein Auftrag an die Exekutive gesehen werden, die erforderlichen Umsetzungsschritte letztverantwortlich vorzunehmen. Ob dies der Fall ist, bedarf der Einzelanalyse

Ulrich, Zur richterlichen Kontrolle der Tatsachenfeststellung und Beweiswürdigung durch die Kommission in Wettbewerbssachen, WuW 1989, S. 877 (889).

[444]ausführlich: Erstes Kapitel C. III. 2, 3.

[445]Adam, Winfried Anselm, Die Kontrolldichte-Konzeption des EuGH und der deutschen Gerichte, 1993, S. 224; Schmidt-Aßmann, Eberhard, in: F. Schoch/E. Schmidt-Aßmann/R. Pietzner (Hrsg.), VwGO-Kommentar, Stand Januar 2000, Einleitung, Rdnr. 131.

anhand rechtsdogmatisch fundierter (allgemeiner) Kriterien[447]. Es spielen folglich normstrukturelle Überlegungen zur Begründung administrativer Entscheidungsspielräume eine Rolle[448].

1) Art. 2 VO Nr. 4064/89

Zentrale Vorschrift für das Handeln der Kommission ist im Rahmen der Fusionskontrollverordnung Art. 2 VO Nr. 4064/89. Danach hat die Kommission zu prüfen, ob das Vorhaben mit dem gemeinsamen Markt vereinbar ist. Die Kommission hat Zusammenschlüsse, die eine beherrschende Stellung begründen oder verstärken oder durch die ein wirksamer Wettbewerb im gemeinsamen Markt oder in einem wesentlichen Teil desselben erheblich behindert würde, für unvereinbar zu erklären, Art. 2 Abs. 3 VO Nr. 4064/89[449]. In der bisherigen Entscheidungspraxis der Kommission kommt der erheblichen Wettbewerbsbehinderung allerdings neben der Begründung und Verstärkung einer marktbeherrschenden Stellung keine selbständige Bedeutung zu[450]. Entscheidendes Merkmal ist die Begründung oder Verstärkung einer marktbeherrschenden Stellung.

Die Kriterien zur Ermittlung der Vereinbarkeit eines Zusammenschlusses mit dem gemeinsamen Markt und damit für die Marktbeherrschung sind in Art. 2 Abs. 2 lit. a) und lit. b) VO Nr. 4064/89 vorgegeben. Die Kommission hat die

---

[446] Nolte, Norbert, Beurteilungsspielräume im Kartellrecht der Europäischen Gemeinschaft und der Bundesrepublik Deutschland, 1997, S. 72.
[447] grundlegend: Schmidt-Aßmann, Eberhard, in: T. Maunz/G. Dürig (Hrsg.), Grundgesetz, Kommentar, Stand Oktober 1999, Art. 19 Abs. 4, Rdnr. 185; Ossenbühl, Fritz, Gedanken zur Kontrolldichte in der verwaltungsgerichtlichen Rechtsprechung, in: Festschrift für K. Redeker, 1993, S. 55 (63), für das deutsche Recht.
[448] Herdegen, Matthias/Richter, Stefan, Die Rechtslage in den europäischen Gemeinschaften, in: J.A. Frowein (Hrsg.), Die Kontrolldichte bei der gerichtlichen Überprüfung von Handlungen der Verwaltung, 1993, S. 209 (244); Adam, Winfried Anselm, Die Kontrolldichte-Konzeption des EuGH und der deutschen Gerichte, 1993, S. 197.
[449] Montag, Frank/Kaessner, Ralph, Neuere Entwicklungen in der Fallpraxis der europäischen Fusionskontrolle, WuW 1997, S. 781 (782 ff.).

Notwendigkeit zu berücksichtigen, im gemeinsamen Markt wirksamen Wettbewerb aufrechtzuerhalten und zu entwickeln, insbesondere im Hinblick auf die Struktur aller betroffenen Märkte und den tatsächlichen oder potentiellen Wettbewerb durch innerhalb oder außerhalb der Gemeinschaft ansässigen Unternehmen. Die Frage der Vereinbarkeit des Vorhabens mit dem gemeinsamen Markt ist anhand der Marktstellung sowie der wirtschaftlichen Macht und Finanzkraft der beteiligten Unternehmen, der Wahlmöglichkeit der Lieferanten und Abnehmer, deren Zugang zu den Beschaffungs- und Absatzmärkten, der rechtlichen oder tatsächlichen Marktzutrittsschranken, der Entwicklung des Angebots und der Nachfrage bei den jeweiligen Erzeugnissen und Dienstleistungen, der Interessen der Zwischen- und Endverbraucher sowie der Entwicklung des technischen und wirtschaftlichen Fortschritts, sofern dieser dem Verbraucher dient und den Wettbewerb nicht behindert, zu beantworten (Art. 2 Abs. 1 Satz 2 lit. b) VO Nr. 4064/89).

Der Verordnungstext vermeidet jede Festlegung. Es ist festzustellen, dass es sich um markt- und resourcenorientierte Gesichtspunkte handelt, die unverkennbar größtenteils der bisherigen Praxis des Gerichtshofes und der Kommission zur Begründung einer marktbeherrschenden Stellung im Sinne von Art. 82 EGV entnommen sind[451]. Die Kommission stellt auch auf die zu erwartenden Wirkungen eines Zusammenschlusses ab und bewertet objektiv, insbesondere anhand der Strukturerkmale der betroffenen Märkte, wie die Marktverhältnisse sich entwickeln werden[452].

Die Entscheidung der Kommission ist dabei nicht nur ein Ergebnis einer bloßen Subsumtion unter einen - wenn auch unbestimmten - Rechtsbegriff, son-

[450]Jestaedt, Thomas, EU-Kartellrecht: Ein Leitfaden für deutsche und österreichische Unternehmen, 1996, S. 180; Löffler, Heinz, in: E. Langen/H.-J. Bunte (Hrsg.), Kommentar zum deutschen und europäischen Kartellrecht, 8. Aufl. 1997, Art. 2 FKVO, Rdnr. 10.

[451]Sedemund, Jochim/Montag, Frank, in: M. Dauses (Hrsg.), Handbuch des EG-Wirtschaftsrechts, Stand November 1999, Fusionskontrolle, Rdnr. 296; vgl.: Immenga, Ulrich, in: U. Immenga/E.-J. Mestmäcker, EG-Wettbewerbsrecht, 1997, S. 824, der den Vergleich zur Einzelfreistellung nach Art. 81 Abs. 3 EGV zieht.

dern enthält eine Würdigung normierter Kriterien, denen wertender und prognostischer Charakter zukommt. Der Verordnungstext der VO Nr. 4064/89 selbst gibt jedoch keinen Hinweis darauf, in welchem Umfang die Entscheidung der Kommission zur Überprüfung gelangen soll. Die Existenz der unbestimmten Rechtsbegriffe indiziert der Dogmatik des deutschen Verwaltungsrechts folgend eine eingeschränkte Nachprüfungskompetenz[453].

2) Materielle Ermächtigungen der Fusionskontrollverordnung

Die Ermächtigungsgrundlagen für die Entscheidungen der Kommission zur (materiellen)[454] Fusionskontrolle finden sich in Art. 6 und 8 VO Nr. 4064/89. Wie bereits dargestellt, stehen als Ergebnis des Vorverfahrens nach Art. 6 Abs. 1 VO Nr. 4064/89 der Kommission drei Handlungsalternativen zur Verfügung. Erstens stellt die Kommission fest, dass der angemeldete Zusammenschluss nicht unter die Verordnung fällt, zweitens erklärt sie den Zusammenschluss für vereinbar mit dem gemeinsamen Markt oder drittens kann die Kommission das Hauptverfahren eröffnen[455]. Das eingeleitete Hauptverfahren führt zur Prüfung des Zusammenschlusses auf seine Vereinbarkeit mit dem gemeinsamen Markt. Das Ergebnis stellt die Kommission mit einer förmlichen, das Hauptverfahren abschließenden Verwaltungsentscheidung fest, Art. 8 Abs. 1 VO Nr. 4064/89[456].

Für die Frage der Kontrolldichte von entscheidender Bedeutung sind die Entscheidungen der Kommission, die eine Überprüfung der Vereinbarkeit des Zu-

[452]vgl.: Entscheidung der Kommission v. 14.02.1995, (Mercedes-Benz/Kässbohrer), ABl. 1995 Nr. L 211/1; Entscheidung der Kommission v. 13.12.1991, (Mannesmann/VDO), ABl. 1992 Nr. C 88/13.
[453]Nolte, Norbert, Beurteilungsspielräume im Kartellrecht der Europäischen Gemeinschaft und der Bundesrepublik Deutschland, 1997, S. 72.
[454]zu den Verfahrensermächtigungen: Art. 11, 13, 18 VO Nr. 4064/89.
[455]siehe dazu ausführlich: Erstes Kapitel C. III. 2.
[456]ausführlich: Erstes Kapitel C. III. 3.

sammenschlusses mit dem gemeinsamen Markt beinhalten[457]. Die Kommission hat zu überprüfen, ob die Voraussetzungen des Art. 2 Abs. 3 VO Nr. 4064/89 vorliegen, ob der Zusammenschluss eine marktbeherrschende Stellung begründet, durch die wirksamer Wettbewerb behindert wird. Entspricht der Zusammenschluss den Voraussetzungen des Art. 2 Abs. 2 VO Nr. 4064/89, wird der Zusammenschluss für vereinbar mit dem gemeinsamen Markt erklärt[458].

Der materielle Entscheidungsgehalt wird somit wiederum durch Art. 2 VO Nr. 4064/89 bestimmt[459]. Die materiellen Ermächtigungsnormen enthalten kontrollrelevante Wertungsgrundlagen, die entsprechend des Art. 2 VO Nr. 4064/89 vorgegeben sind.

IV. Vorgaben der VO Nr. 4064/89 zur Kontrolldichte

Ausdrücklich hat der Verordnungsgeber die Nachprüfungskompetenz im materiellen Normgefüge nicht geregelt. In Art. 21 VO Nr. 4064/89 und Art. 16 VO Nr. 4064/89 finden sich nachrangige Bezugspunkte, die Rückschlüsse auf die gerichtliche Kontrolldichte entsprechend dem Rechtsschutzgehalt der Gemeinschaftsrechtsordnung zulassen können.

---

[457] Nolte, Norbert, Beurteilungsspielräume im Kartellrecht der Europäischen Gemeinschaft und der Bundesrepublik Deutschland, 1997, S. 72.

[458] Nolte, Norbert, Beurteilungsspielräume im Kartellrecht der Europäischen Gemeinschaft und der Bundesrepublik Deutschland, 1997, S. 72; ausführlich: Bos, Pierre/Steuyck, Jules/Wytinck, Peter, Concentration Control in the European Economic Community, 1992, S. 273 ff.

[459] Stoffregen, Katrin, in: H. von der Groeben/J. Thiesing/C.-D. Ehlermann, Kommentar zum EU/EG-Vetrag, 5. Aufl. 1999, Fusionskontrollverordnung, Art. 8, Rdnr. 7; Schröter, Helmut, in: H. von der Groeben/J. Thiesing/C.-D. Ehlermann, Kommentar zum EG-Vertrag, 4. Aufl. 1991, Art. 87, 2. Teil, Rdnr. 270; Schmidt, Christian-Rudolf, Die "Entwicklung des technischen und wirtschaftlichen Fortschritts": Der Konflikt Wettbewerbspolitik -Industriepolitik in der europäischen Fusionskontrolle, 1992, S. 169; Nolte, Norbert, Beurteilungsspielräume im Kartellrecht der Europäischen Gemeinschaft und der Bundesrepublik Deutschland, 1997, S. 73.

1) Art. 21 VO Nr. 4064/89 als kompetenzzuweisende Norm

Nach Art. 21 VO Nr. 4064/89 unterliegen die in der Verordnung vorgesehenen Entscheidungen der Kommission der Nachprüfung durch den Gerichtshof.

Art. 21 der VO Nr. 4064/89 war eine der Vorschriften, denen der Rat bei der Konzeption der Verordnung zentrale Bedeutung beigemessen hat[460]. Der Bedeutungsgehalt ergibt sich aus der ausschließlichen Zuständigkeit der Kommission zur Untersuchung von Zusammenschlüssen, die unter die Verordnung fallen[461]. Den Mitgliedsstaaten ist es untersagt, ihr innerstaatliches Wettbewerbsrecht auf Zusammenschlüsse von gemeinschaftsweiter Bedeutung anzuwenden, Art. 21 Abs. 2 VO Nr. 4064/89. Zweck dieser Regelung ist die Verhinderung einer Kontrolle sowohl nach nationalem wie nach europäischem Wettbewerbsrecht[462].

Über den Umfang und die Reichweite des Rechtsschutzes enthält Art. 21 VO Nr. 4064/89 keine Angaben. Die Vorschrift bestätigt lediglich die primärrechtliche Regelung des Art. 220 EGV[463]. Eine eigenständige, verwertbare Aussage über einen sachbereichsspezifischen Kontrollmaßstab lässt sich aus Art. 21 VO Nr. 4064/89 im Ergebnis nicht entnehmen.

---

[460] Miersch, Michael, Kommentar zur EG-Verordnung Nr. 4064/89 über die Kontrolle von Unternehmenszusammenschlüssen, 1991, Art. 21 Anm. I.

[461] Immenga, Ulrich, in: U. Immenga/E.-J. Mestmäcker, EG-Wettbewerbsrecht, 1997, S. 1057; vgl.: Niederleithinger, Ernst, Das Verhältnis nationaler und europäischer Kontrolle von Zusammenschlüssen, WuW 1990, S. 721 (722).

[462] vgl. dazu: Schmidhuber, Peter, M., Die europäische Fusionskontrolle und ihr Verhältnis zum nationalen Recht, in: Forschungsinstitut für Wirtschaftsverfassung und Wettbewerb (Hrsg.), Wettbewerbspolitik an der Schwelle zum europäischen Binnenmarkt, 1989, S. 97 ff.; Bechtold, Rainer, Die Grundzüge einer neuen EG-Fusionskontrolle, RiW 1990, S. 252 (261); Monopolkommission, Konzeption einer europäischen Fusionskontrolle, Sondergutachten 17, 1989, S. 93 ff.

[463] Nolte, Norbert, Beurteilungsspielräume im Kartellrecht der Europäischen Gemeinschaft und der Bundesrepublik Deutschland, 1997, S. 72; Immenga, Ulrich, in: U. Immenga/E.-J. Mestmäcker, EG-Wettbewerbsrecht, 1997, S. 1089.

2) Art. 16 VO Nr. 4064/89, "Compétence de pleine juridiction"

Eine Aussage zur Kontrolldichte findet sich in Art. 16 VO Nr. 4064/89, wonach bei Klagen gegen Entscheidungen der Kommission, in denen eine Geldbuße oder ein Zwangsgeld festgesetzt ist, der Gerichtshof die Befugnis zu einer unbeschränkten Ermessensnachprüfung der Entscheidung im Sinne des Art. 229 EGV des Vertrages hat. Der Gerichtshof kann die Geldbuße oder das Zwangsgeld aufheben, herabsetzen oder erhöhen. Es ist allgemeine Ansicht, dass diese Vorschrift einen Sonderfall der Kontrolldichte regelt[464], die dem von einer Buß- bzw. Zwangsgeldentscheidung der Kommission Betroffenen das Recht einräumt, die Entscheidung gerichtlich (voll) überprüfen zu lassen[465]. Die Befugnis einer unbeschränkten Ermessensnachprüfung ist dem französischen und belgischen Verwaltungsrecht entnommen, die die "compétence de pleine juridiction" kennen[466].

Art. 16 VO Nr. 4064/89 gibt die Kontrollbefugnisse des Gemeinschaftsrichters vor und enthält folglich eine normative Vorgabe der Kontrolldichte. Das Gericht kann nicht nur die Rechtmäßigkeit der Sanktionsentscheidung prüfen, sondern auch die Zumessungskriterien der Kommission durch eine eigene Wertung ersetzen. Damit geht die Sanktionsgewalt im Fusionskontrollverfahren ebenso wie im Kartellverfahren auf das Gericht über.

---

[464]statt vieler: Herdegen, Matthias/Richter, Stefan, Die Rechtslage in den europäischen Gemeinschaften, in: J.A. Frowein (Hrsg.), Die Kontrolldichte bei der gerichtlichen Überprüfung von Handlungen der Verwaltung, 1993, S. 209 (235), zu Art 17 VO Nr. 17/62; Schröter, Helmut, in: H. von der Groeben/J. Thiesing/C.-D. Ehlermann, Kommentar zum EU/EG-Vertrag, 5. Aufl. 1999, Art 87, 1. Teil, Rdnr. 46.

[465]Karl, Matthias, Die Rechtsstellung privater Dritter in der europäisches Fusionskontrolle in: W. Veelken/M. Karl/S. Richter (Hrsg.), Die europäische Fusionskontrolle. Grundzüge und Einzelfragen zur Verordnung (EWG) Nr. 4064/89, 1992, S. 37 (70); Schmidt, Christian-Rudolf, Die "Entwicklung des technischen und wirtschaftlichen Fortschritts": Der Konflikt Wettbewerbspolitik-Industriepolitik in der europäischen Fusionskontrolle, 1992, S. 170; Deimel, Albert, Rechtsgrundlagen einer europäischen Zusammenschlusskontrolle. Das Spannungsfeld zwischen Fusionskontrollverordnung und den Wettbewerbsregeln des EWG-Vertrages, 1992, S. 124.

[466]Schermers, Henry G./Waelbroek, Denis, Judical Protection in the European Communities, 5. Aufl. 1992, S. 294; Vandersanden, George/Barav, Ami, Contentieux communautaire, 1977, S. 417.

a) Kriterien der gerichtlichen Überprüfung

Art 16 VO Nr. 4064/89 ermächtigt das Gericht, die Zwangsmaßnahmen über die Grenze der Rechtmäßigkeit hinaus, die Zweckmäßigkeit und die Billigkeit der Kommissionsentscheidung zu überprüfen. Das Gericht ist befugt, die Kommissionsentscheidung in tatsächlicher und rechtlicher Hinsicht in vollem Umfang bezüglich der Tatsachenfeststellung und -würdigung einer Überprüfung zu unterziehen. Diese unbeschränkte Nachprüfungsbefugnis ist die notwendige Vorbedingung für die unbeschränkte Entscheidungsbefugnis[467]. Die Befugnis unbeschränkter Ermessensnachprüfung berechtigt das Gericht, sein Ermessen an die Stelle des Ermessens der Kommission zu setzen[468]. Der Kläger ist zudem nicht auf bestimmte Klagegründe festgelegt[469].

Praktische Bedeutung erlangt Art 16 VO Nr. 4064/89 für die Anfechtung von Geldbußen, die die Kommission nach Art. 14 VO Nr. 4064/89 festsetzt. Nach gefestigter Rechtsprechung hängt die Höhe der Geldbuße wegen einer Zuwiderhandlung gegen die Wettbewerbsregeln der Gemeinschaft von der Schwere und der Dauer der Zuwiderhandlung ab[470]. Ohne dass es eine zwingende oder abschließende Liste von Kriterien gibt, die auf jeden Fall berücksichtigt werden müssen, ist die Schwere der Zuwiderhandlung anhand einer Vielzahl von Gesichtspunkten zu ermitteln, zu denen u.a. die besonderen Umstände

---

[467] Krück, Hans, in: H. von der Groeben/J. Thiesing/C.-D. Ehlermann, Kommentar zum EU/EG-Vetrag, 5. Aufl. 1997, Art. 172, Rdnr. 10; Dannecker, Gerhard, in: U. Immenga/E.-J. Mestmäcker, EG-Wettbewerbsrecht, 1997, S. 1857.

[468] EuG, U. v. 14.05.1998, Rs. T-309/94, (KNP BT/Kommission), Slg. 1998, II-1010 (1029); EuG, U. v. 06.04.1995, Rs. T-150/89, (Martinelli/Kommission), Slg. 1995, II-1165 (1186).

[469] Schermers, Henry G./Waelbroek, Denis, Judical Protection in the European Communities, 5. Aufl. 1992, S. 567 ff.; Plouvier, Liliane, Le Contentieux de pline juridiction devant la Court de Justice des Communautés Européennes, RMC 1973, S. 365, vgl.: Dannecker, Gerhard/Fischer-Fritsch, Jutta, Das EG-Kartellrecht in der Bußgeldpraxis, 1989, S. 59 ff.

[470] EuGH, U. v. 13.02.1979, Rs. 85/76, (Hoffmann La Roche/Kommission), Slg. 1979, 461 (557); EuGH, U. v. 12.07.1979, Rs. 72, 36-82/78, (BMW u.a./Kommission), Slg. 1979, 2435 (2478), zu der Parallelvorschrift Art. 17 VO Nr. 17/62; Megret, Jacques, Waelbroek, Michel/Louis, Jean-Victor/Vignes, Daniel, Le droit de la Communauté Economique Européene, 1972/1983, S. 80; dies gilt nicht für das Rechtsmittelverfahren: EuGH, U. v. 17.07.1997, Rs. C-219/95 P, (Ferriere Nord/Kommission), Slg. 1997, I-4430; für das deutsche Recht: Achenbach, Hans, Bußgeldverhängung bei Kartellordnungswidrigkeiten nach dem Ende der fortgesetzten Handlung, WuW 1997, S. 393 ff.

der Rechtssache, ihr Kontext und die Abschreckungswirkung der Geldbußen gehören[471].

Bei der Bestimmung der Höhe der wegen einer Zuwiderhandlung gegen die Wettbewerbsregeln der Gemeinschaft festzusetzenden Geldbuße können zu den Gesichtspunkten für die Beurteilung der Schwere der Zuwiderhandlung je nach den Umständen die Menge und der Wert der Waren, auf die sich die Zuwiderhandlung erstreckt, sowie die Größe und die Wirtschaftlichkeit des Unternehmens und damit der Einfluss gehören, den das Unternehmen auf den Markt ausüben konnte[472]. Eine Herabsetzung der Geldbuße ist aufgrund einer Kooperation während des Verwaltungsverfahrens nur dann gerechtfertigt, wenn das Verhalten des beschuldigten Unternehmens es der Kommission ermöglicht hat, eine Zuwiderhandlung leichter festzustellen oder ggf. zu beenden[473].

Um Transparenz und Objektivität der Entscheidungen der Kommission sowohl gegenüber den Unternehmen als auch gegenüber dem Gerichtshof zu erhöhen, hat die Kommission Leitlinien zur Festsetzung von Geldbußen gemäß der VO Nr. 17/62 und Art. 65 Abs. 5 EGKSV erlassen[474]. Sie bekräftigen den Ermessensspielraum, der der Kommission vom Gesetzgeber bei der Festset-

---

[471] EuG, U. v. 14.05.1998, Rs. T-304/94, (Europa Carton/Kommission), Slg. 1998, II-873 (900); EuG, U. v. 14.05.1998, Rs. T-308/94, (Cascades/Kommission), Slg. 1998, II-931 (983); EuGH, B. v. 25.03.1996, Rs. C-137/95 P, (SPO u.a./Kommission), Slg. 1996, I-1611 (1627); Wegner, Carsten, EuG setzt Geldbuße im Verfahren Volkswagen AG/Kommission herab, EWS 2001, S. 65 (67).

[472] EuG, U. v. 14.05.1998, Rs. T-327/94, (SCA Holding/Kommission), Slg. 1998, II-1379 (1426); EuG, U. v. 14.07.1994, Rs. T-77/92, (Parker Penn/Kommission), Slg. 1994, II-549; EuG, U. v. 21.10.1997, Rs. T-229/94, (Deutsche Bahn AG/Kommission), Slg. 1997, II-1689 ff., zu Art. 24 VO Nr. 1017/68; EuG, U. v. 15.03.2000, Rs. T-25, 26 ,30-32, 34-39, 42-46, 48, 50-65, 68-71, 87 ,88, 103 u. 104/95, (Cimenteries u.a./Kommission), noch nicht amtlich veröffentlicht; Schultz, Klaus-Peter, Kartellrechtspraxis und Kartellrechtsprechung, 1998/99, 1999, S. 323.

[473] EuG, U. v. 14.05.1998, Rs. T-310/94, (Gruber+Weber/Kommission), Slg. 1998, II-1048 (1123); EuG, U. v. 14.07.1994, Rs. T-77/92, (Parker Pen/Kommission), Slg. 1994, II-549 (579); EuG, U. v. 14.05.1998, Rs. T-327/94, (SCA Holding/Kommission), Slg. 1998, II-1379 (1410); zu den Gesichtspunkten, die als mildernde Umstände berücksichtigt werden können, gehört u. a. die Durchführung eines Befolgungsprogramms.

[474] ABl. 1998 Nr. C 9/3; näher dazu: Arhold, Christoph, Das Geldbußenregime nach der Kartell-Verordnung, EuZW 1999, S. 165 ff.

zung der Geldbußen innerhalb der Obergrenze von 10 % des Gesamtumsatzes der Unternehmen eingeräumt wurde. Es ist davon auszugehen, dass die Kommission auch für die Bemessung der Geldbußen, die auf Grundlage der VO Nr. 4064/89 verhängt werden, auf die Leitlinien zurückgreifen wird; allerdings als die "Verwaltung" sich selbst bindende Richtlinien werden die Leitlinien nicht anzuerkennen sein[475].

Der der Kommission eröffnete Ermessensspielraum muss nach zusammenhängenden, nicht diskriminierenden Leitlinien ausgefüllt werden, die im Einklang mit den bei der Ahndung der Verstöße gegen die Wettbewerbsregeln verfolgten Zielen stehen. Auf die Kontrollbefugnisse des EuG haben diese Leitlinien keine Auswirkung, da die uneingeschränkte Nachprüfungsbefugnis unangetastet bleibt.

b) Zuweisung des Kontrollauftrages für das materielle Recht

Um die Dauer und die Schwere der Zuwiderhandlung festzustellen, bedarf es einer Überprüfung der Zwangsmaßnahme der Kommission auch bezüglich des materiellen Rechts. Hierbei kann der Konflikt entstehen, dass im Rahmen des Art. 16 VO Nr. 4064/89 das EuG eine eigene materielle Prüfung vornimmt, obwohl außerhalb des Verfahrens des Art. 16 VO Nr. 4064/89 der Kommission möglicherweise bei der Feststellung des Verstoßes selbst ein Beurteilungs-

[475] Nach den Leitlinien zur Festsetzung von Geldbußen gemäß der VO Nr. 17/62 und Art. 65 Abs. 5 EGKSV beruht die Festsetzung des Betrags der Geldbuße auf dem Schema, dass ein Grundbetrag errechnet wird, wobei Aufschläge zur Berücksichtigung erschwerender und Abzüge zur Berücksichtigung mildernder Umstände berechnet werden können. Dabei wird der Grundbetrag nach Maßgabe der Schwere und Dauer des Verstoßes als den einzigen Kriterien von Art. 15 Abs. 2 der VO Nr. 17/62 errechnet; der Grundbetrag wird bei gewissen erschwerenden Umständen wie z.B. erneuter, gleichartiger Verstoß des/derselben Unternehmen(s), Verweigerung der Zusammenarbeit oder sogar Behinderungsversuche während des Untersuchungsverlaufs und Vergeltungsmaßnahmen gegenüber anderen Unternehmen erhöht; der Grundbetrag ist zu verringern bei mildernden Umständen, wie z.B. die ausschließlich passive Mitwirkung oder reines Mitläufertum, die tatsächliche Nichtanwendung der Vereinbarungen über Verstöße sowie fahrlässige, unvorsätzlich begangene Verstöße; vgl.: Arhold, Christoph, Das Geldbußenregime nach der Kartell-Verordnung, EuZW 1999, S. 165 (172).

spielraum eingeräumt ist[476]. Diese Möglichkeit divergierender Überprüfungskompetenzen des Gerichts zu einem wirtschaftlich komplexen Sachverhalt hat (wohl) Generalanwalt *Warner* in seinem Schlussantrag zur Auffassung gelangen lassen, dass die Höhe der Geldbuße durch den EuGH nur geändert werden solle, wenn dieser überzeugt sei, dass deren Festsetzung in tatsächlicher oder rechtlicher Hinsicht ein wesentlicher Irrtum anhafte[477]. Die von Generalanwalt *Warner* verwendete Formel schränkt die Überprüfungsbefugnis des Gerichts auch im Rahmen des Art. 16 VO Nr. 4064/89 ein und zeigt deutliche Parallelen zu den materiellen Kontrollreduktionstopoi im EG-Kartellrecht[478].

Dannecker hält die Auffassung des Generalanwalts *Warner* angesichts der unbeschränkten Überprüfbarkeit von Sanktionsmaßnahmen (nur) im Ergebnis für richtig[479]. Unter Bezugnahme auf eine Entscheidung des EuGH aus dem Jahr 1964[480], in der das Gericht sein Ermessen bezüglich der Sanktionshöhe an die Stelle des Ermessens der Kommission gesetzt und die Geldbuße selbst berechnet und korrigiert hat, sieht er die Befugnisse des EuGH als zweitinstanzliches Gericht darauf beschränkt, fragwürdige Bußgelder nur in tatsächlicher oder rechtlicher Hinsicht zu korrigieren[481]. Die eigentliche Frage, ob die von dem Generalanwalt geforderte Reduktion der Überprüfungskompetenz nunmehr für das EuG Geltung hat, lässt *Dannecker* offen.

Der Gerichtshof und das EuG sind dieser Fragestellung bislang aus dem Weg gegangen, indem sie die materiell-rechtlichen Korrekturen überwiegend auf Kausalität-, Zurechnungs-, Schuld- und Bußgeldbemessungskriterien gestützt

---

[476]Herdegen, Matthias/Richter, Stefan, Die Rechtslage in den europäischen Gemeinschaften, in: J.A. Frowein (Hrsg.), Die Kontrolldichte bei der gerichtlichen Überprüfung von Handlungen der Verwaltung, 1993, S. 209 (236), der das Problem ebenfalls formuliert, die Beantwortung der Frage jedoch offen lässt; Dannecker, Gerhard, in: U. Immenga/E.-J. Mestmäker, EG-Wettbewerbsrecht, 1997, S. 1859.

[477]Schlussantrag des GA Warner v. 12.06.1979, EuGH, Rs. 32, 36-82/78, (BMW u.a./Kommission), Slg. 1979, S. 2435 (2494).

[478]siehe dazu: Zweites Kapitel E. II. 2.

[479]Dannecker, Gerhard, in: U. Immenga/E.-J. Mestmäcker, EG-Wettbewerbsrecht, 1997, S. 859.

[480]EuGH, U. v. 07.07.1964, Rs. 70/63, (Colotti/Kommission), Slg. 1964, 939 (984).

[481]Dannecker, Gerhard, in: U. Immenga/E.-J. Mestmäcker, EG-Wettbewerbsrecht, 1997, S. 1860.

haben, während eine Abgrenzung des erlaubten vom verbotenen Verhalten nicht vorgenommen wurde[482]. In der Praxis des EuGH und des EuG bezieht sich die gerichtliche Kontrolle im Rahmen der Klagen gegen Entscheidungen der Kommission, die die Geldbuße oder das Zwangsgeld festsetzen, vor allem auf die Einhaltung der verfahrensmäßigen Rechte der Beteiligten sowie auf den Nachweis des dem Unternehmen vorgeworfenen Verhaltens[483]. Von der Möglichkeit der eigenen Tatsachenfeststellung wird nur selten Gebrauch gemacht. Als Aufhebungsgründe stehen daher Verfahrensfehler und insbesondere Nachweisprobleme im Vordergrund[484].

Der Auffassung *Danneckers* ist im Ergebnis zuzustimmen. Es ist kein Widerspruch, dass der Gemeinschaftsrichter im Rahmen der Überprüfung der Zwangsmaßnahme die Zuwiderhandlung uneingeschränkt überprüft, obwohl er der Kommission bei der Feststellung des Verstoßes selbst einen Beurteilungsspielraum einräumt[485]. Die Befugnis zur unbeschränkten Ermessensnachprüfung reduziert sich nicht nur auf die Überprüfung der Sanktion, sondern enthält inzident auch die Befugnis, die Grundlagen der Entscheidung einer uneingeschränkten Kontrolle zu unterziehen. Dieser im Einzelfall weitergehende Kontrollmaßstab ist durch die normative Absicherung im Verordnungstext legitimiert. Der normative Abweichungsvorbehalt weist dem EuG und dem EuGH die erhöhte Kontrollkompetenz zu.

---

[482]EuG, U. v. 10.03.1992, Rs. T-68, 77 u. 78/89, (SIV u.a./Kommission), Slg. 1992, II-1405 ff.; Dannecker, Gerhard/Fischer-Fritsch, Jutta, Das EG-Kartellrecht in der Bußgeldpraxis, 1989, S. 60.

[483]vgl.: EuG, U. v. 08.10.1996, Rs. C-24, 25, 26 und 28/93, (Compagnie Maritime Belge Transport u.a./Kommission), Slg. 1996, II-1201 (1277); EuG, U. v. 11.12.1996, Rs. T-49/95, (Van Meegen Sports/Kommission), Slg. 1996, II-1801 (1823); Dannecker, Gerhard/Fischer-Fritsch, Jutta, Das EG-Kartellrecht in der Bußgeldpraxis, 1989, S. 59 ff.; vgl. auch: EuGH, U. v. 09.11.1983, Rs. 322/81, (Michelin/Kommission), Slg. 1983, 3461 (3524); EuGH, U. v. 21.02.1984, Rs. 86/82, (Hasselblad/Kommission), Slg. 1984, S. 883 (911).

[484]Dannecker, Gerhard, in: U. Immenga/E.-J. Mestmäcker, EG-Wettbewerbsrecht, 1997, S. 1858, unter Bezugnahme auf: Dannecker, Gerhard/Fischer-Fritsch, Jutta, Das EG-Kartellrecht in der Bußgeldpraxis, 1989, S. 59.

3) Bilanz

Die Kontrolldichte im Fusionskontrollverfahren richtet sich nach den kontrollrelevanten Vorschriften des Art. 2 Abs. 1 und Abs. 2 VO Nr. 4064/89. Die Verordnung gibt der Kommission in Form einer "Berücksichtigungs"- Klausel[486] Kriterien an die Hand, die sie bei ihrer Zusammenschlusskontrolle zu beachten hat.

Die Verordnung selbst gibt keine Vorgaben an die Kontrolldichte mit Ausnahme des Art. 16 VO Nr. 4064/89, der die Nachprüfung des Gerichts gegen Entscheidungen der Kommission, in denen eine Geldbuße oder ein Zwangsgeld festgesetzt wird, zum Inhalt hat. Die Vorschrift, die dem Art. 17 VO Nr. 17/62 nachgebildet ist, setzt (jedoch) keine allgemeingültigen Kontrollmaßstäbe[487], sondern gibt dem Gemeinschaftsrichter als Sonderfall für die Kontrolldichte die Befugnis zur unbeschränkten Ermessensnachprüfung.

C. Die Rechtsprechung zur Kontrolldichte im Fusionskontrollverfahren

I. Die Entscheidung "Frankreich, SCPA u. EMC"

Die Rechtsprechungspraxis des EuGH zur VO Nr. 4064/89 wird durch die erstinstanzliche Entscheidung im Verfahren "Frankreich, SCPA u.

---

[485]dies so andeutend: Herdegen, Matthias/Richter, Stefan, Die Rechtslage in den europäischen Gemeinschaften, in: J.A. Frowein (Hrsg.), Die Kontrolldichte bei der gerichtlichen Überprüfung von Handlungen der Verwaltung, 1993, S. 209 (236).

[486]Nolte, Norbert, Beurteilungsspielräume im Kartellrecht der Europäischen Gemeinschaft und der Bundesrepublik Deutschland, 1997, S. 74.

[487]Kirschner, Heinrich, Die Kontrolldichte bei der Überprüfung der Entscheidungen der Kommission durch das Gericht Erster Instanz der Europäischen Gemeinschaft, 1996, S. 4; Herdegen, Matthias/Richter, Stefan, Die Rechtslage in den europäischen Gemeinschaften, in: J.A. Frowein (Hrsg.), Die Kontrolldichte bei der gerichtlichen Überprüfung von Handlungen der Verwaltung, 1993, S. 209 (235); Hawk, Barry E./Huser, Henry L., European Community Merger Control: A Practitioner`s Guide, 1996, S. 333; Deimel, Albert, Rechtsgrundlagen einer europäischen Zusammenschlusskontrolle. Das Spannungsfeld zwischen Fusionskontrollverordnung und den Wettbewerbsregeln des EWG-Vertrages, 1992, S. 125.

EMC/Kommission" aus dem Jahre 1998 geprägt[488]. Die Entscheidung setzt sich dabei explizit mit der Überprüfungskompetenz des Gerichtshofes auseinander und bietet Aufschluss über den angelegten Kontrollmaßstab.

1) Sachverhalt und Verfahren

Wie bereits dargelegt, erklärte die Kommission in der streitigen Entscheidung den angemeldeten Zusammenschluss der Kali und Salz AG und der Mitteldeutschen Kali AG für mit dem gemeinsamen Markt vereinbar, machte dazu jedoch gemäß Art. 8 Abs. 2 VO Nr. 4064/89 zur Voraussetzung, dass bestimmte, der Kommission gegenüber abgegebene Zusagen der Beteiligten eingehalten werden. Der Markt für das betreffende Produkt betraf Erzeugnisse auf Kali-Basis für die Landwirtschaft, zu denen sowohl Kali für die unmittelbare Verwendung in der Landwirtschaft als auch für die Herstellung von Mehrnährstoffdüngemitteln gehörte.

Ergänzend ist zum Sachverhalt mit Blickwinkel auf die Kontrolldichte auszuführen, dass in geographischer Hinsicht die Kommission als Grundlage ihrer Entscheidung zwei verschiedene Märkte für das betreffende Produkt bestimmte: den deutschen Markt und den Markt für die Gemeinschaft außerhalb Deutschlands[489]. Bezüglich des deutschen Marktes gelangte die Kommission zu den Ergebnis, dass der im vorliegenden Fall beabsichtigte Zusammenschluss nicht kausal für die Verstärkung der beherrschenden Stellung der Kali und Salz AG auf dem deutschen Markt wäre. Zum Markt der Gemeinschaft außerhalb Deutschlands führte die Kommission in der streitigen Entscheidung aus, dass sich aufgrund des beabsichtigten Zusammenschlusses zwei Anbieter in einer beherrschenden Stellung befinden würden, nämlich die Kali und Salz AG/Mitteldeutsche Kali AG und die SCPA, das mit dem Kalisalzbetrieb

[488]EuGH, U. v. 31.03.1998, Rs. C-68/94 u. C-30/95, (Frankreich, SCPA u. EMC/Kommission), Slg. 1998, I-1453 ff.
[489]Entscheidung Kommission v. 14.12.1993, 94/449/EG, ABl. 1994 Nr. L 186/38.

betraute Tochterunternehmen des französischen Konzerns EMC. Um zu verhindern, dass die Kommission den Zusammenschluss für mit dem gemeinsamen Markt unvereinbar erklärte, machten die Beteiligten dieses Zusammenschlusses bestimmte Zusagen.

Die Französische Republik hatte beim EuGH gemäß Art. 230 EGV Klage erhoben auf Nichtigerklärung der streitigen Entscheidung. Wie schon ausgeführt, hat das EuG die Klagen der SCPA und EMC an den Gerichtshof abgegeben, damit dieser über den Antrag auf Nichtigerklärung entscheiden kann. Der Gerichtshof hat beide Rechtssachen gemäß Art. 43 VerfO zur gemeinsamen Entscheidung verbunden.

2) Entscheidung des EuGH zur Kontrolldichte

In der ersten erstinstanzlichen Entscheidung des EuGH[490] zur VO Nr. 4064/89 äußert sich der Gerichtshof dezidiert zur Kontrolldichte[491]. Die Kläger (Republik Frankreich und die französischen Unternehmen SCPA und EMC) stützten die Nichtigkeitsklage gegen die Entscheidung der Kommission im wesentlichen auf drei Klagegründe. Die Kläger trugen vor, dass die Kommission ihre Verpflichtung zur Zusammenarbeit mit den nationalen Behörden nicht eingehalten habe, dass sie die Auswirkungen des Zusammenschlusses sowohl auf dem deutschen Markt als auch auf dem Markt der Gemeinschaft außerhalb Deutschlands falsch gewürdigt habe, und dass letztlich die VO Nr. 4064/89 es nicht erlaube, die Erklärung der Vereinbarkeit von Bedingungen und Auflagen abhängig zu machen, die Auswirkungen auf nicht am Zusammenschluss beteiligte Dritte hätten.

---

[490] als Rechtsmittelinstanz bereits: EuGH, U. v. 11.01.1996, Rs. C-480/93 P, (Zunis Holding u.a./Kommission), Slg. 1996, I-24 ff.

[491] EuGH, U. v. 31.03.1998, Rs. C-68/94 u. C-30/95, (Frankreich, SCPA u. EMC/Kommission), Slg. 1998, I-1453 (1519 f.).

a) Detaillierte Überprüfung der Sachverhaltsfeststellungen

Der EuGH unterzieht die Sachverhaltsfeststellungen der Kommission einer Vollständigkeits- und Richtigkeitskontrolle. Der Gerichtshof nimmt als Tatsacheninstanz eine bis ins Detail gehende Überprüfung der Kriterien zur Abgrenzung des relevanten geographischen Marktes vor, in dem er u.a. die Marktanteile anhand von Angaben der Ernährungs- und Landwirtschaftsorganisation der Vereinten Nationen ermittelt[492]. Die Gemeinschaftsrichter stellen beispielsweise fest, dass

"*alle Mitgliedsstaaten mit Ausnahme Deutschlands erhebliche Mengen Kali aus anderen Mitgliedsstaaten und mitunter aus Drittländern einführen. [...]*

Wie aus den Tz. 53 und 56 der streitigen Entscheidung hervorgeht, halten die Erzeuger aus Drittländern in der Gemeinschaft mit Ausnahme Deutschlands einen Anteil am freien Markt für Kali von ungefähr 15 %. Diese Angabe wird im übrigen durch die Zahlen bestätig, die in dem im Verwaltungsverfahren vorgelegten, in den Tz. 78 ff. des vorliegenden Urteils erwähnten Dokument enthalten sind, das die Aufteilung der Verkäufe der einzelnen Wirtschaftsteilnehmer auf die Mitgliedsstaaten im Detail wiedergibt[493]".

Diese intensive Auseinandersetzung mit den Feststellungen der Kommission lässt sich beliebig fortsetzen. Dabei wird das im Prozess vorhandene Aktenmaterial einer genauen Überprüfung unterzogen. Der Gerichtshof geht auf die Überzeugungskraft der vorgebrachten Dokumente detailliert ein.

---

[492]EuGH, U. v. 31.03.1998, Rs. C-68/94 u. C-30/95, (Frankreich, SCPA u. EMC/Kommission), Slg. 1998, I-1453 (1496).

[493]EuGH, U. v. 31.03.1998, Rs. C-68/94 u. C-30/95, (Frankreich, SCPA u. EMC/Kommission), Slg. 1998, I-1453 (1495).

b) Sachverhaltliche Komplexität als formales Kontrollreduktionskriterium

Aussagen zum Kontrollmaßstab der Tatsachenwürdigung finden sich insbesondere zum dritten Teil des Klagegrundes, der fehlerhaften Würdigung der Auswirkungen des Zusammenschlusses auf den gemeinsamen Markt. Sowohl die französische Regierung als auch die klagenden Unternehmen warfen der Kommission vor, dass erstens die Untersuchung der kollektiven beherrschenden Stellung auf Kriterien gestützt wäre, die in der Rechtsprechung zu Art. 82 EGV nicht angewandt würden, und dass zweitens im übrigen offensichtliche Fehler bei der Anwendung dieser Kriterien begangen wären.

Der Gerichtshof führt dazu aus, dass gemäß Art. 2 Abs. 2 der VO Nr. 4064/89 Zusammenschlüsse, die eine beherrschende Stellung begründen oder verstärken, durch die wirksamer Wettbewerb im gemeinsamen Markt oder in einem wesentlichen Teil desselben erheblich behindert wird, für unvereinbar mit dem gemeinsamen Markt zu erklären sind, und dass ein solcher Vorgang eine aufmerksame Untersuchung insbesondere der Umstände erfordere, die sich nach Lage des Einzelfalles als maßgebend für die Beurteilung der Auswirkungen des Zusammenschlusses auf den Wettbewerb auf dem Referenzmarkt erweisen[494]. Zur Kompetenz des Gerichtshofes, diese Würdigung zu überprüfen, heißt es wörtlich:

"In diesem Zusammenhang ist jedoch darauf hinzuweisen, dass die Grundregeln der Verordnung, insbesondere Art. 2, der Kommission ein bestimmtes Ermessen namentlich bei Beurteilungen wirtschaftlicher Art einräumen.

Daher muß die Kontrolle der Ausübung einer solchen Befugnis, die bei der Beschreibung der Zusammenschlüsse wesentlich ist, durch die Gemeinschaftsrichter unter Berücksichtigung des Beurteilungsspielraums erfolgen, der

---

[494] EuGH, U. v. 31.03.1998, Rs. C-68/94 u. C-30/95, (Frankreich, SCPA u. EMC/Kommission), Slg. 1998, I-1453 (1519); vgl.: Schlussantrag des GA Tesauro v. 06.12.1997, EuGH, Rs. C-68/94 u. C-30/95 (Frankreich, SCPA u. EMC/Kommission), Slg. 1998, I-1381 (1385).

den Bestimmungen wirtschaftlicher Art, die Teil der Regelungen für Zusammenschlüsse sind, zugrundeliegt."

Der EuGH formuliert, dass Art. 2 VO Nr. 4064/89 ein *Ermessen* der Kommission einräumt, aus dem ein Beurteilungsspielraum resultieren soll. Dem formulierten Rechtssatz liegt offensichtlich der Begriff des Ermessens, der durch das französische Verwaltungsrecht geprägt ist[495], zugrunde. Eine Unterscheidung zwischen Einschätzungsspielräumen der Gemeinschaftsorgane hinsichtlich der tatbestandlichen Voraussetzungen ihres Handelns und Entscheidungsspielräumen hinsichtlich der Würdigung findet nicht statt, sondern Beurteilungs-, Entscheidungs- und Gestaltungsspielraum wird als "Ermessen" einheitlich behandelt[496]. Eine dem deutschen Recht innewohnende Unterscheidung zwischen gerichtlich vollständig überprüfbaren unbestimmten Rechtsbegriffen auf der Tatbestandsebene und nur eingeschränkt überprüfbarem Rechtsfolgeermessen wird nicht übernommen. Diese Rechtsprechung der Gemeinschaftsrichter erklärt sich damit, dass die Verträge mit der Verwendung des Begriffs "Ermessen" in Art. 33 Abs. 1 EGKSV, Art. 230 Abs. 1 EGV und Art. 146 EAGV (auch) die Subsumtion unter einen "unbestimmten Rechtsbegriff" erfassen wollen[497].

Stattdessen werden administrative Gestaltungs- und Letztentscheidungsrechte gewährt, ohne die dogmatische Abgrenzung einzelner Begriffselemente vor-

---

[495] Bleckmann, Albert, Europarecht, 6. Aufl. 1997, S. 304; Schwarze, Jürgen, Die gerichtliche Kontrolle der europäischen Wirtschaftsverwaltung, in: J. Schwarze/E. Schmidt-Aßmann (Hrsg.), Das Ausmaß der gerichtlichen Kontrolle im Wirtschaftsverwaltungs- und Umweltrecht, 1992, S. 203 (204 m.w.N.); zur Begriffbestimmung im deutschen Recht: Smeddinck, Ulrich, Der unbestimmte Rechtsbegriff-strikte Bindung oder Tatbestandsermessen?, DÖV 1998, S. 370 (371).

[496] EuGH, U. v. 20.10.1977, Rs. 29/77, (Roquette), Slg. 1977, 1835 (1842); Everling, Ulrich, Zur richterlichen Kontrolle der Tatsachenfeststellung und Beweiswürdigung durch die Kommission in Wettbewerbssachen, WuW 1989, S. 877 (881); Bleckmann, Albert, Europarecht, 6. Aufl. 1997, Rdnr. 557; Grabitz, Eberhard, Europäisches Verwaltungsrecht - Gemeinschaftsrechtliche Grundsätze der Verwaltung, NJW 1989, S. 1776 (1778); Rausch, Rolf, Die Kontrolle von Tatsachenfeststellungen und -würdigungen durch den Gerichtshof der Europäischen Gemeinschaften, 1994, S. 203; Streinz, Rudolf, Europarecht, 4. Aufl. 1999, S. 193; Huber, Peter-Michael, Recht der europäischen Integration, 1996, S. 274.

zunehmen[498]. Diese systematische Prägung dokumentiert die Entscheidung des EuGH.

c) Kontrollintensive Überprüfung im Einzelfall

Inhaltlich ist die Entscheidung bezüglich der Kontrolldichte nicht eindeutig. Obwohl der EuGH der Kommission ein Ermessen einräumt, widerspricht er der Kommission in mehreren Punkten, insbesondere in der Bewertung angeblich struktureller und verhaltensmäßiger "*Verpflechtungen*" zwischen den Oligopol-Unternehmen[499]. Der Gerichtshof führt beispielhaft aus, dass im allgemeinen davon ausgegangen wird, dass ein rückläufiger Markt grundsätzlich den Wettbewerb zwischen den Unternehmen des betroffenen Sektors fördert. Der Gerichtshof erkennt auch nicht an, dass frühere Kartellvereinbarungen heute noch eine Vermutung fehlenden Wettbewerbs zwischen den Oligopol-Unternehmen begründen[500].

Es findet mithin eine bis ins Detail gehende Überprüfung der von der Kommission durchgeführten Untersuchung des Zusammenschlusses und seiner Auswirkungen auf den gesamten Markt statt[501]. Der Beurteilungsspielraum, den der Gerichtshof der Kommission eingeräumt wissen will, scheint obsolet. Dieser Widerspruch ist nicht aufklärbar. Der EuGH hat es versäumt, dem anzu-

---

[497]vgl. etwa: EuGH, U. v. 22.01.1976, Rs. 55/75, (Balkan Import-Export II/Kommission), Slg. 1976, 19 (30); zum strukturellen Vergleich im deutschen Recht: Herdegen, Matthias, Beurteilungsspielraum und Ermessen im strukturellen Vergleich, JZ 1991, S. 747 (748).

[498]Schwarze, Jürgen, Europäisches Verwaltungsrecht, 1988, S. 280 m.w.N.; Pache, Eckhard, Die Kontrolldiche in der Rechtsprechung des Gerichtshofes der Europäischen Gemeinschften, DVBl 1998, S. 380 (384).

[499]EuGH, U. v. 31.03.1998, Rs. C-68/94 u. C-30/95, (Frankreich, SCPA u. EMC/Kommission), Slg. 1998, I-1453 (1520); darauf hinweisend auch: Bechtold, Rainer, Anmerkung zu EuGH, U. v. 31.03.1998, Rs. C-68/94 u. C-30/95, (Frankreich, SCPA u. EMC/Kommission), EuZW 1998, S. 313 (314).

[500]EuGH, U. v. 31.03.1998, Rs. C-68/94 u. C-30/95, (Frankreich, SCPA u. EMC/Kommission), Slg. 1998, I-1453 (1522); ausführlich: Enchelmaier, Stefan, Europäische Wettbewerbspolitik im Oligopol: Eine Untersuchung der Behandlung von Oligopolfällen durch die Kommission und den Gerichtshof der Europäischen Gemeinschaften, 1997, S. 191 ff.

[501] EuG, U. v. 15.12.1999, Rs. T-22/97, (Kesko/Kommission), Rdnr. 103 ff., noch nicht amtlich veröffentlicht.

wendenden Kontrollmaßstab Konturen zu verleihen. Die Entscheidung setzt keine allgemeingültigen Maßstäbe für die Kontrolldichte im Fusionskontrollverfahren, vermittelt jedoch die Erkenntnis, dass der EuGH der Kommission einen nicht näher bezeichneten Beurteilungsspielraum einräumt.

II. Kontrollmodelle in der Rechtsprechungspraxis des EuG

Auch für die Rechtsprechung des EuG gilt, dass im folgenden der Begriff "Ermessen" für jeden Fall von Gestaltungsspielräumen der Kommission (verbunden mit eingeschränkter Prüfungskompetenz des Gerichtshofes und des EuG) verwendet wird.

Das EuG hat sich bislang in einer Entscheidung, die die VO Nr. 4064/89 betrifft, zum Umfang der gerichtlichen Nachprüfung geäußert. Es handelt sich um die Entscheidung "Air France I" aus dem Jahre 1994, die im folgenden unter diesem Gesichtspunkt bewertet werden soll.

1) Die Entscheidung "Air France I"

a) Sachverhalt und Verfahren

Wie bereits besprochen, wandte sich die Fluggesellschaft Air France mit ihrer Klage gegen die Entscheidung der Kommission vom 30.10.1992, die vom Pressesprecher des für Wettbewerbsfragen zuständigen Mitglieds der Kommission bekanntgegeben wurde, und mit der sich die Kommission für nicht zuständig erklärte, nach der VO Nr. 4064/89 über den Ankauf der Dan Air Services Limited durch die British Airways zu entscheiden. Die Kommission verneinte die Anwendbarkeit der Fusionskontrollverordnung, da ihrer Ansicht nach der Zusammenschluss mangels Erreichen der Umsatzschwellenwerte keine gemeinschaftsweite Bedeutung habe.

Das EuG hält zwar die Klage für zulässig, im Ergebnis blieb sie jedoch erfolglos[502]. Die Parteien stritten unter materiell-rechtlichen Gesichtspunkten um die Berücksichtigung der Chartertätigkeit bei der Fusion der beiden Fluggesellschaften. Die Fluggesellschaft Air France ließ dazu vortragen, dass die Berechnung des Schwellenwertes für den Zusammenschluss British Airways und Dan Air durch die Kommmisson fehlerhaft vorgenommen worden sei, da bei der Festsetzung des vom übernommenen Unternehmen getätigten Umsatzes die Chartertätigkeit nicht berücksichtigt worden sei. Eine Berücksichtigung dieser Umsätze hätte zur gemeinschaftsweiten Bedeutung gemäß Art. 1 Abs. 1 VO Nr. 4064/89 und damit zur Anwendung der Fusionskontrollverordnung geführt.

Die französische Fluggesellschaft stützte die Klage hilfsweise auf das Argument, die Kommission hätte bei Nichtberücksichtigung der Chartertätigkeit jedenfalls ihre Befugnisse aus Art. 8 Abs. 2 VO Nr. 4064/89 einsetzen und gegenüber der British Airways die endgültige Aufgabe der Chartertätigkeit anordnen müssen, um eine marktbeherrschende Stellung zu verhindern.

b) Entscheidung des EuG zur Kontrolldichte

Das EuG hatte in der Entscheidung "Air France I" die tatsächlichen Feststellungen der Kommission zu überprüfen, ob die Umsatzschwellen erreicht sind und damit der Zusammenschluss anmeldepflichtig ist. Die Kommission hatte eingewandt, dass durch eine vertragliche Vereinbarung die Chartertätigkeit von Dan Air aufgegeben sei, so dass der Zusammenschluss die quantitativen Aufgreifkriterien der VO Nr. 4064/89 nicht erreiche[503]. Das Gericht unterzieht die von der Kommission herangezogenen Vereinbarung einer intensiven Kontrolle und stellt fest, dass"*...sich aus der der Vereinbarung vom 23.10.1992 insbesondere aus ihrem zweiten Teil - agreement to sell the shares and assets*

---

[502]EuG, U. v. 24.03.1994, Rs. T-3/93, (Air France I/Kommission), Slg. 1994, II-126 ff.
[503]EuG, U. v. 24.03.1994, Rs. T-3/93, (Air France I/Kommission), Slg. 1994, II-126 (166).

-[ergibt], *dass dieser Vertrag zum einen die Abgabe des Wertpapierbestandes von Davies und Newman an BA, zum anderen die Veräußerung bestimmter Teile des Anlagevermögens des Unternehmens zum Gegenstand hatte"*[504]. Das EuG kommt damit auf der materiellen Seite zu dem Ergebnis, dass die Umsätze aus der Chartertätigkeit im Rahmen des Art. 1 Abs. 1 der VO Nr. 4064/89 nicht zu berücksichtigen seien, so dass der Zusammenschluss nicht der Verordnung unterfalle[505].

Das Gericht äußert sich weiterhin explizit zur Prüfungsbefugnis. Zu dem vom Kläger vorgetragenen Klagegrund, dass die Kommission ihre Befugnisse aus der Verordnung, insbesondere aus Art. 8 Abs. 2 VO Nr. 4064/89 hätte einsetzen müssen, um dem Käufer die endgültige Aufgabe der Chartertätigkeiten aufzugeben, führt das EuG aus:

"Was den zweiten Teil des Klagegrunds betrifft, so ist es nicht Sache des Richters im Rahmen einer Nichtigkeitsklage seine Würdigung an die Stelle derjenigen der Kommission zu setzen und über die Frage zu entscheiden, ob diese gemäß Art. 8 Abs. 2 der Verordnung eine Aufgabe der Tätigkeit hätte anordnen müssen, zumal diese Bestimmung der Verordnung die materielle Prüfung der Vereinbarkeit des beabsichtigten Zusammenschlusses mit dem gemeinsamen Markt betrifft, die die Kommission bei einem angemeldeten Zusammenschluss vornimmt (vgl. zuletzt Urteil des Gerichts vom 10. März 1992 in den verbundenen Rechtssachen T-68/89, T-77/89 und T-78/89, SIV u.a. / Kommission, Slg. 1992, II-1403, Randnrn 319 f.)[506]*"*.

Die Ausführungen des Gerichts enthalten zwei Kernaussagen: Erstens hält sich das EuG für nicht befugt, über die Frage zu entscheiden, ob die Kommission gemäß Art. 8 Abs. 2 VO Nr. 4064/89 tätig werden muss, und zweitens deutet das EuG an, der Kommission eine Einschätzungsprärogative einzu-

[504]EuG, U. v. 24.03.1994, Rs. T-3/93, (Air France I/Kommission), Slg. 1994, II-126 (169).
[505]EuG, U. v. 24.03.1994, Rs. T-3/93, (Air France I/Kommission), Slg. 1994, II-126 (169).
[506]EuG, U. v. 24.03.1994, Rs. T-3/93, (Air France I/Kommission), Slg. 1994, II-126 (173).

räumen, die materielle Prüfung der Vereinbarkeit des beabsichtigten Zusammenschlusses mit dem gemeinsamen Markt vorzunehmen. Gründe oder Erwägungen, die diese Entscheidung stützen, werden von Seiten des Gerichts nicht ausgeführt. Vielmehr wird auf die Entscheidung "SIV u.a./Kommission" Bezug genommen. Bevor Maßstäbe für die gerichtliche Kontrollintensität zur VO Nr. 4064/89 entwickelt werden können, sind Rückschlüsse aus der zitierten Entscheidung zu ziehen.

2) Rekurrierte Entscheidung "SIV u.a."

a) Sachverhalt und Verfahren

Die Rechtssache betrifft eine Entscheidung der Kommission, mit der den drei Klägerinnen, italienischen Herstellern von Flachglas, wegen Verstoßes gegen Art. 81 Abs. 1 EGV eine Geldbuße auferlegt und ein Verstoß gegen Art. 82 EGV festgestellt wurde.

Die Kommission warf den Unternehmen vor, sowohl im Automobilglasbereich als auch im Bauglasbereich gegen Art. 81 Abs. 1 EGV verstoßen zu haben, da zwischen den Unternehmen Absprachen und aufeinander abgestimmte Verhaltensweisen auf dem Gebiet der Preise und Verkaufsbedingungen u.a. gegenüber dem Fiat-Konzern bestünden.

Die von den Klägerinnen erhobenen Rügen zu Art. 81 Abs. 1 EGV lassen sich zu drei Klagegründen zusammenfassen: erstens die mangelhafte Beurteilung des Marktes, zweitens die fehlerhaften tatsächlichen Feststellungen und Beweise sowie drittens die unzutreffende rechtliche Würdigung[507].

---

[507] EuG, U. v. 10.04.1992, Rs. T-68, 77 u. 78/89 (SIV u.a./Kommission), Slg. 1992, II-1405 (1440).

b) Reduzierte Kontrolle der Rechtmäßigkeit der Entscheidung

Das EuG kommt nach eingehender rechtlicher Überprüfung der Erwägungen der Kommission im Hinblick auf Art. 81 Abs. 1 EGV zu dem Ergebnis, dass aufgrund der getroffenen Feststellungen der Beweis für die in der Entscheidung der Kommission zugrundegelegte Annahme eines Kartells zwischen den drei Klägerinnen rechtlich nicht gelungen ist[508]. Das Gericht führt aus, dass es nicht gehalten ist, die Beweisstücke und die gegebenenfalls daraus folgenden Feststellungen einer "neuen" rechtlichen Würdigung zu unterziehen. Die Ausführungen, auf die das Gericht in der Entscheidung "Air France I" Bezug genommen hat, lauten wörtlich:

"Gemäß Art. 172 EWG-Vertrag ist die Befugnis des Gerichts zu unbeschränkter Ermessensnachprüfung auf die in den vom Rat erlassenen Verordnungen vorgesehenen Zwangsmaßnahmen beschränkt. Aus diesem wie aus anderen Gründen ist der Gemeinschaftsrichter nicht berufen, über den Verwaltungsvorgang insgesamt zu entscheiden, sondern lediglich über den Teil, der für die Kontrolle der Rechtmäßigkeit der angefochtenen Entscheidung maßgebend ist."

Das Gericht ist demgemäß der Ansicht, dass zwar der Gemeinschaftsrichter im Rahmen der gerichtlichen Überprüfung der Handlungen der Gemeinschaftsverwaltung eine Entscheidung der Kommission im Bereich des Wettbewerbs teilweise für nichtig erklären kann, dass dies jedoch nicht die Befugnis einschließe, die streitige Entscheidung abzuändern. Die Inanspruchnahme einer solchen Befugnis kann zu einer Störung des im Vertrag vorgesehenen Gleichgewichts zwischen den Organen führen und die Gefahr einer Beeinträchtigung der Verteidigungsrechte heraufbeschwören. Wörtlich heißt es:

---

[508] EuG, U. v. 10.03.1992, Rs. T-68, 77 u. 78/89 (SIV u.a./Kommission), Slg. 1992, II-1405 (1534).

"Aus diesen Erwägungen ist das Gericht der Auffassung, daß es ihm unter den Umständen des vorliegenden Falles nicht zusteht, eine neue Gesamtwürdigung der ihm zur Beurteilung vorgelegten Beweise vorzunehmen oder darauf die Rechtsfolgen im Hinblick auf die Wettbewerbsregeln abzuleiten"[509].

Das EuG sieht sich nicht befugt, die Feststellung einer Zuwiderhandlung gegen Art. 81 und/oder Art. 82 EGV abzuändern, wenn eine neue Gesamtwürdigung der zur Beurteilung vorgelegten Beweise vorzunehmen ist[510].

3) Prinzip des institutionellen Gleichgewichts zur Schlichtung horizontaler Kompetenzkonflikte

Die Gemeinschaftsrichter haben die Würdigung der aus den wirtschaftlichen Tatsachen oder Umständen sich ergebenden Gesamtlage der unbeschränkten richterlichen Kontrolle entzogen, um dem Prinzip des institutionellen Gleichgewichts, nach dem der Gerichtshof seine Entscheidung nicht an die Stelle der Entscheidung der Kommission setzen dürfe[511], zu entsprechen.

Der Gerichtshof wendet diesen Grundsatz überwiegend zur Schlichtung horizontaler Kompetenzkonflikte an und bezieht sich auf Art. 3 EGKSV und Art. 7 EGV[512]. Es besteht Einigkeit bei der dogmatischen Herleitung, dass das institutionelle Gleichgewicht im Gemeinschaftsrecht mit dem Gewaltenteilungsprinzip in den Mitgliedsstaaten strukturell vergleichbar ist[513].

---

[509] EuG, U. v. 10.03.1992, Rs. T-68, 77 u. 78/89 (SIV u.a./Kommission), Slg. 1992, II-1405 (1535).

[510] EuG, U. v. 10.03.1992, Rs. T-68, 77 u. 78/89 (SIV u.a./Kommission), Slg. 1992, II-1405 (1535); differenzierter: EuG, U. v. 15.12.1999, Rs. T-22/97, (Kesko/Kommission), Rdnr. 103 ff., noch nicht amtlich veröffentlicht; EuG, U. v. 25.3.1999, Rs. T-102/96, (Gencor/Kommission), Slg. 1999, II-753 ff.

[511] Nicolaysen, Gert, Europarecht I, 1991, S 179.

[512] zum Begriff der horizontalen Konflikte: Nettesheim, Martin, Horizontale Kompetenzkonflikte in der EG, EuR 1993, S. 243 ff.; EuGH U. v. 29.10.1980, Rs. 139/79; (Maizena), Slg. 1980, 3426 ff.; EuGH, U. v. 22.05.1985, Rs. 13/83, (Parlament/Rat), Slg. 1985, 1588 ff.

[513] Iglesias, Gil Carlos Rodriguez, Der Gerichtshof der Europäischen Gemeinschaft als Verfassungsgericht, EuR 1992, S. 225 (229); ausführlich: Tonne, Michael, Effektiver Rechts-

Bereits in der amtlichen Begründung zu Art. 33 EGKSV, der ausdrückliche Vorgaben zur Kontrolldichte für die Würdigung sachverhaltlicher Komplexe gibt[514], heißt es, die den institutionellen Teil beherrschende Gewaltenteilung verlange es, dass die richterliche Kontrolle des Gerichtshofs diesen nicht anstelle der Hohen Behörde zum höchsten Willensorgan der Gemeinschaft in wirtschaftlichen Fragen machen dürfe[515]. Wenn die Würdigung der Gesamtlage eine so deutliche Verkennung der Rechtslage erkennen lasse, die der Gerichtshof trotz des bestehenden Ermessensspielraums zweifelsfrei feststellen könne, sei diese Grenze, die Art. 33 Abs. 1 Satz 2 EGKSV für eine Überprüfung bezeichne, aufzuheben. In diesem Falle sei die geschützte Funktion der Wahrung eines institutionellen Gleichgewichts zwischen Gerichtshof und Hoher Behörde (Kommission) nicht gefährdet. Der Gerichtshof könne wirtschaftspolitische Entscheidungen der Kommission aufheben, wenn ohne gesteigerte Prüfung des wirtschaftlich komplexen Sachverhaltes sich die wirtschaftliche Entscheidungsgrundlage der Kommission als fehlerhaft darstelle[516].

Die Entscheidungen des EuG und des EuGH lassen sich von diesem Grundprinzip leiten, ohne dies in den Urteilsgründen ausdrücklich zu bezeichnen oder hervorzuheben.

III. Bilanz: Ansätze allgemeiner Kontrollparameter

Die Entscheidungen des EuG und des EuGH zur Fusionskontrollverordnung stellen keine umfassende Rechtsprechung zur materiellen Kontrolldichte dar. Weder die Entscheidung "Air France I" des EuG, noch der Urteilsspruch des

---

schutz durch staatliche Gerichte als Forderung des europäischen Gemeinschaftsrechts, 1997, S. 335 ff.

[514]ausführlich: 2. Kapitel E. II. 1.

[515]zitiert nach: Schlussantrag des GA Roemer v. 04.02.1955, EuGH, Rs. 6/54, (Niederlande/Hohe Behörde), Slg. 1954/55, 243 (258).

EuGH in der Rechtssache "Frankreich, SCPA u. EMC", die sich ausdrücklich in den Urteilsgründen mit der Nachprüfungskompetenz der Gemeinschaftsrichter auseinandersetzen, lassen im Ergebnis erkennen, ob die Kommissionsentscheidungen nach der VO Nr. 4064/89 der vollständigen Nachprüfung unterliegen oder ob das EuG der Kommission eine definierte Einschätzungsprärogative einräumt.

Konkrete Anhaltspunkte eines Kontrollkonzepts sucht man in der Rechtsprechung des EuG und des EuGH zur Fusionskontrollverordnung vergeblich. Den einzelnen, knapp begründeten Entscheidungen ist nicht zu entnehmen, wie umfassend die Nachprüfung tatsächlich erfolgen soll[517]. Ob das EuG in der "Air France I"- Entscheidung der Kommission einen Beurteilungsspielraum einräumen wollte, ist zweifelhaft. Die Bezugnahme auf die Entscheidung "SIV u.a." deutet vielmehr darauf hin, dass das Gericht in erster Linie die Befugnisse des Gemeinschaftsrichters in Form der gerichtlichen Gestaltungsmacht bestimmt, in dem das Gericht sich mit der Frage beschäftigt, ob es eine streitige Entscheidung der Kommission abändern kann.

Aus der Entscheidung des EuGH ist zumindest die Tendenz erkennbar, dass der Gerichtshof der Kommission ein "Ermessen" einräumt; dabei wird auf die bisherige Rechtsprechung im Wettbewerbsrecht nicht Bezug genommen und eine dogmatische Absicherung nicht geliefert. Es fehlt mithin eine verläßliche Aussage des EuG und des EuGH zur Kontrolldichte im Fusionskontrollverfahren.

Auch wenn in der Entscheidungspraxis ein Ansatz der Kontrollreduktion auf Grundlage materieller Topoi zu erkennen ist, ist zur Ermittlung des Kontroll-

---

[516] ähnlich: Rausch, Rolf, Die Kontrolle von Tatsachenfeststellungen und -würdigungen durch den Gerichtshof der Europäischen Gemeinschaften, 1994, S. 222, der als Kriterium den "ökonomischen Sachverstand" heranzieht.

[517] EuG, U. v. 24.03.1994, Rs. T-3/93, (Air France I/Kommission), Slg. 1994, II-126 ff.; EuG, U. v. 19.05.1993, Rs. T-2/93, (Air France II/Kommission), Slg. 1994, II-327 ff.; EuG, U. v. 27.04.1995, Rs. T-96/92, (CCE de la Société Générale des Grandes Sources

standards auf die allgemeinen Vorgaben des Gemeinschaftsrechts sowie auf die kartellrechtliche Rechtsprechung des EuG und des EuGH zu Art. 81, 82 EGV zurückzugreifen unter Berücksichtigung der sachbereichsspezifischen Besonderheiten des Fusionskontrollverfahrens.

D. Allgemeine Vorgaben des Gemeinschaftsrechts und Kontrollgrenzen

Die Nachprüfungskompetenz des Gerichtshofes im Fusionskontrollverfahren hat sich an den allgemeinen Vorgaben des Gemeinschaftsrechts zu orientieren, die die rechtlichen Grundlagen für die Kontrolltätigkeit des EuGH und des EuG bilden. Der Kontrollstandard der Gemeinschaftsrichter wird durch die einschlägigen Vorgaben des Rechts der EU und der Europäischen Gemeinschaften bestimmt[518].

I. Rechtmäßigkeitskontrolle und Ermessensnachprüfung

1) Ausgangspunkt: Kontrollbefugnisse der Gemeinschaftsrichter

Ausgangspunkt der Kontrollbefugnisse der Gemeinschaftsrichter sind die Art. 31 EGKSV, Art. 220 EGV und Art. 136 EAGV, wonach der Gerichtshof die Wahrung des Gemeinschaftsrechts sichert[519]. Aufschluss über allgemeingültige Kontrollparameter bieten jedoch nicht diese Normen, sondern die Vor-

---

u.a./Kommission), Slg. 1995, II-1216 ff.; EuG, U. v. 27.05.1995, Rs. T-12/93, (CCE de Vittel u. a./Kommission), Slg. 1995, II-1247 (1250).

[518] Pache, Eckhard, Die Kontrolldichte in der Rechtsprechung des Gerichtshofs der Europäischen Gemeinschaften, DVBl 1998, S. 380 (381); Everling, Ulrich, Zur Funktion des Gerichtshofs der europäischen Gemeinschaften als Verwaltungsgericht, in: Festschrift für K. Redeker, 1993, S. 293 (306), der die nur "ansatzweise" Regelung betont.

[519] Herdegen, Matthias/Richter, Stefan, Die Rechtslage in den europäischen Gemeinschaften, in: J.A. Frowein (Hrsg.), Die Kontrolldichte bei der gerichtlichen Überprüfung von Handlungen der Verwaltung, 1993, S. 209; Rausch, Rolf, Die Kontrolle von Tatsachenfeststellungen und -würdigungen durch den Gerichtshof der Europäischen Gemeinschaften, 1994, S. 153; Tonne, Michael, Effektiver Rechtsschutz durch staatliche Gerichte als Forderung des europäischen Gemeinschaftsrechts, 1997, S. 330; allgemein: Buck, Carsten, Über die Auslegungsmethoden des Gerichtshofs der Europäischen Gemeinschaft, 1997, S. 32 ff. m.w.N.

schriften über die Klagearten und etwaige Beschränkungen in den materiellen Bestimmungen des Gemeinschaftsrechts[520]. Auch der EuGH hat dies in einer Entscheidung zum EGKSV klargestellt. Der Gerichtshof führt ausdrücklich aus, dass die Kontrollbefugnisse sich nicht aus der allgemeinen Aufgabenzuweisung des Art. 31 EGKSV ergeben, sondern aus den Bestimmungen über die Klagearten[521]. Aus der Vorschrift des Art. 220 EGV lasse sich lediglich das allgemeine Kontrollprogramm des EuGH - und damit auch des EuG - herleiten, dass sich die Prüfungsbefugnis generell nicht auf Rechtsfragen ("Auslegungen") beschränke, sondern grundsätzlich die tatsächliche Feststellung einschließlich der jeweils erforderlichen Subsumtion umfasse ("Anwendung")[522].

Zur Präzisierung des Gehalts der gerichtlichen Kontrolle ist in Fortsetzung der Rechtsprechung auf die Bestimmungen über die Klagearten sowie auf die materiellen Bestimmungen zurückzugreifen.

2) Konzeption der materiellen Kontrollgrenzen

Übereinstimmend benennen Art. 230 EGV, Art. 176 EAGV und Art. 33 EGKSV für die Nichtigkeitsklage vier Klagegründe: Unzuständigkeit, Verletzung wesentlicher Formvorschriften, Verletzung des Vertrages oder einer bei seiner Durchführung anzuwendenden Rechtsnorm sowie Ermessensmissbrauch. Die Nichtigkeitsklage lässt damit wie ihr französisches Vorbild nur bestimmte, ab-

---

[520]Herdegen, Matthias/Richter, Stefan, Die Rechtslage in den europäischen Gemeinschaften, in: J.A. Frowein (Hrsg.), Die Kontrolldichte bei der gerichtlichen Überprüfung von Handlungen der Verwaltung, 1993, S. 209 (210); Rausch, Rolf, Die Kontrolle von Tatsachenfeststellungen und -würdigungen durch den Gerichtshof der Europäischen Gemeinschaften, 1994, S. 155; Kovar, Robert, Les accords liant des Communautés européennes et l'ordre juridique Communautaire: A propos d'une jurisprudence rêcente de la Court Justice, RMC 1974, S. 345 (357); Schwarze, Jürgen, Grundzüge und neuere Entwicklung des Rechtsschutzes im Recht der Europäischen Gemeinschaft, NJW 1992, S. 1065 (1069).

[521]EuGH, U. v. 17.02.1977, Rs. 66/76, (CSBT/Rat), Slg. 1977, 305 (309); vgl.: Wyatt, Derrick/Dashwood, Alan, European Community Law, 3. Aufl. 1993, S. 109.

[522]Classen, Claus-Dieter, Die Europäisierung der Verwaltungsgerichtsbarkeit: Eine vergleichende Untersuchung zum deutschen, französischen und europäischen Verwaltungsprozeßrecht, 1996, S. 164.

schließend aufgezählte Anfechtungsgründe ("cas d'ouverture") zu[523]. Die Aufzählung der Anfechtungsgründe zeigt jedoch bereits, dass diese breit gefächtert sind und folglich nur eine geringe Begrenzungsfunktion haben können.

a) Überprüfung der Rechtmäßigkeit

Mit der Nichtigkeitsklage wird die Überprüfung der Rechtmäßigkeit einer Entscheidung begehrt. Das Gemeinschaftsrecht verfolgt die Konzeption, dass die Gerichte gemäß Art. 231 Abs. 1 EGV auf die Aufhebung der Verwaltungsentscheidung beschränkt sind und die Kommission nicht durch Urteil zur Vornahme einer bestimmten Entscheidung verpflichten können[524]. Damit beschränkt Art. 231 Abs. 1 EGV zugleich die Befugnis des Gerichts, anstelle der Verwaltung (reformatorisch) zu entscheiden.

Weiterhin besteht Einigkeit darüber, dass aus der Aufzählung der Klagegründe nicht per se der Schluss gezogen werden kann, dass die Gemeinschaftsakte im Rahmen der Nichtigkeitsklage nur einer eingeschränkten Rechtskontrolle unterliegen[525]. Es ist wenig sinnvoll, die im französischen Prozessrecht übliche Kategorisierung der Klagen nach "recours pour excès de pouvoir" und "contentieux de pleine juridiction" auf die Gemeinschaftsebene zu übertragen, zu-

---

[523]Oppermann, Thomas, Europarecht, 2. Aufl. 1999, Rdnr. 743; Rengeling, Hans-Werner/Middeke, Andreas/Gellermann, Martin, Rechtsschutz in der Europäischen Gemeinschaft, 1994, Rdnr. 181.

[524]EuG, U. v. 10.03.1992, Rs. T-68, 77 u. 78/89, (SIV u.a./Kommission), Slg. 1992, II-1405 (1535); Boulois, Jean, Droit institutionel des communautés européennes, 2. Aufl. 1990, S. 276; vgl.: Mosler, Hermann, Die Entstehung des Modells supranationaler und gewaltenteilender Staatenverbindungen in den Verhandlungen über den Schumann-Plan in: Festschrift für W. Hallstein, 1966, S. 355 (377).

[525]EuGH, U. v. 23.04.1986, Rs. 294/83, (Les Verts/Kommission), Slg. 1986, 1339 (1366); Rengeling, Hans-Werner/Middeke, Andreas/Gellermann, Martin, Rechtsschutz in der Europäischen Gemeinschaft, 1994, Rdnr. 181; Schmidt-Aßmann, Eberhard, in: F. Schoch/E. Schmidt-Aßmann/R. Pietzner (Hrsg.), VwGO-Kommentar, Stand Januar 2000, Einleitung, Rdnr. 131.

mal für jede Klageart wiederum gemeinschaftsspezifische Besonderheiten gelten[526].

Festzuhalten ist, dass die Gerichte auf die Nichtigkeitsklage hin die Rechtmäßigkeit der angefochtenen Entscheidung überprüfen, und die Befugnis der Gemeinschaftsrichter auf die Aufhebung der Verwaltungsentscheidung begrenzt ist. Eine Zweckmäßigkeitskontrolle oder eine vollständige Ersetzung des angegriffenen Aktes ist auch in den vermeintlich typischen Fällen des "pleine contentieux" (Art. 229 EGV, Art. 235 EGV, Art. 236 EGV) nur in engen begrenzten Ausnahmefällen möglich[527]. Insoweit deckt sich dieses Ergebnis mit dem Befund zur Rechtsprechung im Fusionskontrollverfahren[528]. Die Kontrollbeschränkung auf Rechtmäßigkeitserwägungen wird in der Rechtsprechung des Gerichtshofs oft durch die Bezugnahme auf den Aspekt der Gewaltenteilung verdeutlicht, indem der Gerichtshof klarstellt, dass er bei der richterlichen Kontrolle sein Ermessen nicht an die Stelle des Verwaltungsermessens stellen darf[529].

b) Berücksichtigung von Zweckmäßigkeitserwägungen

Die durch Art. 230 EGV bestimmte materielle Kontrollgrenze, wonach weder die Zweckmäßigkeit noch die Billigkeit der angefochtenen Entscheidung vom Kläger angegriffen oder vom Richter nachgeprüft werden darf, erfährt eine

---

[526]Plouvier, Liliane, Le Contentieux de pleine juridiction devant la Court de Justice des Communautés Européennes, RMC 1973, S. 265.

[527]EuGH, U. v. 18.03.1975, Rs. 78/74, (Deuka I), Slg. 1975, 421 (431); Wenig, Fritz-Harald, in: E. Grabitz/M. Hilf (Hrsg.), Kommentar zur Europäischen Union, Stand Oktober 1999, Art. 173, Rdnr. 38; Boulois, Jean, Droit institutionel des communautés européennes, 2. Aufl. 1990, S. 276; Daig, Hans-Wolfram, Nichtigkeits- und Untätigkeitsklagen im Recht der europäischen Gemeinschaften, 1985, Rdnr. 211; Bebr, Gerhard, Prozeßmaximen, Les principes qui régissent la procédure, in: Institut für das Recht der Europäischen Gemeinschaften der Universität Köln (Hrsg.), 10 Jahre Rechtsprechung des Gerichtshofs der Europäischen Gemeinschaften - Dix ans de jurisprudence de la Cour des Justice Communautés Européennes, 1965, S. 77 (98).

[528]EuG, U. v. 24.03.1994, Rs. T-3/93, (Air France I/Kommission), Slg. 1994, II-126 ff.

[529]EuGH, U. v. 04.10.1983, Rs. 193/82, (Fediol/Kommission), Slg. 1983, 2913 (2935); EuGH, U. v. 22.03.1985, Rs. 264/82 (Timex/Rat u. Kommission), Slg. 1985, 849 (866).

Ausnahme in den Fällen, in denen die Zweckmäßigkeit ein Bestandteil der Rechtmäßigkeit ist[530]. Dies gilt beispielsweise für die Zweck-Mittel-Relation im Rahmen der Verhältnismäßigkeit. Bei einer solchen Nachprüfung handelt es sich aber begrifflich bereits nicht mehr um eine Zweckmäßigkeitskontrolle im engeren Sinne, die Konzeption des Art. 220 EGV i.V.m. Art. 230 EGV, die den EuGH und das EuG als Organe einer spezifisch-rechtlichen Kontrolle versteht, wird nicht tangiert[531]. Die Beschränkung der gerichtlichen Kontrolle auf Rechtmäßigkeitserwägungen findet sich in entsprechender Ausprägung auch in den Vorgaben sowohl für den deutschen als auch den französischen Verwaltungsprozess[532].

Im Regelfall kann es folglich nur eine eingeschränkte Kontrolle nach den normativen Vorgaben des Gemeinschaftsrechts geben. Die Kontrollstrategien haben sich an diesen Vorgaben zu orientieren.

II. Bindung des Richters an die Klagegründe

Als verfahrensrechtliche Beschränkung der richterlichen Kontrolle kann sich die Bindung des Richters an die Klagegründe erweisen[533].

---

[530]Schwarze, Jürgen, Europäisches Verwaltungsrecht, 1988, S. 283, Fußnote 13; Rausch, Rolf, Die Kontrolle von Tatsachenfeststellungen und -würdigungen durch den Gerichtshof der Europäischen Gemeinschaften, 1994, S. 169; wohl auch: Bebr, Gerhard, Prozeßmaximen, Les principes qui régissent la procédure, in: Institut für das Recht der Europäischen Gemeinschaften der Universität Köln (Hrsg.), 10 Jahre Rechtsprechung des Gerichtshofs der Europäischen Gemeinschaften - Dix ans de jurisprudence de la Cour des Justice Communautés Européennes, 1965, S. 77 (115).

[531]EuGH, U. v. 04.10.1983, Rs. 191/82, (Fediol/Kommission), Slg. 1983, 2913 (2935); EuG, U. v. 10.03.1992, Rs. T-68, 77 u. 78/89, (SIV u.a./Kommission), Slg. 1992, II-1405 (1535); Classen, Claus-Dieter, Die Europäisierung der Verwaltungsgerichtsbarkeit: Eine vergleichende Untersuchung zum deutschen, französischen und europäischen Verwaltungsprozeßrecht, 1996, S. 171.

[532]ausführlich: Rausch, Rolf, Die Kontrolle von Tatsachenfeststellungen und -würdigungen durch den Gerichtshof der Europäischen Gemeinschaften, 1994, S.153 f.

[533]Kirschner, Heinrich, Die Kontrolldichte bei der Überprüfung der Entscheidungen der Kommission durch das Gericht Erster Instanz der Europäischen Gemeinschaft, 1996, S. 5; Rausch, Rolf, Die Kontrolle von Tatsachenfeststellungen und -würdigungen durch den Gerichtshof der Europäischen Gemeinschaften, 1994, S. 164.

Gemäß Art. 19 der Satzung der Gerichtshofs und Art. 44 § 1 lit. c) der Verfahrensordnung des europäischen Gerichts 1. Instanz (VerfOG)[534] muss die Klageschrift den Streitgegenstand und eine kurze Darstellung der Klagegründe enthalten. Die Anträge der Parteien legen durch die von ihnen geltend gemachten rechtlichen und tatsächlichen Klagegründe, die "moyens" im Sinne der französischen Verwaltungsrechtsprechung[535], den Umfang des Streitgegenstandes fest. Ob dadurch eine erste allgemeine verfahrensrechtliche Beschränkung zur richterlichen Kontrolle besteht, ist anhand der Rechtsprechung des EuG und des Gerichtshofes zu ermitteln.

1) Rechtsprechungspraxis des EuG und des EuGH

In ständiger Rechtsprechung fordern die Gemeinschaftsrichter im Rahmen der Prüfung der Zulässigkeit der Klage unter Bezugnahme auf Art. 44 § 1 lit. c) VerfOG, dass die Klageschrift den Streitgegenstand und eine kurze Darstellung der Klagegründe enthalten muss. Dabei müssen die Angaben so klar und genau sein, dass dem Beklagten die Vorbereitung seiner Verteidigung und dem Gericht die Entscheidung über die Klage auch ohne weitere Information ermöglicht wird[536]. Um die Rechtssicherheit und eine ordnungsgemäße Rechtspflege zu gewährleisten, ist es für die Zulässigkeit einer Klage nach der Rechtsprechung der europäischen Gerichte erforderlich, dass die wesentlichen tatsächlichen und rechtlichen Umstände, auf denen die Klage beruht, zumindest in gedrängter Form, jedenfalls aber zusammenhängend und verständlich aus dem Wortlaut der Klageschrift selbst hervorgehen[537].

[534]Verfahrensordnung des Gerichts 1. Instanz der europäischen Gemeinschaften v. 02.05.1991, ABl. 1991 Nr. L 136/1 mit den Berichtigungen im ABl. 1991 Nr. L 193/44 und Nr. L 317/34, zuletzt geändert ABl. 1999 Nr. L 135/92.

[535]allgemein: Fasselt-Rommé, Ursula, Parteiherrschaft vor dem EuGH und dem Europäischen Gerichtshof für Menschenrechte, 1993, S. 75 ff.

[536]EuG, U. v. 06.05.1997, Rs. T-195/95, (Guérin automobiles/Kommission), Slg. 1997, II-681 (688); EuG, B. v. 06.02.1997, Rs. T-64/96, (De Jorio/Rat), Slg. 1997, II-129 (136); EuG, U. v. 16.07.1998, Rs. T-72/97, (Proderec/Kommission), Slg. 1998, II-2847; EuG, U. v. 27.01.1998, Rs. T-67/94, (Ladbroke Racing/Kommission), Slg. 1998, II-1.

[537]EuG, B. v. 29.11.1993, Rs. T-56/92, (Koelman/Kommission), Slg. 1993, II-1267 ff.; EuGH, U. v. 30.03.1992, Rs. C-52/90, (Kommission/Dänemark), Slg. 1992, I-2187 ff; EuG, U. v.

Das Fehlen förmlicher Anträge kann unter bestimmten Umständen vom Gemeinschaftsrichter ausgeglichen werden, wenn solche Anträge aus dem gesamten Vorbringen der Klageschrift hergeleitet werden können[538]. Die Rechtsprechungspraxis zeigt jedoch, dass die Bindung des Richters an die Klagegründe zu einer verfahrensrechtlichen Beschränkung der richterlichen Kontrolle führt[539].

Exemplarisch ist auf das Verfahren des EuG "Tetra Pak I" zu verweisen. Die Kläger hatten nur einen Klagegrund geltend gemacht, in dem sie vortrugen, es sei rechtlich unmöglich, eine durch eine Gruppenfreistellungsverordnung freigestellte Vereinbarung nach Art. 82 EGV als Missbrauch einer marktbeherrschenden Stellung zu verbieten. Das EuG setzt sich in seinem Urteil ausschließlich mit dieser Rechtsfrage auseinander. Die Sachverhaltsanalyse der Kommission und die rechtliche Feststellung einer marktbeherrschenden Stellung blieben außerhalb des Verfahrens[540].

Das EuG setzt mit dieser Entscheidung offensichtlich die Rechtsprechung des EuGH fort[541]. Auch der Gerichtshof prüft die materiellen Klagegründe der Vertragsverletzung und des Ermessensmissbrauchs, soweit entsprechend konkrete Klagegründe vom Kläger zulässigerweise vorgetragen worden sind[542].

14.05.1998, Rs. T-348/98, (Enso Espanola/Kommission), Slg. 1998, II-1884 ff.; EuG, U. v. 29.01.1998, Rs. T-113/96, (Dubois et Fils/Rat u. Kommission), Slg. 1998, II-125 ff.

[538]EuGH, B. v. 07.02.1994, Rs. C-388/93, (P.I.A.Hifi/Kommission), Slg. 1994, I-387 ff.; EuG, B. v. 06.02.1997, Rs. T-64/96, (de Jorio/Rat), Slg. 1997, II-129 (137).

[539]Kirschner, Heinrich, Das Gericht erster Instanz der Europäischen Gemeinschaften, 2. Aufl. 1998, Rdnr. 109; Herdegen, Matthias/Richter, Stefan, Die Rechtslage in den europäischen Gemeinschaften, in: J.A. Frowein (Hrsg.), Die Kontrolldichte bei der gerichtlichen Überprüfung von Handlungen der Verwaltung, 1993, S. 209 (219); Everling, Ulrich, Zur richterlichen Kontrolle der Tatsachenfeststellung und Beweiswürdigung durch die Kommission in Wettbewerbssachen, WuW 1989, S. 877 (894); Toth, Akos G., Legal Protection of individuels in the European Communities, II., Remedies and Procedures, 1978, S. 70.

[540]EuG, U. v. 10.07.1990, Rs. T-51/89, (Tetra Pak/Kommission), Slg. 1990, II-309 (352).

[541]vgl. zu den Anforderungen an eine Klageschrift: EuG, U. v. 06.05.1997, Rs. T-195/95, (Guérin automobiles/Kommission), Slg. 1997, II-681; EuG, B. v. 06.02.1997, Rs. T-64/96, (de Jorio/Rat), Slg. 1997, II-129 (136).

[542]Herdegen, Matthias/Richter, Stefan, Die Rechtslage in den europäischen Gemeinschaften, in: J.A. Frowein (Hrsg.), Die Kontrolldichte bei der gerichtlichen Überprüfung von Handlungen der Verwaltung, 1993, S. 209 (218) m.w.N.; Megret, Jacques/Waelbroek, Michel/Louis, Jean-Victor/Vignes, Daniel, Le droit de la Communauté Economique Europóene,

Schon in einem der ersten Verfahren vor dem EuGH hat Generalanwalt *Römer* ausgeführt, dass die offensichtliche Verkennung der Bestimmungen des Vertrages vom Kläger geltend gemacht und rechtlich begründet sein müsse[543]. Sodann findet die insoweit beschränkte Nachprüfung statt.

Die Bindung an die konkreten Klagegründe erkennt der EuGH darüberhinaus charakteristisch in den sog. "Farbstofffällen" an[544]. In den Entscheidungsgründen geht der Gerichtshof jeweils nur auf diejenigen Klagegründe ein, die das jeweilige Unternehmen vorgebracht hatte. Sonstige, nicht gerügte materielle Klagegründe wurden vom Gerichtshof nicht untersucht. Das EuG und der EuGH orientieren sich am Grundsatz "ne ultra petita" und beschäftigen sich nicht ohne einen entsprechenden Antrag oder Vortrag der Parteien mit einer bestimmten Frage[545]. Gleiches gilt in den Verfahren vor dem EuG, die 16 von 18 Kartonherstellern- und Lieferanten, gegen die die Kommission wegen des Verstoßes gegen Art. 81 Abs. 1 EGV Geldbußen verhängt hatte, eingeleitet hatten[546].

Auch in den fusionskontrollrechtlichen Verfahren zeigt sich die verfahrensrechtliche Beschränkung durch die Bindung der Richter an die Klagegründe. In der "Kayserberg"- Entscheidung stellt das EuG fest, dass wegen fehlender Erhebung der Unzulässigkeitseinrede durch die Kommission für das Gericht keine Veranlassung besteht, die Zulässigkeit der Klage von Amts wegen zu prü-

---

1972/1983, Art. 173, S. 125; Toth, Akos G., Legal Protection of individuels in the European Communities, II., Remedies and Procedures, 1978, S. 70 f.

[543]Schlussantrag des GA Roemer v. 04.02.1955, EuGH, Rs. 6/54, (Niederlande/Hohe Behörde), Slg. 1954/55, 243 (258).

[544]EuGH, U. v. 14.07.1972, Rs. 48/69, (ICI/Kommission) u. EuGH, U. v. 14.07.1972, Rs. 49/69, (BASF/Kommission) u. EuGH, U. v. 14.07.1972, Rs. 50/69, (Bayer/Kommission) u. EuGH, U. v. 14.07.1972, Rs. 51-57/69 (Geigy, Sandoz, Francolar, Cassella, Hoechst u. Azienda Colori Nazionali/Kommission), Slg. 1972, S. 619 ff.

[545]Lenz, Otto, Der europäische Grundrechtsstandard in der Rechtsordnung des Europäischen Gerichtshofs, EuGRZ 1993, S. 60; Rengeling, Hans-Werner/Middeke, Andreas/Gellermann, Martin, Rechtsschutz in der Europäischen Gemeinschaft, 1994, Rdnr. 588.

[546]z. B.: EuG, U. v. 14.05.1998, Rs. T-309/94, (KNP BT/Kommission), Slg. 1998, II-1010 ff.; EuG, U. v. 06.04.1995, Rs. T-150/89, (Martinelli/Kommission), Slg. 1995, II-1165 ff.; EuG, U. v. 14.05.1998, Rs. T-348/94, (Enso Espanola/Kommission), Slg. 1998, II-1884 ff.

fen[547]. Zu dem Antrag der Streithelferin, die Klage für unzulässig zu erklären, führt das EuG aus, dass die Streithelferin nicht zur Erhebung einer Unzulässigkeitseinrede befugt sei und das Gericht die von ihr hierzu vorgebrachten Angriffsmittel nicht zu prüfen brauche[548]. Der EuGH hat diese Rechtsprechung für die Verfahren nach der VO Nr. 4064/89 bestätigt[549]. Der Gerichtshof schränkt jedoch ein, dass er gemäß Art. 92 § 2 VerfO jederzeit von Amts wegen prüfen könne, ob die Klage wegen des Fehlens einer unverzichtbaren Prozessvoraussetzung unzulässig sei[550].

Nur die formellen Rügen der Unzuständigkeit und das Vorliegen von Form- und Verfahrensfehlern als "moyens d'office" ("moyens d'ordre public") werden von Amts wegen auch ohne entsprechende Darlegung durch den Kläger einer gerichtlichen Nachprüfung unterzogen[551]. Selbst wenn sich ein Rechtsfehler aus den beigezogenen Akten der Verwaltung ergibt, die Partei aber trotz Einsichtnahme in die Akten den entsprechenden Vortrag verabsäumt, wird der Richter die angefochtene Entscheidung nicht aus diesem Grund aufheben[552].

Die Bindung des Richters an die Klagegründe zeigt sich letztlich daran, dass einzelne Angriffs- und Verteidigungsmittel im Verfahren zurückgenommen

---

[547] EuG, U. v. 27.11.1997, Rs. T-290/94, (Kaysersberg SA/Kommission), Slg. 1997, II-2144 (2172).

[548] EuG, U. v. 27.11.1997, Rs. T-290/94, (Kaysersberg SA/Kommission), Slg. 1997, II-2144 (2172); unter Bezugnahme auf: EuGH, U. v. 24.03.1993, Rs. C-313/90, (CIFRS/Kommission), Slg. 1993, I-1125 (1183); EuG, U. v. 22.10.1996, Rs. T-266/94, (Skibsvearftsforeningen u.a./Kommission), Slg. 1996, II-1399 (1417); EuG, U. v. 12.12.1996, Rs. T-19/92, (Leclerc/Kommission), Slg. 1996, II-1851 (1878).

[549] EuGH, U. v. 31.03.1998, Rs. C-68/94 u. C-30/95, (Frankreich, SCPA u. EMC/Kommission), Slg. 1998, I-1453 (1475).

[550] EuGH, U. v. 31.03.1998, Rs. C-68/94 u. C-30/95, (Frankreich, SCPA u. EMC/Kommission), Slg. 1998, I-1453 (1475); unter Bezugnahme auf: EuGH, B. v. 24.09.1986, Rs. 134/87,(Vlachou/Rechnungshof), Slg. 1987, 3633 (3635).

[551] Megret, Jacques/Waelbroek, Michel/Louis, Jean-Victor/Vignes, Daniel, Le droit de la Communauté Economique Europééne, 1972/1983, Art. 173, S. 125; vgl. auch: Fasselt-Rommé, Ursula, Parteiherrschaft in Verfahren vor dem EuGH und dem Europäischen Gerichtshof für Menschenrechte, 1993, S. 75; zum französischen Recht: Auby, Jean-Marie/Drago, Roland, Traité de contentieux administratif, 3. Aufl. 1984, S. 334 ff.; Chapus, René, Droit du contentieux administratif, 3. Aufl. 1991, S. 387 ff; König, Jürgen, Die Tatsachenermittlung im Verfahren vor dem Gerichthof der Europäischen Gemeinschaft, 1972, S. 30 f.

werden können und insoweit eine weitere richterliche Prüfung danach entfällt[553].

2) Unterschied der Konzeption zum deutschen Verwaltungsprozessrecht

a) Keine Beschränkung auf erhobene Rügen

Die Bindung an die Klagegründe vor dem EuG und EuGH bestätigt einen deutlichen Unterschied zur Konzeption des deutschen Verwaltungsprozessrechts. Dort gilt der Grundsatz vollständiger Rechtskontrolle, d.h. der Rechtsweg muss grundsätzlich die vollständige Nachprüfung der angegriffenen Verwaltungsentscheidung in rechtlicher und tatsächlicher Hinsicht ermöglichen[554]. Die Gerichte haben die Kompetenz, die Gesetzesauslegung, die Tatsachenfeststellung und die Gesetzesanwendung der Verwaltung zu überprüfen und gegebenenfalls zu korrigieren.

Eine Bindung an administrative Tatsachenfeststellungen oder Wertungen, die mit der Konzentration des Tatsachenstoffes auf die vom Kläger erhobenen Rügen einhergeht, ist ebenso unzulässig wie eine generelle Begrenzung der gerichtlichen Prüfungskompetenz auf eine Vertretbarkeitskontrolle[555].

Ausgangspunkt für die Pflicht der Gerichte, angefochtene Verwaltungsakte in rechtlicher und tatsächlicher Hinsicht vollständig nachzuprüfen, ist Art. 19 Abs. 4 GG[556]. Die vollständige Rechtskontrolle im deutschen Verwaltungsprozess-

---

[552] Kirschner, Heinrich, Das Gericht erster Instanz der Europäischen Gemeinschaften, 2. Aufl. 1998, Rdnr. 109.
[553] so bereits: EuGH, U. v. 18.05.1962, Rs. 13/60, (Geitling u.a./Hohe Behörde), Slg. 1962, 177 (211); Kirschner, Heinrich, Das Gericht erster Instanz der Europäischen Gemeinschaften, 2. Aufl. 1998, Rdnr. 109.
[554] BVerfGE 15, S. 275 (282); BVerfGE 78, S. 214 (226); BVerwGE 94, S. 307 (309).
[555] ständige Rechtsprechung: BVerfGE 84, S. 34 (49); Schmidt-Aßmann, Eberhard, in: F. Schoch/E. Schmidt-Aßmann/R. Pietzner (Hrsg.), VwGO-Kommentar, Stand Januar 2000, Einleitung, Rdnr. 183.
[556] BVerfGE 84, S. 34 (49); BVerfGE 88, S. 40; BVerfGE 61, S. 82 (110); BVerfGE 54, S. 173 (197); BVerwG, NVwZ 1995, S. 700.

recht ist eine bewusste Entscheidung der Verfassung, die die spezifische "Gerichtsgeprägtheit" der grundgesetzlichen Gewaltenteilung ausmacht[557]. Sie ist ein besonderes Kennzeichen der grundgesetzlichen Ausprägung, das sich in Verfassungen anderer Staaten, auch solcher mit langer rechtsstaatlicher Tradition, so nicht findet[558].

b) Zulässige gemeinschaftsrechtliche, funktionsrechtliche Grenze

Damit die Praxis des EuGH und des EuG im Gemeinschaftsrecht nicht im Widerspruch zum Legalitätsprinzip[559] steht, das einen Schutzstandard garantiert, darf die Bindung des Richters an die Klagegründe nicht als starres Prinzip gehandhabt werden. Es bedarf einer richterlichen Würdigung des Vorbringens der Parteien, um festzustellen, welche Angriffs- und Verteidigungsmittel (tatsächlich) geltend gemacht werden[560]. Dem EuG ist zuzustimmen, wenn er es für zulässig erachtet, tatsächliche und rechtliche Argumente, die der Kläger nur zu einem Klagegrund vorgetragen hat, auch zur Substantiierung anderer Klagegründe heranzuziehen[561]. Von einer strikten (vertikalen) Beschränkung der Rechtsschutzgewährung durch den Gerichtshof auf die erhobenen Rügen des Klägers kann nicht gesprochen werden[562]. Besonders deutlich wird dies durch die Rechtsprechung des EuG, nach der das Fehlen förmlicher Anträge unter bestimmten Umständen vom Gemeinschaftsrichter "ausgeglichen" wer-

---

[557]Schmidt-Aßmann, Eberhard, in: F. Schoch/E. Schmidt-Aßmann/R. Pietzner (Hrsg.), VwGO-Kommentar, Stand Januar 2000, Einleitung, Rdnr. 183.

[558]Herzog, Roman in: T. Maunz/G. Dürig (Hrsg.), Grundgesetz, Kommentar, Stand Oktober 1999, Art. 20, V, Rdnr. 59; Papier, Hans-Jürgen, Rechtschutzgarantie gegen die öffentliche Gewalt, in: J. Isensee/P. Kirchhof (Hrsg.), Handbuch des Staatsrechts, 1989, Band VI, § 154, Rdnr. 4, der von einer grundgesetzspezifischen Struktur des Rechtsstaates spricht.

[559]zu diesem Ergebnis kommt: Everling, Ulrich, Auf dem Wege zu einem europäischen Verwaltungsrecht, NVwZ 1987, S. 1 (6).

[560]Günther, Werner, Die Präklusion neuer Angriffs-, Verteidigungs- und Beweismittel im Verfahren vor dem Gerichtshof der Europäischen Gemeinschaften, 1970, S. 22.

[561]EuG, U. v. 18.11.1992, Rs. T-16/91, (Rendo u.a./Kommission), Slg. 1992, II-2417 (2443); EuG, U. v. 03.03.1993, Rs. T-58/91, (Booss u. Fischer/Kommission), Slg. 1993, II-147 (169).

[562]Danwitz, Thomas von, Verwaltungsrechtliches System und europäische Integration, 1996, S. 183, der sich dazu skeptisch äußert.

den kann, wenn solche Anträge aus dem gesamten Vorbringen in der Klageschrift hergeleitet werden können[563].

Zu bedenken ist weiter, dass der Bindung des Gerichts an die in der Klageschrift enthaltenen Klagegründe die materielle Rechtskraft spiegelbildlich gegenübersteht. Maßgeblich für den Umfang der Rechtskraft ist der Streitgegenstand, der durch die vom Kläger vorgetragenen Klagegründe bestimmt wird. Insofern erwachsen auch nur diejenigen Tatsachen- und Rechtsfragen in Rechtskraft, die tatsächlich Gegenstand der gerichtlichen Entscheidung waren[564].

Nach der institutionellen Konstruktion des Gemeinschaftsrechts obliegt die Überwachung und Einhaltung des primären und sekundären Gemeinschaftsrechts der Kommission[565]. Der Gerichtshof hat, wie bereits herausgestellt, dem Grundsatz des institutionellen Gleichgewichts große Bedeutung zukommen lassen[566]. Das Gleichgewicht im Hinblick auf Funktionen und Befugnisse der Gemeinschaftsorgane stellt zugleich eine gemeinschaftsrechtliche, funktionellrechtliche Grenze der Kontrollbefugnisse der Gerichte dar[567]. Die verfahrensrechtliche Beschränkung der richterlichen Kontrolle stellt sich im Lichte des

[563]EuG, B. v. 06.02.1997, Rs. T-64/96, (de Jorio/Rat), Slg. 1997, II-129 (137), unter Bezugnahme auf: EuGH, B. v. 07.02.1994, Rs. C-388/93, (P.I.A.Hifi/Kommission), Slg. 1994, I-387 ff.

[564]vgl.: EuGH, U. v. 19.02.1991, Rs. C-281/89, (Italien/Kommission), Slg. 1991, I-347 (363); Matthies, Heinrich, Prozeßmaxime, Les principes qui régissent la procedure, in: Institut für das Recht der europäischen Gemeinschaften der Universität Köln (Hrsg.), 10 Jahre Rechtsprechung des Gerichtshofes der europäischen Gemeinschaften - Dix ans de jurisprudenz de la Cour de Justice des Communautées Européennes, 1965, S. 127 (136); Rausch, Rolf, Die Kontrolle von Tatsachenfeststellungen und -würdigungen durch den Gerichtshof der Europäischen Gemeinschaften, 1994, S. 168.

[565]Rengeling, Hans-Werner/Middeke, Andreas/Gellermann, Martin, Rechtsschutz in der Europäischen Gemeinschaft, 1994, Rdnr. 588.

[566]EuGH, U. v. 29.10.1980, Rs. 139/79, (Maizena/Rat), Slg. 1980, 3393 (3426); EuGH, U. v. 22.05. 1985, Rs. 13/83, (Parlament/Rat), Slg. 1985, 1588.

[567]Tonne, Michael, Effektiver Rechtsschutz durch staatliche Gerichte als Forderung des europäischen Gemeinschaftsrechts, 1997, S. 333; vgl. zur Stellung der Judikative im System der Funktionenordnung: Hummer, Waldemar/Obwexer, Walter, Vom "Gesetzesstaat zum Richterstaat" und wieder retour?, EuZW 1997, S. 295 (298).

Prinzips des institutionellen Gleichgewichts nicht als unzulässige Beeinträchtigung des gerichtlichen Rechtsschutzes dar[568].

Die Frage der Kontrolldichte als dogmatische Figur im Wechselspiel mit der Anerkennung einer Befugnis zur letztverbindlichen Verwaltungsentscheidung stellt sich im Rahmen der Überprüfung der geltend gemachten Klagegründe und Verteidigungsmittel[569].

III. Art. 6 EMRK

Als allgemeingültige Vorgabe zur Ermittlung eines garantierten Kontrollmaßstabs bei der Überprüfung von Entscheidungen durch das EuG und den EuGH ist Art. 6 Abs. 1 EMRK heranzuziehen[570]. Nach dieser Norm hat jedermann ein Recht auf ein "Gericht mit umfassender Rechtsprechungsbefugnis"[571], was auf eine materiell-rechtliche Prüfungsdichte schliessen lassen kann.

1) Konkretisierung ungeschriebener Rechtsgrundsätze des Gemeinschaftsrechts

Zur Geltung der EMRK im Gemeinschaftsrecht hat der EuGH zwar die Überprüfung nationalen Rechts am Maßstab der Konvention abgelehnt[572], jedoch

---

568 im Ergebnis ebenso: Rausch, Rolf, Die Kontrolle von Tatsachenfeststellungen und -würdigungen durch den Gerichtshof der Europäischen Gemeinschaften, 1994, S. 168, der jedoch "Zweifel" formuliert.

569 Kirschner, Heinrich, Die Kontrolldichte bei der Überprüfung der Entscheidungen der Kommission durch das Gericht Erster Instanz der Europäischen Gemeinschaft, 1996, S. 6.

570 Schmidt-Aßmann, Eberhard, in: F. Schoch/E. Schmidt-Aßmann/R. Pietzner (Hrsg.), VwGO-Kommentar, Stand Januar 2000, Einleitung, Rdnr. 143; Tonne, Michael, Effektiver Rechtsschutz durch staatliche Gerichte als Forderung des europäischen Gemeinschaftsrechts, 1997, S. 170.

571 EGMR, U. v. 28.06.1990 (Obermayer), EuGRZ 1990, S. 209 (210); EGMR, U. v. 10.02.1983 (Albert u. Le Compte), EuGRZ 1983, S. 190 (193).

572 EuGH, U. v. 11.07.1985, Rs. 60 u. 61/84, (Cinéthèk), Slg. 1985, 2605 (2627); EuGH, U. v. 30.09.1987, Rs. 12/86, (Demirel), Slg. 1987, 3719 (3754); EuGH, U. v. 18.06.1991 Rs. C-260/89, (ERT), Slg. 1990, I-2925 (2964); Everling, Ulrich, Der Beitrag des EuGH zur euro-

festgestellt, dass die Konvention als Anknüpfungspunkt für einen ungeschriebenen Standard mitgliedsstaatlicher Grundrechte dient, der für die Konkretisierung ungeschriebener Rechtsgrundsätze des Gemeinschaftsrechts von besonderer Bedeutung ist[573].

Nach ständiger Rechtsprechung des EuGH und des EuG gehören die Grundrechte zu den allgemeinen Rechtsgrundsätzen, deren Wahrung der Gemeinschaftsrichter zu sichern hat[574]. Dabei lassen sich der Gerichtshof und das EuG von den gemeinsamen Verfassungstraditionen der Mitgliedsstaaten sowie von den Hinweisen leiten, die diejenigen völkerrechtlichen Verträge über den Schutz der Menschenrechte geben, an deren Abschluss die Mitgliedsstaaten beteiligt waren und denen sie beigetreten sind. Der EMRK kommt in diesem Zusammenhang besondere Bedeutung zu[575].

Ferner achtet die Union nach Art. 6 Abs. 2 EUV "die Grundrechte, wie sie in der EMRK gewährleistet sind und wie sie sich aus den gemeinsamen Verfassungsüberlieferungen der Mitgliedsstaaten ergeben", als allgemeine Grundsätze des Gemeinschaftsrechts. Die europäischen Gemeinschaften sind nicht Vertragsparteien der Konvention, so dass bei deren Verletzung durch ein EG-

---

päischen Grundrechtsgemeinschaft, in: K. Stern (Hrsg.), 40 Jahre Grundgesetz, Entstehung, Bewährung und internationale Ausstrahlung, 1990, S. 167 (170).

573 EuGH, U. v. 14.05.1974, Rs. 4/73, (Nold/Kommission), Slg. 1974, 491 (507); EuGH, U. v. 21.09.1989, Rs. 46/87 u. 227/88, (Hoechst/Kommission), Slg. 1989, 2859 (2923); Lecourt, Robert, Cour européenne des Droit de l'Homme et Cour de justice des Communautés européennes, in: Festschrift für G. Wiarda, 1988, S. 335 ff.; Clapham, Andrew, Human Rights and the European Community: A critical Overview, in: A. Cassese/A. Clapham/J. Weiler (Hrsg.), European Union-The Human Rights Challenge, I, 1991, S. 57; allgemein zu dem Verhältnis: Philippi, Nina, Divergenzen im Grundrechtsschutz zwischen EuGH und EGMR, ZEUS 2000, S. 97 ff.

574 vgl.: Gutachten 2/94 des EuGH v. 28.03.1996, Slg. 1996, I-1759 ff.; EuGH, U. v. 29.05.1997, Rs. C-299/95, (Kremzow/Kommission), Slg. 1997, I-2629 ff.; EuG, U. v. 14.05.1998, Rs. T-348/94, (Enso Espanola/Kommission), Slg. 1998, II-1884 (1900).

575 EuG, U. v. 19.03.1998, Rs. T-83/96, (van der Wal/Kommission), Slg. 1998, II-545 (564); EuGH, U. v. 15.05.1986, Rs. 222/84, (Johnston/Kommission), Slg. 1986, 1651 (1682); EuG, U. v. 22.10.1997, Rs. T-213/95 u. 18/96, (SCK u. FNK/Kommission), Slg. 1997, II-1746 ff.; zu dem Verhältnis EMRK zur EU aus der Perspektive der EMRK: EGMR, U. v. 18.02.1999, (Matthews), NJW 1999, S. 3107 ff.; Busse, Christian, Die Geltung der EMRK für Rechtsakte der EU, NJW 2000, S. 1074 ff.

Organ der Gang zu den Straßburger Rechtsschutzinstanzen nicht möglich ist[576].

Nach der Rechtsprechung des EuG und des EuGH steht damit fest, dass Art 6 Abs. 1 EMRK Berücksichtigung finden muss. Die Schlussfolgerung einiger Autoren, dass sich der Gerichtshof zumindest gemeinschaftsrechtlich an die EMRK gebunden sehe[577], geht zu weit. Erstens besteht wegen der gewährleisteten Berücksichtigung der Konvention im Gemeinschaftsrecht kein Bedürfnis, sich dieser Konzeption bedienen zu müssen, zweitens ist die EMRK weder als eine Rechtsquelle des Gemeinschaftsrechts einzustufen noch kann sie als die einzige Rechtserkenntnisquelle für die Gewinnung der Grundrechte in der Europäischen Union angesehen werden[578]. Der Umgang des Gerichtshofs mit der EMRK zeigt, dass er die Menschenrechtskonvention nicht als Rechtsquelle im engeren Sinne anerkennt[579], sondern sie bei der Grundrechtsfindung als Rahmen heranzieht[580].

Im Ergebnis ist festzuhalten, dass die Gemeinschaftsrichter zutreffend in Bezug auf Art. 6 EMRK klargestellt haben, dass der hierin vorgeschriebene

---

[576] Hilf, Meinhard, Europäische Union und Europäsche Menschenrechtskonvention, in: Festschrift für R. Bernhard, 1995, S. 1193 ff.; zu der Frage eines Beitritts der EG zur EMRK: Bernhard, Rudolf, Probleme eines Beitritts der Europäischen Gemeinschaft zur Europäischen Menschenrechtskonvention, in: Festschrift für U. Everling, 1995, S. 103 ff.; Iliopoulos-Strangas, Julia (Hrsg.), Grundrechtsschutz im europäischen Raum: Der Beitritt der Europäischen Gemeinschaft zur Europäischen Menschenrechtskonvention, 1993; siehe auch: Entschließung des Europäischen Parlaments v. 18.01.1994, abgedruckt in: EuGRZ 1994, S. 191.

[577] vgl.: Streinz, Rudolf, Europarecht, 4. Aufl. 1999, S. 120 f.

[578] EuGH, U. v. 15.05.1986, Rs. 222/84, (Johnston/Kommission), Slg. 1986, 1651 (1682); EuGH, U. v. 21.09.1989, Rs. 46/87 u. 227/88, (Hoechst/Kommission), Slg. 1989, 2859 (2923); EuGH, U. v. 13.07.1989, Rs. 5/88, (Wachauf), Slg. 1989, 2609 (2639); Weiß, Wolfgang, Die Verteidigungsrechte im EG-Kartellverfahren, 1996, S. 34; Busse, Christian, Die Geltung der EMRK für Rechtsakte der EU, NJW 2000, S. 1074 (1078), fordert, dass die EMRK vollinhaltlich Bestandteil des europarechtlichen Primärrechts wird.

[579] Weiß, Wolfgang, Die Verteidigungsrechte im EG-Kartellverfahren, 1996, S. 37.

[580] Pernice, Ingolf, Gemeinschaftsverfassung und Grundrechtsschutz-Grundlagen, Bestand und Perspektiven, NJW 1990, S. 2409 (2413); Kakouris, Konstantinos, in: Iliopoulus-Strangas, Julia (Hrsg.), Grundrechtsschutz im europäischen Raum: Der Beitritt der Europäischen Gemeinschaft zur Europäischen Menschenrechtskonvention, 1993, S. 183 (190).

Rechtsschutz Ausdruck eines allgemeinen Rechtsgrundsatzes ist, der der Verfassungstradition aller Mitgliedsstaaten zugrundeliegt[581].

2) Reichweite der Schutzstandards der Konvention

a) Gemeinschaftsrechtliche Anwendbarkeit des Art 6 EMRK im Fusionskontrollverfahren

Inwieweit Art. 6 EMRK auf die Kontrolle des Kommissionshandelns im Rahmen der Fusionskontrollverordnung Anwendung findet, ist bislang noch nicht geklärt. Die Gemeinschaftsrichter haben diese Frage bisher offen gelassen.

In dem Verfahren "SCK u. FNK", in dem die Klägerin rügte, dass die streitige Entscheidung, die Feststellung eines Verstoßes gegen Art. 81 Abs. 1 EGV und eine damit verbundene Geldbuße in Höhe von 11.500.000,00 Euro gegen FNK und in Höhe von 300.000,00 Euro gegen SCK, nicht innerhalb eines angemessenen Zeitraumes im Sinne von Art. 6 Abs. 1 EMRK erlassen worden sei, ließ das EuG ausdrücklich offen, ob Art. 6 Abs. 1 EMRK auf das Verwaltungsverfahren vor der Kommission auf dem Gebiet des Wettbewerbsrechts anwendbar ist[582].

Das Gericht stellt darauf ab, dass es einen allgemeinen Grundsatz des Gemeischaftsrechts darstelle, dass die Kommission Entscheidungen, mit denen Verwaltungsverfahren auf dem Gebiet der Wettbewerbspolitik abgeschlossen

---

[581] EuGH, U. v. 15.05.1986, Rs. 222/84, (Johnston/Kommission), Slg. 1986, 1663 (1683); vgl. auch: Everling, Ulrich, Der Beitrag des EuGH zur europäischen Grundrechtsgemeinschaft, in: K.Stern (Hrsg.), 40 Jahre Grundgesetz, Entstehung, Bewährung und internationale Ausstrahlung, 1990, S. 167 (178); Geiger, Rudolf, Kommentar zum Vertrag zur Gründung der Europäischen Gemeinschaft, 2. Aufl. 1995, Art. 164, Rdnr. 33; wohl auch: Streinz, Rudolf, Europarecht, 4. Aufl. 1999, S. 120; Tomuschat, Christian, Aller guten Dinge sind III? Zur Diskussion um die Solange-Rechtsprechung des BVerfG, EuR 1990, S. 340 (356).

[582] EuG, U. v. 22.10.1997, Rs. T-213/95 u. T-18/96 (SCK u. FNK/Kommission), Slg. 1997, II-1739 (1764); mißverständlich: Montag, Frank, Die Entwicklung des Europäischen Gemeinschaftsrechts, NJW 1998, S. 2088 (2094).

werden, innerhalb eines angemessenen Zeitraums zu erlassen habe[583]. Leider verabsäumt das EuG zumindest in Form eines "obiter dictum" die strittige Rechtsfrage verbindlich zu beantworten.

Die Kommission hat in einem weiteren Verfahren eingeräumt, dass angesichts der Auslegung des Art. 6 Abs. 1 EMRK durch den Europäischen Gerichtshof für Menschenrechte die Norm auch für die sich aus der Anwendung von Art. 81 EGV ergebenden Ansprüche gelte[584]. Im konkreten Fall wurde die Verletzung von Art. 6 EMRK wegen des fehlenden Gerichtscharakters der Kommission abgelehnt[585]. Aus der inhaltlichen Stellungnahme zu Art. 6 EMRK kann aber nicht die Schlussfolgerung gezogen werden, dass der Gerichtshof der Aussage der Kommission zu diesem Punkt folgt und Art. 6 EMRK im EG-Kartellrecht für anwendbar hält[586]. Die Entscheidung des EuGH befaßt sich darüberhinaus nicht mit der Frage, ob vor dem EuGH (oder dem EuG) Art. 6 Abs. 1 EMRK im Rahmen einer Klage gegen eine Entscheidung auf Grundlage des EG-Kartellrechts zur Anwendung kommt, sondern bezieht sich ausschließlich auf das kartellrechtliche Verwaltungsverfahren[587].

---

[583]EuG, U. v. 22.10.1997, Rs. T-213/95 u. T-18/96 (SCK u. FNK/Kommission), Slg. 1997, II-1739 (1764); unter Hinweis auf: EuGH, U. v. 18.03.1997, Rs. C-282/95 P, (Guérin automobiles/Kommission), Slg. 1997, I-1505 (1543).

[584]vgl.: EuGH, U. v. 29.10.1980, Rs. 209-215 u. 218/78 (Van Landewyck/Kommission), Slg. 1980, S. 3125 (3160).

[585]EuGH, U. v. 29.10.1980, Rs. 209-215 u. 218/78 (Van Landewyck./Kommission), Slg. 1980, S. 3125 (3160); Clapham, Andrew, Human Rights and the European Community: A critical Overview, in: A. Cassese/A. Clapham/J. Weiler (Hrsg.), European Union-The Human Rights Challenge, I, 1991, S. 58, lässt die Frage ebenfalls offen, kritisiert aber die Begründung des Gerichtshofes hinsichtlich der fehlenden Einschlägigkeit des Art. 6 EMRK; bestätigt durch: EuG, U. v. 14.05.1998, Rs. T-348/94, (Enso Espanola/Kommission), Slg. 1998, II-1884 (1899), unter Bezugnahme auf den Bericht v. 17.07.1980, in der Rs. Kaplan, DR, Band 21, S. 66 und EuGH, U. v. 07.06.1983, Rs. 100-103/80, (Musique Diffusion Francaise u.a./Kommission), Slg. 1983, 1825 (1880).

[586]Rausch, Rolf, Die Kontrolle von Tatsachenfeststellungen und -würdigungen durch den Gerichtshof der Europäischen Gemeinschaften, 1994, S. 162.

[587]Weiß, Wolfgang, Die Europäische Menschenrechtskonvention, der Grundrechtsstandard in der EU und das EG-Kartellverfahren, EWS 1997, S. 253 (255), der die Anwendbarkeit des Art. 6 EMRK bei Verfahren gegen Bußgelder, die auf Grundlage der VO Nr. 17/62 ergangen sind, befürwortet.

b) Gerichtsschutzgarantie für "civil rights and obligation"

Art. 6 Abs. 1 EMRK enthält eine Gerichtsschutzgarantie für Streitigkeiten "über zivilrechtliche Ansprüche und Verpflichtungen". Der (nicht maßgebliche) deutsche Konventionstext gibt den Garantiegehalt, gerade was den Verwaltungsrechtsschutz angeht, nur unzulänglich wieder. In Rechtsprechung und Lehre ist allgemein anerkannt, dass dieses Tatbestandsmerkmal ("civil rights and obligations") auch einen nicht unerheblichen Teil von Streitigkeiten erfassen kann, die nach dem deutschen Rechtssystem in die Zuständigkeit der Verwaltungsgerichte fallen[588].

Der Europäische Gerichtshof für Menschenrechte hat in dem Fall "König" ausgeführt, dass weder die Natur des Gesetzes, nach dem zu entscheiden sei, noch die Stellung der in der Sache befaßten Behörde für die Einordnung von großer Bedeutung sei. Entscheidend sei vielmehr der Charakter des Rechts, das in Frage stehe[589]. Die Qualifikation vollzieht sich demnach, anders als im deutschen Recht, folgenorientiert. Ist das betroffene Recht dem "Bereich privater Lebensgestaltung" zuzurechnen, so handelt es sich um "civil right" ohne Rücksicht darauf, ob es um privatrechtliche Gestaltung oder um behördliche Steuerung geht[590]. Der genaue Umfang dieses Tatbestandsmerkmals ist gleichwohl schwer zu bestimmen, da der EGMR eine abstrakte Definition vermeidet und sich an der Struktur des Einzelfalls oder bestimmter Fallgruppen orientiert.

Aufschluss darüber, ob das prozessuale, fusionskontrollrechtliche Verfahren in den Anwendungsbereich des Art. 6 EMRK fällt, bietet die Rechtsprechungspraxis des EGMR. Anerkannt ist dort die Zugehörigkeit zum Schutzbereich des Art. 6 Abs. 1 EMRK für folgende verwaltungsrechtliche Angelegen-

---

[588]Frowein, Jochen A./Peukert, Wolfgang, Europäische Menschenrechtskonvention, EMRK-Kommentar, 2. Aufl. 1996, Art. 6, Rdnr. 16.
[589]EGMR, U. v. 28.06.1978 (König), EuGRZ 1978, S. 406 (415).
[590]EGMR, U. v. 29.05.1986 (Feldbrugge), EuGRZ 1988, S. 14 (16).

heiten: Erteilung und Widerruf gewerblicher Genehmigungen[591] und Konzessionen[592], Anfechtungen von dauernden oder befristeten Berufsausübungsverboten[593] und Streitsachen um Grunderwerbsgenehmigungen[594]. Aus dem grundrechtlich verbürgten Schutzbereich des Art. 14 GG wurden als Streitigkeiten über zivilrechtliche Ansprüche die Auseinandersetzungen über Enteignungsentschädigungsmaßnahmen[595] angesehen, aus dem Bauplanungsrecht die Anfechtung eines Bebauungsplans[596] oder die Schutzgebietsausweisung[597]. Auch Streitigkeiten über Ansprüche gegen die Sozialversicherung[598] und über die Feststellung von Krankengeld für Arbeitnehmer[599] werden dem Schutzbereich des Art. 6 EMRK unterstellt. Auch verfassungsgerichtliche Verfahren, die sich auf diese Fragen beziehen oder als Normenkontrollverfahren die Rechtsgrundlage solcher Streitgegenstände betreffen, können von Art. 6 Abs. 1 EMRK erfaßt werden[600].

Im Gegensatz dazu werden Streitigkeiten aus dem Beamtenrecht oder Soldatenverhältnis[601], über asyl- und ausländerrechtliche Maßnahmen[602], über das aktive oder passive Wahlrecht sowie über baupolizeiliche Befugnisse[603] nicht

---

591 EGMR, U. v. 23.10.1985 (Benthem), EuGRZ 1986, S. 299.
592 EGMR, U. v. 27.10.1987 (Pudas), EuGRZ 1988, S. 448 (450).
593 EGMR, U. v. 28.06.1978 (König), EuGRZ 1978, S. 406; EGMR, U. v. 10.02.1983 (Albert u. Le Compte), EUGRZ 1983, S. 190.
594 EGMR, U. v. 22.10.1984 (Sramek), EuGRZ 1985, S. 336; EGMR, U. v. 21.02.1990 (Hakansson/Sturesson), EuGRZ 1992, S. 5.
595 EGMR, U. v. 23.09.1982 (Sporrong u. Lönnroth), EuGRZ 1983, S. 523; EGMR, U. v. 13.07.1983 (Zimmermann u. Steiner), EuGRZ 1983, S. 482.
596 EGMR, U. v. 28.06.1990 (Jacobsson), Nr. 180-A.
597 EGMR, U. v. 27.11.1991 (Oerlemans), Nr. 219.
598 EGMR, U. v. 25.09.1986 (Deumeland), EuGRZ 1988, S. 20.
599 EGMR, U. v. 29.05.1986 (Feldbrugge), EuGRZ 1988, S. 14.
600 EGMR, U. v. 23.06.1993 (Ruiz-Amteos), EuGRZ 1993, S. 453 (456); differenzierend: Matscher, Franz, Art 6 EMRK und verfassungsgerichtliche Verfahren, EuGRZ 1993, S. 449 ff.
601 Stein, Torsten, Auslieferung und Europäische Menschenrechtskonvention, ZaöRV 41, S. 329 ff.
602 insbes. zum Wehrdisziplinarrecht: Stein, Torsten, Europäische Menschenrechtskonvention und Wehrdisziplinarrecht, NZWehrR 1977, S. 1 ff.; ders., Wehrdisziplinarrecht vor dem Europäischen Gerichtshof für Menschenrechte, EuGRZ 1976, S. 285 ff.
603 Nachweise bei: Frowein, Jochen A./Peukert, Wolfgang, Europäische Menschenrechtskonvention, EMRK-Kommentar, 2. Aufl. 1996, Art. 6, Rdnr. 37; Miehsler, Herbert, in: Internationaler Kommentar zur Europäischen Menschenrechtskonvention, Stand 1995, Art. 6, Nr. 149 ff.; anders für Asylstreitigkeiten: Huber, Bertold, Anwendbarkeit des Art. 6 I MRK auf Asylstreitverfahren, NVwZ 1992, S. 856.

Art. 6 EMRK zugeordnet. Auch der Streit über Disziplinarmaßnahmen[604] und die Zuerkennung des Titels "Wirtschaftsprüfer" soll keine Angelegenheit um einen zivilrechtlichen Anspruch sein[605].

Eine allgemeine Anwendbarkeit des Art. 6 EMRK auf die gerichtliche Verwaltungskontrolle scheidet aus, zumal auch der Europäische Gerichtshof für Menschenrechte trotz der extensiven Interpretation des Art. 6 EMRK diesen nicht im Sinne einer umfassenden Rechtsschutzgarantie versteht[606]. Die zunehmende Ausdifferenzierung der Rechtsprechung des Europäischen Gerichtshofs für Menschenrechte deutet aber künftig auf eine intensivere Bedeutung hin. Im Einzelnen wird aber weiterhin nach der Fallstruktur zu differenzieren sein.

In der Zusammenschau der Rechtsprechungspraxis ist es naheliegend, die Entscheidungen im Rahmen der VO Nr. 4064/89 einem "zivilrechtlichen Anspruch" zuzuordnen[607]. Die Fusionskontrolle ist dem Bereich der "privaten Lebensgestaltung" zuzurechnen, die gegenüber der Kommission einem verwaltungsgerichtlichen Verfahren unterworfen ist. Die behördliche Steuerung steht der Anwendbarkeit des Art. 6 EMRK nicht entgegen[608]. Folgerichtig ist im Bereich des Kartellrechts bereits des öfteren eine Verletzung von Art. 6 EMRK gerügt worden[609]. Der Umfang der gerichtlichen Prüfungskompetenz muss den Anforderungen des Art. 6 Abs. 1 EMRK genügen.

---

[604] EGMR, U. v. 23.06.1981, (Le Compte, Van Leuven u. De Meyere), EuGRZ 1981, S. 551; EGMR, U. v. 08.06.1976 (Engel), EuGRZ 1976, S. 221 (231).

[605] EGMR, U. v. 26.06.1986 (Van Marl u.a.), EuGRZ 1988, S. 35.

[606] Bernhardt, Rudolf, Gerichtlicher Rechtschutz in Grund- und Menschenrechtsfragen auf Europäischer Ebene, in: K. Stern (Hrsg.) 40 Jahre Grundgesetz, Entstehung, Bewährung und internationale Ausstrahlung, 1990, S. 197 (199).

[607] Weiß, Wolfgang, Die Europäische Menschenrechtskonvention, der Grundrechtsstandard in der EU und das EG-Kartellverfahren, EWS 1997, S. 253 (254).

[608] EGMR, U. v. 29.05.1986 (Feldbrugge), EuGRZ 1988, S. 14 (16).

[609] siehe: EuGH, U. v. 29.10.1980, Rs. 209-215 u. 218/78, (Van Landewyck/Kommission), Slg. 1980, 3125 (3248); EuGH, U. v. 07.06.1983, Rs. 100-103/80, (Pioneer/Kommission), Slg. 1983, 1825 (1880).

3) Intensitätsvorgabe an die Kontrolldichte

Art. 6 Abs. 1 EMRK verlangt ein "Gericht mit umfassender Rechtsprechungsbefugnis"[610]. Das zuständige Gericht muss grundsätzlich befugt sein, die Rechtssache sowohl in tatsächlicher wie in rechtlicher Hinsicht erörtern und entscheiden zu können[611]. Folglich ist eine bloß rechtliche Nachprüfung der von der Verwaltung festgestellten Tatsachen nicht als konventionsgemäß anzusehen[612].

Auf der anderen Seite muss nach Auffassung des EGMR das Gericht nicht alle bei der Anwendung des Gesetzes auftretenden Bewertungsfragen lückenlos überprüfen. In dem Fall "Van Marle u.a." wurden Feststellungen einer Verwaltungsbehörde über bestimmte berufliche Fähigkeiten, ähnlich wie im Prüfungsrecht, als so weit entfernt von den üblichen richterlichen Aufgaben bezeichnet, dass Art. 6 Abs. 1 EMRK für das Gericht nicht einschlägig war[613]. Nach deutscher Kontrollsystematik wären diese Fälle den Beurteilungsermächtigungen zuzurechnen, die von Art. 6 EMRK damit erkennbar nicht ausgeschlossen sind[614].

Es ist zu konstatieren, dass es an einer einheitlichen Kontrollkonzeption fehlt, wie weit die gerichtliche Kontrolle des Verwaltungsermessens zu gehen hat[615]. In der Entscheidung "Obermayer" stellt der EGMR zu einer besonderen Gestaltung des österreichischen Kündigungsschutzrechts fest, dass eine Rechtsschutzreduktion konventionswidrig ist, wenn sich die Gerichte auf die Kontrolle

---

[610]EGMR, U. v. 28.06.1990 (Obermayer), EuGRZ 1990, S. 209 (210).

[611]vgl.: EGMR, U. v. 26.06.1986 (Van Marle u.a.), EuGRZ 1988, S. 35 (38); EGMR, U. v. 22.11.1995 (Bryan), Nr. 335-A; vgl.: Frowein, Jochen A./Peukert, Wolfgang, Europäische Menschenrechtskonvention, EMRK-Kommentar, 2. Aufl. 1996, Art. 6, Rdnr.59.

[612]Schmidt-Aßmann, Eberhard, in: F. Schoch/E. Schmidt-Aßmann/R. Pietzner (Hrsg.), VwGO-Kommentar, Stand Januar 2000, Einleitung, Rdnr. 144.

[613]EGMR, U. v. 26.06.1986 (Van Marle u.a.), EuGRZ 1988, S. 35 (38); Wilfinger, Peter, Das Gebot effektiven Rechtsschutzes in Grundgesetz und Europäischer Menschenrechtskonvention, 1995, S. 176.

[614]Schmidt-Aßmann, Eberhard, in: F. Schoch/E. Schmidt-Aßmann/R. Pietzner (Hrsg.), VwGO-Kommentar, Stand Januar 2000, Einleitung, Rdnr. 144.

[615]Frowein, Jochen A., Die Überprüfungsbefugnis im Rahmen des Art. 6 Abs. 1 EMRK, in: Festschrift für F. Ermacora, 1988, S.141 (143).

beschränken, ob das eingeräumte Ermessen im Sinne des zugrundeliegenden Gesetzes ausgeübt ist, das Gesetz aber keine genauen materiellen Bestimmungen über die Ausübung des Ermessen enthält[616]. Dass damit umgekehrt ein Kontrolltopos einer umfassenden gerichtlichen Ermessenüberprüfung hätte statuiert werden sollen, wird man gleichwohl nicht annehmen können[617].

Der EGMR erklärt in einer weiteren Entscheidung eine auf die Prüfung von Verfahrensfehlern reduzierte Ermessenskontrolle, die dem Gemeinschaftsrecht vergleichbar sich auf Zuständigkeitsfragen, offensichtliche Rechtsfehler und die Einhaltung von Grundsätzen von Recht und Billigkeit beschränkt, für hinreichend wirksam[618]. Diese Entscheidung stellt zwar (nur) auf Art. 1 des ersten Zusatzprotokolls, nicht aber auf Art. 6 Abs. 1 EMRK ab, weil sich der Beschwerdeführer auf letztere Garantie insoweit nicht berufen hatte. Die grundsätzlichen Erwägungen sind jedoch auf Art. 6 Abs. 1 EMRK übertragbar.

Art. 6 Abs. 1 ERMK statuiert einen Überprüfungsstandard, der nicht allein eine vollständige gerichtliche Kontrolle der Rechts- und der Zweckmäßigkeitsfragen der behördlichen Ermessensausübung für konventionsgerecht hält[619], sondern auch Einschätzungsprärogativen zugunsten der Kommission für zulässig erachtet[620]. Der Europäische Menschenrechtsgerichtshof räumt ein, dass das in Art. 6 Abs. 1 EMRK garantierte Recht nicht absolut, sondern Beschränkungen unterwerfen ist[621]. Das EuG verweist auf die Europäische Kommission für Menschenrechte, die selbst die Auffassung vertreten hat, dass Art. 230 EGV

---

616 EGMR, U. v. 28.06.1990 (Obermayer), EuGHZ 1990, S. 209 (210).
617 ebenso: Schmidt-Aßmann, Eberhard, in: F. Schoch/E. Schmidt-Aßmann/R. Pietzner (Hrsg.), VwGO-Kommentar, Stand Januar 2000, Einleitung, Rdnr. 144.
618 EGMR, U. v. 24.10.1986 (AGOSI), EuGRZ 1988, S. 513 (518).
619 so aber wohl: Weiß, Wolfgang, Die Europäische Menschenrechtskonvention, der Grundrechtsstandard in der EU und das EG-Kartellverfahren, EWS 1997, S. 253 (255).
620 Wilfinger, Peter, Das Gebot effektiven Rechtsschutzes in Grundgesetz und Europäischer Menschenrechtskonvention, 1995, S. 177, der eine Präzisierung der Kontrollkompetenz für notwendig erachtet; Rausch, Rolf, Die Kontrolle von Tatsachenfeststellungen und -würdigungen durch den Gerichtshof der Europäischen Gemeinschaften, 1994, S. 163; vgl.: EGMR, U. v. 18.02.1999 (Waite u. Kennedy), NJW 1999, S. 1173 f.
621 EGMR, U. v. 18.02.1999 (Waite u. Kennedy), NJW 1999, S. 1173 (1174).

ein Beispiel für eine begrenzte, aber doch übliche Kontrolle im Sinne des Art. 6 EMRK darstelle[622].

Es ist nicht zu erwarten, dass der Gerichtshof im Schutzbereich des Art. 6 Abs. 1 EMRK ausschließlich eine vollständige gerichtliche Kontrolle der Rechts-, aber auch der Zweckmäßigkeitsfragen der behördlichen Ermessensausübung für konventionsgerecht halten wird[623].

IV. Bilanz

Die maßgeblichen Gesichtspunkte der gerichtlichen Kontrolle sind in den Verträgen selbst aufgeführt. Aus Art. 220 EGV i.V.m. Art. 230 EGV ergibt sich eine Verpflichtung für den Gemeinschaftsrichter, das Handeln der Kommission auf dessen objektive Rechtmäßigkeit hin zu kontrollieren. Eine allgemeine Kontrollgrenze besteht durch die grundsätzliche Bindung des Richters an die Klagegründe.

Daneben enthalten die Verträge im Zusammenhang mit der Kontrolle von Sanktionen jeweils die ausdrückliche Bestimmung, dass der EuGH und das EuG insoweit die Befugnis zu "unbeschränkter Ermessensnachprüfung" besitzen bzw. ihnen diese übertragen werden kann (Art. 229 EGV, Art. 144 EAGV, Art. 36 Abs. 2 EGKSV).

Wie die nationale Rechtsordnung anerkennt auch das europäische Gemeinschaftsrecht Spielräume der Verwaltung, die nur in Grenzen gerichtlich überprüft werden können. Zur Frage, welche Anforderungen an den Kontrollmaßstab zu richten sind, enthalten die Verträge und die europäische Menschen-

---

[622]EuG, U. v. 14.05.1998, Rs. T-348/94, (Enso Espanola/Kommission), Slg. 1998, II-1884 (1899) unter Bezugnahme auf den Bericht v. 17.07.1980, in der Rs. Kaplan, DR, Band 21, S. 66.

[623]Schmidt-Aßmann, Eberhard, in: F. Schoch/E. Schmidt-Aßmann/R. Pietzner (Hrsg.), VwGO-Kommentar, Stand Januar 2000, Einleitung, Rdnr. 143.

rechtskonvention keine allgemeinverbindlichen Vorgaben, die als einheitliche Kontrolldichtekonzeption der Gemeinschaftsrechtsordnung Geltung hätten.

E. Umfang richterlicher Kontrollkompetenzen

Aus den allgemeinen Vorgaben des Gemeinschaftsrechts lassen sich für die Kontrolldichte lediglich rudimentäre Konturlinien erkennen, so dass der Umfang der gerichtlichen Überprüfung anhand sachverhaltlicher, weiterer verfahrensrechtlicher und materieller Gesichtspunkte bestimmt werden muss. Strukturell ordnen sich die Kontrollmechanismen zum einen in die Überprüfung der Tatsachenfeststellungen und zum anderen in die gerichtliche Kompetenz, Tatsachenwürdigungen der Kommission zu kontrollieren, ein[624].

I. Die Kontrolle von Tatsachenfeststellungen

Die Kontrolle von Tatsachenfeststellungen wird zum einen geprägt durch die Bindung des Richters an die Klagegründe[625], die eine Beschränkung der rechtlichen Prüfung auf die erhobenen Rügen bewirkt, und zum anderen durch die Verpflichtung zur Sachverhaltserforschung von Amts wegen.

---

[624] Danwitz, Thomas von, Verwaltungsrechtliches System und europäische Integration, 1996, S. 184; Schwarze, Jürgen, Die gerichtliche Kontrolle der europäischen Wirtschaftsverwaltung, in: J. Schwarze/E. Schmidt-Aßmann (Hrsg.), Das Ausmaß der gerichtlichen Kontrolle im Wirtschaftsverwaltungs- und Umweltrecht, 1992, S. 203 (253); Everling, Ulrich, Auf dem Wege zu einem europäischen Verwaltungsrecht, NVwZ 1987, S. 1 (7); siehe auch: EuGH, U. v. 10.10.1985, Rs. 183/84, (Rheingold), Slg. 1985, 3351 (3360); Pache, Eckhard, Die Kontrolldiche in der Rechtsprechung des Gerichtshofes der Europäischen Gemeinschften, DVBl 1998, S. 380 (382).

1) Der Untersuchungsgrundsatz als Verfahrensmaxime

a) Verfahrensrechtliche Geltung des Untersuchungsgrundsatzes im Gemeinschaftsrecht

Die Kontrolle von Tatsachenfeststellungen wird durch die Aufgabe der gerichtlichen Überprüfung vorherbestimmt. Während § 86 VwGO im deutschen Verwaltungsrecht die Untersuchungsmaxime gesetzlich normiert, fehlt es im Gemeinschaftsrecht an einer entsprechenden Vorschrift. Der Untersuchungsgrundsatz besagt, dass das Gericht den für seine Entscheidungen erheblichen Sachverhalt feststellt[626]. Bei Anwendung des Untersuchungsgrundsatzes trägt im Ergebnis das Gericht die Verantwortung für die Aufklärung des Sachverhalts.

Demgegenüber verlagert der Verhandlungsgrundsatz die Pflicht zur Beibringung des Sachverhaltes auf die Prozessbeteiligten und bindet das Gericht an das unstreitige Parteivorbringen[627]. Zu trennen davon ist die Frage der Verteilung der objektiven Beweislast, die einen ungeklärten Sachverhalt zur Voraussetzung hat. Diese prozessrechtliche Frage stellt sich sowohl bei Geltung des Untersuchungsgrundsatzes als auch bei Geltung des Verhandlungsgrundsatzes[628].

---

[625] siehe dazu: Zweites Kapitel D. II.

[626] Kirschner, Heinrich, Das Gericht erster Instanz der Europäischen Gemeinschaften, 2. Aufl. 1998, Rdnr. 114; Baumhof, Angelika, Die Beweislast im Verfahren vor dem Europäischen Gerichtshof, 1996, S. 25; André, Achim, Beweisführung und Beweislast in Verfahren vor dem Europäischen Gerichtshof, 1966, S. 10.

[627] André, Achim, Beweisführung und Beweislast in Verfahren vor dem Europäischen Gerichtshof, 1966, S. 14; Nagel, Heinrich, Die Grundzüge des Beweisrechts im europäischen Zivilprozeß, 1967, S. 27; Korsch, Hans, Prozeßmaximen, Les principes qui régissent la procédure, in: Institut für das Recht der Europäischen Gemeinschaften der Universität Köln (Hrsg.), Zehn Jahre Rechtsprechung des Gerichtshofes der Europäischen Gemeinschaften - Dix ans de jurisprudence de la Cour de Justice des Communautés Européennes, 1965, S. 122; Deppe, Günter, Die Beweislast im Verwaltungsverfahren und im Verwaltungsprozeß, 1961, S. 7; Prütting, Hanns, Die Grundlagen des Zivilprozesses im Wandel der Gesetzgebung, NJW 1980, S. 361 (362).

Die Verfahrensordnungen, die für streitige sowie nichtstreitige Verfahren vor dem EuGH und dem EuG in vielen Bereichen gleichermaßen gelten, treffen keine Entscheidung für den Verhandlungs- oder Untersuchungsgrundsatz[629]. Die Übertragung dieser Begriffe in das Prozessrecht der Gemeinschaften ist wegen der Bindungswirkung der tatsächlichen Klagegründe schwierig. Der Untersuchungsgrundsatz und der Verhandlungsgrundsatz korrespondieren mit der Bindung des Richters an die Klagegründe.

Die Verfahrensordnung gibt dem EuG und dem EuGH zwar alle erforderlichen Mittel, Art. 45-53 VerfO und Art. 64-76 VerfOG, begründet aber keine Verpflichtung, den Sachverhalt von Amts wegen zu ermitteln. So geben das Protokoll über die Satzung des Gerichtshofes der Europäischen Wirtschaftsgemeinschaft vom 17.04.1997 (EuGH-S.)[630] und die Vorschriften der Verfahrensordnungen, die die EuGH-S. ergänzen und ausgestalten, dem Richter die Befugnis, von den Parteien alle Urkunden und Auskünfte zu verlangen, ohne dass es auf deren Beweisangebote ankommt, Art. 21 EuGH-S.. Ferner können die an dem Rechtsstreit nicht beteiligten Organe und Mitgliedsstaaten von Amts wegen um Auskünfte ersucht werden. Art. 21 EuGH-S. ermöglicht auch die Einholung von Gutachten, ohne Rücksicht auf Beweisangebote der Parteien. Zeugen können gemäß Art. 47 VerfO und Art. 68 § 1 VerfOG von Amts wegen vernommen werden.

Aus der Möglichkeit, diese Befugnisse geltend zu machen, wird zum einem gefolgert, dass der Verhandlungs- und Untersuchungsgrundsatz nebeneinander gelte[631] und zum anderen, dass die Anwendung der Grundsätze im Er-

---

[628]André, Achim, Beweisführung und Beweislast in Verfahren vor dem Europäischen Gerichtshof, 1966, S. 173; Baumhof, Angelika, Die Beweislast im Verfahren vor dem Europäischen Gerichtshof, 1996, S. 25.

[629]André, Achim, Evidence before the European Court of Justice, with special reference to the Grundig/Consten Decision, CMLRev. 1967, S. 35 (38); Riese, Otto, Die Verfahrensordnung des Gerichtshofs der Europäischen Gemeinschaft für Kohle und Stahl, NJW 1953, S. 521.

[630]BGBl. II 1957, S. 1166.

[631]Korsch, Hans, Prozeßmaximen, Les principes qui régissent la procédure, in: Institut für das Recht der Europäischen Gemeinschaften der Universität Köln (Hrsg.), Zehn Jahre Rechtsprechung des Gerichtshofes der Europäischen Gemeinschaften - Dix ans de jurisprudence de la Cour de Justice des Communautés Européennes, 1965, S. 122; André, Achim, Be-

messen des Gerichts stehe[632]. Als ermessensreduzierende Tatbestände, die die Anwendung des Untersuchungsgrundsatzes erfordern sollen, werden das öffentliche Interesse am Gegenstand des Verfahrens oder an der zu klärenden Rechtsfrage angesehen[633] und die Schwere der möglichen Rechtsverletzung oder die mangelnde Verfügbarkeit der Beweismittel für eine Partei angeführt[634]. Berührt der Rechtsstreit nur private Interessen, soll der Verhandlungsgrundsatz gelten[635].

Im Rahmen des Fusionskontrollverfahrens werden sowohl private als auch öffentliche Interessen berührt. Ein allgemeingültiger Wertungsmaßstab kann nicht gebildet werden. Es bedarf einer Einzelfallentscheidung, die durch die

---

weisführung und Beweislast in Verfahren vor dem Europäischen Gerichtshof, 1966, S. 19; Günther, Werner, Die Präklusion neuer Angriffs-, Verteidigungs- und Beweismittel im Verfahren vor dem Gerichtshof der Europäischen Gemeinschaft, 1970, S. 82; Ehle, Dietrich, Klage- und Prozeßrecht des EWG-Vertrages, Stand 1973, Art. 188, Rdnr. 16 u. 18; Scherer, Joachim/Zuleeg, Manfred, Verwaltungsgerichtsbarkeit, in: M. Schweitzer (Hrsg.), Europäisches Verwaltungsrecht, 1991, S. 237; ähnlich: Lasok, K. P. E., The European Court of Justice, Practice and Procedure, 2. Aufl. 1994, S. 143.

[632] Scherer, Joachim/Zuleeg, Manfred, Verwaltungsgerichtsbarkeit, in: M. Schweitzer (Hrsg.), Europäisches Verwaltungsrecht, 1991, S. 237; André, Achim, Beweisführung und Beweislast in Verfahren vor dem Europäischen Gerichtshof, 1966, S. 28; Zweigert, Konrad, Empfiehlt es sich, Bestimmungen über den Rechtschutz zu ändern?, in: Institut für das Recht der Europäischen Gemeinschaften der Universität Köln (Hrsg.), Zehn Jahre Rechtsprechung des Gerichtshofes der Europäischen Gemeinschaften - Dix ans de jurisprudence de la Cour de Justice des Communautés Européennes, 1965, S. 579 (589); Reepinghen, Charles van/Orannie, Paul, La Procédure devant la Court de Justice des Communautés Européennes, 1961, S. 42; Slynn, Gordon, The Court of Justice of the European Communities, ICLQ 1984, S. 409 (428); Usher, John, European Court Practice, 1983, S. 191; Weber, Yves, La preuve du détournemet de pouvoir devant la Cour de Justice des Communautés Européennes, RTDE 1967, S. 507 (515); differenzierend: Baumhof, Angelika, Die Beweislast im Verfahren vor dem Europäischen Gerichtshof, 1996, S. 27.

[633] André, Achim, Beweisführung und Beweislast in Verfahren vor dem Europäischen Gerichtshof, 1966, S. 34 u. 82; Korsch, Hans, Prozeßmaximen, Les principes qui régissent la procédure, in: Institut für das Recht der Europäischen Gemeinschaften der Universität Köln (Hrsg.), Zehn Jahre Rechtsprechung des Gerichtshofes der Europäischen Gemeinschaften - Dix ans de jurisprudence de la Cour de Justice des Communautés Européennes, 1965, S. 122 (123); Lasok, K. P. E., The European Court of Justice, Practice and Procedure, 2. Aufl. 1994, S. 199; König, Jürgen, Die Tatsachenermittlung im Verfahren vor dem Gerichtshof des Europäischen Gemeinschaften, 1972, S. 197 u. 222.

[634] Brealey, Mark, The Burdon of Proof before the European Court, ELR 1985, S. 250 (259).

[635] André, Achim, Beweisführung und Beweislast in Verfahren vor dem Europäischen Gerichtshof, 1966, S. 31; Korsch, Hans, Prozeßmaximen, Les principes qui régissent la procédure, in: Institut für das Recht der Europäischen Gemeinschaften der Universität Köln (Hrsg.), Zehn Jahre Rechtsprechung des Gerichtshofes der Europäischen Gemeinschaften - Dix ans de jurisprudence de la Cour de Justice des Communautés Européennes, 1965, S. 122 (123).

Vorschriften der Verfahrensordnung indiziert ist. Umfassend Aufschluss über den Umfang der gerichtlichen Prüfung im Verhältnis der einzelnen Prozessmaximen zueinander kann nur die Rechtsprechungspraxis des EuG und EuGH geben.

b) Die Prozessmaximen in der Rechtsprechungspraxis des EuG

Die Rechtsprechungspraxis zeigt, dass das EuG keine Zurückhaltung bei der Sachaufklärung übt. Aussagekräftig bezüglich der Reichweite des Untersuchungsgrundsatzes in der Rechtsprechung des EuG waren die Verfahren wegen eines Kartells auf dem Markt für Polypropylen[636].

Die Kommission hatte festgestellt, dass verschiedene Unternehmen an den Sitzungen eines über Jahre andauernden Kartells teilgenommen hatten, in denen die jeweils Beteiligten u.a. in unterschiedlicher Weise Preise festgelegt, Preiserhöhungen beschlossen und Absatzquoten festgelegt hatten. Die klagenden Unternehmen bestritten ihre Teilnahme an diesen Verhandlungen in unterschiedlicher Weise[637]. Als Beweismittel hatte die Kommission fotokopierte Unterlagen der beteiligten Unternehmen sowie die Antworten anderer Unternehmen übermittelt.

Das Urteil des EuG zeigt eine bis ins Detail gehende Überprüfung der Beweisführung der Kommission, indem sowohl die von der Kommission als Beweismittel eingeführten Unterlagen als auch die Äusserungen beteiligter Unternehmen auf deren Aussagekraft und Schlüssigkeit hin überprüft werden[638]. Das Gericht korrigiert im Ergebnis eine Tatsachenfeststellung der Kommission. Im übrigen ist der Kommission der Beweis jedoch gelungen, wie das Ge-

[636] EuG, U. v. 17.12.1991, Rs. T-4/89, (BASF/Kommission), II-1523 (1552, 1611).
[637] EuG, U. v. 17.12.1991, Rs. T-4/89, (BASF/Kommission), Slg. 1991, II-1523 ff.
[638] allgemein: Rausch, Rolf, Die Kontrolle von Tatsachenfeststellungen und -würdigungen durch den Gerichtshof der Europäischen Gemeinschaften, 1994, S. 195.

richt im Urteil - auch unter Hinweis auf ungenauen und teilweise unrichtigen Vortrag der Klägerin - im einzelnen darlegt[639].

Die Urteile in den Polypropylen- Verfahren stellen richtungsweisende Entscheidungen dar, in denen die Kontrolldichte bei der Überprüfung der Beweisführung nicht zurückgenommen und die Ermittlung des entscheidungserheblichen Sachverhalts als Verpflichtung anerkannt wird. Diesen Befund bestätigt das EuG, wenn es ausführt, dass, falls der Kommission "*rechtlich nicht der Beweis für eine Beteiligung am Kartell gelingt, die Entscheidung annulliert wird*"[640].

Diese Rechtsprechung findet ihre Bestätigung mit der Entscheidung des EuG zu einem angeblichen Kartell von drei italienischen Glasherstellern auf den Märkten für Bauglas und Automobil-Flachglas[641]. Eine vom Gericht nach eingehender Vorbereitung durch den Berichterstatter durchgeführte mündliche Verhandlung[642] ergab, dass im Verlauf der Vorbereitung Beweisstücke durch die Dienststellen der Kommission nicht authentisch weitergegeben wurden, indem bestimmte einschlägige Passagen bewusst unkenntlich gemacht oder weggelassen worden waren. Die Beweisführung zu einem Kartell von drei Herstellern brach damit nach Auffassung des EuG zusammen, so dass die Verbotsentscheidung zu Art. 81 EGV, soweit ein Hersteller betroffen war, annulliert wurde[643].

---

[639]EuG, U. v. 07.12.1991, Rs. T-4/89, (BASF/Kommission), Slg. 1991, II-1523 (1555); siehe auch: EuG, U. v. 07.12.1991, Rs. T-6/89, (Enichem, ANIC/Kommission), Slg. 1991, II-1623 (1657).
[640]EuG, U. v. 17.12.1991, Rs. T-4/89, (BASF/Kommission), Slg. 1991, II-1523 (1555).
[641]EuG, U. v. 10.03.1992, Rs. T-68, 77 u. 78/89, (SIV u.a./Kommission), Slg. 1992, II-1403 ff.
[642]so: Kirschner, Heinrich, Die Kontrolldichte bei der Überprüfung der Entscheidungen der Kommission durch das Gericht Erster Instanz der Europäischen Gemeinschaft, 1996, S. 13.
[643]EuG, U v. 10.03.1992, Rs. T-68, 77 u. 78/89, (SIV u.a./Kommission), Slg. 1992, II-1403 (1442-1444).

Das EuG bestätigt dieses Prüfungsprogramm auch für das Fusionskontrollverfahren. In der Entscheidung "Kaysersberg" sieht sich das EuG nicht gehindert, im Detail den von der Kommission zur Ermittlung zugrunde gelegten Sachverhalt daraufhin zu überprüfen, ob nach Art. 2 Abs. 2 VO Nr. 4064/89 der Zusammenschluss eine beherrschende Stellung begründet oder verstärkt[644]. Das Gericht prüft uneingeschränkt nach, ob ein Marktanteil wertmäßig zutreffend bestimmt wurde und setzt sich dabei nicht nur mit den Einwendungen der Klägerin auseinander.

Zusammenfassend ist zu konstatieren, dass das EuG auch von Amts wegen den wirklichen, vollständigen Inhalt der Beweismittel ermittelt, um die angefochtene Entscheidung an diesem vollständigen Beweismaterial zu messen[645].

Auch von der Befugnis, sog. "prozessleitende Maßnahmen" nach Art. 64 VerfOG durchzuführen, macht das EuG Gebrauch. Beispielsweise gibt das EuG in einem einstweiligen Anordnungsverfahren, dem dadurch besondere Aufmerksamkeit zuteil wurde[646], den Parteien auf, ihm die maßgeblichen Informationen zu übermitteln, da ihm die zur Verfügung stehenden Tatsachen für die Beurteilung der Gefahr eines schweren oder nicht wiedergutzumachenden Schadens nicht ausreichten[647]. Lassen sich auf diese Weise Unklarheiten und Unstimmigkeiten nicht aufklären, so scheut sich das Gericht auch nicht vor der Durchführung weiterer Maßnahmen zur Sachverhaltsaufklärung[648].

---

[644]EuG, U. v. 27.11.1997, Rs. T-290/94, (Kaysersberg SA/Kommission), Slg. 1997, II-2144 (2206).

[645]Kirschner, Heinrich, Die Kontrolldichte bei der Überprüfung der Entscheidungen der Kommission durch das Gericht Erster Instanz der Europäischen Gemeinschaft, 1996, S. 19.

[646]Montag, Frank, Neuere Entwicklungen in der Fallpraxis zur europäischen Fusionskontrolle, Bericht EUROFORUM-Veranstaltung "Kartellrecht 1997", 1997, S. 13.

[647]EuG, B. v. 10.05.1994, Rs. T-88/94 P, (SCPA u. EMC/Kommission), Slg. 1994, II-265 (282).

[648]hierzu im einzelnen: Jung, Hans, Das Gericht erster Instanz der Europäischen Gemeinschaften, EuR 1992, S. 247 (251).

Dass das EuG bisher selten eine eigene Beweisaufnahme durchgeführt hat, lässt nicht den Schluss auf eine Zurückhaltung bei der Sachaufklärung zu[649]. Im Gegensatz zu Urteilen des EuGH findet sich in der Rechtsprechung des Gerichts kein ausdrücklicher Hinweis auf die Entbehrlichkeit einer solchen Beweisaufnahme. Des öfteren findet sich die Formulierung, dass die mündliche Verhandlung ohne vorherige Beweisaufnahme zu eröffnen war[650].

c) Der Verhandlungsgrundsatz als kumulative Prozessmaxime

Eine Einschränkung erfährt der Untersuchungsgrundsatz durch den kumulativ geltenden, verfahrensrechtlich verankerten Verhandlungsgrundsatz. Der Verhandlungsgrundsatz als Prozessmaxime ist u. a. in Art. 48 § 1 VerfOG verankert. Danach ist die Benennung von Beweismitteln in der Erwiderung oder der Gegenerwiderung erlaubt, also in dem 2. Schriftsatz der Hauptparteien, jedoch ist die Verspätung zu entschuldigen[651]. Dies korrespondiert mit der Möglichkeit, dass Beweisanträge als verspätet abgelehnt werden können[652], wodurch dem Verhandlungsgrundsatz als Prozßmaxime Geltung verliehen wird.

Auch Art. 66 § 2 VerfOG bestätigt die Geltung des Verhandlungsgrundsatzes, wonach nach einer durchgeführten Beweisaufnahme Gegenbeweise und eine Erweiterung des Beweisantritts nur unter dem Vorbehalt zugelassen sind, dass die Parteien es (selbst) für aussichtsreich erachten, weitere Ermittlungen über streitige Tatsachen anzustellen. Wenn die Parteien dies negieren, braucht der Richter von Amts wegen keine Beweise zu erheben[653]. Dies gilt insbesondere, wenn der Parteivortrag selbst unsubstantiiert ist. Verletzen die

---

[649] Rausch, Rolf, Die Kontrolle von Tatsachenfeststellungen und -würdigungen durch den Gerichtshof der Europäischen Gemeinschaften, 1994, S. 195.
[650] EuG, U. v. 12.12.1991, Rs. T-30/90, (Hilti/Kommission), Slg. 1991, II-1439 ff.
[651] Kirschner, Heinrich, Die Kontrolldichte bei der Überprüfung der Entscheidungen der Kommission durch das Gericht Erster Instanz der Europäischen Gemeinschaft, 1996, S. 14.
[652] so: EuG, U. v. 06.04.1995, Rs T-145/89, (Baustahlgewerbe/Kommission), Slg. 1995, II-987 ff.

Parteien ihre Obliegenheit, an der Aufklärung des Sachverhalts mitzuwirken, kann das Gericht von einer eigenen Prüfung absehen.

Ein aussagekräftiges Beispiel in der Anwendungspraxis des EuG zum Verhandlungsgrundsatz sind erneut die Polypropylen- Verfahren. Dort hatte die Klägerin Rhône-Poulenc vorgetragen, sie habe den in den Kartellsitzungen festgelegten Preiszielen nicht zugestimmt, was sich auch daraus ergebe, dass bei ihr keine Preisinstruktionen gefunden worden seien. Das Gericht antwortete (u.a.) wie folgt:

"Da bewiesen ist, dass die Klägerin eine regelmäßige Teilnehmerin an den Sitzungen gewesen ist und daher an der Sitzung vom 26. und 27. Dezember 1990 teilgenommen hat, kann sie nicht behaupten, der Preisinitiative vom September 1979 nicht zugestimmt zu haben, ohne Anhaltspunkte für die Erhärtung dieser Behauptung vorzutragen"[654].

Der Umstand, dass die Kommission keine spezifischen Beweismittel gefunden hatte, reichte folglich nicht aus[655]. Das Gericht sieht Ermittlungen als überflüssig an, die die Parteien selbst nicht für notwendig oder aussichtsreich halten[656]. Neue Angriffs- und Verteidigungsmittel können im Laufe des Verfahrens nicht mehr vorgebracht werden, es sei denn, dass sie auf rechtliche oder tatsächliche Gründe gestützt werden, die erst während des Verfahrens zu Tage getreten sind[657].

[653]Kirschner, Heinrich, Das Gericht erster Instanz der Europäischen Gemeinschaften, 2. Aufl. 1998, Rdnr. 115; ders., Die Kontrolldichte bei der Überprüfung der Entscheidungen der Kommission durch das Gericht Erster Instanz der Europäischen Gemeinschaft, 1996, S. 14.
[654]EuG, U. v. 24.10.1991, Rs. T-1/89, (Rhône-Poulenc/Kommission), Slg. 1991, II-867 (1058).
[655]EuG, U. v. 24.10.1991, Rs. T-1/89, (Rhône-Poulenc/Kommission), Slg. 1991, II-867 (1058); siehe dazu auch: Rausch, Rolf, Die Kontrolle von Tatsachenfeststellungen und -würdigungen durch den Gerichtshof der Europäischen Gemeinschaften, 1994, S. 184, der ein solches Vorgehen mit der Untersuchungsmaxime nicht für vereinbar hält.
[656]Kirschner, Heinrich, Die Kontrolldichte bei der Überprüfung der Entscheidungen der Kommission durch das Gericht Erster Instanz der Europäischen Gemeinschaft, 1996, S. 16.
[657]EuG, U. v. 27.02.1998, Rs. T-106/95, (FFSA u.a./Kommission), Slg. 1998, II-233 (249) Kirschner, Heinrich, Das Gericht erster Instanz der Europäischen Gemeinschaften, 2. Aufl. 1998, Rdnr. 109; vgl. auch: EuG, U. v. 11.12.1996, Rs. T-521/93 (Atlanta AG u.a./Europäische Gemeinschaft), Slg. 1996, II-1710 ff.

In diesen Grundsätzen ist eine (vernünftige) Einschränkung des Untersuchungsgrundsatzes zu sehen, die das Prüfprogramm der Gemeinschaftsrichter bestimmen.

2) Vergleich und Bewertung

Im Gegensatz zum Gemeinschaftsrecht findet sich im deutschen Verwaltungsprozessrecht eine ausdrückliche Regelung der Geltung des Untersuchungsgrundsatzes in § 86 Abs. 1 VwGO. Hiernach hat das Gericht den Sachverhalt von Amts wegen zu erforschen und ist an das Vorbringen und an die Beweisanträge der Beteiligten nicht gebunden. Diese Stellung und Funktion des Amtsermittlungsgrundsatzes im System der Prozessmaximen hat das gemeinschaftsrechtliche Prozessrecht nicht übernommen.

Die sich aufdrängende Befürchtung, dass aufgrund der Kombination der Prozessmaxime Verhandlungs- und Untersuchungsgrundsatz in der gerichtlichen Praxis der Gemeinschaftsrichter Schwierigkeiten auftreten könnten, hat sich nicht bestätigt[658]. Die Durchführung umfangreicher eigener Aufklärungsmaßnahmen ist wegen den hohen Anforderungen an die Beteiligung der Prozessparteien selten notwendig[659]. Die administrative Erfassung des entscheidungserheblichen Sachverhalts gehört sowohl im Gemeinschaftsrecht als auch im deutschen Verwaltungsrecht zu den stringenten Gegenständen, die auf Vollständigkeit und Richtigkeit hin überprüft werden müssen[660]. Dieser

[658]vgl. dazu: Rengeling, Hans-Werner/Middeke, Andreas/Gellermann, Martin, Rechtsschutz in der Europäischen Gemeinschaft, 1994, Rdnr. 593.

[659]Everling, Ulrich, Zur richterlichen Kontrolle der Tatsachenfeststellung und Beweiswürdigung durch die Kommission in Wettbewerbssachen, WuW 1989, S. 877 (886); Herdegen, Matthias/Richter, Stefan, Die Rechtslage in den europäischen Gemeinschaften, in: J.A. Frowein (Hrsg.), Die Kontrolldichte bei der gerichtlichen Überprüfung von Handlungen der Verwaltung, 1993, S. 209 (213); Rausch, Rolf, Die Kontrolle von Tatsachenfeststellungen und -würdigungen durch den Gerichtshof der Europäischen Gemeinschaften, 1994, S. 187.

[660]Adam, Winfried Anselm, Die Kontrolldichte-Konzeption des EuGH und der deutschen Gerichte, 1993, S. 224.

beiden Rechtsordnungen gemeinsame Ansatzpunkt wird durch die Geltung verschiedener Verfahrensgrundsätze überlagert[661].

Wie gezeigt wurde, beruht die Sachverhaltskontrolle durch das EuG prinzipiell auf den entsprechenden Urkunden der Akten und wird in aller Regel auch auf die aktenkundigen Umstände beschränkt[662]. In einzelnen Fällen sind jedoch Tendenzen erkennbar, die dem Untersuchungsgrundsatz einen gewissen Vorrang einräumen[663]. Die Entscheidungspraxis zeigt, dass das EuG oft minutiös auf die Überzeugungskraft der vorgebrachten Dokumente und sonstigen Beweismittel eingeht und die streitgegenständliche Entscheidung aufhebt, wenn die vorgetragenen Dokumente den der Entscheidung zugrundegelegten Sachverhalt nicht bzw. nicht in vollem Umfang beweisen können[664].

Es ist nicht zu bestreiten, dass für das Verständnis der gerichtlichen Kontrolle, die das EuG über exekutive Sachverhaltsfeststellungen ausübt, eine grundlegende Orientierung an dem aus dem französischen Verwaltungsrecht stammenden "qualification juridique des faits" von großer Bedeutung ist[665].

---

661 Danwitz, Thomas von, Verwaltungsrechtliches System und europäische Integration, 1996, S. 183; allgemein: Böhm, Monika, Die gerichtliche Kontrolle von Verwaltungsentscheidungen in Deutschland, DÖV 2000, S. 990 ff.

662 siehe dazu auch: EuGH, U. v. 14.03.1990, Rs. C-156/87, (Gestetner Holdings/Rat u. Kommission), Slg. 1990, I-781 (839); EuGH, U. v. 05.10.1988, Rs. 277 u. 300/85, (Canon/Rat), Slg. 1988, 5731 (5808); EuG, U. v. 27.02.1992, Rs. T-19/91, (Vichy/Kommission), Slg. 1992, II-417 ff.; EuGH, U. v. 14.03.1990, Rs. C-156/87, (Gestetner Holdings/Rat u. Kommission), Slg. 1990, I-781 (839); EuGH, U. v. 05.10.1988, Rs. 250/85, (Brother/Rat), Slg. 1988, 5683 (5721).

663 ebenso: Nolte, Norbert, Beurteilungsspielräume im Kartellrecht der Europäischen Gemeinschaft und der Bundesrepublik Deutschland, 1997, S. 103; a. A.: Danwitz, Thomas von, Verwaltungsrechtliches System und europäische Integration, 1996, S. 183.

664 EuG, U. v. 24.10.1991, Rs. T-1/89, (Rhône-Poulenc/Kommission), Slg. 1991, II-867 ff.; EuG, U. v. 17.12.1991, Rs. T-7/89, (Hercules Chemicas/Kommission), Slg. 1991, II-1711 ff.; bestätigt durch: EuGH, U. v. 06.05.1995, Rs. C-310/93, (Hercules Chemicas/Kommission), Slg. 1995, I-865 ff.; EuG, U. v. 10.03.1992, Rs. T-11/89, (Schell/Kommission), Slg. 1992, II-762 (791 ff., 883).

665 Schlette, Volker, Die verwaltungsgerichtliche Kontrolle von Ermessensakten in Frankreich, 1991, S. 209 m.w.N.

II. Die Kontrolle der Tatsachenwürdigung und Gestaltungsspielräume

Die Kontrolldichte wird im wesentlichen durch die Feststellung bestimmt, inwieweit das EuG die von der Kommission durchgeführte Tatsachenwürdigung einer gerichtlichen Nachprüfung unterzieht. Stellt das Gericht einen Gestaltungsspielraum fest, schließt sich die Frage an, wie weit die richterliche Kontrolle für diesen Fall reicht.

1) Ausgangspunkt: Art. 33 Abs. 1 Satz 2 EGKSV

Ausgangspunkt für die Überlegungen zur Reichweite der Kontrolle der Tatsachenwürdigung in der Fusionskontrolle muss Art. 33 Abs. 1 Satz 2 EGKSV sein, der eine ausdrückliche Vorgabe zur Kontrolldichte enthält[666].

Gemäß Art. 33 Abs. 1 Satz 1 EGKSV ist der Gerichthof zur Entscheidung über Nichtigkeitsklagen gegen Entscheidungen und Empfehlungen der Hohen Behörde[667] wegen Unzuständigkeit, Verletzung wesentlicher Formvorschriften, Verletzung des Vertrages oder irgendeiner bei seiner Durchführung anzuwendenden Rechtsnorm oder wegen Ermessensmissbrauchs zuständig. Die Prüfungskompetenz wird gemäß Art. 33 Abs. 1 Satz 2 EGKSV dahingehend eingeschränkt, dass die Nachprüfung grundsätzlich sich nicht auf die Würdigung der aus den wirtschaftlichen Tatsachen oder Umständen sich ergebenden Gesamtlage erstrecken darf, die zu den angefochtenen Entscheidungen oder Empfehlungen geführt hat. Dies gilt nicht, wenn der Kommission der Vorwurf

---

[666]für das Wettbewerbsrecht: Herdegen, Matthias/Richter, Stefan, Die Rechtslage in den europäischen Gemeinschaften, in: J.A. Frowein (Hrsg.), Die Kontrolldichte bei der gerichtlichen Überprüfung von Handlungen der Verwaltung, 1993, S. 209 (217); Rausch, Rolf, Die Kontrolle von Tatsachenfeststellungen und -würdigungen durch den Gerichtshof der Europäischen Gemeinschaften, 1994, S. 202; Adam, Winfried Anselm, Die Kontrolldichte-Konzeption des EuGH und der deutschen Gerichte, 1993, S. 154; Bebr, Gerhard, Development of Judical Control of the European Communities, 1981, S. 127; Krück, Hans, in: H. von der Groeben/J. Thiesing/C.-D. Ehlermann, Kommentar zum EU/EG-Vetrag, 5. Aufl. 1997, Art. 173, Rdnr. 103.

[667]gemäß Art. 9 des Fusionsvertrages v. 08.04.1965, ABl. 1967 Nr. 152, Satz 2: "Kommission".

gemacht wird, sie habe ihr Ermessen missbraucht oder die Bestimmung des Vertrages oder irgendeiner bei seiner Durchführung anzuwendenden Rechtsnorm offensichtlich verkannt.

a) Einschätzungsprärogative bei der Beurteilung wirtschaftlicher Komplexe

Art. 33 Abs. 1 Satz 2 EGKSV entzieht dem Gericht die Nachprüfung der Würdigung der Gesamtlage, die sich aus den wirtschaftlichen Tatsachen oder Umständen ergibt. Die Tragweite des hierin zum Ausdruck kommenden Kontrollverbots hängt im wesentlichen davon ab, welche inhaltliche Bedeutung dem Begriff der wirtschaftlichen Gesamtlage beizumessen ist, insbesondere auch im Hinblick auf die kontrollrelevanten Ermächtigungen der Art. 2 Abs. 1 VO Nr. 4064/89 und Art. 8 VO Nr. 4064/89.

aa) Bedeutungsgehalt der Reduktion gerichtlicher Kontrolldichte

Gerade im älteren Schrifttum wird aus der Formulierung des Normtextes die Schlussfolgerung gezogen, dass jede Würdigung wirtschaftlicher Tatsachen und Umstände der Kontrolle des Gerichtshofs grundsätzlich entzogen sei[668]. Zur Begründung wird angeführt, dass die Bewertung wirtschaftlicher Fakten der Kommission ein Ermessen einräume, und diese nicht einer unzulässigen Kontrolle durch den Gerichtshof unterliege[669].

[668]Boulois, Jean, Droit institutionel des communautés europèenes, 2. Aufl. 1990, S. 276; Jerusalem, Franz W., Das Recht der Montanunion, 1954, S. 51; Lasok, K. P. E., Judicial Review of Issues of Fact in Competition Cases, ECLR 1983, S. 85 (87); Rupprecht, W., Die Nachprüfungskompetenz des Europäischen Gerichtshofes gegenüber Ermessenshandlungen der Exekutive in der Montanunion und der Europäischen Gemeinschaften, 1962, S. 33; Schermers, Henry G./Waelbroek, Denis, Judical Protection in the European Communities, 5. Aufl. 1992, § 310; Ule, Carl Hermann, Der Gerichtshof der Montangemeinschaft als europäisches Verwaltungsgericht, DVBl 1952, S. 65 (69).

[669]Rupprecht, W., Die Nachprüfungskompetenz des Europäischen Gerichtshofes gegenüber Ermessenshandlungen der Exekutive in der Montanunion und der Europäischen Gemeinschaften, 1962, S. 34; dagegen: Schlochauer, Hans-Jürgen, Die Gerichtsbarkeit der Europäischen Gemeinschaft für Kohle und Stahl, ArchVR 1952, S. 385 (404), der den eigenständigen, dem französischen Recht verwandten Charakter der EGKSV hervorhebt.

Nach anderer Ansicht ergibt sich aus Art. 33 Abs. 1 Satz 2 EGKSV keine Beschränkung für die Nachprüfung der Würdigung einzelner Tatsachenumstände[670]. Von der Nachprüfung ausgeschlossen seien dagegen die zusammenfassenden Schlüsse, die aus der Fülle von einzelnen Gesichtspunkten und Umständen zu ziehen seien und insofern die Bewertung einer komplexen ökonomischen Situation in einer diagnostischen und häufig prognostischen Gesamtschau erfordere[671].

Dieser Auffassung hat sich der EuGH und das EuG in ständiger Rechtsprechung angeschlossen. Wie bereits festgestellt, unterliegen danach die Feststellungen der Tatsachen und Umstände selbst der vollen Nachprüfbarkeit durch die Gerichte. Lediglich in der Würdigung der aus den festgestellten Tatsachen zu ziehenden Schlüsse ist die Nachprüfungskompetenz der Gemeinschaftsrichter beschränkt[672].

---

[670]vgl.: Krück, Hans, in: H. von der Groeben/J. Thiesing/C.-D. Ehlermann, Kommentar zum EU/EG-Vetrag, 5. Aufl. 1997, Art. 173, Rdnr. 104; Delvaux, Louis, La Cour de Justice de la C.E. du Charbon et de l`Acier, 1956, S. 24; Steindorff, Ernst, Die Nichtigkeitsklage im Recht der Europäischen Gemeinschaften für Kohle und Stahl, 1952, S. 131.

[671]Schlussantrag des GA Lagrange (ohne Datum), EuGH, Rs. 3/54 (Assider/Hohe Behörde), Slg. 1954/55, 152 (180); Baumann, Fritz-Achim, Die Nachprüfungsbefugnis des Gerichtshofes der Europäischen Gemeinschaft gegenüber Würdigungen der wirtschaftlichen Gesamtlage durch die Exekutivorgane der Gemeinschaften, 1965, S. 120; Becker, Peter, Der Einfluß des französischen Verwaltungsrechts auf das Recht der europäischen Gemeinschaften, 1963, S. 71; Vandersanden, George/Barav, Ami, Contentieux Communautaire, 1977, S. 204; Herdegen, Matthias/Richter, Stefan, Die Rechtslage in den europäischen Gemeinschaften, in: J.A. Frowein (Hrsg.), Die Kontrolldichte bei der gerichtlichen Überprüfung von Handlungen der Verwaltung, 1993, S. 209 (218).

[672]EuG, U. v. 24.09.1996, Rs. T-57/91, (NALOO/Kommission), Slg. 1996, II-1023 (1052); EuGH, U. v. 21.03.1955, Rs. 6/54, (Niederlande/Hohe Behörde), Slg. 1954/55, 213 (235); EuGH, U. v. 18.03.1980, Rs. 154, 205, 206, 226-228, 263, 264/78, 39, 31, 83 u. 85/79 (Valsabbia u.a./Kommission), Slg. 1980, 907 ff.; a. A.: Nolte, Norbert, Beurteilungsspielräume im Kartellrecht der Europäischen Gemeinschaft und der Bundesrepublik Deutschland, 1997, S. 29, der "Widersprüchlichkeiten" in der Rechtsprechung des Gerichtshofs ausmacht und Art. 33 Abs. 1 Satz 2 EGKSV nur den Hinweis entnimmt, dass es vorbehaltene Beurteilungskompetenzen geben müsse.

bb) Anlehnung an "recours pour excés de pouvoir"

Die zitierte Rechtsprechung zu Art 33 Abs 1 Satz 2 EGKSV überzeugt aus folgenden Gründen: Sowohl der Wortlaut der Vorschrift als auch die Zielsetzung des Art. 33 EGKSV sprechen für die Praxis der Gerichte und gegen die dargestellte Auffassung in Teilen der Literatur. Die Vorschrift ist unbestritten in Anlehnung an den "recours pour excés de pouvoir" des französischen Verwaltungsrechts formuliert und ausgestaltet worden[673]. Die französische Fassung spricht von der "appréciation de la situation découlant des faits ou circonstances économiques". Diese Fassung des Vertragstextes stützt damit die Auffassung der Gerichte, dass nicht die "appréciation des faits ou circonstances économiques" in ihrer Gesamtheit der richterlichen Nachprüfung entzogen werden soll, sondern nur die "situation". Der Kommission soll nur die Würdigung, die sich aus einer Gesamtheit von wirtschaftlichen Einzeltatsachen und Umständen zusammenfasst, vorbehalten sein[674].

Des weiteren heisst es in der deutschen amtlichen Begründung zu Art. 33 EGKSV, dass die richterliche Kontrolle des Gerichtshofs nicht an Stelle der Hohen Behörde zum höchsten Willensorgan der Gemeinschaft in wirtschaftlichen Fragen gemacht wurde[675]. Diese Begründung der Kontrollbeschränkung aus Gründen der Gewaltenteilung ergibt sich auch aus dem Bericht der französischen Delegation, auf die Generalanwalt *Roemer* ebenfalls in der Rechtssache "Niederlande/Hohe Behörde" Bezug genommen hat[676].

---

[673]Matthies, Heinrich, Zur Nachprüfungsbefugnis des Gerichtshofs der Montanunion, ZaöRV 16, S. 427 (432); Herdegen, Matthias/Richter, Stefan, Die Rechtslage in den europäischen Gemeinschaften, in: J.A. Frowein (Hrsg.), Die Kontrolldichte bei der gerichtlichen Überprüfung von Handlungen der Verwaltung, 1993, S. 209 (217).

[674]Baumann, Fritz-Achim, Die Nachprüfungsbefugnis des Gerichtshofes der Europäischen Gemeinschaft gegenüber Würdigungen der wirtschaftlichen Gesamtlage durch die Exekutivorgane der Gemeinschaften, 1965, S. 60; Rausch, Rolf, Die Kontrolle von Tatsachenfeststellungen und -würdigungen durch den Gerichtshof der Europäischen Gemeinschaften, 1994, S. 206.

[675]zitiert nach: Schlussantrag des GA Roemer v. 04.02.1955, EuGH, Rs. 6/54, (Niederlande/Hohe Behörde), Slg. 1954/55, 243 (258).

[676]Schlussantrag des GA Roemer v. 04.02.1955, EuGH, Rs. 6/54, (Niederlande/Hohe Behörde), Slg. 1954/55, 243 (258); siehe dazu auch: Baumann, Fritz-Achim, Die Nachprüfungs-

Den Gerichten verbleibt ein eingeschränkter Kontrollmaßstab, da die Versagung jeglicher Kontrolle bei der einfachen Würdigung ökonomischer Fakten mit der Pflicht zur Rechtmäßigkeitskontrolle des EuGH und des EuG nicht vereinbar wäre. Eine grundsätzliche Verschiebung des Kontrollumfangs würde über die mit Art. 33 Abs. 1 Satz 2 EGKSV verknüpften Intentionen hinausgehen[677].

Es bleibt festzuhalten, dass Art. 33 Abs. 1 Satz 2 EGKSV eine Einschätzungsprärogative der Kommission bezüglich der Bewertung und Beurteilung einer komplexen ökonomischen Situation statuiert. Die Feststellungen der Tatsachen und Umstände selbst unterliegen der vollen Nachprüfbarkeit durch den EuGH und das EuG.

b) Aufgabe der beschränkten Kontrolle wirtschaftspolitischer Entscheidungen

Der erste Teil von Art. 33 Abs. 1 Satz 2 EGKSV setzt der Kontrolle der wirtschaftspolitischen Entscheidungen der Kommission durch den Gemeinschaftsrichter Grenzen, während der zweite Teil diese Grenzen für den Fall aufhebt, dass der Kläger einen Ermessensmissbrauch oder eine offensichtliche Verkennung des Vertrages geltend macht.

aa) Rüge des "Ermessensmißbrauchs" und der "offensichtlichen Verkennung"

Damit der Gemeinschaftsrichter die sich aus den wirtschaftlichen Tatsachenumständen ergebende Gesamtlage, die zu der angefochtenen Entscheidung geführt hat, nachprüfen kann, ist es erforderlich und ausreichend, dass die

---

befugnis des Gerichtshofes der Europäischen Gemeinschaft gegenüber Würdigungen der wirtschaftlichen Gesamtlage durch die Exekutivorgane der Gemeinschaften, 1965, S. 60 ff.

[677] Rausch, Rolf, Die Kontrolle von Tatsachenfeststellungen und -würdigungen durch den Gerichtshof der Europäischen Gemeinschaften, 1994, S. 209; vgl.: Rupprecht, W., Die Nach-

Rüge des "Ermessensmissbrauchs" und der "offensichtlichen Verkennung der Bestimmungen des Vertrages" auf schlüssige Indizien gestützt wird[678]. Insofern konkretisiert die Vorschrift den im Gemeinschaftsrecht geltenden Grundsatz der Bindung des Gerichtshofs an die vom Kläger dargelegten Klagegründe[679]. Eine formelhafte Berufung auf das Vorliegen eines Ermessensmissbrauchs bzw. einer offensichtlichen Verkennung des Vertrages genügt für eine solche Rüge nicht[680], andererseits ist aber auch ein Beweis des Vorliegens der genannten Klagegründe nicht erforderlich[681].

bb) "Ermessensmißbrauch" als "détournement de pouvoir"

Ein Ermessensmissbrauch im Sinne des Art. 33 EGKSV liegt vor, wenn eine Befugnis zu einem anderen Zweck ausgeübt wird, als demjenigen, zu dem der Exekutive diese Befugnis gewährt worden ist[682]. Der gesetzlich vorgesehene Zweck kann sich aus der Ermächtigungsnorm selbst wie auch aus der allge-

---

prüfungskompetenz des Europäischen Gerichtshofes gegenüber Ermessenshandlungen der Exekutive in der Montanunion und der Europäischen Gemeinschaften, 1962, S. 36.

678 EuG, U. v. 24.09.1996, Rs. T-57/91, (NALOO/Kommission), Slg. 1996, II-1023 (1053); siehe auch: Matthies, Heinrich, Zur Nachprüfungsbefugnis des Gerichtshofs der Montanunion, ZaöRV 16, S. 427 (433).

679 dazu: Zweites Kapitel D. II.

680 Daig, Hans-Wolfram, Nichtigkeits- und Untätigkeitsklagen im Recht der europäischen Gemeinschaften, 1985, Rdnr. 417; Toth, Akos G., Legal Protection of individuels in the European Communities, II., Remedies and Procedures, 1978, S. 80; vgl. zu den Anforderungen an eine Klageschrift: EuG, U. v. 06.05.1997, Rs. T-195/95, (Guérin automobiles/Kommission), Slg. 1997, II-681 ff.; EuG, B. v. 06.02.1997, Rs. T-64/96, (de Jorio/Rat), Slg. 1997, II-129 (136).

681 EuGH, U. v. 21.03.1955, Rs. 6/54 (Niederlande/Hohe Behörde), Slg. 1955/56, 213 (237); EuGH, U. v. 18.03.1980, Rs. 104, 205, 226-228, 264/78, (Valsabbia u.a./Kommission), Slg. 1980, 907 (992).

682 ständige Rechtsprechung: EuGH, U. v. 21.03.1955, Rs. 6/55, (Niederlande/Hohe Behörde), Slg. 1954/55, 213 (239); EuGH, U. v. 12.11.1996, Rs. C-84/94, (Vereinigtes Königreich/Rat), EuZW 1997, S. 751 (756); allgemein: EuG, U. v. 16.07.1998, Rs. T-72/97, (Proderec/Kommission), Slg. 1998, II-2850 (2883); Lasok, K. P. E., The European Court of Justice, Practice and Procedure, 2. Aufl. 1994, S. 210; Schwarze, Jürgen, Die gerichtliche Kontrolle der europäischen Wirtschaftsverwaltung, in: J. Schwarze/E. Schmidt-Aßmann (Hrsg.), Das Ausmaß der gerichtlichen Kontrolle im Wirtschaftsverwaltungs- und Umweltrecht, 1992, S. 203 (211); Meister, Burkhardt W., Ermessensmißbrauch oder détournement de pouvoir als Fehlertatbestand der Nichtigkeitsklage des Montanvertrages, 1971, S. 102, Clever, Friedrich, Ermessensmißbrauch und détournement de pouvoir nach dem Recht der europäischen Gemeinschaften im Licht der Rechtsprechung ihres Gerichtshofes, 1967, S. 119.

meinen Zielbestimmung des Vertrages ergeben[683]. Mit der Bestimmung des Art. 33 EGKSV wurde weitestgehend die Konzeption des "détournement de pouvoir" übernommen[684].

In der Zusammenschau der Rechtsprechung fällt auf, dass die jüngere Judikatur offenbar verstärkt eine Objektivierung des Begriffes des "Ermessensmißbrauchs" verfolgt[685]. Danach wird ein Ermessensmissbrauch auch dann angenommen, wenn die Kommission objektiv, infolge schwerwiegenden Mangels an Voraussicht oder Umsicht, was einer Verkennung des gesetzlichen Zwecks gleichkommt[686], andere Ziele als diejenigen verfolgt, zu deren Erreichung ihr die streitige Befugnis übertragen wurde[687]. Damit wird die Prüfung des Ermessensmissbrauchs von einer objektiven Eignungsprüfung überlagert. Die Vorgehensweise lässt insofern eine Parallele zum deutschen Verwaltungsrecht erkennen, das den Ermessensmissbrauch in Form sachfremder Erwägungen, die objektiv nach dem Gesetzestext bestimmt werden, anerkennt[688].

Ein Verfahrensmissbrauch, der vom EuGH und vom EuG als Unterfall des Ermessensmissbrauchs angesehen wird[689], liegt vor, wenn die konkrete Maßnahme zwar mit den allgemeinen Zielen des Gemeinschaftsrechts überein-

---

[683] ständige Rechtsprechung: EuGH, U. v. 21.12.1954, Rs. 1/54 (Frankreich/Hohe Behörde), Slg. 1954/55, 13 (34); Schwarze, Jürgen, Europäisches Verwaltungsrecht, 1988, S. 315.

[684] Becker, Peter, Der Einfluß des französischen Verwaltungsrechts auf das Recht der europäischen Gemeinschaften, 1963, S. 72; Bleckmann, Albert, Europarecht, 6. Aufl. 1997, Rdnr. 878.

[685] Bleckmann, Albert, Europarecht, 6. Aufl. 1997, Rdnr. 878; Clever, Friedrich, Ermessensmißbrauch und détournement de pouvoir nach dem Recht der europäischen Gemeinschaften im Licht der Rechtsprechung ihres Gerichtshofes, 1967, S. 132; Rausch, Rolf, Die Kontrolle von Tatsachenfeststellungen und -würdigungen durch den Gerichtshof der Europäischen Gemeinschaften, 1994, S. 213.

[686] Rausch, Rolf, Die Kontrolle von Tatsachenfeststellungen und -würdigungen durch den Gerichtshof der Europäischen Gemeinschaften, 1994, S. 213; vgl.: EuGH, U. v. 17.07.1997, Rs. C-183/95, (Affish BV), Slg. 1997, I-4315 (4376).

[687] EuGH, U. v. 29.09.1987, Rs. 351 u. 360/85, (Fabrique de Fer de Charleroi/Kommission), Slg. 1987, 3639 (3674).

[688] Rausch, Rolf, Die Kontrolle von Tatsachenfeststellungen und -würdigungen durch den Gerichtshof der Europäischen Gemeinschaften, 1994, S. 213.

[689] EuGH, U. v. 14.07.1988, Rs. 33, 44, 110, 226 u. 285/86, (Stahlwerke Peine, Salzgitter/Kommission), Slg. 1988, 4309 (4338); EuGH, U. v. 21.06.1988, Rs. 52 u. 57/87, (ISA/Kommission), Slg. 1988, 3305 (3327).

stimmt, zur Verwirklichung dieser Ziele jedoch ein unzulässiges Verfahren gewählt wird[690].

Eine Rechtshandlung der Kommission ist dann ermessensmissbräuchlich, wenn aufgrund objektiver, schlüssiger und übereinstimmender Indizien anzunehmen ist, dass sie ausschließlich oder zumindest vorwiegend zu anderen als den angegebenen Zwecken oder mit dem Ziel vorgenommen worden ist, ein zur Bewältigung der konkreten Situation speziell vorgesehenes Verfahren zu umgehen[691].

cc) Begriff der "offensichtlichen Verkennung" als Willkürgrenze

Mit dem Begriff der "offensichtlichen Verkennung" im Sinne des Art. 33 Abs. 1 Satz 2 EGKSV hat sich der EuGH und das EuG in seiner Rechtsprechung nur selten auseinandergesetzt. In der Entscheidung "Niederlande/Hohe Behörde" führt der EuGH aus, der Begriff "offensichtlich" setzt voraus, dass die Verkennung der Bestimmung einen "gewissen Grad" erreicht haben muss[692].

Das EuG setzt sich bislang einmal ausdrücklich zu Art 33 EGKSV mit diesem Begriff auseinander. In dem Urteil "NALOO/Kommission" vertritt das Gericht die Auffassung, dass der Begriff "offensichtlich" einen Verstoß gegen Rechtsvorschriften voraussetzte, der so schwerwiegend sei, dass er sich als Folge eines eindeutigen Irrtums bei der Würdigung der Lage, die zu der Entscheidung geführt habe, im Hinblick auf die Bestimmungen des Vertrages erweise[693]. Auch diese jüngste Rechtsprechung ist in der Begriffbestimmung nicht

---

[690] Daig, Hans-Wolfram, Nichtigkeits- und Untätigkeitsklagen im Recht der europäischen Gemeinschaften, 1985, Rdnr. 227; Herdegen, Matthias/Richter, Stefan, Die Rechtslage in den europäischen Gemeinschaften, in: J.A. Frowein (Hrsg.), Die Kontrolldichte bei der gerichtlichen Überprüfung von Handlungen der Verwaltung, 1993, S. 209 (220).
[691] EuG, U. v. 24.09.1996, Rs. T-57/91, (NALOO/Kommission), Slg. 1996, II-1023 (1098); EuGH, U. v. 13.11.1990, Rs. C-331/88, (Fedesa u.a.), Slg. 1990, I-4023 ff.
[692] EuGH, U. v. 21.03.1955, Rs. 6/54, (Niederlande/Hohe Behörde), Slg. 1954/55, 213 (218, 237).
[693] EuG, U. v. 24.09.1996, Rs. C-57/91, (NALOO/Kommission), Slg. 1996, II-1023 (1054).

eindeutig. Während die Formulierung "schwerwiegend" darauf hindeutet, dass die "offensichtliche Verkennung" sich nach der Schwere des Verstoßes definiert, geben die sich anschließenden gerichtlichen Äußerungen Anlass, eine Evidenzkontrolle als Maßstab für die Offensichtlichkeit heranzuziehen.

In der Literatur wird der Begriff der "offensichtlichen Verkennung" folgerichtig zum Teil als sehr schwerer Verstoß definiert[694]. Es wird gefordert, dass durch den Verstoß der Bestand der Montanunion gefährdet sein müsse[695]. Teilweise wird auch die Evidenz des Verstoßes als entscheidend angesehen und auf das Merkmal abgestellt, dass der Richter die Verletzung ohne weiteres auf den ersten Blick erkennen können müsse[696]. Die überwiegende Auffassung im Schrifttum versteht unter der "offensichtlichen Verkennung" die eindeutige Überschreitung der Grenzen des der Hohen Behörde (Kommission) eingeräumten Ermessens[697]. Auch die vom EuG verwendete Formel des "eindeutigen Irrtums" bestätigt trotz der widersprüchlichen Ansätze die überwiegende Auffassung im Schrifttum. Es ist entscheidend, ob die untersuchte Wertung der Kommission eine Rechtsverletzung eindeutig erkennen lässt, d.h. zweifelsfrei über die Grenzen des ihr eingeräumten Ermessens hinausgeht. Die vom Gericht vorgenommene Kontrolle läuft letztendlich auf eine Willkürprüfung hinaus[698].

---

[694]Toth, Akos G., Legal Protection of individuels in the European Communities, II., Remedies and Procedures, 1978, S. 80; Vandersanden, George/Barav, Ami, Contentieux Communautaire, 1977, S. 205.

[695]Ule, Carl Hermann, Der Gerichtshof der Montangemeinschaft als europäisches Verwaltungsgericht, DVBl 1952, S. 65 (70).

[696]Boulois, Jean/Chevallier, Roger-Michel, Grands Arrêts de la Cour de Justice des Communautés Européennes I, 2. Aufl. 1978, S. 397; ähnlich auch: Ule, Carl Hermann, Der Gerichtshof der Montangemeinschaft als europäisches Verwaltungsgericht, DVBl 1952, S. 65 (69), der dieses Kriterium kumulativ zu dem der "besonderen Schwere" postuliert.

[697]Daig, Hans-Wolfram, Nichtigkeits- und Untätigkeitsklagen im Recht der europäischen Gemeinschaften, 1985, Rdnr. 290; Schwarze, Jürgen, Europäisches Verwaltungsrecht, 1988, S. 322; Steindorff, Ernst, Die Nichtigkeitsklage im Recht der Europäischen Gemeinschaften für Kohle und Stahl, 1952, S. 139; Rupprecht, W., Die Nachprüfungskompetenz des Europäischen Gerichtshofes gegenüber Ermessenshandlungen der Exekutive in der Montanunion und der Europäischen Gemeinschaften, 1962, S. 65; Schermers, Henry G./Waelbroek, Denis, Judical Protection in the European Communities, 5. Aufl. 1992, § 311.

[698]zur Rechtsprechung des EuGH bereits: Rupprecht, W., Die Nachprüfungskompetenz des Europäischen Gerichtshofes gegenüber Ermessenshandlungen der Exekutive in der Montanunion und der Europäischen Gemeinschaften, 1962, S. 66.

Für eine Wertung der Rechtsprechung in diesem Sinne, die nicht unumstritten ist[699], sprechen auch die vom EuGH und dem EuG aufgestellten Anforderungen an die Rüge einer "offensichtlichen Verkennung". Würde man nur die evidente Verkennung der Rechtslage der gerichtlichen Kontrolle unterwerfen, so würde sich die geforderte qualifizierte Darlegung der Klagegründe erübrigen[700]. Die Gemeinschaftsrichter stellen bereits im Rahmen der Darlegungslast Anforderungen, die im Fall einer reinen Evidenzkontrolle überflüssig werden[701]. Die sich anschließende komplexe Erörtertung hat mit einer Überprüfung, die sich auf den ersten Blick erkennbare Fehler beschränken soll, nichts gemein.

c) Keine Ausschließlichkeitsfunktion des Art. 33 Abs. 1 Satz 2 EGKSV für unbestimmte Rechtsbegriffe

Unabhängig von der Frage, ob der Einschränkung der Nachprüfungsbefugnisse des Art. 33 Abs. 1 Satz 2 EGKSV Allgemeingültigkeit zukommt, wird die Frage der Reichweite des Art. 33 Abs. 1 Satz 2 EGKSV diskutiert. Nach teilweiser Ansicht ist Art. 33 Abs. 1 Satz 2 EGKSV nur auf die Kontrolle unbestimmter Rechtsbegriffe anwendbar[702]. Diese Ansicht differenziert zwischen dem Handlungsermessen im Sinne des deutschen Verwaltungsrechts und un-

---

[699]vgl.: Boulois, Jean/Chevallier, Roger-Michel, Grands Arrêts de la Cour de Justice des Communautés Européennes I, 2. Aufl. 1978, S. 297; Toth, Akos G., Legal Protection of individuels in the European Communities, II., Remedies and Procedures, 1978, S. 80; Rausch, Rolf, Die Kontrolle von Tatsachenfeststellungen und -würdigungen durch den Gerichtshof der Europäischen Gemeinschaften, 1994, S. 218.

[700]EuGH, U. v. 18.03.1980, Rs 195, 205, 206, 226-228 u. 264/87, (Valsabbia u.a./Kommission), Slg. 1980, 907 (992); EuG, U. v. 24.09.1996, Rs. T-57/91, (NALOO/Kommission), Slg. 1996, II-1023 (1053).

[701]Rausch, Rolf, Die Kontrolle von Tatsachenfeststellungen und -würdigungen durch den Gerichtshof der Europäischen Gemeinschaften, 1994, S. 221.

[702]Baumann, Fritz-Achim, Die Nachprüfungsbefugnis des Gerichtshofes der Europäischen Gemeinschaft gegenüber Würdigungen der wirtschaftlichen Gesamtlage durch die Exekutivorgane der Gemeinschaften, 1965, S. 121.

bestimmten Rechtsbegriffen und schließt ersteres von dem verkürzten Kontrollmaßstab aus[703].

Dieser Auffassung ist nicht zu folgen, da sie schon begrifflich eine Konzeption des Ermessensbegriffes zugrundelegt, die dem Gemeinschaftsrecht nicht entspricht. Der EuGH und das EuG differenzieren nicht zwischen unbestimmten Rechtsbegriffen auf der Tatbestandsseite und Ermessen auf der Rechtsfolgenseite[704]. Art. 33 Abs. 1 Satz 2 EGKSV definiert eine Einschätzungsprärogative der Kommission bei der Beurteilung wirtschaftlicher Komplexe. Es ist daher nicht nachvollziehbar, warum die Norm sich alleine auf die Kontrolle unbestimmter Rechtsbegriffe erstrecken sollte[705]. Auch die Rechtsprechung des EuGH und des EuG lassen nicht erkennen, dass die Kontrolle von Entscheidungen der Kommission neben der durch Art. 33 Abs. 1 Satz 2 EGKSV vorgegebenen Einschränkung noch weiteren allgemeinen Schranken auf der Rechtsfolgenseite unterliegt. Eine Begrenzung auf die Kontrolle unbestimmter Rechtsbegriffe ist nicht angezeigt. Art. 33 Abs. 1 Satz 2 EGKSV gilt im Rahmen seines Anwendungsbereichs ohne Einschränkung.

---

[703]Baumann, Fritz-Achim, Die Nachprüfungsbefugnis des Gerichtshofes der Europäischen Gemeinschaft gegenüber Würdigungen der wirtschaftlichen Gesamtlage durch die Exekutivorgane der Gemeinschaften, 1965, S. 121.

[704]EuGH, U. v. 20.10.1977, Rs. 29/77, (Roquette), Slg. 1977, 1835 (1842); Everling, Ulrich, Zur richterlichen Kontrolle der Tatsachenfeststellung und Beweiswürdigung durch die Kommission in Wettbewerbssachen, WuW 1989, S. 877 (881); Grabitz, Eberhard, Europäisches Verwaltungsrecht-Gemeinschaftsrechtliche Grundsätze der Verwaltung, NJW 1989, S. 1776 (1778); Herdegen, Matthias/Richter, Stefan, Die Rechtslage in den europäischen Gemeinschaften, in: J.A. Frowein (Hrsg.), Die Kontrolldichte bei der gerichtlichen Überprüfung von Handlungen der Verwaltung, 1993, S. 209; EuG, U. v. 08.06.1995, Rs. T-7/93, (Langnese-Iglo GmbH/Kommission), Slg. 1995, II-1533 (1595/96); EuG, U. v. 15.07.1994, Rs. T-17/93 (Matra Hachette /Kommission), Slg. 1994, II-595 ff.

[705]Clever, Friedrich, Ermessensmißbrauch und détournement de pouvoir nach dem Recht der europäischen Gemeinschaften im Licht der Rechtsprechung ihres Gerichtshofes, 1967, S. 110; Rupprecht, W., Die Nachprüfungskompetenz des Europäischen Gerichtshofes gegenüber Ermessenshandlungen der Exekutive in der Montanunion und der Europäischen Gemeinschaften, 1962, S. 64; Rausch, Rolf, Die Kontrolle von Tatsachenfeststellungen und -würdigungen durch den Gerichtshof der Europäischen Gemeinschaften, 1994, S. 123.

2) Einschätzungsprärogative der Kommission im Rahmen des Art. 230 EGV

a) Konzeption der Nachprüfungskompetenz

Im Rahmen des Art. 230 EGV fehlt eine dem Art. 33 Abs. 1 Satz 2 EGKSV entsprechende Regelung. Aus dem strukturellen Unterschied könnte der Schluss gezogen werden, dass damit dem EuGH und dem EuG die Befugnis zur Nachprüfung der Würdigung wirtschaftlicher Gesamtlagen umfassend verwehrt ist. Dies hätte eine uneingeschränkte Letztentscheidungsbefugnis der Kommission in diesem Bereich zur Folge.

Tatsächlich wird dies zum Teil in der Literatur vertreten[706]. Dem ist entgegenzuhalten, dass aus dem Schweigen des Gesetzgebers, die Nachprüfungsbefugnis im Rahmen des Art. 230 EGV zu beschränken, nicht zu folgern ist, dass es eine Einschätzungsprärogative per se für die Kommission bei der Beurteilung wirtschaftlicher Komplexe zu statuieren gilt. Art. 220 EGV lässt dem EuGH und dem EuG die Befugnis zur objektiven Rechtmäßigkeitskontrolle zukommen. Art. 230 Abs. 1 EGV sieht sowohl die Vertragsverletzung als auch den Ermessensmissbrauch ausdrücklich als Klagegründe vor. Die allgemeine Befugnis zur Kontrolle auch der Würdigung wirtschaftlicher Tatsachen und Umstände ist bereits aus dieser Befugnis zur Rechtmäßigkeitskontrolle herzuleiten[707].

Daneben wurde die Nichtübernahme des Art. 33 Abs. 1 Satz 2 EGKSV in Art. 230 EGV in der Weise interpretiert, dass die von der Exekutive vorgenommenen wirtschaftlichen Würdigungen umfassend zu überprüfen und durch eigene

---

[706] Valentine, Donald G., The Court of Justice of the European Communities, 1965, S. 293; vgl. auch: Asso, Bernard, Le contrôle de l'opportunité de la décision économique devant la Cour européenne de justice, RTDE 1976, S. 21 (26); Neri, Sergio, Le recours en annulation dans les Communautés Européennes: Rôle et limites, RMC 1967, S. 452 (454), die zumindest von einer deutlichen Einschränkung der richterlichen Nachprüfungsbefugnis ausgehen.

Würdigungen zu ersetzen seien[708]. Auch diese Auffassung entspricht nicht der Konzeption des Art. 230 EGV, der dem EuGH und dem EuG die Befugnis erteilt, Entscheidungen der Kommission (nur) auf ihre Rechtmäßigkeit, nicht aber auf ihre Zweckmäßigkeit zu überprüfen[709]. Art. 33 Abs. 1 Satz 2 EGKSV hat lediglich klarstellende Funktion und kann nicht im Sinne einer die Nachprüfungskompetenz des Gerichtshofs erweiternden Befugnisnorm interpretiert werden[710]. Die heute herrschende Auffassung geht folglich zutreffend dahin, dass der EuGH und das EuG im Rahmen des EGV in gleichem Maße kontrollbefugt sind wie im Rahmen des EGKSV[711]. Auf die Bedeutung des Art. 33 EGKSV in der Konzeption des Art. 230 EGV wird noch einzugehen sein.

---

[707] Rausch, Rolf, Die Kontrolle von Tatsachenfeststellungen und -würdigungen durch den Gerichtshof der Europäischen Gemeinschaften, 1994, S. 226.

[708] vgl. die Nachweise bei: Baumann, Fritz-Achim, Die Nachprüfungsbefugnis des Gerichtshofes der Europäischen Gemeinschaft gegenüber Würdigungen der wirtschaftlichen Gesamtlage durch die Exekutivorgane der Gemeinschaften, 1965, S. 123; Rupprecht, W., Die Nachprüfungskompetenz des Europäischen Gerichtshofes gegenüber Ermessenshandlungen der Exekutive in der Montanunion und der Europäischen Gemeinschaften, 1962, S. 98 ff., der zumindest eine weitgehende Prüfung auf der Tatbestandsseite bejaht.

[709] Krück, Hans, in: H. von der Groeben/J. Thiesing/C.-D. Ehlermann, Kommentar zum EU/EG-Vetrag, 5. Aufl. 1997, Art. 173, Rdnr. 104.

[710] Wenig, Fritz-Harald, in: E. Grabitz/M. Hilf (Hrsg.), Kommentar zur Europäischen Union, Stand Oktober 1999, Art. 173, Rdnr. 38 u. 51; Baumann, Fritz-Achim, Die Nachprüfungsbefugnis des Gerichtshofes der Europäischen Gemeinschaft gegenüber Würdigungen der wirtschaftlichen Gesamtlage durch die Exekutivorgane der Gemeinschaften, 1965, S. 122; Krück, Hans, in: H. von der Groeben/J. Thiesing/C.-D. Ehlermann, Kommentar zum EU/EG-Vetrag, 5. Aufl. 1997, Art. 173, Rdnr. 106; Weber, Albrecht, Das Verwaltungsverfahren, in: M. Schweitzer (Hrsg.), Europäisches Verwaltungsrecht, 1991, S. 55 (68).

[711] Herdegen, Matthias/Richter, Stefan, Die Rechtslage in den europäischen Gemeinschaften, in: J.A. Frowein (Hrsg.), Die Kontrolldichte bei der gerichtlichen Überprüfung von Handlungen der Verwaltung, 1993, S. 209 (225); Baumann, Fritz-Achim, Die Nachprüfungsbefugnis des Gerichtshofes der Europäischen Gemeinschaft gegenüber Würdigungen der wirtschaftlichen Gesamtlage durch die Exekutivorgane der Gemeinschaften, 1965, S. 122; Rausch, Rolf, Die Kontrolle von Tatsachenfeststellungen und -würdigungen durch den Gerichtshof der Europäischen Gemeinschaften, 1994, S. 230; Nolte, Norbert, Beurteilungsspielräume im Kartellrecht der Europäischen Gemeinschaft und der Bundesrepublik Deutschland, 1997, S. 31; Adam, Winfried Anselm, Die Kontrolldichte-Konzeption des EuGH und der deutschen Gerichte, 1993, S. 155; Hartley, Trevor C., The Foundations of European Community Law, 2. Aufl. 1988, S. 429.

b) Allgemeingültige Kontrollparameter in der Entwicklung der Rechtsprechung

Die frühere Rechtsprechung des EuGH war dadurch geprägt, dass der Gerichtshof Entscheidungsspielräume auf konkrete Normen des Vertrages bezog, die Gegenstand des Rechtsstreits waren. In der Rechtssache "Italien/Kommission" nimmt der EuGH entsprechend konkret darauf Bezug, dass der Vertrag der Kommission bei der Genehmigung von Tarifen im Sinne des Art. 80 Abs. 1 EGV einen Entscheidungsspielraum bezüglich konkreter einzelfallbezogener Sachverhalte einräumt[712]. Die Einzelnorm wird als Legitimation zur Rücknahme der Kontrollbefugnis herangezogen, da die Entscheidung der Kommission auf Grundlage dieser Norm voraussetze, dass eine komplexe wirtschaftliche Lage zu prognostizieren sei. Der EuGH bedient sich damit des in Art. 33 EGKSV vorgesehenen Ermessensspielraums bei der Würdigung der geschäftlichen Gesamtlage[713].

Dieselbe Vorgehensweise des Gerichtshofs dokumentiert sich in der "Westzucker"- Entscheidung[714]. Der Gerichtshof räumt der Kommission einen Entscheidungsspielraum ein, da die Entscheidungsgrundlage, die Bewertung des Zeitpunktes und die Form der Beseitigung etwaiger Zuckerüberschüsse, jeden Automatismus ausschließe und Prognosen über die Entwicklung oder Tendenzen des Marktes voraussetze sowie die Auswirkungen der eigenen Maßnahmen zu untersuchen seien[715]. Im Ergebnis ist bereits die Tendenz erkennbar, dass der Gerichtshof der Kommission Entscheidungsspielräume einräumt, wenn er zur Bewertung einer komplexen ökonomischen Situation gezwungen ist[716].

---

[712]EuGH, U. v. 09.07.1969, Rs. 1/69, (Italien/Kommission), Slg. 1969, 277 (284).

[713]Rausch, Rolf, Die Kontrolle von Tatsachenfeststellungen und -würdigungen durch den Gerichtshof der Europäischen Gemeinschaften, 1994, S. 232.

[714]EuGH, U. v. 14.03.1973, Rs. 57/72, (Westzucker/Kommission), Slg. 1973, 321 ff.

[715]EuGH, U. v. 14.03.1973, Rs. 57/72, (Westzucker/Kommission), Slg. 1973, 321 (340).

[716]Classen, Claus-Dieter, Die Europäisierung der Verwaltungsgerichtsbarkeit: Eine vergleichende Untersuchung zum deutschen, französischen und europäischen Verwaltungsprozeßrecht, 1996, S. 167; Adam, Winfried Anselm, Die Kontrolldichte-Konzeption des EuGH und der deutschen Gerichte, 1993, S. 155.

c) Einheitliche Kontrollreduktionstopoi als systematisierende Wertungsgrundlagen

Im Gegensatz zu dieser früheren Rechtsprechung sind der EuGH und das EuG dazu übergegangen, die der Kommission eingeräumten Entscheidungsspielräume auf eine einheitliche allgemeine Begründung zurückzuführen.

aa) Komplexität ökonomischer Sachverhalte

Als Kontrollreduktionstopos hat sich die Komplexität wirtschaftlicher Sachverhalte herausgebildet. Grundlegend ist die Entscheidung des EuGH in dem Rechtsstreit "Schröder/Deutschland"[717]. In diesem Verfahren entscheidet der Gerichtshof über die Rechtmäßigkeit eines von der Kommission eingeführten Mindestpreissystems. Die Gemeinschaftsrichter untersuchen, ob die Kommission zu Recht eine drohende Störung angenommen hat. Zum Umfang der Nachprüfung führt der Gerichtshof aus, dass aufgrund der hierbei erforderlichen, teilweise prognostischen Bewertung der komplexen wirtschaftlichen Situation keine Bedenken gegen die Einräumung eines Ermessensspielraums bestehen[718]. Der EuGH stellt hinsichtlich der Begründung der Einschätzungsprärogative nicht nur allein auf die im konkreten Fall vorzunehmenden Erwägungen ab; vielmehr rechtfertigt er den Ermessensspielraum der Kommission mit der Komplexität der wirtschaftlichen Maßnahmen, die die Kommission zu beurteilen habe. Diese Formel verwendet der Gerichtshof seitdem auch im Antidumping- und Subventionsrecht[719] sowie im Wettbewerbsrecht[720].

[717]EuGH, U. v. 07.02.1973, Rs. 40/72, (Schröder/Deutschland), Slg. 1973, 125.
[718]EuHG, U. v. 07.02.1973, Rs. 40/72, (Schröder/Deutschland), Slg. 1973, 125 (142).
[719]EuGH, U. v. 07.05.1991, Rs. C-69/89, (Nakajima/Rat), Slg. 1991, I-2069 (2192); EuGH, U. v. 29.05.1997, Rs. C-26/96, (Rotex Chemie), Slg. 1997, I-2817 (2840); EuG, U. v. 28.09.1995, Rs. T-164/94, (Ferchimex/Rat), Slg. 1995, II-2681 (2726); EuG, U. v. 05.06.1996, Rs. T-162/94, (NMB France u.a./Kommission), Slg. 1996, II-427 (456); EuG, U. v. 18.09.1996, Rs. T-155/94, (Climax Paper/Rat), Slg. 1996, II-873 (905); EuG, U. v. 25.09.1997, Rs. T-110/94, (Shanghai Bicycle/Rat), Slg. 1997, II-1383 (1407); EuGH, U. v. 14.03.1990, Rs. C-156/87, (Gestetner Holdings/Rat u. Kommission), Slg. 1990, I-781 (843); vgl.: Prieß, Hans-Joachim, Europa 1992: Der Schutz des Außen- und Binnenhandels der Europäischen Gemeinschaft vor Dumping und Subventionen, JuS 1992, S. 629 (632).

Auch wenn die Vorgabe des Art. 33 Abs. 1 Satz 2 EGKSV nicht unmittelbare Geltung im Rahmen des Art. 230 EGV hat, so zeigt die Rechtsprechungspraxis, dass Verwaltungsentscheidungen, die mit komplexen wirtschaftlichen Sachverhalten zu tun haben, nicht nur ausnahmsweise gemäß besonderer gesetzlicher Ermächtigung, sondern regelmäßig einer reduzierten gerichtlichen Überprüfung unterfallen[721]. Dabei bedienen sich die Gemeinschaftsrichter einer Formulierung, die offenbar an Art. 33 Abs. 1 Satz 2 EGKSV angelehnt ist. Beispielhaft zitiert sind die Ausführungen im Urteil "Balkan Import/Export II" des EuGH:

"Da es sich um die Beurteilung eines komplexen wirtschaftlichen Sachverhalts handelt, verfügen die Kommission und der Verwaltungsausschuß in dieser Hinsicht über einen weiten Ermessensspielraum. Bei der Kontrolle über die Rechtmäßigkeit der Ausübung einer solchen Befugnis muß sich der Richter darauf beschränken zu prüfen, ob der Behörde kein offensichticher Irrtum oder Ermessensmißbrauch unterlaufen ist, oder ob sie die Grenzen ihres Ermessensspielraums nicht offensichtlich überschritten hat[722]".

Das EuG setzt diese Rechtsprechung fort, auch wenn dies nur zum Teil durch Zitate aus der bisherigen Spruchpraxis des EuGH kenntlich gemacht wird. In dem Verfahren "Automec II", das eine Zurückweisung eines Antrags auf Erlass einer feststellenden Entscheidung bzüglich einer Zuwiderhandlung nach Art. 3 Abs. 3 VO Nr. 17/62 zum Gegenstand hat, führt das EuG aus, dass wegen der tatsächlichen und rechtlichen Gesichtspunkte, die zur Bedrohung des Wettbe-

---

[720]EuGH, U. v. 11.07.1985, Rs. 42/84 (Remia/Kommission), Slg. 1985, 2545 (2575); EuGH, U. v. 17.11.1987, Rs. 142 u. 156/84, (BAT, Reynolds/Kommission), Slg. 1987, 4487 (4583); allgemein: Kronast, Stephan, Die "Philipp-Morris-Doktrin" und die Europäische Fusionskontrolle, 1996; dazu ausführlich: 2. Kapitel E. III.

[721]EuGH, U. v. 22.01.1976, Rs. 55/75, (Balkan Import/Export II/Kommission), Slg. 1976, 19 (30); EuGH, U. v. 07.02.1973, Rs. 40/72, (Schröder/Deutschland), Slg. 1973, 125 (142); EuG, U. v. 08.06.1995, Rs. T-7/93, (Langnese-Iglo GmbH/Kommission), Slg. 1995, II-1533 (1569); EuGH, U. v. 14.01.1997, Rs. C-169/95, (Spanien/Kommission), Slg. 1997, I-135 (159).

[722]EuGH, U. v. 22.01.1976, Rs. 55/75, (Balkan Import/Export II/Kommission), Slg. 1976, 19 (30); siehe auch dazu: Herdegen, Matthias/Richter, Stefan, Die Rechtslage in den europäischen Gemeinschaften, in: J.A. Frowein (Hrsg.), Die Kontrolldichte bei der gerichtlichen Überprüfung von Handlungen der Verwaltung, 1993, S. 209 (225).

werbs führen, sich insoweit die Rechtmäßigkeitskontrolle des Gerichts darauf beschränkt, ob die streitige Entscheidung nicht auf unzureichenden Tatsachen beruht und weder einen Rechtsfehler noch einen offensichtlichen Beurteilungsfehler oder einen Ermessensmissbrauch aufweist[723]. In weiteren Entscheidungen spricht das EuG explizit aus, dass aufgrund der komplexen wirtschaftlichen Gegebenheiten nur eine eingeschränkte Überprüfung durch das Gericht stattfinden könne[724].

Es ist zu konstatieren, dass der EuGH und das EuG der Kommission dann Ermessensspielräume zugesteht, wenn die Gemeinschaftsbehörde im Rahmen ihrer Aufgabe komplexe Prüfungen vorzunehmen hat[725]. Insofern entspricht der Umfang der Kontrolle nach Art. 230 EGV trotz seiner strukturellen Verschiedenheit den Aussagen des Art. 33 Abs. 1 Satz 2 EGKSV. Die unbeschränkte Kontrolle des Gerichtshofs und des EuG beschränkt sich auf die tatsächlichen Feststellungen und darauf, dass keine offensichtlich fehlerhafte Würdigung des Sachverhalts und kein Ermessensmissbrauch vorliegt[726].

Der Kommission werden im Rahmen der gerichtlichen Überprüfung nach Art. 230 EGV dort Entscheidungsspielräume eingeräumt, wo diese komplexe ökonomische Sachverhalte zu beurteilen hat. Andererseits lässt sich nicht immer dort, wo Klagegrund auch die fehlerhafte Würdigung komplexer wirtschaftlicher Sachverhalte ist, die Einräumung eines Beurteilungsspielraums klar feststellen. Die Basis solcher Differenzierungen lässt sich oft schwer erschließen.

[723] EuG, U. v. 18.09.1992, Rs. T-24/90, (Automec II/Kommission), Slg. 1992, II-2223 (2276).
[724] EuG, U. v. 24.01.1995, Rs. T-114/92, (BMIM/Kommission), Slg. 1995, II-150 (176); EuG, U. v. 27.02.1997, Rs. T-106/95, (FFSA u.a./Kommission), Slg. 1997, II-233 (262); EuG, U. v. 29.06.1993, Rs. T-7/92, (Asia Motor France/Kommission), Slg. 1993, II-671 (683).
[725] EuGH, U. v. 21.01.1999, Rs. C-120/97, (Upjohn), Slg. 1999, I-223 (251); Schwarze, Jürgen, Die Vergabe öffentlicher Aufträge im Lichte des europäischen Wirtschaftsrechts, EuZW 2000, S. 133 (141).
[726] EuGH, U. v. 07.05.1987, Rs. 240/84, (NTN Tojo Bearing u.a./Rat), Slg. 1987, 1809 (1854); EuGH, U. v. 14.03.1990, Rs. C-156/87, (Gestetner Holdings/Rat u. Kommission), Slg. 1990, I-781 (843); EuG, U. v. 17.07.1998, Rs. T-118/96, (Thai Bicycle/Rat), Slg. 1998, II-2995 (3004); EuG, U. v. 18.09.1996, Rs. T-155/94, (Climax Paper/Rat), Slg. 1996, II-873 (905); EuGH, U. v. 11.07.1985, Rs. 42/84, (Remia/Kommission), Slg. 1985, 2545 (2575); EuG, U. v. 27.02.1997, Rs. T-106/95, (FFSA u.a./Kommission), Slg. 1997, II-233 (262), "kein offensichtlicher Beurteilungsfehler".

Der Gerichtshof und das EuG legen selbst selten offen, welche Erwägungen zur Anerkennung oder Ablehnung von Beurteilungsspielräumen geführt haben.

bb) Entscheidungen mit materiellem Prognosecharakter

Die europäischen Gerichte deuten an, dass Beurteilungs- und Ermessensspielräume auf prognostische Elemente einer Entscheidung zurückzuführen sind[727]. Unter Hinweis auf die Tatbestände der Art. 81 Abs. 1 EGV und Art. 82 EGV führt der EuGH das Erfordernis einer prognostischen Betrachtung auf die Geeignetheit der inkriminierten Verhaltensweise zur Beeinträchtigung des Handels zwischen den Mitgliedsstaaten zurück. Dennoch ist nicht festzustellen, dass eine Kontrolldichtereduktion allein auf der Verwendung von prognostischen Erkenntnissen statuiert wird[728]. Der prognostische Charakter einer Administrativentscheidung führt jedoch dann zur Reduktion der gerichtlichen Kontrolle, wenn die als Kontrolltopos regelmäßig bestätigte Komplexität des wirtschaftlichen Sachverhalts auf dessen Prognosecharakter beruht[729].

Ein allgemeingültige, dogmatisch abgesicherte Einschätzungsprärogative für Entscheidungen mit materiellem Prognosecharakter kann aus der Rechtsprechung nicht hergeleitet werden.

---

[727]EuGH, U. v. 11.07.1985, Rs. 42/84 (Remia/Kommission), Slg. 1985, 2545 (2572); EuGH, U. v. 18.05.1962, Rs. 13/60, (Geitling u. a./Hohe Behörde), Slg. 1962, 177 (215).

[728]vgl.: BVerfGE 88, S. 40 (60).

[729]Adam, Winfried Anselm, Die Kontrolldichte-Konzeption des EuGH und der deutschen Gerichte, 1993, S. 215; Nolte, Norbert, Beurteilungsspielräume im Kartellrecht der Europäischen Gemeinschaft und der Bundesrepublik Deutschland, 1997, S. 125; EuGH, U. v. 11.07.1985, Rs. 42/84 (Remia/Kommission), Slg. 1985, 2545 (2571); vgl. auch: EuGH, U. v. 11.07.1989, Rs. 246/86, (Belasco u.a./Kommission), Slg. 1989, 2117 ff; Schwarze, Jürgen,

cc) Politischer Entscheidungsinhalt des administrativen Verhaltens

Im Rahmen der Fusionskontrollverordnung gilt es, die Trennung von politischem und rechtlichem Entscheidungsinhalt des administrativen Verhaltens zu thematisieren. In der bisherigen fusionsrechtlichen Rechtsprechung des EuGH und des EuG stellt die politische Dimension keinen eigenständigen kontrollreduzierenden Beurteilungsspielraum dar[730]. Dennoch wird der gouvernemental angesiedelten Exekutive, dem Ministerrat und bei politischen Akten auch der Kommission ein Entscheidungs- und Gestaltungsspielraum eingeräumt. Neben der Außenhandelspolitik gilt dies insbesondere für den Bereich der Völkervertragsrechtsakte und der Mitwirkung der Europäischen Union in internationalen Organisationen[731].

Im Antidumping- und Subventionsrecht wird die gerichtliche Kontrolle aufgrund der politischen Dimension der Dezisionen eingeschränkt[732]. Der Gerichtshof ist der Auffassung, dass die Wettbewerbspolitik Aufgabe der politischen Instanzen sei[733], doch führe dies nicht einheitlich zu einem politischen Entscheidungsfreiraum. Es wird ohne Differenzierung auf die Komplexität der zu prüfenden wirschaftlichen, *politischen* und rechtlichen Situation abgestellt[734].

Die Vergabe öffentlicher Aufträge im Lichte des europäischen Wirtschaftsrechts, EuZW 2000, S. 133 (142).

[730]Adam, Winfried Anselm, Die Kontrolldichte-Konzeption des EuGH und der deutschen Gerichte, 1993, S. 211; Nolte, Norbert, Beurteilungsspielräume im Kartellrecht der Europäischen Gemeinschaft und der Bundesrepublik Deutschland, 1997, S. 127.

[731]vgl.: Schlussantrag des GA Darmon v. 01.06.1989, EuGH, Rs. 241/87, (Maclaine Watson/Kommission), Slg. 1990, I-1797 (1806 ff.); EuGH, U. v. 28.04.1988, Rs. 31 u. 35/86, (Laisa/Rat), Slg. 1988, 2313 ff.

[732]EuGH, U. v. 07.05.1991, Rs. C-69/89, (Nakajima/Rat), Slg. 1991, I-2069 (2192); EuGH, U. v. 29.05.1997, Rs. C-26/96, (Rotex Chemie), Slg. 1997, I-2817 (2840); EuG, U. v. 28.09.1995, Rs. T-164/94, (Ferchimex/Rat), Slg. 1995, II-2681 (2726); EuG, U. v. 05.06.1996, Rs. T-162/94, (NMB France u.a./Kommission), Slg. 1996, II-427 (456); EuG, U. v. 18.09.1996, Rs. T-155/94, (Climax Paper/Rat), Slg. 1996, II-873 (905); EuG, U. v. 25.09.1997, Rs. T-110/94, (Shanghai Bicycle/Rat), Slg. 1997, II-1383 (1407); Adam, Winfried Anselm, Die Kontrolldichte-Konzeption des EuGH und der deutschen Gerichte, 1993, S. 213.

[733]Everling, Ulrich, Zur richterlichen Kontrolle der Tatsachenfeststellung und Beweiswürdigung durch die Kommission in Wettbewerbssachen, WuW 1989, S. 877 (887).

[734]EuG, U. v. 17.17.1998, Rs. T-118/96, (Thai Bicycle/Rat), Slg. 1998, II-2995 (3004); EuG, U. v. 18.09.1996, Rs. T-155/94, (Climax Paper/Rat), Slg. 1996, II-873 (905); EuG, U. v. 25.09.1997, Rs. T-110/94, (Shanghai Bicycle/Rat), Slg. 1997, II-1383 (1407).

Der Gesichtspunkt politischer Entscheidungsspielräume erfährt als Kontrollreduktionstopos insoweit Konturen, als der Gerichtshof Beurteilungsspielräume gewährt hat, wenn eine Abwägung zwischen unternehmerischen und übergeordneten Interessen erforderlich ist[735]. Allerdings zeigen die typischen Anwendungsfälle des Art. 81 Abs. 3 EGV, auf die einzugehen sein wird, keine einheitliche Konzeption bei der Berücksichtigung wettbewerbsexterner Ziele, die bislang einem einheitlichen Topos für die Reduktion der gerichtlichen Kontrolle entgegenstehen[736].

d) Bilanz

Die Rechtsprechungsanalyse zeigt, dass sowohl der EuGH als auch das EuG ausdrücklich und mehrfach als materiellen Kontrollreduktionstopus die Komplexität eines wirtschaftlichen Sachverhalts anerkannt hat. Auf weitere Kriterien, insbesondere den Prognosecharakter einer Entscheidung sowie den politischen Entscheidungsinhalt haben die Gemeinschaftsrichter die Letztentscheidungskompetenz der Kommission nicht ausdrücklich gestützt, eine Anlehnung an diese Kriterien zur Begründung eines administrativen Entscheidungsfreiraumes ist jedoch unverkennbar[737]. Die Anerkennung administrativer Entscheidungsspielräume führt in der Rechtsprechung der Gerichte zur Reduktion gerichtlicher Kontrolle. Die richterliche Kontrolle beschränkt sich in diesen Fällen regelmäßig darauf zu prüfen, ob das vorgeschriebene Verfahren eingehalten wurde und die Beurteilung nicht offensichtlich fehlerhaft oder ermes-

---

[735]EuGH, U. v. 13.02.1969, Rs. 14/68, (Walt Wilhelm), Slg. 1969, 1 (14); vgl.: Bleckmann, Albert, Europarecht, 6. Aufl. 1997, Rdnr. 863; Nolte, Norbert, Beurteilungsspielräume im Kartellrecht der Europäischen Gemeinschaft und der Bundesrepublik Deutschland, 1997, S. 128.

[736]Danwitz, Thomas von, Verwaltungsrechtliches System und europäische Integration, 1996, S. 185; Nolte, Norbert, Beurteilungsspielräume im Kartellrecht der Europäischen Gemeinschaft und der Bundesrepublik Deutschland, 1997, S. 128; Herdegen, Matthias/Richter, Stefan, Die Rechtslage in den europäischen Gemeinschaften, in: J.A. Frowein (Hrsg.), Die Kontrolldichte bei der gerichtlichen Überprüfung von Handlungen der Verwaltung, 1993, S. 209 (231).

[737]a. A.: Adam, Winfried Anselm, Die Kontrolldichte -Konzeption des EuGH und deutsche Gerichte, 1993, S. 237; Nolte, Norbert, Beurteilungsspielräume im Kartellrecht der europäischen Gemeinschaft und der Bundesrepublik Deutschland, 1997, S. 131.

sensmißbräuchlich ist[738]. Trotz sachbereichsbezogener Unterschiede besteht Übereinstimmung in diesen Kontrollparametern und -standards.

Dazu gehört die Kontrolle der Verfahrensvorschriften[739], die Gewährleistung der Tatsachenkontrolle und die garantierte Überprüfung des Ermessensmissbrauchs sowie die offensichtliche Verkennung der Bestimmungen des Vertrages.

III. Besondere Kontrollbefugnisse im Wettbewerbsrecht

Von besonderer Bedeutung für die Frage der Kontrolldichte im Fusionskontrollverfahren ist die Rechtsprechung des EuG und des EuGH zur Kontrolle des Vorliegens eines verbotenen Kartells nach Art. 81 Abs. 1 EGV, zu den Freistellungen vom Kartellverbot nach Art. 81 Abs. 3 EGV und zum Missbrauch einer marktbeherrschenden Stellung gemäß Art. 82 EGV.

Die Gemeinschaftsrichter unterscheiden in ständiger Rechtsprechung bei der Überprüfung der auf Art. 81 EGV beruhenden Kommissionsentscheidungen zwischen dem Verbotstatbestand (Abs. 1) und dem Ausnahmetatbestand (Abs. 3)[740]. Dabei bedienen sich die Gerichte nicht der allgemeinen, vorangestellten Kontrollreduktionstopoi, sondern bestimmen den Umfang der gerichtlichen Nachprüfungskompetenz normstrukturell unterschiedlich.

In diesem Zusammenhang ist auf das Weißbuch der Europäischen Kommission über die Modernisierung der Vorschriften zur Anwendung der Art. 81 und

---

[738] Dörr, Oliver, in: H. Sodann/J. Ziekow (Hrsg.), Nomos-Kommentar zur Verwaltungsgerichtsordnung, Stand November 1999, EVR, Rdnr. 162 m.w.N.

[739] im folgenden: Zweites Kapitel E. IV.

[740] Schwarze, Jürgen, Europäisches Verwaltungsrecht, 1988, S. 344 ff.; Everling, Ulrich, Zur richterlichen Kontrolle der Tatsachenfeststellung und Beweiswürdigung durch die Kommission in Wettbewerbssachen, WuW 1989, S. 877 (887); Lasok, K. P. E., Judicial Review of Issues of Fact in Competition Cases, ECLR 1983, S. 85 (87).

82 EG-Vertrag[741] hinzuweisen, das in der Literatur zumeist kritisch kommentiert wurde[742]. Die Reform sieht vor, dass das bisherige Anmeldesystem der VO Nr. 17/62 aufgegeben wird und durch ein ein Legalausnahmesystem ersetzt wird. Unter Wegfall der bisherigen Verpflichtung zur vorherigen Anmeldung soll durch den Erlass einer umfassenden Freistellungsverordnung praktisch die Vermutung aufgestellt werden, dass jede vertikale Vereinbarung mit dem Gemeinschaftsrecht vereinbar sei[743]. Daneben sollen für die Verordnungen detaillierte Leitlinien zu deren Auslegung erlassen werden. Für den Rechtsschutz relevant wird die Möglichkeit sein, nach dem Wegfall des Monopols der Kommission zur Anwendung des Art. 81 Abs. 3 EGV, vor jedem innerstaatlichen Gericht im Wege der Leistungsklage auf Vollzug des Vertrages zu klagen[744]. Welche Reformvorschläge umgesetzt werden, ist auf Grundlage des Weißbuches, das die Kommission selbst als Ausgangspunkt für eine breit angelegte Debatte bezeichnet hat, offen.

[741] ABl. 1999 Nr. C 132/1.

[742] Mestmäcker, Ernst-Joachim, Versuch einer kartellpolitischen Wende in der EU, EuZW 1999, S. 523 ff.; Deringer, Arvid, Stellungnahme zum Weißbuch der Europäischen Kommission über die Modernisierung der Vorschriften zur Anwendung der Art. 85 und 86 EG-Vertrag (Art. 81 und 82 EG), EuZW 2000, S. 5 ff.; Schaub, Alexander/Dohms, Rüdiger, Das Weißbuch der Europäischen Kommission über die Modernisierung der Vorschriften zur Anwendung der Artikel 81 und 82 EG-Vertrag, WuW 1999, S. 1055 ff.; Möschel, Wernhard, Systemwechsel im Europäischen Wettbewerbsrecht, JZ 2000, S. 61 ff.; Nazerrali, Julie/Cowan, David, Unlocking E. U. Distribution Rules -Has the European Commission Found the Right Keys?, ECLR 2000, S. 50; Deselaers, Wolfgang, Weißbuch zum Europäischen Kartellrecht -Rechtssicherheit ade?, EWS 2000, S. 41 ff; Schütz, Jörg, Zur Änderung des Kartellverfahrens gemäß Artikel 81 EGV, WuW 2000, S. 686 ff; Bartosch, Andreas, Von der Freistellung zur Legalausnahme - Was geschieht mit der Rechtssicherheit?, WuW 2000, S. 462 ff.

[743] Geiger, Andreas, Das Weißbuch der EG-Kommission zu Art. 81, 82 EG -eine Reform, besser als ihr Ruf, EuZW 2000, S. 165; ein Schwerpunkt der Kritik liegt auf der Frage der Rechtmäßigkeit des von der Kommission angestrebten Wechsels vom Anmeldesystem der VO Nr. 17/62 zu einem Legalausnahmesystem.

[744] Schaub, Alexander/Dohms, Rüdiger, Das Weißbuch der Europäischen Kommission über die Modernisierung der Vorschriften zur Anwendung der Artikel 81 und 82 EG-Vertrag, WuW 1999, S. 1055 (1065), sprechen zurückhaltend von der Erhöhung des Konvergenzdruckes; Geiger, Andreas, Das Weißbuch der EG-Kommission zu Art. 81, 82 EG -eine Re-

1) Art 81 Abs. 1 EGV

Unter das Kartellverbot des Art. 81 Abs. 1 EGV fallen Vereinbarungen, Beschlüsse und abgestimmte Verhaltensweisen, die eine Verhinderung, Einschränkung oder Verfälschung des Wettbewerbs innerhalb des gemeinsamen Marktes bezwecken und bewirken und zur Beeinträchtigung des Handels zwischen Mitgliedsstaaten geeignet sind[745].

Art. 81 Abs. 2 EGV erklärt die Unwirksamkeit des verbotenen Kartells "eo ipso"[746]. Die gesetzliche Folge setzt voraus, dass die Zuwiderhandlung gegen Art. 81 Abs. 1 EGV durch die Kommission entweder von Amts wegen oder auf Antrag eines Mitgliedsstaats oder eines Privaten mit berechtigtem Interesse nach Art. 3 Abs. 1 VO Nr. 17/62 festgestellt wurde. Die Kommission ist durch Art. 2 VO Nr. 17/62 ermächtigt, auf Antrag eines Unternehmens die negative Feststellung zu treffen, dass nach den ihr bekannten Tatsachen kein Anlass zum Einschreiten aufgrund von Art. 81 Abs. 1 EGV besteht[747].

a) Die gewährleistete Kontrolle des administrativ erfassten Sachverhaltes

Bei der Anwendung der Verbotsregelung überprüft der Gemeinschaftsrichter in vollem Umfang, ob die festgestellten Tatsachen unter die Tatbestandsmerkmale des Art. 81 Abs. 1 EGV subsumierbar sind. Dies gilt etwa für die Frage,

---

form, besser als ihr Ruf, EuZW 2000, S. 165 (168), der von Problemen der Dezentralisierung im Hinblick auf eine einheitliche Rechtspraxis schreibt.

[745]ausführlich dazu: Krimphove, Dieter, Europäische Fusionskontrolle, 1992, S. 139 ff.; Emmerich, Volker, in: U. Immenga/E.-J. Mestmäcker, EG-Wettbewerbsrecht, 1997, S. 160 ff; Alber, Siegbert, Neuere Entwicklungen der Rechtsprechung des Europäischen Gerichtshofes auf dem Gebiet des europäischen Wirtschafts- und Wettbewerbsrechts, in: J. Schwarze (Hrsg.), Neuere Entwicklungen auf dem Gebiet des europäischen Wettbewerbsrecht, 1999, S. 23 ff; vgl. auch: Lässig, Peter, Dezentrale Anwendung des euroäischen Kartellrechts, 1997, S. 3 ff.

[746]klargestellt wird dies zutrefflich durch Art. 1 VO Nr. 17/62, wonach das Verbot des Art. 85 Abs. 1 EGV gilt, "ohne daß dies einer vorherigen Entscheidung" bedürfe.

[747]Nolte, Norbert, Beurteilungsspielräume im Kartellrecht der Europäischen Gemeinschaft und der Bundesrepublik Deutschland, 1997, S. 39.

ob "eine aufeinander abgestimmte Verhaltensweise" vorliegt[748], oder "Vereinbarungen", die die "Einschränkung des Wettbewerbs bezwecken" oder "bewirken" oder dazu "geeignet" sind, den "Handel zwischen den Mitgliedsstaaten zu beeinträchtigen"[749]. Es ist anerkanntes Richterrecht, dass die von der Kommission angeführten Gründe darauf hin zu überprüfen sind, ob sie zutreffen und den Schluss rechtfertigen, dass die Vereinbarung zwischen den Unternehmen geeignet ist, den Wirtschaftsverkehr zwischen Mitgliedsstaaten zu beeinträchtigen[750].

Der Gerichtshof stellt materiell-rechtlich fest, dass der Begriff der Vereinbarung einen quasi rechtlichen Bindungswillen erfordert[751], aber sowohl horizontale als auch vertikale Absprachen beinhalten kann[752]. Hinsichtlich des Begriffs der "abgestimmten Verhaltensweise" gibt er wesentliche Merkmale vor[753]. Bezüglich der Frage der Wettbewerbsbeeinträchtigung stellt er klar, dass geschützter Wettbewerb nur der redliche, unverfälschte und wirksame Wettbewerb sein kann[754].

Neben dieser Präzisierung vorgegebener Tatbestandsmerkmale stellt der Gerichtshof aber auch zusätzliche tatbestandliche Voraussetzungen auf. So hat er bezüglich der Wettbewerbsbeeinträchtigung und der Handelsbeeinträchti-

---

[748] EuGH, U. v. 14.07.1972, Rs. 48/69, (ICI/Kommission), Slg. 1972, 619 (664).

[749] EuGH, U. v. 27.01.1987, Rs. 45/85, (Verband der Sachversicherer/Kommission), Slg. 1987, 405 (459); als Rechtsmittelinstanz: EuGH, U. v. 16.03. 2000, Rs. C-395 u. 396/96 P, (Compagnie maritime belge transpoerts SA u.a./Kommission), Rdnr. 34 ff., noch nicht amtlich veröffentlicht.

[750] vgl. auch: EuGH, U. v. 14.05.1975, Rs. 19 u. 20/74, (Kali/Kommission), Slg. 1975, 499 (519); EuGH, U. v. 28.01.1986, Rs. 161/84, (Pronuptia), Slg. 1986, 353 (375); Everling, Ulrich, Zur richterlichen Kontrolle der Tatsachenfeststellung und Beweiswürdigung durch die Kommission in Wettbewerbssachen, WuW 1989, S. 877 (887); Joshua, Julian Mathic, Proof in Contested EEC Competition Cases: A Comparison with the Rules of Evidence in Common Law, ELRev 1987, S. 315 (334).

[751] EuGH, U. v. 15.07.1970, Rs. 41/69, (ACF Chemiefarma), Slg. 1970, 661 (696); EuGH, U. v. 15.07.1970, Rs. 45/69, (Böhringer/Kommission), Slg. 1970, 769 (803); EuGH, U. v. 28.05.1998, Rs. C-7/95 P, (Deere/Kommission), Slg. 1998, I-3111 (3160); EuGH, U. v. 21.01.1999, Rs. C-215, 216/96, (Bagnasco u.a.), Slg. 1999, I-161 (175).

[752] EuGH, U. v. 30.06.1966, Rs. 56/65, (Société minière), Slg. 1966, 281 (302).

[753] EuGH, U. v. 16.12.1975, Rs. 40-48, 50, 54-56, 111, 113 u. 114/73, (Suiker Unie/Kommission), Slg. 1975, 1663 (1942); EuGH, U. v. 14.07.1981, Rs. 172/80, (Züchner), Slg. 1981, 2021 (2031).

gung das Merkmal festgeschrieben, dass diese zumindest spürbar sein müssen[755].

Dieser Rechtsprechung hat sich das EuG angeschlossen. Das Gericht prüft die Tatbestandsmerkmale des Art. 81 Abs. 1 EGV voll nach. Dies zeigt sich bereits im Urteil "Tetra Pak I"[756], mit dem das Gericht die Feststellung des Missbrauchs einer marktbeherrschenden Stellung trotz des Vorliegens einer Freistellung bestätigt. Dabei geht das Gericht ausführlich auf den Wortlaut, die Systematik des Art. 81 EGV sowie den Charakter und den Inhalt der damaligen Gruppenfreistellungsverordnung ein[757].

Auch die Polypropylen- Verfahren sind erneut aussagekräftig. Das Gericht führt im Verfahren "BASF" aus, dass die Kommission entgegen der Behauptungen der Klägerin jeden der Klägerin zur Last gelegten tatsächlichen Einzelakt entweder unter den Begriff der Vereinbarung oder den der abgestimmten Verhaltensweise im Sinne von Art. 81 Abs. 1 EG-Vertrag subsumiert habe[758]. Zu der Frage, ob das Tatbestandsmerkmal des Art. 81 Abs. 1 EGV vorliegt, führt das EuG wörtlich aus:

"Zu der Frage, ob die Kommission zu Recht zu dem Ergebnis gelangt ist, daß eine einzige, in Art. 1 der Entscheidung als "eine Vereinbarung und aufeinander abgestimmte Verhaltensweise" bezeichnete Zuwiderhandlung vorliegt, weist das Gericht darauf hin, daß die verschiedenen abgestimmten Verhaltensweisen und Vereinbarungen, die von den Beteiligten eingehalten und abgeschlossen wurden, wegen ihres übereinstimmenden Zwecks Teil von Systemen regelmäßiger Sitzungen zur Festsetzung von Preis- und Quotenzielen waren.

---

[754]EuGH, U. v. 25.10.1977, Rs. 26/76, (Metro I/Kommission), Slg. 1977, 1875 (1905).

[755]EuGH, U. v. 29.10.1980, Rs. 209-215, 218/78, (van Landewyck/Kommission), Slg. 1980, 3125 (3272).

[756]EuG, U. v. 10.07.1990, Rs. T-51/89, (Tetra Pak/Kommission), Slg. 1990, II-309 ff.

[757]EuG, U. v. 10.07.1990, Rs. T-51/89, (Tetra Pak/Kommission), Slg. 1990, II-309 (358 ff.).

Diese Systeme waren wiederum Teil einer Reihe von Bemühungen der betroffenen Unternehmen, mit denen ein einziges wirtschaftliches Ziel verfolgt wurde, nämlich die normale Entwicklung der Preise auf dem Polypropylenmarkt zu verfälschen. [...]

Die Kommission hat diese einheitliche Zuwiderhandlung auch zu Recht als "eine Vereinbarung und aufeinander abgestimmte Verhaltensweise" qualifiziert, da diese Zuwiderhandlung sowohl Einzelakte aufwies, die als "Vereinbarungen" anzusehen sind, als auch Einzelakte, die "abgestimmte Verhaltensweisen" dargestellt haben. Angesichts einer komplexen Zuwiderhandlung ist die von der Kommission in Art. 1 der Entscheidung vorgenommene doppelte Subsumtion nicht so zu verstehen, daß für jeden Einzelakt gleichzeitig und kumulativ der Nachweis erforderlich ist, daß er sowohl die Tatbestandsmerkmale einer Vereinbarung als auch die einer abgestimmten Verhaltensweise erfüllt. Sie bezieht sich vielmehr auf einen Komplex von Einzelakten, von denen einige als Vereinbarungen und andere als abgestimmte Verhaltensweisen im Sinne von Art. 85 Abs. 1 EWG-Vertrag anzusehen sind, der ja für diesen Typ einer komplexen Zuwiderhandlung keine spezifische Subsumtion vorschreibt"[759].

Die Urteilsgründe enthalten eine volle Überprüfung der Tatbestandsmerkmale des Art. 81 Abs. 1 EGV. Das Gericht führt daneben eigene Gesichtspunkte wie - im Sinne des deutschen Rechts - die natürliche Handlungseinheit in die Betrachtung mit ein[760]. Daneben ist das Gericht bereit, eine bis ins Detail gehende Überprüfung der Sachverhaltsfeststellungen vorzunehmen. Es findet eine gegenüber dem EuGH intensivere Auseinandersetzung mit dem den Kommissionentscheidungen zugrundeliegenden Sachverhalt statt[761]. In der bereits re-

---

758 EuG, U. v. 17.12.1991, Rs. T-4/89, (BASF/Kommission), Slg. 1991, II-1523 (1604 f.).
759 EuG, U. v. 17.12.1991, Rs. T-4/89, (BASF/Kommission), Slg. 1991, II-1523 (1604 f.).
760 Kirschner, Heinrich, Die Kontrolldichte bei der Überprüfung der Entscheidungen der Kommission durch das Gericht Erster Instanz der Europäischen Gemeinschaft, 1996, S. 21.
761 EuG, U. v. 24.10.1991, Rs. T-1/89, (Rhône-Poulenc/Kommission), Slg. 1991, II-867 (1049); EuG, U. v. 17.12.1991, Rs. T-4/89, (BASF/Kommission), Slg. 1991, II-1523 (1550); siehe auch: Jung, Hans, Das Gericht erster Instanz der Europäischen Gemeinschaften, EuR

zensierten Entscheidung des EuG zu dem angeblichen Kartell von drei italienischen Glasherstellern auf den Märkten für Bauglas und Automobilflachglas[762] ergab die mündliche Verhandlung, dass im Verlauf der Vorbereitung der Beweisstücke durch die Dienststellen der Kommission für ihre Übermittlung an die Unternehmen bestimmte einschlägige Passagen bewusst unkenntlich gemacht oder weggelassen wurden. Dabei kam es nicht auf die zulässige Wahrung von Geschäftsgeheimnissen an. Die Beweisführung der Kommission zu dem Kartell der Hersteller brach damit zusammen, so dass die Verbotsentscheidung zu Art. 81 EGV annuliert wurde, soweit ein Hersteller betroffen war[763].

Diese Vorgehensweise wird in einer weiteren Entscheidung des EuG, die die fehlende Prüfung einer Einschränkung potentiellen Wettbewerbs zum Inhalt hat, deutlich. Die Klägerin, die Tiercé Ladbroke SA reichte eine Beschwerde gemäß Art. 3 Abs. 2 b VO Nr. 17/62 ein, in der sie beantragte, dass die Kommission tätig werde, um eine Zuwiderhandlung gegen Art. 81 und/oder Art. 82 EGV, die von den führenden französischen Rennvereinen, dem PMU, dem PMI und dem DSV begangen worden sei, abzustellen. In der Beschwerde beanstandete die Klägerin die direkte Weigerung der Rennvereine, des PMU und des PMI, und die indirekte Weigerung des DSV, ihr das französische Ton- und Bildmaterial für ihre Wettannahmestellen in Belgien zu liefern. Die Kommission wies die Beschwerde mit dem Hauptargument zurück, dass die Vereinbarung des Verbots der Weiterübertragung nicht unter Art. 81 Abs. 1 EGV falle. Gegen diese Entscheidung richtete sich die Klage der Tiercé Ladbroke SA.

Das EuG erklärt die Entscheidung der Kommission für nichtig, da die Kommission nicht alle ihr von der Klägerin vorgetragenen tatsächlichen und rechtli-

---

1992, S. 247 (251); bereits vorausgesagt von: Everling, Ulrich, Zur richterlichen Kontrolle der Tatsachenfeststellung und Beweiswürdigung durch die Kommission in Wettbewerbssachen, WuW 1989, S. 877 (893).

[762]EuG, U. v. 10.03.1992, Rs. T-68, 77 u. 78/89, (SIV u.a/Kommission), Slg. 1992, II-1403 ff.

[763]EuG, U. v. 10.03.1992, Rs. T-68, 77 u. 78/89, (SIV u.a./Kommission, Slg. 1992, II-1403 (1442).

chen Gesichtspunkte mit der erforderlichen Sorgfalt geprüft habe[764]. In die Entscheidungsfindung hätten sowohl ein Schreiben der Kommission an die Klägerin, die die Ablehnung der Erteilung einer Lizenz zum Inhalt hatte, als auch ein Vertrag zwischen den Rennvereinen und dem PMU einfließen müssen, da nach Auffassung des EuG diese Schreiben erheblich sind als Beweismittel für das Vorliegen einer durch Art. 81 Abs. 1 EGV verbotenen Vereinbarung[765]. Die Rechtsprechung bestätigt, dass das EuG detailliert die Grundlagen der Entscheidungsfindung überprüft[766].

b) Konzeptionelle Abweichung zu den allgemeinen Kontrolldichtevorgaben

Das Ergebnis der Rechtsprechungsanalyse ist bemerkenswert, wenn man bedenkt, dass die zur Entscheidung herangezogenen tatsbestandlichen Voraussetzungen unbestimmte Rechtsbegriffe darstellen, die eine Würdigung komplexer wirtschaftlicher Sachverhalte erfordern sowie einen gewissen Prognosecharakter haben[767]. Die Gemeinschaftsrichter geben offensichtlich den Standpunkt auf, dass vorgenannte Fallgruppen eine Kontrollreduktion nach sich ziehen. Der EuGH hat dies selbst in der Entscheidung "Cimenteris C.B.R." bestätigt, indem er ausführt, dass Art. 81 Abs. 1 EGV ebenso wie Art. 81 Abs. 3 EGV die Würdigung wirtschaftlicher und rechtlicher Zusammenhänge erfordere, aus denen sich in mancher Hinsicht Streitfragen ergeben könnten[768].

---

[764]EuG, U. v. 12.06.1997, Rs. T-504/93 (Tiercé Ladbroke/Kommission), Slg. 1997, II-927 (978).

[765]EuG, U. v. 12.06.1997, Rs. T-504/93 (Tiercé Ladbroke/Kommission), Slg. 1997, II-927 (978).

[766]siehe auch: EuG, U. v. 12.12.1996, Rs. T-19/92, (Leclerc/Kommission), Slg. 1996, II-1857 ff.; Nolte, Norbert, Beurteilungsspielräume im Kartellrecht der Europäischen Gemeinschaft und der Bundesrepublik Deutschland, 1997, S. 109.

[767]Rausch, Rolf, Die Kontrolle von Tatsachenfeststellungen und -würdigungen durch den Gerichtshof der Europäischen Gemeinschaften, 1994, S. 280; Herdegen, Matthias/Richter, Stefan, Die Rechtslage in den europäischen Gemeinschaften, in: J.A. Frowein (Hrsg.), Die Kontrolldichte bei der gerichtlichen Überprüfung von Handlungen der Verwaltung, 1993, S. 209 (229).

[768]EuGH, U. v. 15.03.1967, Rs. 8-11/66, (Cimenteris C.B.R./Kommission), Slg. 1967, 99 (123).

Dennoch räumt der EuGH und das EuG im Bereich des Art. 81 Abs. 1 EGV der Kommission keinen Ermessensspielraum hinsichtlich der Beurteilung dieser Tatbestandsmerkmale ein[769], was als konzeptionelle Abweichung zu den Kontrolldichtevorstellungen der Gerichte in anderen Sachbereichen gewertet werden muss.

Die Entscheidungen belegen, dass grundsätzlich die Kommissionsentscheidungen zu Art. 81 Abs. 1 EGV vollständig nachgeprüft werden. Im Vergleich zur regelmäßigen Vorgehensweise des Gerichtshofs und des EuG erweist die Nachprüfung ein deutlich gesteigertes Maß an Intensität[770]. Der Grundsatz vollständiger gerichtlicher Nachprüfung erfaßt damit zwangsläufig auch die Subsumtion, auch wenn die Trennung von Tatsachenfeststellungen rechtsdogmatisch möglich wäre[771].

c) Richterliche Modifikation des Kontrollprogramms

Zwei Entscheidungen werfen die Frage auf, ob der Gerichtshof die Rechtsprechung zu Art. 81 Abs. 1 EGV geändert wissen möchte.

---

[769]Adam, Winfried Anselm, Die Kontrolldichte-Konzeption des EuGH und der deutschen Gerichte, 1993, S. 191, der von "Ausnahmefällen des Art. 85 Abs. 1 EGV" spricht, in denen eine beschränkte Überprüfung stattfindet; Rausch, Rolf, Die Kontrolle von Tatsachenfeststellungen und -würdigungen durch den Gerichtshof der Europäischen Gemeinschaften, 1994, S. 282; Schwarze, Jürgen, Die gerichtliche Kontrolle der europäischen Wirtschaftsverwaltung, in: J. Schwarze/E. Schmidt-Aßmann (Hrsg.), Das Ausmaß der gerichtlichen Kontrolle im Wirtschaftsverwaltungs- und Umweltrecht, 1992, S. 203 (273).

[770]Rausch, Rolf, Die Kontrolle von Tatsachenfeststellungen und -würdigungen durch den Gerichtshof der Europäischen Gemeinschaften, 1994, S. 283.

[771]vgl.: EuGH, U. v. 14.07.1972, Rs. 48/69, (ICI/Kommission), Slg. 1972, 619 (659); vgl. auch: Nolte, Norbert, Beurteilungsspielräume im Kartellrecht der Europäischen Gemeinschaft und der Bundesrepublik Deutschland, 1997, S. 57.

aa) Die "Remia"- Formel

Aufmerksamkeit erregte die "Remia"- Entscheidung[772], da die Aussagen des Gerichtshofs zum Umfang der Nachprüfung kartellbehördlicher Entscheidungen in der Rechtslehre als mögliche Änderung der Rechtsprechungspraxis angesehen wurden[773].

(1) Sachverhalt und Verfahren der Entscheidung "Remia"

In dieser Entscheidung leitet der Gerichtshof die Nachprüfungen der Kommissionsentscheidungen mit dem Hinweis ein, dass bei der Frage nach einem Verstoß gegen Art. 81 Abs. 1 EGV der Wettbewerb unter Hinwegdenken der Wettbewerbsverbote zu betrachten sei[774]. Gegenstand der Entscheidung war zum einen die untersagte Freistellung nach Art. 81 Abs. 3 EGV für einen Unternehmensverkauf der Klägerin und zum anderen die begehrte Feststellung, dass das Wettbewerbsverbot für den Erwerber, das die Kaufverträge der Firma "Nutricia" und dem Unternehmen Remia B.V. enthielt, nicht gegen Art. 81 Abs. 1 EGV verstoße.

Die strittige Frage zu Art. 81 Abs. 1 EGV war die zulässige Dauer dieses Wettbewerbsverbots für den Erwerber. Die Klägerin hielt einen Zeitraum von 10 Jahren für erforderlich, die Kommission hielt im Ergebnis lediglich 4 Jahre für angemessen.

---

[772]EuGH, U. v. 11.07.1985, Rs. 42/84 (Remia/Kommission), Slg. 1985, 2545 ff.

[773]Herdegen, Matthias/Richter, Stefan, Die Rechtslage in den europäischen Gemeinschaften, in: J.A. Frowein (Hrsg.), Die Kontrolldichte bei der gerichtlichen Überprüfung von Handlungen der Verwaltung, 1993, S. 209 (230); Nolte, Norbert, Beurteilungsspielräume im Kartellrecht der Europäischen Gemeinschaft und der Bundesrepublik Deutschland, 1997, S. 117; strittig zu dieser Rechtsprechung: Bael, Ivo van, Discretation powers of the Commission and their legal control in trade and antitrust matters, in: J. Schwarze (Hrsg.), Discretionary Powers of the Member States in Field of Economic Policies and their Limits under the EEC Treaty, 1988, S. 173 (187).

(2) Entscheidung des EuGH und divergierende Aussage zur Kontrolldichte

Der EuGH bestätigt die Notwendigkeit der Wettbewerbsverbote, da ansonsten unter dem Postulat beschränkten Wettbewerbs eine effektive Unternehmensübertragung nicht mehr möglich wäre, weil der das Unternehmen besonders gut kennende Verkäufer in kurzer Zeit seine frühere Kundschaft zurückgewinnen könne und dem veräußerten Unternehmen damit die Existenzgrundlage entzöge.

Der Gerichtshof führt einschränkend weiter aus, dass die für das Funktionieren einer Marktwirtschaft unverzichtbare Sicherstellung von Unternehmensveräußerungen allerdings nur Verbote erlaube, die für die Übertragung des veräußerten Unternehmens erforderlich und in ihrer Geltungsdauer und ihrem Anwendungsbereich strikt auf diesen Zweck beschränkt seien. Diesen Rahmen verlassende Wettbewerbseinschränkungen unterfielen weiterhin Art. 81 Abs. 1 EGV[775]. Nach Ansicht der Kommission genügte ein Wettbewerbsverbot für die Dauer von 4 Jahren, von denen zwei für die Einführung eines neuen Warenzeichens und zwei weitere für die Konsolidierung des Kundenstamms angesetzt wurden. Diese Einschätzung begründete die Kommission unter ablehnender Bezugnahme auf die von den Klägern vorgebrachten Argumenten im einzelnen.

Der Gerichtshof schränkt seinen Kontrollmaßstab zu der Frage, welche Dauer des Wettbewerbsverbots nach dem Unternehmens
verkauf erforderlich ist, ein. Die Kontrollreduktion im Rahmen der Überprüfung, ob das Wettbewerbsverbot vom Tatbestand des Art. 81 Abs. 1 EGV erfaßt werde, begründet der EuGH wörtlich:

"Zwar nimmt der Gerichtshof grundsätzlich eine umfassende Prüfung der Frage vor, ob die Tatbestandsmerkmale des Art. 85 Abs. 1 EGV erfüllt sind, doch

---

[774]EuGH, U. v. 11.07.1985, Rs. 42/84 (Remia/Kommission), Slg. 1985, 2545 (2571).
[775]EuGH, U. v. 11.07.1985, Rs. 42/84 (Remia/Kommission), Slg. 1985, 2545 (2573).

verlangt die Bestimmung der zulässigen Dauer eines in einem Kaufvertrag über ein Unternehmen enthaltenen Wettbewerbsverbots von der Kommission eine Würdigung komplexer wirtschaftlicher Gegebenheiten. Der Gerichtshof hat daher seine Prüfung dieser Sachverhaltswürdigung auf die Frage zu beschränken, ob die Verfahrensvorschriften eingehalten worden sind, ob die Begründung ausreichend ist, ob der Sachverhalt zutreffend festgestellt worden ist und ob keine offensichtlich fehlerhafte Würdigung des Sachverhalts und kein Ermessensmißbrauch vorliegen[776]".

Im Verfahren "BAT/Reynolds" greift der Gerichtshof diese Formulierung im Anschluss an detaillierte Prüfungen wieder auf[777]. Die Entscheidungen des EuGH in diesen Fällen ist mit der dargelegten Systematik nicht ohne weiteres vereinbar[778], zeigt doch die Rechtsprechungspraxis in den übrigen Verfahren eine Kontrollsystematik zu Art. 81 Abs. 1 EGV, die eine umfassende Kontrolle auch des Rechtsfolgeermessens vornimmt.

bb) Auflösung des vermeintlichen Widerspruchs

Die Analyse der zitierten Entscheidungen des Gerichtshofs muss erstens bei der Systematik des Art. 81 EGV und der Verfahrensregelung der Verordnung Nr. 17/62 ansetzen[779] und zweitens an den Kontrollkriterien der praktischen Anwendung des dargelegten Kontrolltopos.

Art. 81 Abs. 1 EGV entfaltet als Verbotstatbestand unmittelbare Wirkungen in den Mitgliedsstaaten. Vor nationalen Gerichten kann sich jedermann auf die

---

[776]EuGH, U. v. 11.07.1985, Rs. 42/84 (Remia/Kommission), Slg. 1985, 2545 (2573).

[777]EuGH, U. v. 17.11.1987, Rs. 142 u. 156/84, (BAT, Reynolds/Kommission), Slg. 1987, 4487 (4583).

[778]Herdegen, Matthias/Richter, Stefan, Die Rechtslage in den europäischen Gemeinschaften, in: J.A. Frowein (Hrsg.), Die Kontrolldichte bei der gerichtlichen Überprüfung von Handlungen der Verwaltung, 1993, S. 209 (232); Nolte, Norbert, Beurteilungsspielräume im Kartellrecht der Europäischen Gemeinschaft und der Bundesrepublik Deutschland, 1997, S. 117.

Verbotswidrigkeit einer Vereinbarung und auf die in Art. 81 Abs. 2 EGV angeordnete Nichtigkeitsfolge berufen[780]. Die Nichtigkeit von Vereinbarungen ist nicht von einer voherigen Befassung der Kommission abhängig[781]. Die Entscheidung der Kommission im Hinblick auf Art. 81 Abs. 1 hat ausschließlich deklaratorischen Charakter[782]. Dies ergibt sich unmittelbar aus den "ipso iure"-Wirkungen des Verbots[783].

Die Entscheidung des Gerichtshofs im Fall "Remia" ist verständlich vor dem Hintergrund der Diskussion um die "rule of reason"[784] im Sinne einer qualitativen Einschränkung des Anwendungsbereichs von Art. 81 Abs. 1 EGV für den Fall einer gesamtwirtschaftlich günstigen Beurteilung[785]. Die Unstimmigkeit der Entscheidung des Gerichtshofs entsteht allein dadurch, dass dieser die "rule of reason" nicht nur in Art. 81 Abs. 1 EGV verankert sieht, sondern zudem mit einem Beurteilungsspielraum der Kommission verbindet. Es ist dem EuGH entgegenzuhalten, dass Zweifel an der Vereinbarkeit dieser Kontrollsystematik

---

[779]Herdegen, Matthias/Richter, Stefan, Die Rechtslage in den europäischen Gemeinschaften, in: J.A. Frowein (Hrsg.), Die Kontrolldichte bei der gerichtlichen Überprüfung von Handlungen der Verwaltung, 1993, S. 209 (230).

[780]ständige Rechtsprechung: EuGH, U. v. 30.01.1974, Rs. 127/73, (BRT-SABAM), Slg. 1974, 51 (62).

[781]vgl.: EuGH, U. v. 06.02.1973, Rs. 80/72, (Brasserie de Haecht II), Slg. 1973, 77 (89); EuGH, U. v. 10.07.1980, Rs. 253/78 u. 1-3/79, (Giry u. Guerlain), Slg. 1980, 2327 (2374); Geiger, Rudolf, Kommentar zum Vertrag zur Gründung der Europäischen Gemeinschaft, 2. Aufl. 1995, Art. 85, Rdnr. 33.

[782]allgemeine Auffassung: Gleiss, Alfred/Hirsch, Martin, Kommentar zum EG-Kartellrecht, 4. Aufl. 1993, Art. 85 (2), Rdnr. 1709.

[783]Herdegen, Matthias/Richter, Stefan, Die Rechtslage in den europäischen Gemeinschaften, in: J.A. Frowein (Hrsg.), Die Kontrolldichte bei der gerichtlichen Überprüfung von Handlungen der Verwaltung, 1993, S. 209 (231); Everling, Ulrich, in: E. Wohlfahrt/U. Everling/H. J. Glaesner/R. Sprung, Die Europäische Wirtschaftsgemeinschaft, Kommentar zum Vertrag, 1960, Art. 92, Anm. 11; allgemein: Vranes, Erich, Buchpreisbindung und Rule of Reason: zur Frage der Vereinbarkeit des deutsch/österreichischen Buchpreisbindungssystem mit dem EG-Kartellrecht, 1999, S. 28 ff.

[784]Schechter, M., The Rule of Reason in European Competition Law, LIEI 1982/2, S. 1 ff.; Bellamy, Christopher/Child, Graham D., Common market law of competition, 3. Aufl. 1987, Nr. 2-078.

[785]Nolte, Norbert, Beurteilungsspielräume im Kartellrecht der Europäischen Gemeinschaft und der Bundesrepublik Deutschland, 1997, S. 128; Steindorff, Ernst, Article 85 and the Rule of Reason, CMLRev 1984, S. 639 ff.; Adam, Winfried Anselm, Die Kontrolldichte-Konzeption des EuGH und der deutschen Gerichte, 1993, S. 157; kritisch: Emmerich, Volker, in: U. Immenga/E.-J. Mestmäcker, EG-Wettbewerbsrecht, 1997, S. 190 f.

mit der Struktur des Art. 81 EGV bestehen[786]. Die grundsätzliche Geltung des Prinzips im Wettbewerbsrecht ist dadurch jedoch nicht tangiert. Der Gerichtshof scheint diesem Gesichtspunkt Rechnung zu tragen, indem er in der Reihe der neueren Entscheidungen die "Remia"- Formel im Rahmen des Art 81 Abs. 1 EGV nicht wieder aufgegriffen hat.

Die Gemeinschaftsrichter begründen die Kontrollreduktion mit der Komplexität der wirtschaftlichen Gegebenheiten, verstanden als die besondere Schwierigkeit eines zu beurteilenden ökonomischen Sachverhaltes. Der Kommission wird bezugnehmend auf Art. 81 Abs. 1 EGV nicht in jedem Falle eine Einschätzungsprärogative bei der Bewertung wirtschaftlich komplexer Sachverhalte eingeräumt[787], im Sinne des skizzierten Verständnises der "Remia"-Formel eine konsequente Gerichtspraxis.

Die "Remia"- Formel ist - wie noch zu zeigen sein wird - immer wieder Bezugspunkt in der Rechtsprechung der Gerichte zu Art 81 Abs. 3 EGV.

2) Die Kontrolldichtekonzeption zu Art. 82 Abs. 1 EGV

Art. 82 EGV verbietet den Missbrauch einer beherrschenden Stellung auf dem gemeinsamen Markt, soweit dies zu einer Handelsbeeinträchtigung führen kann. Art. 81 EGV sanktioniert Wettbewerbsbeschränkungen durch Vereinbarung abgestimmter Verhaltsweisen wirtschaftlich selbständig bleibener Unternehmen; das Verbot des Art. 82 EGV hat die Zielvorgabe, die Marktbeherr-

---

[786] Schechter, M., The Rule of Reason in European Competition Law, LIEI 1982/2, S. 1 (13) ff.; Bellamy, Christopher/Child, Graham D., Common market law of competition, 3. Aufl. 1987, Rdnr. 2-078.

[787] Nolte, Norbert, Beurteilungsspielräume im Kartellrecht der Europäischen Gemeinschaft und der Bundesrepublik Deutschland, 1997, S. 119; Rausch, Rolf, Die Kontrolle von Tatsachenfeststellungen und -würdigungen durch den Gerichtshof der Europäischen Gemeinschaften, 1994, S. 298; Adam, Winfried Anselm, Die Kontrolldichte-Konzeption des EuGH und der deutschen Gerichte, 1993, S. 205.

schung durch autonome Ausübung wirtschaftlicher Macht zu verhindern[788]. Die Tatbestandsmerkmale "beherrschende Stellung", "Mißbrauch" und "Handelsbeeinträchtigung" sind unbestimmte Rechtsbegriffe, die komplexökonomische Wertungen erfordern.

Die Kontrollkonzeption der Gerichte orientiert sich an der Rechtsprechung zu Art. 81 Abs. 1 EGV. Der Gerichtshof und das Gericht erster Instanz bestimmen die maßgeblichen Kriterien für die Beurteilung des Vorliegens einer marktbeherrschenden Stellung[789], des Missbrauchs einer solchen Stellung[790] bzw. des Vorliegens einer Handelsbeeinträchtigung[791]. Ein Entscheidungsspielraum der Kommission im Rahmen des Art. 82 EGV ist nicht ersichtlich[792].

Das Gericht unternimmt neben einer Auswertung der einzelnen Tatbestandsmerkmale eigene Sachverhaltsfeststellungen und eine eigenständige Subsumtion. Es wird darauf hingewiesen, dass der Begriff der missbräuchlichen Ausnutzung einer beherrschenden Stellung im Sinne des Art. 82 EGV nach der Rechtsprechung ein objektiver Begriff ist, die Kontrolldichtepraxis wird danach ausgerichtet[793]. Die dogmatische Vergleichbarkeit erlaubt es, auf die Rechtsprechungspraxis zu Art. 81 Abs. 1 EGV zu verweisen. Das EuG räumt

[788]Schröter, Helmut, in: H. von der Groeben/J. Thiesing/C.-D. Ehlermann, Kommentar zum EU/EG-Vertrag, 5. Aufl. 1999, Art. 86, Rdnr. 51 ff.; Adam, Winfried Anselm, Die Kontrolldichte-Konzeption des EuGH und der deutschen Gerichte, 1993, S. 177; Schultz, Klaus-Peter, Kartellrechtspraxis und Kartellrechtsprechung, 1998/99, 1999, S. 304 ff., m. w. N.

[789]EuGH, U. v. 14.02.1978, Rs. 27/76, (United Brainds/Kommission), Slg. 1978, 207 (286); EuGH, U. v. 13.02.1979, Rs. 85/76 (Hoffmann La Roche/Kommission), Slg. 1979, 461 (520); EuG, U. v. 10.03.1992, Rs. T-68, 77 u. 78/89, (SIV u.a./Kommission), Slg. 1992, II-1405 (1547); zu einem gesetzlichen Monopol: EuGH, U. v. 10.02.2000, Rs. C-147 u. 148/97, (Deutsche Post AG/GZS), noch nicht amtlich veröffentlicht.

[790]EuGH, U. v. 21.02.1973, Rs. 6/72, (Continental Can/Kommission), Slg. 1973, 215 (246); EuGH, U. v. 11.12.1980, Rs. 31/80, (L'Oréal/Kommission), Slg. 1980, 3775 (3794); als Rechtsmittelinstanz: EuGH, U. v. 16.03. 2000, Rs. C-395 u. 396/96 P, (Compagnie maritime belge transpoerts SA u.a./Kommission), Rdnr. 60 ff., noch nicht amtlich veröffentlicht.

[791]EuGH, U. v. 16.12.1975, Rs. 40-48, 50, 54-56, 111, 113 u. 114/73, (Suiker Unie/Kommission), Slg. 1975, 1663 (2004); EuG, U. v. 12.06.1997, Rs. T-504/93, (Tiercé Ladbroke/Kommission), Slg. 1997, II-927 (946).

[792]vgl. auch: EuGH, U. v. 09.11.1983, Rs. 322/81, (Michelin/Kommission), Slg. 1983, 3461 (3501), mit der Würdigung eines Rabattsystems.

[793]EuG, U. v. 17.07.1998, Rs. T-111/96, (ITT Promedia/Kommission), Slg. 1998, II-2941 (2987); EuGH, U. v. 13.02.1979, Rs. 85/76, (Hoffmann-La Roche/Kommission), Slg. 1979, 461 (541).

im Rahmen des Art. 82 Abs. 1 EGV Kontrollbefugnisse ein, die ebenfalls von der allgemeinen Rechtsprechung abweichen[794].

3) Differenzierte Kontrollsystematik zu Art. 81 Abs. 3 EGV

Die richterliche Kontrolle über den Ausnahmetatbestand des Art. 81 Abs. 3 EGV bietet weiteren Aufschluss über die Kontrolldichte im Wettbewerbsrecht. Durch eine Freistellung gemäß Art. 81 Abs. 3 EGV kann die Kommission Ausnahmen von dem Kartellverbot erlauben. Bereits durch die Normstruktur wird ein differenzierter Kontrollmechanismus indiziert[795].

a) Tatbestandsmerkmale des Art 81 Abs. 3 EGV als Wertungsgrundlage

Art. 81 Abs. 3 EGV bestimmt zwei "positive" und zwei "negative" Voraussetzungen einer Freistellung, die kumulativ erfüllt sein müssen[796].

Die an sich verbotswidrigen Maßnahmen müssen entweder zur Verbesserung der Warenerzeugung oder -verteilung oder zur Förderung des technischen oder wirtschaftlichen Fortschritts beitragen. Die Verbraucher müssen an dem

---

[794]Adam, Winfried Anselm, Die Kontrolldichte-Konzeption des EuGH und der deutschen Gerichte, 1993, S. 167; Rausch, Rolf, Die Kontrolle von Tatsachenfeststellungen und -würdigungen durch den Gerichtshof der Europäischen Gemeinschaften, 1994, S. 283; Herdegen, Matthias/Richter, Stefan, Die Rechtslage in den europäischen Gemeinschaften, in: J.A. Frowein (Hrsg.), Die Kontrolldichte bei der gerichtlichen Überprüfung von Handlungen der Verwaltung, 1993, S. 209 (244).

[795]Nolte, Norbert, Beurteilungsspielräume im Kartellrecht der Europäischen Gemeinschaft und der Bundesrepublik Deutschland, 1997, S. 76; Schwarze, Jürgen, Die gerichtliche Kontrolle der europäischen Wirtschaftsverwaltung, in: J. Schwarze/E. Schmidt-Aßmann (Hrsg.), Das Ausmaß der gerichtlichen Kontrolle im Wirtschaftsverwaltungs- und Umweltrecht, 1992, S. 203 (261).

[796]Schröter, H. von der Groeben/J. Thiesing/C.-D. Ehlermann, Kommentar zum EU/EG-Vertrag, 5. Aufl. 1999, Art. 85 Abs. 3, Rdnr. 241 ff.; Koch, Hans-Joachim, in: E. Grabitz/M. Hilf (Hrsg.), Kommentar zur Europäischen Union, Stand Oktober 1999, Art. 85, Rdnr. 163 ff.; EuGH, U. v. 25.03.1996, Rs. C-157/95, (SPO/Kommission), Slg. 1996, I-1622 ff.; EuG, U.v. 11.07.1996, Rs. T-528, 542, 543 u. 546/93, (Metropole TV/Kommission), Slg. 1996, II-649 ff.; Everling, Ulrich, Buchpreisbindung im deutschen Sprachraum und Europäisches Gemeinschaftsrecht, 1997, S. 53.

entstehenden Gewinn angemessen beteiligt sein, und die Beschränkungen der Wettbewerbsfreiheit durch die freizustellenden Maßnahmen dürfen nicht über das für diese Ziele unerlässliche Maß hinausgehen. Schließlich darf die Beschränkung der Wettbewerbsfreiheit nicht die Möglichkeit eröffnen, für einen wesentlichen Teil den Wettbewerb auszuschalten.[797]. Die Freistellung ist schon dann zu versagen, wenn eine der Voraussetzungen nicht vorliegt[798].

b) Einschätzungsprärogative auf der Tatbestandsebene

Die Voraussetzungen für eine Freistellung stellen unbestimmte Rechtsbegriffe dar, die zu komplexen Bewertungen wirtschaftlicher Sachverhalte zwingen. Insoweit unterscheidet sich die Normstruktur nicht gegenüber der des Art. 81 Abs. 1 EGV und des Art. 82 Abs. 1 EGV. Die Rechtsprechung legt dennoch ein abweichendes Kontrollmodell zugrunde.

aa) "Consten, Grundig"- Entscheidung

Eine Grundsatzentscheidung zu Art. 81 Abs. 3 EGV wird in dem Urteil des Gerichtshofs "Consten, Grundig"[799] gesehen[800].

---

[797]vgl.: Koch, Hans-Joachim, in: E. Grabitz/M. Hilf (Hrsg.), Kommentar zur Europäischen Union, Stand Oktober 1999, Art. 85, Rdnr. 157; Schröter, Helmut, in: H. von der Groeben/J. Thiesing/C.-D. Ehlermann, Kommentar zum EG-Vertrag, 4. Aufl. 1991, Art. 85, Rdnr. 201; Gleiss, Alfred/Hirsch, Martin, Kommentar zum EG-Kartellrecht, 4. Aufl. 1993, Art. 85 (3), Rdnr. 1947 ff.; ausführlich zum Tatbestand des Art. 85 Abs. 3 EGV: Enchelmaier, Stefan, Europäische Wettbewerbspolitik im Oligopol: Eine Untersuchung der Behandlung von Oligopolfällen durch die Kommission und den Gerichtshof der Europäischen Gemeinschaften, 1997, S. 191 ff.

[798]EuGH, U. v. 17.01.1984, Rs. 43 u. 63/82, (VBVB u. VBBB/Kommission), Slg. 1984, 19 ff.; EuG, U. v. 09.07.1992, Rs. T-66/89, (Publishers Association/Kommission), Slg. 1992, II-1995 ff.

[799]EuGH, U. v. 13.07.1966, Rs. 56 u. 58/64, (Consten, Grundig/Kommission), Slg. 1966, 321 ff.

[800]Kirschner, Heinrich, Die Kontrolldichte bei der Überprüfung der Entscheidungen der Kommission durch das Gericht Erster Instanz der Europäischen Gemeinschaft, 1996, S. 35;

Der EuGH führt bereits in dieser Entscheidung aus, dass die schwierige Wertung wirtschaftlicher Sachverhalte im Bereich des Art. 81 Abs. 3 EGV zu einer eingeschränkten wirtschaftlichen Kontrolle führen muss, die sich auf die Richtigkeit der zugrundeliegenden Tatsachen und deren Subsumtion unter die Begriffe des geltenden Rechts zu beschränken hat[801]. Diese Rechtsprechung wurde in der weiteren Entscheidungspraxis präzisiert. Der Gerichtshof nimmt Begriffsbestimmungen zu den unbestimmten Tatbestandsmerkmalen vor. Die maßgeblichen Kriterien der Rechtsbegriffe werden bezeichnet[802] und eine Vorgabe definiert, nach der die Subsumtion zu erfolgen hat[803].

In ständiger Rechtsprechung räumt der Gerichtshof der Kommission hinsichtlich des Freistellungstatbestandes selbst einen Beurteilungsspielraum ein. Dazu heißt es in dem Urteil "Consten, Grundig" grundlegend:

"Auf der anderen Seite ist die Kommission bei der Wahrnehmung ihrer Aufgaben zu schwierigen Wertungen wirtschaftlicher Sachverhalte gezwungen. Die gerichtlichen Nachprüfungen dieser Wertungen muß dem Rechnung tragen und sich deshalb auf die Richtigkeit der ihnen zugrundeliegenden Tatsachen und deren Subsumtion unter die Begriffe des geltenden Rechts beschränken. Sie hat sich in erster Linie auf die Begründung der Entscheidung zu erstrekken, aus der hervorgehen muß, auf welche Tatsachen und Erwägungen sich jene Wertungen stützen[804]".

Nolte, Norbert, Beurteilungsspielräume im Kartellrecht der Europäischen Gemeinschaft und der Bundesrepublik Deutschland, 1997, S. 77 ff.

[801]EuGH, U. v. 13.07.1966, Rs. 56 u. 58/64, (Consten, Grundig/Kommission), Slg. 1966, 321 (396).

[802]EuGH, U. v. 13.07.1966, Rs. 56 u. 58/64, (Consten, Grundig/Kommission), Slg. 1966, 321 (396); EuGH, U. v. 29.10.1980, Rs. 209-215 u. 218/78, (van Landewyck/Kommission), Slg. 1980, 3125 (3278); EuGH, U. v. 25.10.1977, Rs. 26/76, (Metro I/Kommission), Slg. 1977, 1875 (1915); EuGH, U. v. 22.10.1986, Rs. 75/84, (Metro II/Kommission), Slg. 1986, 3021 (3090).

[803]EuGH, U. v. 13.07.1966, Rs. 56 u. 58/64, (Consten, Grundig/Kommission), Slg. 1966, 321 (397).

[804]EuGH, U. v. 13.07.1966, Rs. 56 u. 58/64, (Consten, Grundig/Kommission), Slg. 1966, 321 (399); vgl. auch: EuGH, U. v. 15.05.1975, Rs. 71/74, (Frubo/Kommission), Slg. 1975, 563 (585); EuGH, U. v. 25.10.1977, Rs. 26/76, (Metro I/Kommission), Slg. 1977, 1875 (1917); Nolte, Norbert, Beurteilungsspielräume im Kartellrecht der Europäischen Gemeinschaft und der Bundesrepublik Deutschland, 1997, S. 89.

Die Entscheidungspraxis belegt die divergierende Kontrollsystematik gegenüber der von den Gemeinschaftsrichtern verfolgten Konzeption zu Art. 81 Abs. 1 EGV und Art. 82 EGV.

bb) Bestätigung durch die Rechtsprechungspraxis des EuG

Das EuG hat sich dieser Rechtsprechung des EuGH zu Art. 81 Abs. 3 EGV vorbehaltlos angeschlossen. In der grundlegenden Entscheidung zu dieser Frage führt das Gericht in dem Verfahren "Matra Hachette"[805] aus, dass bei komplexen wirtschaftlichen Tatsachen die gerichtliche Prüfung der rechtlichen Einordnung des Sachverhalts darauf beschränkt sei, ob die Kommission einen offensichtlichen Beurteilungsfehler begangen habe. Dabei nimmt das EuG auf die "Remia"- Entscheidung des EuGH Bezug, die zu Art. 81 Abs. 1 EGV ergangen ist[806].

In dem Rechtsstreit "Matra Hachette/Kommission"[807] wurde durch die Klägerin als Konkurrentin die Erteilung einer Freistellung zugunsten der Konzerne Ford und Volkswagen angefochten. Die Konzerne wollten in Portugal ein Gemeinschaftsunternehmen für den Bau eines "multi-purpose-vehicle" gründen. Für dieses Vorhaben erteilte die Kommission nach Art. 81 Abs. 3 EGV eine Freistellung und wies die Beschwerde der "Matra Hachette SA" durch Entscheidung zurück. Gegen beide Entscheidungen richtete sich die Nichtigkeitsklage. Die Urteile des EuG beschränken die Nachprüfung auf die Frage, ob die Entscheidung auf unzutreffende Tatsachenfeststellungen gestützt wird oder mit Rechtsfehlern oder offensichtlichen Beurteilungsfehlern behaftet ist, wobei auf die komplexen Wertungen wirtschaftlicher Art ausdrücklich verwiesen wird[808].

---

[805]EuG, U. v. 15.07.1994, Rs. T-17/93, (Matra Hachette/Kommission), Slg. 1994, II-598 ff.
[806]EuG, U. v. 15.07.1994, Rs. T-17/93, (Matra Hachette/Kommission), Slg. 1994, II-598 (632).
[807]EuG, U. v. 15.07.1994, Rs. T-17/93, (Mattra Hachette/Kommission), Slg. 1994, II-598 ff.
[808]EuG, U. v. 08.06.1995, Rs. T-7/93 (Langnese-Iglo GmbH/Kommission), Slg. 1995, II-1533 (1596); EuG, U. v. 22.10.1997, Rs. T-213/95 u. T-18/96 (SCK u. FNK/Kommission), Slg. 1997, II-1746 ff.; EuG, U. v. 23.02.1994, Rs. T-39 u. 40/92, (CB u. Europay/Kommission),

Im Verfahren "Europay" hatte die Kommission eine Vereinbarung über die Annahme von Euro-Schecks in Frankreich als Verstoß gegen Art. 81 Abs. 1 EGV verboten und einen Freistellungsantrag abgelehnt. Hier zitiert das Gericht ebenfalls die Entscheidungen "Remia" und "BAT, Reynolds" und prüft danach die Unerlässlichkeit der Wettbewerbsbeschränkung. Diese wird im Ergebnis verneint[809]. Die Verpflichtung zur Erhebung einer zusätzlichen Gebühr sei nicht notwendig, weil sich die Mitglieder des klagenden Groupement wie andere Banken mit der normalen Gebühr im Zwischenbankenverkehr hätten begnügen können. Die Klägerin habe somit nicht dargetan, dass die Wettbewerbsbeschränkung nicht über das unbedingt Erforderliche hinausgegangen sei[810]. Die Entscheidung sei also richtig. Es ist zweifelhaft, ob es angesichts dieser konkreten Würdigung des Parteivortrags auf eine Rücknahme der Kontrolldichte ankam[811].

Die Rechtsprechung des EuG findet ihre Fortsetzung in der "Langnese-Iglo"-Entscheidung. Die Klägerin stellt Speiseeis her und unterhielt ein Netz von Alleinbezugsverträgen mit einer Vielzahl von Einzelhändlern, durch welche die einzelnen Händler verpflichtet wurden, ausschließlich Produkte der Klägerin zu beziehen und zu verkaufen. Die Kommission sah in den Vereinbarungen einen Verstoß gegen Art. 81 Abs. 1 EGV, gleichzeitig versagte sie eine Freistellung gemäß Art. 81 Abs. 3 EGV.

Unter Bezugnahme auf die Entscheidung des EuGH "Consten, Grundig" führt das EuG in diesem Verfahren aus, dass das Gewähren einer Freistellung gemäß Art. 81 Abs. 3 EGV notwendigerweise mit komplexen Wertungen wirtschaftlicher Art verbunden ist. Die gerichtliche Nachprüfung dieser Wertungen muss dem Rechnung tragen und sich deshalb auf die Richtigkeit der ihnen zu-

---

Slg. 1994, II-49 (90); EuGH, U. v. 25.03.1996, Rs. C-157/95, (SPO/Kommission), Slg. 1996, I-1622 ff.

[809]EuG, U. v. 23.02.1994, Rs. T-39 u. 40/92, (CB u. Europay/Kommission), Slg. 1994, II-49 (90).

[810]EuG, U. v. 23.02.1994, Rs. T-39 u. 40/92, (CB u. Europay/Kommission), Slg. 1994, II-49 (90).

grundeliegenden Tatsachen und deren Subsumtion oder auf die Begriffe des geltenden Rechts beschränken[812]. Sie erstreckt sich somit in erster Linie auf die Begründung der Entscheidungen, aus der hervorgehen muss, auf welche Tatsachenerwägungen sich die genannten Beurteilungen stützen. Anhand dieser Grundsätze ist nach Ansicht des EuG zu prüfen, ob die Entscheidung auf unzutreffende Tatsachenfeststellungen gestützt oder mit Rechtsfehlern oder offensichtlichen Beurteilungsfehlern behaftet ist[813].

Dies zeigt die Rücknahme der Kontrolldichte durch das Gericht. Das Gericht knüpft offensichtlich die Einschätzungsprärogative an das wirtschaftlich prognostische Element im Rahmen der Entscheidung, ob eine angemessene Beteiligung der Verbraucher am Gewinn gewährleistet ist. Es ist dann nur konsequent, wenn das Gericht nicht über die Vorzüge ökonomischen Tuns befindet, sondern sich auf die Überprüfung offensichtlicher Beurteilungsfehler beschränkt.

cc) Fazit

Der EuGH und das EuG vermitteln den Rechtssatz, dass der Kommission bei Freistellungsentscheidungen nach Art. 81 Abs. 3 EGV eine Einschätzungsprärogative hinsichtlich der im Tatbestand vorliegenden unbestimmten Rechtsbegriffe zusteht. Die komplexen wirtschaftlichen Bewertungen, die die Kommission bei der Ausübung ihres Beurteilungsspielraums nach Art. 81 Abs. 3 EGV im Hinblick auf dessen vier Voraussetzungen vornehme, werden nur daraufhin überprüft werden, ob die Verfahrens- und Begründungsregeln eingehalten wurden, ob der Tatbestand richtig festgestellt wurde, ob kein offenkundiger Beurteilungsfehler und kein Ermessensfehlgebrauch vorliegt.

---

[811]Kirschner, Heinrich, Die Kontrolldichte bei der Überprüfung der Entscheidungen der Kommission durch das Gericht Erster Instanz der Europäischen Gemeinschaft, 1996, S. 36.
[812]EuG, U. v. 08.06.1995, Rs. T-7/93, (Langnese-Iglo GmbH/Kommission), Slg. 1995, II-1533 (1596).

c) Gebundene Entscheidung als Rechtsfolge

Liegen die tatbestandlichen Voraussetzungen für die Freistellung vor, so muss diese erteilt werden[814]. Der EuGH und das EuG las
sen einen Entscheidungsspielraum bei der Erteilung der Freistellung nicht mehr erkennen[815]. Auch sind keine Abwägungsgesichtspunkte erkennbar, die über die tatbestandliche Beurteilung hinaus auch auf der Rechtsfolgenseite noch komplexe ökonomische Wertungen erfordern würden[816]. Eine Einschätzungsprärogative zugunsten der Kommission besteht nur auf der Tatbestandsebene, nicht aber auf der Rechtsfolgenseite.

4) Bilanz

Die Rechtsprechungsübersicht zeigt, dass die Gemeinschaftsrichter der Kommission auf Grundlage der Ausnahmebestimmung nach Art. 81 Abs. 3 EGV einen Ermessensspielraum zubilligen und folglich die streitgegenständlichen Entscheidungen nur eingeschränkt überprüfen. Im Hinblick auf den Kontrolltopos des komplexen wirtschaftlichen Sachverhalts entspricht dies dem allgemeinen Kontrollstandard.

---

[813]EuG, U. v. 08.06.1995, Rs. T-7/93, (Langnese-Iglo GmbH/Kommission), Slg. 1995, II-1533 (1596).

[814]Bechtold, Rainer, Die Stellung der Kommission und der Unternehmen im EWG-Kartellverfahren, EuR 1992, S. 41 (43); Gleiss, Alfred/Hirsch, Martin, Kommentar zum EG-Kartellrecht, 4. Aufl. 1993, Art. 85 (3), Rdnr. 1835; Megret, Jacques, Waelbroek, Michel/Louis, Jean-Victor/Vignes, Daniel, Le droit de la Communauté Economique Européene, 1972/1983, Art. 85, Anm. 47; zurückhaltend: Schröter, Helmut, in: H. von der Groeben/J. Thiesing/C.-D. Ehlermann, Kommentar zum EG-Vertrag, 4. Aufl. 1991, Art. 85 (3), Rdnr. 201.

[815]EuGH, U. v. 13.07.1966, Rs. 56 u. 58/64, (Consten, Grundig/Kommission), Slg. 1966, 321 (399); EuGH, U. v. 27.01.1987, Rs. 45/85, (Verband der Sachversicherer/Kommission), Slg. 1987, 405 (462); EuG, U. v. 08.06.1995, Rs. T-7/93, (Langnese-Iglo GmbH/Kommission), Slg. 1995, II-1533 ff.

[816]Rausch, Rolf, Die Kontrolle von Tatsachenfeststellungen und -würdigungen durch den Gerichtshof der Europäischen Gemeinschaften, 1994, S. 289; Nolte, Norbert, Beurteilungsspielräume im Kartellrecht der Europäischen Gemeinschaft und der Bundesrepublik Deutschland, 1997, S. 87.

Im Gegensatz dazu unterziehen die Gemeinschaftsrichter die Entscheidungen nach Art. 81 Abs. 1 EGV und Art. 82 Abs. 1 EGV einer vollständigen Überprüfung. Lediglich unter der Anwendung der "rule of reason" ordnet der EuGH auch hier der Kommission eine Einschätzungsprärogative zu. Das EuG hatte bislang dazu keinen Anlass.

IV. Kontrolle von Form- und Verfahrensanforderungen

Der Umfang und die Qualität der gerichtlichen Kontrolle bestimmt sich (auch) an der Kontrollintensität bei der Ermittlung von Fehlern im Verwaltungsverfahren. Soweit die angefochtene Entscheidung auf einem unheilbaren Verfahrensfehler beruht, muss sie aufgehoben werden. Die Bedeutung der Beachtung des Verfahrensrechts wird auch dadurch verstärkt, dass Verfahrensfehler als "moyens d'ordre public" nicht nur im Falle eines entsprechenden qualifizierten Klägervorbringens überprüft werden können, sondern vom Gericht von Amts wegen untersucht werden[817]. Neben den besonderen Verfahrensvorschriften der VO Nr. 4064/89[818], sind die allgemeinen Verfahrensanforderungen und deren Kontrolle in den Blick zu nehmen.

1) Begründungspflicht des Art. 253 EGV

Die wichtigste allgemeine Verfahrensregelung ist die in Art. 253 EGV normierte Begründungspflicht[819]. Die Bedeutung dieser Vorschrift zeigt sich in der Praxis des EuGH und des EuG, die regelmäßig die Einhaltung dieser Rege-

[817]vgl.: Zweites Kapitel E. I.
[818]siehe dazu: Erstes Kapitel C. III. 7.
[819]vgl.: Esch, Bastiaan van der, Pouvoirs discrétionnaires de l`exécutiv Européen et contrôle juridictionnel, 1968, S. 72.

lung gerade bei der Kontrolle komplexer ökonomischer Sachverhalte überprüft[820].

Nach ständiger Rechtsprechung hat die Pflicht zur Begründung von Einzelfallentscheidungen den Zweck, dem Gemeinschaftsrichter die Überprüfung auf ihre Rechtmäßigkeit hin zu ermöglichen und den Betroffenen so ausreichend zu unterrichten, dass er erkennen kann, ob die Entscheidung begründet oder eventuell mit einem Mangel behaftet ist, der ihre Anfechtung ermöglicht; dabei hängt der Umfang der Begründungspflicht von der Art des Rechtssatzes und den Umständen ab, unter denen er erlassen wurde[821]. Zudem ist jeder Teil einer Entscheidung, die ein Ganzes darstellt, im Lichte ihrer anderen Teile zu sehen[822]. Die Kommission hat gemäß Art. 253 EGV die sachlichen und rechtlichen Gesichtspunkte, von denen die Rechtmäßigkeit der Entscheidung abhängt, sowie die Erwägungen anzugeben, die zu ihrem Erlass veranlasst haben; sie braucht jedoch nicht auf alle sachlichen und rechtlichen Fragen einzugehen, die während des Verwaltungsverfahrens aufgeworfen wurden[823].

---

[820]vgl. z.B.: EuGH, U. v. 09.07.1969, Rs. 1/69, (Italien/Kommission), Slg. 1969, 277 (285); EuGH, U. v. 14.03.1990, Rs. C-156/87, (Gestetner Holdings/Kommission), Slg. 1990, I-781 (844); EuG, U. v. 09.11.1994, Rs. T-46/92, (Scotish Ball/Kommission), Slg. 1994, II-1039 (1053); EuG, U. v. 25.02.1997, Rs. T-149 u. 181/94, (Kernkraftwerke Lippe-Ems/Kommission), Slg. 1997, II-165 (179).

[821]EuG, U. v. 14.05.1998, Rs. T-309/94, (KNP BT/Kommission), Slg. 1998, II-1010 (1028); EuG, U. v. 14.05.1998, Rs. T-295/94, (Buchmann/Kommission), Slg. 1998, II-816 (829); EuG, U. v. 11.12.1996, Rs. T-49/95, (van Meegen Sports/Kommission), Slg. 1996, II-1801 (1822); EuG, U. v. 24.04.1996, Rs. T-551/93, 231-234/94, (Industrias Pesqueras Campos u.a./Kommission), Slg. 1996, II-250 (299); vgl.: EuGH, B. v. 16.09.1997, Rs. C-59/96 P, (Koelman/Kommission), Slg. 1997, I-4812 ff., die Einstellung eines Verfahrens durch Verwaltungsschreiben betreffend; EuG, U. v. 14.05.1998, Rs. T-352/94, (Mo och Domsjö/Kommission), Slg. 1998, II-1996 (2010); EuG, U. v. 17.02.2000, Rs. T-241/97, (Stork Amsterdam/Kommission), Rdnr. 73, noch nicht amtlich veröffentlicht.

[822]EuG, U. v. 12.12.1996, Rs. T-16/91, (Rendo u.a./Kommission), Slg. 1996, II-1829 ff.; EuG, U. v. 06.04.1995, Rs. T-150/89, (Martinelli/Kommission), Slg. 1995, II-1165 (1188); EuG, U. v. 14.05.1997, Rs. T-71/92, (Florimex u. VGB/Kommission), Slg. 1997, II-697 (741), bestätigt durch: EuGH, U. v. 30.03.2000, Rs. 266/97 P, (VBA/Kommission), Rdnr. 1 ff., noch nicht amtlich veröffentlicht.

[823]EuG, U. v. 14.05.1998, Rs. T-310/94, (Gruber+Weber/Kommission), Slg. 1998, II-1048 (1061); EuGH, U. v. 29.10.1980, Rs. 209-215 u. 218/78, (Van Landewyck u.a./Kommission), Slg. 1980, 3125 (3244); EuGH, U. v. 15.05.1997, Rs. C-278/95 P, (Siemens/Kommission), Slg. 1997, I-2507 (2535); EuG, U. v. 30.04.1998, Rs. T-214/95, (Vlaams Gewest/Kommission), Slg. 1998, II-722 (742).

Ob die Begründung eines Rechtsaktes den Erfordernissen des Art. 253 EGV genügt, ist nicht nur im Hinblick auf seinen Wortlaut zu beurteilen, sondern auch auf Grund des Zusammenhanges sowie sämtlicher Rechtsvorschriften auf diesem Gebiet[824]. Außerdem muss die Ausführlichkeit der Begründung einer Entscheidung den tatsächlichen Möglichkeiten sowie den technischen und zeitlichen Bedingungen entsprechen, unter denen die Entscheidung ergeht[825].

Der in Art. 253 EGV verankerte Grundsatz einer ausreichenden Begründung gehört zu den Grundprinzipien des Gemeinschaftsrechts, deren Beachtung vom Gericht sicherzustellen ist, das gegebenenfalls eine etwaige Verkennung der Begründungspflicht von Amts wegen aufgreifen kann[826]. Bei der Überprüfung stellt der EuGH und das EuG häufig umfangreiche Untersuchungen an. Dabei sind die Gemeinschaftsrichter durchaus bereit, der allgemeinen Begründungspflicht Vorrang vor entgegenstehenden anderweitigen Rechtspflichten einzuräumen[827]. Die Anforderungen an die Begründung einer Entscheidung variieren nach Art und Umfang des Ermessensspielraums der Kommission im jeweiligen Fall[828]. Der Gerichtshof unterzieht die Begründungen der Kommission einer umfassenden Überprüfung. Auch wenn die Begründungen wirtschaftlich komplexe Sachverhalte zum Inhalt haben, ist diese Praxis nicht zu beanstanden.

---

[824]EuGH, U. v. 05.05.1998, Rs. C-180/96, (Vereinigtes Königreich/Kommission), EuZW 1998, S. 431 (436); EuG, U. v. 27.11.1997, Rs. T-290/94, (Kaysersberg SA/Kommission), Slg. 1997, II-2144 (2199) für die VO Nr. 4064/89; EuGH, U. v. 29.02.1996, Rs. C-56/93, (Belgien/Kommission), Slg. 1996, I-723 (792).

[825]ständige Rechtsprechung: EuGH, U. v. 14.02.1990, Rs. C-350/88, (Delacre u.a./Kommission), Slg. 1990, I-418 (422); EuGH, U. v. 04.03.1999, Rs. C-119/97 P, (Ufex u. a. /Kommission), Slg. 1999, I-1341 (1397).

[826]EuG, u. v. 17.02.2000, Rs. T-241/97, (Stork Amsterdam/Kommission), Rdnr. 73, noch nicht amtlich veröffentlicht; EuG, U. v. 02.07.1992, Rs. T-61/89 (Dansk Pelsdyravlerforening/Kommission), Slg. 1992, II-1931 (1983); Schultz, Klaus-Peter, Kartellrechtspraxis und Kartellrechtsprechung, 1998/99, 1999, S. 317 f.

[827]EuGH, U. v. 13.03.1985, Rs. 296 u. 318/82, (Leeuwardener Papierfabriek/Kommission), Slg. 1985, 809 ff.

[828]vgl.: EuGH, U. v. 15.07.1964, Rs. 66/63, (Niederlande/Hohe Behörde), Slg. 1964, 1147 (1191); EuGH, U. v. 10.01.1985, Rs. 35/83, (BAT, Reynolds/Kommission), Slg. 1985, 363 (387); Nolte, Norbert, Beurteilungsspielräume im Kartellrecht der Europäischen Gemeinschaft und der Bundesrepublik Deutschland, 1997, S. 133.

Das Begründungserfordernis findet eine Schranke in der Wahrung von Geheimhaltungsinteressen[829]. Diese Schranke darf jedoch nicht dazu führen, dass generell geringere Anforderungen an die Bergründungspflicht gestellt werden, da eine effektive Rechtsschutzkonzeption einer strikten verfahrensrechtlichen Kontrolle bedarf[830].

Die Überprüfung der Einhaltung der Begründungspflicht nach Art. 253 EGV ist die Kontrolle einer gesetzlich normierten Verfahrensvorschrift. Der Kommission in diesem Bereich einen Beurteilungsspielraum einzuräumen, entbehrt jeglicher Grundlage.

2) Die fehlende Ausfertigung

Die Rechtsprechung überprüft nicht nur, ob die Begründung einer Entscheidung gefehlt hat oder unzureichend war, sondern auch, ob sie nachträglich gefertigt wurde. In den bereits angesprochenen "Polypropylen"- Verfahren sieht das EuG eine angefochtene Entscheidung der Kommission als "inexistent" an, weil die Begründung der Entscheidung gefehlt habe bzw. nachträglich gefertigt worden sei[831]. In der Beweisaufnahme durch das Gericht habe dieses festgestellt, dass das Ausfertigungsverfahren nach Art. 12 der Geschäftsordnung der Kommission nicht durchgeführt worden sei.

Nach einem Rechtsmittel der Kommission hat der Gerichtshof dieses Urteil des Gerichts aufgehoben, weil die Annahme einer Inexistenz der Entscheidung nach seiner Ansicht rechtsfehlerhaft war. Der Gerichtshof hat die Entscheidung der Kommission aber für nichtig erklärt, weil Art. 12 Abs. 1 der Ge-

[829]EuGH, U. v. 12.11.1996, Rs. C-84/94, (Vereinigtes Königreich/Rat), Slg. 1996, I-5755 ff.; Baudenbacher, Carl (Hrsg.), Aktuelle Probleme des europäischen und internationalen Wirtschaftsrechts, 1998, S. 121.
[830]Calliess, Christian, Anmerkung zu EuGH, U. v. 12.11.1996, Rs. C-84/94, (Vereinigtes Königreich/Rat), EuZW 1996, S. 757 (759); a. A. wohl: Haibach, Georg, Die Rechtsprechung des EuGH zu den Grundsätzen des Verwaltungsverfahrens, NVwZ 1998, S. 456 (457).
[831]EuG, U. v. 17.12.1991, Rs. T-4/89, (BASF u.a./Kommission), Slg. 1992, II-315 (327, 351).

schäftsordnung der Kommission als wesentliche Formvorschrift im Sinne von Art. 230 EGV nach Ansicht der Richter verletzt wurde[832].

Es lässt sich aufgrund der beiden Rechtszüge im ersten Prozess feststellen, dass Verfahrensfehler der Kommission durch die Gerichte voll überprüft werden. Auf die entwickelte Kontrollkonzeption zurückschauend ist dies konsequent, da es nicht um die Würdigung komplexer wirtschaftlicher Sachverhalte, sondern um prozessrechtliche Abläufe geht[833].

3) Die Verletzung der Verteidigungsrechte

Neben der Begründungpflicht des Art. 253 EGV ist der Grundsatz des rechtlichen Gehörs von besonderer Bedeutung; dieser stellt einen fundamentalen Grundsatz des Gemeinschaftsrechts dar, der auch im Verwaltungsverfahren beachtet werden muss[834].

a) Relevanz bestehender Verteidigungsrechte als Verfahrensgarantie

Der Anspruch auf rechtliches Gehör ist von erheblicher Relevanz, wenn der EuGH und das EuG schwierige wirtschaftliche Sachverhalte zu kontrollieren

---

[832] EuGH, U. v. 15.06.1994, Rs. C-137/92, (Kommission/BASF u.a.), Slg. 1994, I-2555 (2651).

[833] Kirschner, Heinrich, Die Kontrolldichte bei der Überprüfung der Entscheidungen der Kommission durch das Gericht Erster Instanz der Europäischen Gemeinschaft, 1996, S. 23.

[834] EuGH, U. v. 13.02.1979, Rs. 85/76, (Hoffmann-Laroche/Kommission), Slg. 1979, 461 (511); EuGH, U. v. 21.09.1989, Rs. 46/87 u. 277/88, (Hoechst/Kommission), Slg. 1989, 2859 (2923); EuGH, U. v. 23.03.1990, Rs. C-142/87, (Belgien/Kommission), Slg. 1990, I-959 (1016); EuG, U. v. 08.10.1996, Rs. 24, 25, 26 u. 28/93, (Compagnie maritime belge transports SA/Kommission), Slg. 1996, II-1207 (1223); bestätigt durch: EuGH, U. v. 16.03.2000, Rs. C-395/96 P, (Compagnie maritime belge transports SA/Kommission), Rdnr. 142, noch nicht amtlich veröffentlicht; Weber, Albrecht, Das Verwaltungsverfahren, in: M. Schweitzer (Hrsg.), Europäisches Verwaltungsrecht, 1991, S. 55 (78); Hilf, Meinhard/Ciesla, Gritta/Pache, Eckhard, Rights vis-á-vis the administration at the Community level, in: A. Cassese/A. Clapham/J. Weiler (Hrsg.), European Union-The Human Rights Challenge II, Human Rights and the European Community: Methods of Protection, 1991, S. 136 u. S. 454 (463), mit ausführlicher Darstellung des Schutzumfangs und Nachweisen zur

haben[835], da, wie die Fusionskontrolle im Besonderen zeigt, erhöhte wirtschaftliche Belange der Adressaten und Beteiligten zur Disposition stehen. Das EuG hat in der "Generali"- Entscheidung für das Fusionskontrollverfahren ausgeführt, dass die Beachtung der Rechte der Verteidigung ein grundlegendes Prinzip der Gemeinschaft sei und daher vor Erlass jeder Entscheidung, die die betroffenen Unternehmen beschweren könne, zwingend sei[836]. Das Gericht stellt fest, dass im Einklang mit diesem Grundsatz Art. 11 VO Nr. 4064/89 die Kommission verpflichte, in einem Auskunftsverlangen insbesondere auch dessen Zweck anzugeben. Außerdem heiße es in der achten Begründungserwägung der VO Nr. 3384/94, die Kommission werde nach der Anmeldung eines Zusammenschlusses enge Verbindungen zu den Beteiligten aufrechterhalten, um etwaige tatsächliche und rechtliche Probleme mit ihnen zu erörtern und, wenn möglich, in gegenseitigem Einvernehmen auszuräumen[837].

Der Gerichtshof und das EuG prüfen, ob die Kommission ihrer Verpflichtung zur Durchführung eines ordnungsgemäßen Verwaltungsverfahrens unter Aufklärung aller für die Entscheidung maßgeblichen rechtlichen und tatsächlichen Gesichtspunkte nachgekommen ist[838].

Darüberhinaus bestimmt Art. 18 VO Nr. 4064/89, dass Beteiligte und Dritte angehört werden. Die von dem betreffenden Zusammenschluss betroffenen Personen, d.h. die an dem der Kommission zur Prüfung vorgelegten Zusam-

---

Rechtsprechung; Grzybeck, Patrick, Prozessuale Grundrechte im Europäischen Gemeinschaftsrecht, 1993, S. 89 ff.

[835] vgl. bereits: EuGH, U. v. 13.07.1966, Rs. 56 u. 58/64, (Consten, Grundig/Kommission), Slg. 1966, 321 (386); EuGH, U. v. 15.07.1970, Rs. 45/69, (Boehringer /Kommission), Slg. 1970, 769 (800); Baudenbacher, Carl (Hrsg.), Aktuelle Probleme des europäischen und internationalen Wirtschaftsrechts, 1998, S. 120.

[836] EuG, U. v. 25.02.1999, Rs. T-87/96, (Generali/Kommission), WuW 2000, S. 77 (82).

[837] EuG, U. v. 25.02.1999, Rs. T-87/96, (Generali/Kommission), WuW 2000, S. 77 (82).

[838] EuGH, U. v. 04.10.1983, Rs. 191/82, (Fediol I/Kommission), Slg. 1983, 2913 (2934); EuGH, U. v. 08.04.1976, Rs. 29/75, (Kaufhof/Kommission), Slg. 1976, 431 (443), in dem der Gerichtshof eine Kommissionsentscheidung aufgehoben hat, weil die Kommission die von den betroffenen Mitgliedsstaaten vorgebrachten Gründe zur Rechtfertigung seines Handels nicht geprüft hatte; EuG, U. v. 15.03.2000, Rs. T-25, 26, 30-32, 34-39, 42-46, 48,

menschlussvorhaben Beteiligten verfügen über besondere Garantien gemäß Art. 18 Abs. 1-3 VO Nr. 4064/89, durch die die Beachtung ihres Anspruchs auf rechtliches Gehör im Verwaltungsverfahren gewährleistet ist. Dritten, die gegebenenfalls nur durch die Folgewirkungen der Entscheidung berührt werden, steht nach Art. 18 Abs. 4 VO Nr. 4064/89 das Recht auf Anhörung durch die Kommission zu, sofern sie dies beantragt und den Nachweis erbracht haben, dass sie insoweit über ein hinreichendes Interesse verfügen[839].

Aus der Gesamtheit der Bestimmung ergibt sich, dass Dritte, die mit den am Zusammenschluss Beteiligten im Wettbewerb stehen, auf entsprechenden Antrag ein Recht auf Anhörung durch die Kommission haben, um zu den für sie nachteiligen Wirkungen des angemeldeten Zusammenschlussvorhabens Stellung zu nehmen. Dieses Recht ist dabei mit der Beachtung der Verteidigungsrechte und dem Hauptziel der Verordnung, der Sicherstellung einer wirksamen Kontrolle und der Rechtssicherheit für die der Verordnung unterliegenden Unternehmen, in Einklang zu bringen ist[840].

Es ist festzustellen, dass der Gerichtshof den allgemeinen Verfahrensanforderungen gerade im Bereich der Kontrolle komplexer ökonomischer Bewertungen der Kommission einen besonderen Stellenwert als "Kompensationsmoment" zuteilt[841]. Die Gemeinschaftsrichter überprüfen besonders kontrollintensiv die gemeinschaftsrechtlich bestehenden Verfahrensgarantien[842].

50-65, 68-71, 87, 88, 103 u. 104/95, (Cimenteries u.a./Kommission), Rdnr. 1 ff., noch nicht amtlich veröffentlicht.

[839]EuG, U. v. 27.11.1997, Rs. T-290/94, (Kaysersberg SA/Kommission), Slg. 1997, II-2144; EuG, U. v. 27.04.1995, Rs. T-96/92, (CCE de la Société Générale des Grandes Sources u.a./Kommission), Slg. 1995, II-1216 (1240).

[840]vgl.: EuG, B. v. 02.12.1994, Rs. T-322/94 R, (Union Carbide/Kommission), Slg. 1994, II-1159 (1175); Erstes Kapitel C. III. 7.

[841]Rausch, Rolf, Die Kontrolle von Tatsachenfeststellungen und -würdigungen durch den Gerichtshof der Europäischen Gemeinschaften, 1994, S. 276; vgl. auch: Nolte, Norbert, Beurteilungsspielräume im Kartellrecht der Europäischen Gemeinschaft und der Bundesrepublik Deutschland, 1997, S. 132; Classen, Claus-Dieter, Die Europäisierung der Verwaltungsgerichtsbarkeit: Eine vergleichende Untersuchung zum deutschen, französischen und europäischen Verwaltungsprozeßrecht, 1996, S. 170; Adam, Winfried Anselm, Die Kontrolldichte-Konzeption des EuGH und der deutschen Gerichte, 1993, S. 100; Herdegen, Matthias/Richter, Stefan, Die Rechtslage in den europäischen Gemeinschaften, in: J.A. Frowein

b) Das Recht zur Akteneinsicht, Art. 18 VO Nr. 4064/89

Das Recht zur Akteneinsicht ist in Art. 18 VO Nr. 4064/89 normativ geregelt[843], daneben ist das Akteneinsichtnahmerecht aus dem Grundsatz des rechtlichen Gehörs als anerkannter allgemeiner verfahrensrechtlicher Rechtsgrundsatz herzuleiten[844].

Die VO Nr. 4064/89 begründet das Recht der unmittelbar Betroffenen auf Akteneinsicht in Art. 18 Abs. 3 VO Nr. 4064/89 und Art. 13 Abs. 3 lit. a) der Durchführungsverordnung[845] ausdrücklich. Die Mitteilung der Kommission versucht, einheitliche Regeln für die Akteneinsicht aufzustellen, um die Verteidigungsrechte der Unternehmen zu sichern. Dieses Recht ist im Fusionskontrollverfahren von eminent praktischer Bedeutung für die Parteien[846]. Deutlich wird dies, indem die Kommission interne Verfahrensvorschriften für die Behandlung von Anträgen auf Akteneinsicht in Fällen einer Anwendung der Art. 81 EGV und Art 82 EGV und der Fusionskontrolle veröffentlicht hat[847], mit denen sie die Konsequenzen aus den sog. "Soda"- Urteilen des EuG zieht.

In den vorbezeichneten Verfahren war der Streitgegenstand Entscheidungen der Kommission zu Art. 81 EGV und Art. 82 EGV. Die Kommission war der

---

(Hrsg.), Die Kontrolldichte bei der gerichtlichen Überprüfung von Handlungen der Verwaltung, 1993, S. 209 (247).

[842]Danwitz, Thomas von, Verwaltungsrechtliches System und europäische Integration, 1996, S. 186, unter Bezugnahme auf: EuGH, U. v. 21.11.1991, Rs. C-269/90, (TU München), Slg. 1991, 5469 (5500 ff.).

[843]siehe auch im Beamtenrecht: Art. 26 Beamtenstatut; im Antidumpingrecht: Art. 7 VO Nr. 2423/88.

[844]Haibach, Georg, Die Rechtsprechung des EuGH zu den Grundsätzen des Verwaltungsverfahrens, NVwZ 1998, S. 456 (458); vgl.: EuGH, U. v. 03.07.1991, Rs. C-62/86, (Akzo/Kommission), Slg. 1991, I-3439 ff.; EuG, U. v. 17.12.1991, Rs. T-7/89, (Hercules Chemicas/Kommission), Slg. 1991, II-1711 ff.; bestätigt durch EuGH, U. v. 06.05.1995, Rs. C-310/93, (Hercules Chemicas/Kommission), Slg. 1995, I-865 ff.; Bronett, G.-K. de, Akteneinsicht in Wettbewerbsverfahren der Europäischen Kommission, WuW 1997, S. 383 (393).

[845]VO (EG) Nr. 3384/94.

[846]Montag, Frank/Kaessner, Ralph, Neuere Entwicklungen in der Fallpraxis der europäischen Fusionskontrolle, WuW 1997, S. 781 (791); Levitt, Matthew, Access to the file: the commission's adminstrative procedure in cases under articles 85 and 86, CMLRev 1997, S. 1413 ff; EuG, U. v. 28.4.1999, Rs. T-221/95, (Endemol/Kommission), Slg. 1999, II-1299 ff.

[847]ABl. 1997 Nr. C 23/3.

Ansicht, dass auf dem gemeinsamen Markt für Soda zwei marktbeherrschende Stellungen bestanden haben sollen, und zwar eine von "ICI" im Vereinigten Königreich und eine von "Solvay" im kontinentalen Westeuropa. In dem Verfahren gegen die zu Art. 81 EGV erlassenen Entscheidungen trug "ICI" u.a. vor, ihr sei die Akteneinsicht verweigert worden, insbesondere seien ihr die Dokumente, die die Firma "Solvay" betreffen, nicht mitübersandt worden.

Das EuG sieht es als fehlerhaft an, die entsprechenden Beweismittel nicht der Firma "ICI" zugänglich gemacht zu haben, so dass das Verwaltungsverfahren von Anfang an rechtsfehlerhaft angelegt war[848]. Entsprechendes galt für die Beweismittel bei der Mitteilung der Beschwerde an die Firma "Solvay"[849]. Als Folge der "Soda"-Urteile ist das Akteneinsichtsrecht nicht mehr auf diejenigen Dokumente beschränkt, die die Kommission für "zweckdienlich"[850] hält, vielmehr ist die ganze Akte bis auf Geschäftsgeheimnisse, vertrauliche Schriftstücke und interne Schriftstücke der Kommission einsehbar.

Die Entscheidungspraxis des EuG zeigt, dass das Gericht die Verfahren der Kommission einer umfassenden Nachprüfung unterwirft, selbst wenn die erhobenen Rügen nur nach Ermittlungen beschieden werden können[851]. Zusammenfassend ist im Hinblick auf die restriktiven Elemente der Konzeption des EuG und des Gerichtshofes zu Umfang und Intensität gerichtlicher Kontrolle auf die Verfahrensgarantien, die einer vollständigen und intensiven Kontrolle unterliegen, hinzuweisen.

[848]EuG, U. v. 29.06.1995, Rs. T-37/91, (ICI/Kommission), Slg. 1995, II-1851 (1937 ff.).
[849]EuG, U. v. 29.06.1995, Rs. T-30/91, (Solvay/Kommission), Slg. 1995, II-1827 (1841).
[850]Montag, Frank/Kaessner, Ralph, Neuere Entwicklungen in der Fallpraxis der europäischen Fusionskontrolle, WuW 1997, S. 781 (791).

F. Entwicklung einer Kontrolldichtekonzeption für die VO Nr. 4064/89

I. Legitimation allgemeingültiger Konzeptionen

Die Rechtsprechungsanalyse zur Kontrolldichte in der Fusionskontrollverordnung hat gezeigt, das zwar Ansätze einer Konzeption zu erkennen sind, jedoch von einer geschlossenen Dogmatik nicht gesprochen werden kann.

Es ist allerdings für das Fusionskontrollrecht von wesentlicher Bedeutung, dass Grundzüge einer gerichtlichen Kontrolle entwickelt werden, die als vereinheitlichendes Konzept für alle Tatbestände angesehen werden können[852]. Als Instrument der Rechtssicherheit und Vorhersehbarkeit gerichtlicher Erkenntnisse bedarf es dieser rechtsdogmatischen Absicherung[853]. Das tatsächliche Bestehen einer nachvollziehbaren Gedankenkette, auf der die getroffene Rechtsentscheidung beruht, bildet die Grundvoraussetzung einer jeden dogmatischen Rechtsanwendung. Sie hat eine große Bedeutung für die Entwicklung von Verfahren und Vorgehensweisen der richterlichen und wissenschaftlichen Arbeit. Die allgemeine Lehre des Verwaltungsrechts, allgemeingültige Konzeptionen zu entwickeln, folgt nicht vorrangig aus der Aufgabe, eine übersichtlichen Stoffdarstellung zu liefern, sondern ist vielmehr entscheidende Vorbedingung für eine rechtsstaatliche Erfüllung der Aufgaben öffentlicher Verwaltung[854]. Wegen ihrer unmittelbaren Anknüpfung an das Verfahren der Rechtsanwendung zählt die Bildung von grundlegenden Kategorien mit allgemein gültiger Bedeutung zur rechtsstaatlichen Methodik.

---

[851]Kirschner, Heinrich, Die Kontrolldichte bei der Überprüfung der Entscheidungen der Kommission durch das Gericht Erster Instanz der Europäischen Gemeinschaften, S. 25.

[852]vgl.: Herdegen, Matthias, Beurteilungsspielraum und Ermessen im strukturellen Vergleich, JZ 1991, S. 747 (750); Starck, Christian, Das Verwaltungsermessen und dessen gerichtliche Kontrolle, in: Festschrift für H. Sendler, 1991, S. 167 (169).

[853]Reidt, Olaf, Behördlicher Beurteilungsspielraum und Grundrechtsschutz, DÖV 1992, S. 916 (920); Schmidt-Aßmann, Eberhard/Groß, Thomas, Zur verwaltungsgerichtlichen Kontrolle nach der Privatgrundschul-Entscheidung des BVerfG, NVwZ 1993, S. 617 (624).

[854]vgl.: Badura, Peter, Die Bedeutung von Präjudizien im öffentlichen Recht, in: U. Blaurock (Hrsg.), Die Bedeutung von Präjudizien im deutschen und französischen Recht, 1985, S. 49 (59), Danwitz, Thomas von, Verwaltungsrechtliches System und europäische Integration, 1996, S. 40.

Die spezifischen Besonderheiten in der Fusionskontrolle führen zu der praktischen Aufgabe einer Konzeption, für die Beteiligten und Betroffenen der Fusionskontrollverfahren eine rechtliche Vorhersehbarkeit zu vermitteln, wodurch ein gewisses Maß an Rechtssicherheit geschaffen wird[855]. Dies gilt insbesondere, wenn ein Dritter den Rechtsweg gegen einen genehmigten Zusammenschluss anstrengt, da für den Fall des Erfolges eine Entflechtung des Zusammenschlusses nach Art. 8 Abs. 4 VO Nr. 4064/89 von der Kommisson angeordnet werden muss[856], was einen nachhaltigen, intensiven Eingriff für die betroffenen Unternehmen bedeutet.

II. Interdependenz zwischen subjektivem Rechtsschutz und Kontrolldichte

Eine umfassende Betrachtungsweise des Rechtsschutzes in der Fusionskontrolle hat sowohl die Reichweite des subjektiven Rechtsschutzes[857] als auch die gerichtliche Prüfungskompetenz einzubeziehen. Dabei korrespondieren die Kontrollbefugnisse der Gerichte in der Fusionskontrolle mit der Reichweite des subjektiven Rechtsschutzes. Die Effektivität des Rechtsschutzes in der Fusionskontrolle beurteilt sich nicht nur nach der Frage, ob insbesondere Konkurrenzunternehmen klagebefugt sind, sondern wird im wesentlichen auch durch die Überprüfungskompetenzen des Gerichtes bestimmt.

Im Rahmen der Fusionskontrolle ist die Konzeption einer materiellen individuellen Betroffenheit als Kriterium für die Klagebefugnis zu verfolgen[858]. Aus einer Gesamtschau der formell und materiellen Kriterien ist die Klagebefugnis

---

[855]für das materielle Fusionskontrollrecht: Montag, Frank/Kaessner, Ralph, Neuere Entwicklungen in der Fallpraxis der europäischen Fusionskontrolle, WuW 1997, S. 781 ff; Montag, Frank/Leibenath, Christoph, Aktuelle Probleme in der Europäischen Fusionskontrolle, WuW 2000, S. 842 ff.

[856]Anfang 1997 hat die Kommission ihre erste Entflechtungsentscheidung getroffen: Entscheidung der Kommission v. v. 19.02.1997, (Kesko/Tuko), ABl. 1997 Nr. L 174/47; EuG, U. v. 15.12.1999, Rs. T-22/97, (Kesko/Kommission), Rdnr. 1 ff., noch nicht amtlich veröffentlicht.

[857]dazu: Erstes Kapitel D. I.-V.

herzuleiten. Eine formelle Beteiligung – insbesondere des Konkurrenten – ist nicht erforderlich. Demgegenüber bedarf es einer restriktiveren Auslegung des formalisierten Betroffenheitskriteriums, da im Rahmen der Fusionskontrolle eine spürbare Beeinträchtigung zusätzlich neben der Beteiligung am Verwaltungsverfahren vorliegen muss, es sei denn, der Kläger rügt gerade die Verletzung der verfahrensmäßigen Rechte.

Diese wesentliche, für die betroffenen (Dritt-) Unternehmen bedeutende Garantie, Kommissionsentscheidungen gerichtlich überprüfen zu lassen, ist im Verhältnis zu setzen zu der Kontrolldichte im engeren Sinne. Die Klammer dieser beiden dogmatischen Grundkategorien erkennt auch *Immenga* an, indem er gerade der Konkurrentenklage die Funktion zuspricht, die wettbewerbliche Grundaussage der Fusionskontrollverordnung auch tatsächlich durchzusetzen, um damit die Politisierung der europäischen Fusionskontrolle zu verhindern[859]. Dies ist jedoch nur möglich, wenn die Gerichte über ausreichende Prüfungsbefugnisse verfügen. Diesen Ansatz bestätigt *Schwarze*, wenn er nach der Zubilligung individueller Rechte für das Vergabeverfahren eine Kontrolldichte für angezeigt hält, die nicht auf eine Vertretbarkeitsprüfung zurückgenommen werden dürfe, um die Effektivität des subjektiven Rechtsschutzes zu gewährleisten[860].

Inwieweit die Zubilligung subjektiver Rechte auf die Prüfungskompetenz des Gerichts einwirkt, wird im einzelnen darzustellen sein.

---

[858]Erstes Kapitel D. V. 3.

[859]Immenga, Ulrich, Die europäische Fusionskontrolle im wettbewerblichen Kräftefeld, 1993, S. 37 f.

[860]Schwarze, Jürgen, Die Vergabe öffentlicher Aufträge im Lichte des europäischen Wirtschaftsrechts, EuZW 2000, S. 133 (143).

III. Die gewährleistete Sachverhaltskontrolle

Auch der Rechtsschutzkonzeption im Rahmen der Fusionskontrolle liegt, der Rechtssprechung des EuGH und EuG folgend, die Unterscheidung[861] der reinen Tatsachenerfassung von der Würdigung der Tatsachen zugrunde, die Einschränkungen der gerichtlichen Kontrolle unterliegen kann[862]. Es liegen keine Anhaltspunkte vor und es besteht auch kein Anlass, von dieser Struktur abzuweichen.

Das EuG und der EuGH als erstinstanzliches Gericht überprüft die Sachverhaltsfeststellungen der Kommission, die der Entscheidung, ob ein Zusammenschluss mit dem gemeinsamen Markt vereinbar ist (Art. 6 Abs. 1, Art 8 VO Nr. 4064/89) zugrunde gelegt werden, auf Vollständigkeit und Richtigkeit hin[863]. Insoweit entspricht die Rechtsprechungspraxis zur VO Nr. 4064/89 den Entscheidungen aus anderen Sachbereichen[864].

Anzumerken ist, dass in der Rechtsprechung des EuG sich im Vergleich zur Spruchpraxis des EuGH eine intensivere Auseinandersetzung mit dem den Kommissionsentscheidungen zugrundeliegenden Sachverhalt feststellen lässt[865]. Daraus resultierend ist eine Effektivierung des Rechtsschutzes durch

---

[861] Zu dieser Differenzierung: Herdegen, Matthias, Beurteilungsspielraum und Ermessen im strukturellen Vergleich, JZ 1991, S. 747 (748); Bullinger, Martin, Das Ermessen der öffentlichen Verwaltung, JZ 1984, S. 1001; Vallender, Klaus A., Unbestimmter Rechtsbegriff und Ermessen, in: Mélanges A. Grisel, 1983, S. 819 ff.

[862] Schwarze, Jürgen, Die gerichtliche Kontrolle der europäischen Wirtschaftsverwaltung, in: J. Schwarze/E. Schmidt-Aßmann (Hrsg.), Das Ausmaß der gerichtlichen Kontrolle im Wirtschaftsverwaltungs- und Umweltrecht, 1992, S. 203 ff.; Everling, Ulrich, Auf dem Wege zu einem europäischen Verwaltungsrecht, NVwZ 1987, S. 1 (7); Danwitz, Thomas von, Verwaltungsrechtliches System und europäische Integration, 1996, S. 184; Pache, Eckhard, Die Kontrolldichte in der Rechtsprechung des Gerichtshofes der Europäischen Gemeinschaften, DVBl 1998, S. 380 (382).

[863] EuGH, U. v. 31.03.1998, Rs. C-68/94 u. C-30/95, (Frankreich, SCPA u. EMC/Kommission), Slg. 1998, I-1453 ff.; EuG, U. v. 22.03.2000, Rs. T-125 u. 127/97, (Coca Cola/Kommission), Rdnr. 77 ff., noch nicht amtlich veröffentlicht; EuG, U. v. 15.12.1999, Rs. T-22/97, (Kesko/Kommission), Rdnr. 103 ff., noch nicht amtlich veröffentlicht.; EuG, U. v. 25.3.1999, Rs. T-102/96, (Gencor/Kommission), Slg. 1999, II-753 ff.; ausführlich: 2. Kapitel E. I.

[864] Adam, Winfried Anselm, Die Kontrolldichte-Konzeption des EuGH und der deutschen Gerichte, 1993, S. 224.

[865] Jung, Hans, Das Gericht erster Instanz der Europäischen Gemeinschaften, EuR 1992, S. 247 (251); insofern haben sich die von: Everling, Ulrich, Zur richterlichen Kontrolle der Tat-

die Rechtsprechung des EuG zu verzeichnen[866], die wiederrum Parallelen zum deutschen Verwaltungsrecht offenbart. Damit einhergehend könnte diese Angleichung des Gemeinschaftsrechts an das deutsche Prozessrecht Anstoß in dem Prozess der Europäisierung des Verwaltungsrechtsschutzes sein[867].

IV. Die Kontrolle der Subsumtion

Als dogmatische Kategorie ist die Kontrolldichte im Gemeinschaftsrecht auf der Ebene der Sachverhaltswürdigung anzusiedeln. Zur Überprüfungskompetenz der Gemeinschaftsrichter gegenüber der von der Kommission durchgeführten Tatsachenwürdigungen fehlt es, wie dargestellt, im Rahmen der Fusionskontrolle an aussagekräftiger Rechtsprechung. Die Entscheidung "Frankreich, SCPA u. EMC" des EuGH bestätigt zwar - jedoch ohne nähere Begründung - dass der Kommission für Entscheidungen nach der VO Nr. 4064/89, die Untersuchungen des Zusammenschlusses und seine Auswirkungen auf den relevanten Markt beinhalten, ein Ermessenspielraum zukommen soll[868]. Allgemein gültige Maßstäbe über die Reichweite des gerichtlichen Rechtsschutzes liefert diese Entscheidung jedoch nicht. Die Ausführungen lassen sich in unterschiedlicher Weise interpretieren. Während die Formulierung des Gerichtshofes, der Kommission sei ein "Ermessen" eingeräumt, darauf hindeutet, dass ein exekutiver Entscheidungsfreiraum mit lediglich evidenter Überprü-

---

sachenfeststellung und Beweiswürdigung durch die Kommission in Wettbewerbssachen, WuW 1989, S. 877 (893), geäußerten Erwartungen erfüllt.

[866] Rausch, Rolf, Die Kontrolle von Tatsachenfeststellungen und -würdigungen durch den Gerichtshof der Europäischen Gemeinschaften, 1994, S. 197; Nolte, Norbert, Beurteilungsspielräume im Kartellrecht der Europäischen Gemeinschaft und der Bundesrepublik Deutschland, 1997, S. 103.

[867] vgl.: Schmidt-Aßmann, Eberhard, Die Kontrolldichte der Verwaltungsgerichte: Verfassungsgerichtliche Vorgaben und Perspektiven, DVBl 1997, S. 281 (283); Schoch, Friedrich, Die Europäisierung des verwaltungsgerichtlichen vorläufigen Rechtsschutzes, DVBl 1997, S. 289 (290).

[868] EuGH, U. v. 31.03.1998, Rs. C-68/94 u. C-30/95, (Frankreich, SCPA u. EMC/Kommission), Slg. 1998, I-1453 ff.; Bechtold, Rainer, Anmerkung zu EuGH, U. v. 31.03.1998, Rs. C-68/94 u. C-30/95, (Frankreich, SCPA u. EMC/Kommission), EuZW 1998, S. 313 (314).

fungsgewalt besteht, weisen die bis ins Detail gehenden Überprüfungen auch wirtschaftlich komplexer Sachverhalte in die andere Richtung[869].

1. Rezeption der wettbewerbsrechtlichen Kontrollsystematik

Es drängt sich der Gedanke auf, die Kontrollmaßstäbe der Entscheidungspraxis der Gemeinschaftsrichter zu Art. 81 Abs. 1, Art. 82 EGV und Art. 81 Abs. 3 EVG verbunden mit den unterschiedlichen Prüfungsprogrammen für die VO Nr. 4064/89 zu übernehmen.

Auch die Rechtslehre bedient sich dieser Vergleichskategorien. Es werden unterschiedliche Kontrollmodelle, die zumeist kaum begründet werden, statuiert. Namentlich *Schmidt* und *Kirchhoff* postulieren das Kontrollprogramm, dass der Kommission bei der Prüfung der Voraussetzungen der VO Nr. 4064/89 ein gerichtlich nur beschränkt nachprüfbarer Beurteilungsspielraum zu gewähren sei[870]. Zum einen wird diese Auffassung ausschließlich auf die Rechtsprechung des EuGH zur Nachprüfungskompetenz bei wirtschaftlich oder technisch komplexen Sachverhalten gestützt,[871] zum anderen unter Rückgriff auf Art. 81 Abs. 1 EGV begründet[872].

---

[869] EuGH, U. v. 31.03.1998, Rs. C-68/94 u. C-30/95, (Frankreich, SCPA u. EMC/Kommission), Slg. 1998, I-1453 (1482 ff. u. 1520); ebenso: EuG, U. v. 22.03.2000, Rs. T-125 u. 127/97, (Coca Cola/Kommission), Rdnr. 77 ff., noch nicht amtlich veröffentlicht; EuG, U. v. 15.12.1999, Rs. T-22/97, (Kesko/Kommission), Rdnr. 103 ff., noch nicht amtlich veröffentlicht.; EuG, U. v. 25.3.1999, Rs. T-102/96, (Gencor/Kommission), Slg. 1999, II-753 ff.

[870] Schmidt, Christian-Rudolf, Die "Entwicklung des technischen und wirtschaftlichen Fortschritts": Der Konflikt Wettbewerbspolitik-Industriepolitik in der europäischen Fusionskontrolle, 1992, S. 174; Kirchhoff, Wolfgang, Europäische Fusionskontrolle, BB 1990, Beilage 14 zu Heft 11, S. 14; Immenga, Ulrich, in: U. Immenga/E.-J. Mestmäcker, EG-Wettbewerbsrecht, 1997, S. 1098.

[871] Kirchhoff, Wolfgang, Europäische Fusionskontrolle, BB 1990, Beilage 14 zu Heft 11, S. 14, der die "Remia"-Entscheidung heranzieht.

[872] Schmidt, Christian-Rudolf, Die "Entwicklung des technischen und wirtschaftlichen Fortschritts": Der Konflikt Wettbewerbspolitik-Industriepolitik in der europäischen Fusionskontrolle, 1992, S. 176.

Daneben prognostizieren Autoren zur Kontrolldichte der Fusionskontrollentscheidungen eine ausnahmslos vollständige Überprüfung durch das EuG[873]. Unter Bezugnahme auf die Anlehnung des Kriterienkatalogs nach Art. 2 Abs. 1 VO Nr. 4064/89 an die bisherige Praxis und Rechtsprechung zu Art. 82 EGV wird die gesteigerte Intensität der Überprüfung auch im Hinblick auf die Beurteilung von wirtschaftlich komplexen Sachverhalten für wahrscheinlich gehalten[874].

Es trifft zu, dass die Indikatoren, mit deren Hilfe die Kommission festzustellen hat, ob eine beherrschende Stellung im Sinne des Art. 2 Abs. 1 VO Nr. 4064/89 vorliegt, durch die wirksamer Wettbewerb erheblich behindert wird, aus der Verwaltungspraxis und Rechtsprechung zu Art. 82 EGV zum überwiegenden Teil bereichsspezifisch überschreitend übernommen sind[875]. Die Anlehnung an eine Vorschrift genügt jedoch nicht, um ohne weiteres auch den Kontrollmechanismus zu übernehmen, zumal das Tatbestandsmerkmal der Entwicklung des technischen und wirtschaftlichen Fortschritts des Art. 2 Abs. 1 lit. b) VO Nr. 4064/89 (auch) im Lichte der Rechtsprechung zu Art. 81 Abs. 3 EGV gesehen werden kann[876], und die Rechtsprechungspraxis des EuG und des EuGH zu Art. 81 Abs. 3 EGV gezeigt hat, dass diese von den Prüfungskompetenzen der Gemeinschaftsrichter zu Entscheidungen der Kommission auf Grundlage der Art. 81, 82 EGV abweicht.

---

[873]Nolte, Norbert, Beurteilungsspielräume im Kartellrecht der Europäischen Gemeinschaft und der Bundesrepublik Deutschland, 1997, S. 74, unter Bezugnahme auf: Schröter, Helmut, in: H. von der Groeben/J. Thiesing/C.-D. Ehlermann, Kommentar zum EG-Vertrag, 4. Aufl. 1991, Art. 87, 2. Teil, Rdnr. 270, der jedoch einen Beurteilungsspielraum der Kommission einräumt.

[874]Nolte, Norbert, Beurteilungsspielräume im Kartellrecht der Europäischen Gemeinschaft und der Bundesrepublik Deutschland, 1997, S. 74.

[875]Schröter, Helmut, in: H. von der Groeben/J. Thiesing/C.-D. Ehlermann, Kommentar zum EG-Vertrag, 4. Aufl. 1991, Art. 87, 2. Teil, Rdnr. 270; Schröter, Helmut, in: H. von der Groeben/J. Thiesing/C.-D. Ehlermann, Kommentar zum EG-Vertrag, 4. Aufl. 1991, Art. 86, Rdnr. 71; Albers, Michael, in: H. von der Groeben/J. Thiesing/C.-D. Ehlermann, Kommentar zum EU/EG-Vetrag, 5. Aufl. 1999, Fusionskontrollverordnung, Art. 2 FKVO, Rdnr. 14 ff.

[876]Schröter, Helmut, in: H. von der Groeben/J. Thiesing/C.-D. Ehlermann, Kommentar zum EG-Vertrag, 4. Aufl. 1991, Art. 87, 2. Teil, Rdnr. 273.

Das Raster kann daher nicht ohne Einbeziehung der Divergenzen, die in den normativen Vorgaben der VO Nr. 4064/89 selbst liegen, übernommen werden.

2. Einschätzungsprärogative der Kommission

Der Kommission ist für Entscheidungen über die Vereinbarkeit eines Zusammenschlusses mit dem gemeinsamen Markt eine Einschätzungsprärogative einzuräumen, um der Kommission einen ihrer wirtschaftspolitischen Verantwortung vorbehaltenen Entscheidungsspielraum zu belassen. Rechtsdogmatisch abgesichert ist der Beurteilungs- oder Ermessensspielraum durch die sachverhaltliche Komplexität, die der Verwaltungsentscheidung zugrunde liegt und durch die industriepolitische Einwirkungsmöglichkeit der Kommission in der Zusammenschlusskontrolle.

Die Rechtsprechungsanalyse hat gezeigt, dass die Exekutive der Europäischen Gemeinschaft "undogmatisch" Entscheidungsfreiheit dort anerkennt, wo weder das Gesetz bestimmte Ergebnisse vorherbestimmt noch das Gericht anstelle der Verwaltung eine andere Entscheidung treffen kann. Kriterien sind die Gestaltungsfreiheit bei der Umsetzung der politischen Zielsetzungen der EU, die Funktionsfähigkeit von Maßnahmen, aber auch die Rechtssicherheit und eine geordnete Verwaltungstätigkeit[877]. Die vorgenannten Kriterien stehen als kontrollreduzierende Umstände nicht isoliert gegenüber, sondern sind aufeinander bezogen und miteinander verschränkt.

Es ergibt sich dadurch ein sehr differenziertes Bild, das entscheidend durch die Spruchpraxis der Gemeinschaftsrichter geprägt ist. Für die Frage, wann

---

[877]Gerhardt, Michael, in: F. Schoch/E. Schmidt-Aßmann/R. Pietzner (Hrsg.), VwGO-Kommentar, Stand Januar 2000, Vorb § 113, Rdnr. 34; Schockweiler, Fernand, Die richterliche Kontrollfunktion und Grenzen in Bezug auf den Europäischen Gerichtshof, EuR 1995, S. 191 (193); Rausch, Rolf, Die Kontrolle von Tatsachenfeststellungen und -würdigungen durch den Gerichtshof der Europäischen Gemeinschaften, 1994, S. 252; vgl.: Ossenbühl, Fritz, Aktuelle Probleme der Gewaltenteilung, DÖV 1980, S. 545 (548); Scherzberg, Arno,

eine Beurteilungsermächtigung vorliegt, liefert die Rechtsprechung allgemeine Auslegungskriterien (Topoi) sowie ein Grundmuster über die Art und Weise der Kontrolle. Die VO Nr. 4064/89 selbst geht nicht von dem Grundsatz der uneingeschränkten Kontrolle des Kommissionshandelns aus. Die Vorschrift des Art. 16 VO Nr. 4064/89, wonach der Gerichtshof zur unbeschränkten Ermessensnachprüfung im Sinne des § 229 EGV nur für normierte Ausnahmen befugt ist, zeigt dies[878].

a) Beurteilung wirtschaftlich komplexer Sachverhalte

Als Kontrolltopos hat sich im Gemeinschaftsrecht herausgebildet, dass Verwaltungsentscheidungen, die mit komplexen wirtschaftlichen Sachverhalten zu tun haben, nicht nur ausnahmsweise gemäß besonderer gesetzlicher Ermächtigung, sondern regelmäßig nur einer reduzierten gerichtlichen Überprüfung unterfallen[879].

Bei der Beurteilung, ob ein Zusammenschluss für vereinbar oder unvereinbar mit dem gemeinsamen Markt erklärt wird (Art. 6 Abs. 1 lit. b) bzw. Art. 8 Abs. 2 u. 3 VO Nr. 4064/89), hat die Kommission zu entscheiden, ob der Zusammenschluss im Sinne des Art. 2 Abs. 3 VO Nr. 4064/89 eine beherrschende Stellung begründet oder verstärkt, durch die wirksamer Wettbewerb erheblich behindert würde[880]. Eine solche Entscheidung erfordert eine Untersuchung ins-

---

Wertkonflikte vor dem Bundesverfassungsgericht -zur Bewältigung politisch-moralischer Streitfragen im Verfassungsprozeß, DVBl 1999, S. 356 (362).

[878]Schmidt, Christian-Rudolf, Die "Entwicklung des technischen und wirtschaftlichen Fortschritts": Der Konflikt Wettbewerbspolitik-Industriepolitik in der europäischen Fusionskontrolle, 1992, S. 170; zurückhaltend: Nolte, Norbert, Beurteilungsspielräume im Kartellrecht der Europäischen Gemeinschaft und der Bundesrepublik Deutschland, 1997, S. 74.

[879]EuGH, U. v. 14.01.1997, Rs. C-169/95, (Spanien/Kommission), Slg. 1997, I-135 ff.; EuGH, U. v. 29.02.1996, Rs. C-56/93, (Belgien/Kommission), Slg. 1996, I-723 (772); EuG, U. v. 14.09.1995, Rs. T-571/93, (Lefebvre/Kommission), Slg. 1995, II-2379 (2400); Dörr, Oliver, in: H. Sodann/J. Ziekow (Hrsg.), Nomos-Kommentar zur Verwaltungsgerichtsordnung, Stand November 1999, EVR, Rdnr. 126 m.w.N.

[880]EUGH, U. v. 31.03.1998, Rs. C-68/94 und C-30/95, (Frankreich, SCPA u. EMC/Kommission), Slg. 1998, I-1453 (1519); EuG, U. v. 25.3.1999, Rs. T-102/96, (Gencor/Kommission), Slg. 1999, II-753 ff.

besondere der Umstände, die sich nach Lage des Einzelfalls als maßgebend für die Beurteilung der Auswirkungen des Zusammenschlusses auf den Wettbewerb auf dem Referenzmarkt ergeben[881]. Diese Vorgabe beruht auf der Zielsetzung, ein System zu errichten, das den Wettbewerb innerhalb des gemeinsamen Marktes vor Verfälschungen schützt, was wesentlich für die Verwirklichung des einheitlichen Binnenmarktes zum Jahr 1992 und darüberinaus für seinen Ausbau ist. Die Kommission ist zu einer dynamischen Betrachtungsweise gezwungen. Es ist eine Prognose zu stellen[882], denn die Kommission hat zu ermitteln, welche strukturellen Veränderungen der Zusammenschluss auf dem relevanten Markt haben wird[883]. Dabei ist neben dem gegenwärtigen auch das zu erwartende Wettbewerbsverhalten in die Beurteilung einzubeziehen[884]. Diese Vorgabe der Fusionskontrollverordnung kann die Kommission nur erfüllen, wenn ihr eine Einschätzungsprärogative bei der Beurteilung einer marktbeherrschenden Stellung im Rahmen der Entscheidungen der VO Nr. 4064/89 wegen der sachverhaltlichen Komplexität eingeräumt wird[885].

Der EuGH verweist zutreffend darauf, dass die Grundregeln der Verordnung, insbesondere Art. 2 VO Nr. 4064/89, darauf hinweisen, dass der Kommission ein bestimmtes Ermessen namentlich bei der Beurteilung wirtschaftlicher Art

---

[881] Ehlermann, Claus-Dieter, Die europäische Fusionskontrolle -erste Erfahrungen, WuW 1991, S. 365 ff.; Schröter, Helmut, in: H. von der Groeben/J. Thiesing/C.-D. Ehlermann, Kommentar zum EG-Vertrag, 4. Aufl. 1991, Art. 87, 2. Teil, Rdnr. 269; vgl.: Mestmäcker, Ernst-Joachim, in: U. Mestmäcker/E.-J. Mestmäcker, Gesetz gegen Wettbewerbsbeschränkungen: GWB-Kommentar, 2. Aufl. 1992, Vor 23, Rdnr. 209.

[882] Immenga, Ulrich, in: U. Immenga/E.-J. Mestmäcker, EG-Wettbewerbsrecht, 1997, S. 822; vgl.: Zäch, Roger, Wettbewerbsrecht der Europäischen Union. Praxis von Kommission und Gerichtshof, 1994, S. 306 f.

[883] Entscheidung der Kommission v. 09.11.1994, (MSG Media Service), ABl. 1994 Nr. L 364/1.

[884] Entscheidung der Kommission v. 19.07.1991, (Tetra Pak/Alfa-Laval), WuW/E EV 1644; Jestaedt, Thomas, EU-Kartellrecht: Ein Leitfaden für deutsche und österreichische Unternehmen, 1996, S.182.

[885] Schröter, Helmut, in: H. von der Groeben/J. Thiesing/C.-D. Ehlermann, Kommentar zum EG-Vertrag, 4. Aufl. 1991, Art. 87, 2. Teil, Rdnr. 270; Schmidt, Christian-Rudolf, Die "Entwicklung des technischen und wirtschaftlichen Fortschritts": Der Konflikt Wettbewerbspolitik-Industriepolitik in der europäischen Fusionskontrolle, 1992, S. 171; Kirchhoff, Wolfgang, Europäische Fusionskontrolle, BB 1990, Beilage 14 zu Heft 11, S. 14; Immenga, Ulrich, in: U. Immenga/E.-J. Mestmäcker, EG-Wettbewerbsrecht, 1997, S. 1098.

einzuräumen ist[886]. Die Kontrolle der Ausübung einer solchen Befugnis, die bei der Beschreibung der Zusammenschlüsse wesentlich ist, muss daher durch die Gemeinschaftsrichter unter Berücksichtigung des Beurteilungsspielraums erfolgen, der den Bestimmungen wirtschaftlicher Art, die Teil der Regelungen für Zusammenschlüsse sind, zugrundeliegt[887].

b) Industriepolitische Einwirkungsbefugnis der Kommission

Als weiterer kontrollreduzierender Topos kann der politische Charakter einer Administrativentscheidung einen Beurteilungs- oder Ermessensspielraum begründen[888]. Die Wettbewerbspolitik soll Aufgabe der politischen Instanzen sein[889]. Die Kontrollierbarkeit und Kontrollpflicht für die Gerichte ist beschränkt, wenn die Kommission industriepolitische Wertungen in die Entscheidung nach Art. 8 VO Nr. 4064/89 mit einbeziehen soll und kann. Für diesen Fall enthält die Fusionskontrollverordnung inzident eine "political-question-Klausel"[890], die der Kommission eine seiner industriepolitischen Verantwortung vorbehaltenen Entscheidungsspielraum belässt[891].

---

[886] EuGH, U. v. 31.03.1998, Rs. C-68/94 u. C-30/95, (Frankreich, SCPA u. EMC/Kommission), Slg. 1998, I-1453 (1520).

[887] Bechtold, Rainer, Anmerkung zu EuGH, U. v. 31.03.1998, Rs. C-68/94 u. C-30/95, (Frankreich, SCPA u. EMC/Kommission), EuZW 1998, S. 313 (314).

[888] Stein, Torsten, Verwaltungsgerichtliche Kontrolle abgelehnter Ermesseneinbürgerungen?, DÖV 1984, S. 177 (187), zum politischen Entscheidungsspielraum, der nur einer eingeschränkten Überprüfung unterliegt; für den Bereich der Umweltvereinbarungen: Steinbeck, Anja Verena, Umweltvereinbarungen und europäisches Wettbewerbsrecht, WuW 1998, S. 554 ff.

[889] Everling, Ulrich, Zur richterlichen Kontrolle der Tatsachenfeststellung und Beweiswürdigung durch die Kommission in Wettbewerbssachen, WuW 1989, S. 877 (887); Adam, Winfried Anselm, Die Kontrolldichte-Konzeption des EuGH und der deutschen Gerichte, 1993, S. 212.

[890] Schmidt, Karsten, Kartellverfahrensrecht-Kartellverwaltungsrecht-Bürgerliches Recht, 1976, S. 573; Schmidt, Karsten, in: U. Immenga/E.-J. Mestmäcker, Gesetz gegen Wettbewerbsbeschränkungen: GWB-Kommentar, 2. Aufl. 1992, § 70 Rdnr. 38, zu § 70 Abs. 5 Satz 2 a. F. GWB (§ 71 Abs. 5 n. F.).

[891] vgl.: Soell, Hermann, Das Ermessen der Eingriffsverwaltung, 1973, S. 57 ff.; Halbey, Heinrich, Kartellbehörde und richterliche Kontrolle, WRP 1968, S. 349 (352).

aa) Bisherige Diskussion in der Literatur

Einige Autoren sehen einen industriepolitischen Ansatz in der Fusionskontrolle in den Kriterien zur Beurteilung von Zusammenschlüssen in Art. 2 Abs. 1 VO Nr. 4064/89[892]. Die Kommission habe u.a. die Entwicklung des technischen und wirtschaftlichen Fortschritts zu berücksichtigen, aber nur sofern diese dem Verbraucher diene und den Wettbewerb nicht behindere. Diese Beurteilung beinhalte auch industriepolitische Erwägungen[893].

Daneben wird in der Literatur die Auffassung vertreten, dass die VO Nr. 4064/89 dadurch geprägt sei, dass gemeinschaftsrechtlich industriepolitische Erwägungen aus der Fusionskontrollverordnung ausgeschlossen seien, weil der EG-Vertrag ursprünglich keine Kompetenz der Gemeinschaft im Bereich der Industriepolitik vorgesehen habe[894]. Dem Kriterium der "Entwicklung des technischen und wirtschaftlichen Fortschritts", das als Legitimation industriepolitischer Erwägungen herangeführt werde, könne gleichwertig im Gegensatz dazu eine wettbewerbsorientierte Zielsetzung zugeschrieben werden[895]. Ferner sei aus der Norm selbst und der 13. Begründungserwägung die Aufrechterhaltung des Wettbewerbs als primäres Ziel der Fusionskontrollverordnung zu definieren[896].

---

[892]Kindler, Peter, Europäische Fusionskontrolle auf Abwegen, EWS 1995, S. 321 (326); Immenga, Ulrich, Die Sicherung unverfälschten Wettbewerbs durch Europäische Fusionskontrolle, WuW 1990, S. 371 (373).

[893]Janicki, Thomas, EG-Fusionskontrolle auf dem Weg zur praktischen Umsetzung, WuW 1990, S. 195 (198); Hölzler Heinrich, EG-Fusionskontrolle: Konzepte und Konsequenzen, WM 1990, S. 498 (491); Kindler, Peter, Europäische Fusionskontrolle auf Abwegen, EWS 1995, S. 321 (326); Immenga, Ulrich, Die Sicherung unverfälschten Wettbewerbs durch Europäische Fusionskontrolle, WuW 1990, S. 371 (373).

[894]Immenga, Ulrich, Die Sicherung unverfälschten Wettbewerbs durch Europäische Fusionskontrolle, WuW 1990, S. 371 (373); Monopolkommission, Konzeption einer europäischen Fusionskontrolle: Sondergutachten 17, 1989, S. 84.

[895]Elben, Roland, Der Zusammenschluss von Großunternehmen im deutschen und europäischen Kartellrecht, 1992, S. 174 m.w.N.

[896]Nolte, Norbert, Beurteilungsspielräume im Kartellrecht der Europäischen Gemeinschaft und der Bundesrepublik Deutschland, 1997, S. 74; differenzierter: Zilles, Stephan, Die Anfechtungslegitimation von Dritten im europäischen Fusionskontrollrecht, 1997, S. 34, der den Aussagegehalt eines Erwägungsgrundes relativiert.

Die Diskussion knüpft an Kompetenzen der Gemeinschaft an, die sich mit Inkrafttreten des neuen Art. 157 EGV zum 01.11.1993[897] einer Veränderung unterzogen haben, so dass die älteren Diskussionsansätze nur begrenzt verwertbar sind. Nach Änderung des EG-Vertrages stellt sich die industriepolitische Frage im Ramen der Fusionskontrollverordnung neu.

bb) Art. 157 EGV als Grundlage industriepolitischer Einwirkungsmöglichkeit

Mit Inkrafttreten des neuen Art. 157 EGV zeigt der EG-Vertrag eine industriepolitische Ausrichtung. Art. 157 EGV verpflichtet die Gemeinschaft und die Mitgliedsstaaten nunmehr darauf, die notwendigen Voraussetzungen für die Wettbewerbsfähigkeit der Industrie der Gemeinschaft zu gewährleisten. Dazu soll namentlich die Förderung einer Zusammenarbeit zwischen "Unternehmen günstigen Umfelds" gehören; eine aus nicht nur wettbewerbspolitischer Sicht relevante Formulierung[898].

Insbesondere wegen der Bedeutung der Fusionskontrolle für den europäischen Binnenmarkt[899] und der unternehmerischen Notwendigkeit gewisser Unternehmensgrößen für die Erschließung internationaler Märkte[900] zum Schutz gegen außereuropäische, insbesondere amerikanische und japanische Unternehmen, kann Art. 157 EGV der wirtschaftsrechtlichen Notwendigkeit Rechnung tragen und auch für industriepolitische Erwägungen den Eintritt in die VO Nr. 4064/89 legitimieren[901].

---

[897]vgl.: EWG-Vertrag in der Form von Art. G des Vertrages über die Europäische Union v. 02.07.1992, BGBl. II 1992, S. 1251; zum Inkrafttreten: Bekanntmachung v. 19.10.1993, BGBl. II 1993, S. 1974.

[898]Kindler, Peter, Europäische Fusionskontrolle auf Abwegen, EWS 1995, S. 321 (326); Immenga, Ulrich, Wettbewerbspolitik contra Industriepolitik nach Maastricht, EuZW 1994, S. 14 (16).

[899]vgl.: Erwägungsgrund Nr. 2; allgemein: Schwappach, Jürgen, EG-Rechtshandbuch für der Wirtschaft, 2. Aufl. 1996, § 25 Rdnr. 2.

[900]vgl.: Erwägungsgrund Nr. 4.

[901]vgl.: Zilles, Stephan, Die Anfechtungslegitimation von Dritten im europäischen Fusionskontrollrecht, 1997, S. 35; Kallmayer, Axel, in: C. Calliess/M. Roffert (Hrsg.), Kommentar zum EUV/EGV, 1999, Art. 130 EGV, Rdnr. 15; Albers, Michael, in: H. von der Groeben/J. Thiesing/C.-D. Ehlermann, Kommentar zum EU/EG-Vetrag, 5. Aufl. 1999, Fusionskontroll-

Die mit Art. 157 EGV verfolgte Förderung eines kooperationsfreundlichen Umfelds kann auch Unternehmensfusionen umfassen[902]. Es ist richtig, dass die Entscheidungen der VO Nr. 4064/89 eine wettbewerbsorientierte Zielsetzung verfolgen, in der die Aufrechterhaltung eines wirksamen Wettbewerbs im Mittelpunkt steht[903]. Dies führt zwangsläufig zu einem Spannungsverhältnis, das zwischen der Förderung der Konzentration als Mittel der Integration und der Bekämpfung der Konzentration mit Hilfe der Fusionskontrolle besteht[904]. Das Kartellrecht hat diesen Konflikt nach dem Gebot der rechtspraktischen Konkordanz aufzulösen[905]. Beide Ziele sind relativ optimal zu verwirklichen, in der sich die Aufgabe des Wettbewerbsschutzes insoweit Einschränkungen gefallen lassen kann, wenn die industriepolitische Aufgabe der Stärkung der Wettbewerbsfähigkeit dies verlangt[906]. Die Entscheidungspraxis der Kommission zieht zwar (weiterhin) keine industriepolitischen Erwägungen für ihre Maßnahmen zur Begründung heran[907], doch schließt dies die reklamierte Einwirkungsbefugnis nicht aus[908]. Es ist im übrigen zu erwarten, dass das Ziel der Effizienz in der Wettbewerbspolitik in Zukunft stärker in den Mittelpunkt rückt,

---

verordnung, Art. 2 FKVO, Rdnr. 533; Opgenhoff, Carolin, Die europäische Fusionskontrolle zwischen Wettbewerbsrecht und Industriepolitik, 2000, S. 198 ff.

[902]Hellmann, Rainer, Europäische Industriepolitik: Zwischen Marktwirtschaft und Dirigismus, 1994, S. 17; Schmidt, Christian-Rudolf, Die "Entwicklung des technischen und wirtschaftlichen Fortschritts": Der Konflikt Wettbewerbspolitik-Industriepolitik in der europäischen Fusionskontrolle, 1992, S. 83 f.

[903]Immenga, Ulrich, Die Sicherung unverfälschten Wettbewerbs durch Europäische Fusionskontrolle, WuW 1990, S. 371 (372).

[904]Mestmäcker, Ernst-Joachim, Fusionskontrolle im Gemeinsamen Markt zwischen Wettbewerbspolitik und Industriepolitik, EuR 1988, S. 349 (356).

[905]Hommelhoff, Peter, Industriepolitik versus Wettbewerbspolitik im Maastricht-Vertrag, in: P. Hommelhoff/P. Kirchof (Hrsg.), Der Staatenverbund der Europäischen Union: Beiträge und Diskussionen des Symposions am 21./22. Januar 1994 in Heidelberg, 1994, S. 131 (136); a. A.: Albers, Michael, in: H. von der Groeben/J. Thiesing/C.-D. Ehlermann, Kommentar zum EU/EG-Vetrag, 5. Aufl. 1999, Fusionskontrollverordnung, Art. 2 FKVO, Rdnr. 519, der jedoch im Ergebnis einer Berücksichtigung industriepolitischer Erwägungen zustimmt.

[906]Kallmayer, Axel, in: C. Calliess/M. Roffert (Hrsg.), Kommentar zum EUV/EGV, 1999, Art. 130 EGV, Rdnr. 13, spricht von einer Sonderstellung des Kartellrechts.

[907]Weitbrecht, Andreas, Zusammenschlusskontrolle im Europäischen Binnenmarkt, EuZW 1993, S. 687 (689); Camesasca, Peter D., The Explicit Efficiency Defence in Merger Control: Does it Make the Difference?, ECLR 1999, S. 14 ff.

[908]Hölzler, Heinrich, EG-Fusionskontrolle: Konzepte und Konsequenzen, WM 1990, S. 489 (491); Allekotte, Bernd, Konzentrationskontrolle im spanischen und EG-Recht, 1994, S. 108; Kilian, Wolfgang, Europäisches Wirtschaftsrecht, 1996, Rdnr. 383; vgl.: Schreiber, Stefanie, Verwaltungskompetenzen der Europäischen Gemeinschaft, 1997, S. 117; kritisch: Schmidt, André, Die europäische Wettbewerbspolitik nach dem Vetrag von Amsterdam, WuW 1999, S. 133 (138).

so dass es der Kommission schwer fallen wird, industriepolitische Erwägungungen systematisch unberücksichtigt zu lassen[909].

Die industriepolitische Einwirkungsbefugnis begründet begriffsnotwendig einen Ermessensspielraum, der nur einer eingeschränkten gerichtlichen Überprüfung unterliegt.

c) Gewährleistung der funktionsgerechten Aufgabenverteilung

Als Legitimation einer beschränkten gerichtlichen Überprüfung hat die funktionsgerechte Organstruktur Eingang in die VO Nr. 4064/89 gefunden[910]. Ausgangspunkt ist Art. 229 EGV, wonach die Befugnis des Gerichts zu unbeschränkter Ermessensnachprüfung auf die in den vom Rat erlassenen Verordnungen vorgesehenen Zwangsmaßnahmen beschränkt ist. Die Gemeinschaftsrichter sind im Umkehrschluss nicht berufen, im Regelfall über den Verwaltungsvorgang insgesamt zu entscheiden, sondern lediglich über den Teil, der für die Kontrolle der Rechtmäßigkeit der angefochtenen Entscheidung maßgebend ist[911]. Die Gemeinschaftsrichter betonen in einer Vielzahl von Entscheidungen, dass der Gerichtshof seine Entscheidung nicht an die Stelle der Entscheidung der Kommission setzen dürfe[912]. Die Richter verstehen sich damit als Organ einer spezifisch-rechtlichen Kontrolle[913].

---

909 Kerber, Wolfgang, Europäische Fusionskontrolle: Entwicklungen und Perspektiven, in: P. Oberender (Hrsg.), Die Europäische Fusionskontrolle, 2000, S. 69 (88).

910 vgl.: Ossenbühl, Fritz, Aktuelle Probleme der Gewaltenteilung, DÖV 1980, S. 545 (548).

911 EuG, U. v. 10.03.1992, Rs. T-68, 77 u. 78/89 (SIV u.a./Kommission), Slg. 1992, II-1405 (1534).

912 EuG, U. v. 10.04.1992 -Rs. T-68, 77 u. 78/89, (SIV u.a. /Kommission), Slg. 1992, II-1405 (1535); EuG, U. v. 29.10.1980, Rs. 139/79, (Maizena), Slg. 1980, 3426 ff.; EuG, U. v. 05.06.1996, Rs. T-75/95, (Günzler Aluminium/Kommission), Slg. 1996, II-500 ff; EuG, U. v. 09.09.1999, Rs. T-127/98, (UPS Europe SA/Kommission), Rdnr. 50, noch nicht amtlich veröffentlicht; allgemein für das deutsche Recht: Scherzberg, Arno, Wertkonflikte vor dem Bundesverfassungsgericht -zur Bewältigung politisch-moralischer Streitfragen im Verfassungsprozeß, DVBl 1999, S. 356 (362), spricht von einem "funktionellrechtlichen Entscheidungskorrektiv".

913 EuGH, U. v. 04.10.1983, Rs. 191/82, (Fediol/Kommission), Slg. 1983, 2913 (2935); vgl. im Beamtenrecht: EuGH, U. v. 30.10.1974, Rs. 188/73, (Grassi/Kommission), Slg. 1974, 1099 (1109).

Die Gerichte konzidieren der Verwaltung diesen Ermessensspielraum nicht aus rein dogmatischen Erwägungen, sondern weil die Gemeinschaftsrichter sich angesichts der Komplexität und Tragweite der jeweils zur Beurteilung stehenden Verwaltungsentscheidung als "unzuständig" im funktionellrechtlichen Sinne ansehen[914]. Damit wird der "judical restraint" zu einem Regulativ der Kontrolldichte[915]. Diesen Gesichtspunkt hat das EuG in seiner "Air France I"-Entscheidung zur Fusionskontrollverordnung herausgehoben, indem das Gericht ausführt, dass das Gericht nicht die Befugnis habe, über die Frage zu entscheiden, ob die Kommission gemäß Art. 8 Abs. 2 VO Nr. 4064/89 eine Aufgabe der Tätigkeit hätte anordnen müssen[916]. Das EuG sieht sich nicht in der Lage, eine neue Gesamt*würdigung* der dem Gericht zur Beurteilung vorgelegten Beweise vorzunehmen oder daraus die Rechtsfolgen im Hinblick auf die Wettbewerbsregeln abzuleiten[917].

Der Umfang der richterlichen Kontrollbefugnis soll eine funktionsgerechte Aufgabenteilung unter den verschiedenen Staatsorganen gewährleisten[918] und verhindern, dass das EuG und der EuGH sich an die Stelle der an sich zuständigen Organe der Gemeinschaft setzen[919]. Diese Zurückhaltung wird

[914]vgl.: Ossenbühl, Fritz, Die richterliche Kontrolle von Prognoseentscheidungen der Verwaltung, in: Festschrift für C.F. Menger, 1985, S. 736 (743).
[915]zurückhaltend: Nolte, Norbert, Beurteilungsspielräume im Kartellrecht der Europäischen Gemeinschaft und der Bundesrepublik Deutschland, 1997, S. 130; vgl.: Schlussantrag von GA Lagrange (ohne Datum), EuGH, Rs. 13/57, (WF Eisen- und Stahlindustrie u.a./Hohe Behörde), Slg. 1958, 321 ff., der einen Entscheidungsfreiraum der Exekutive mit dem "einfachen Gebot der Klugheit" begründete.
[916]EuG, U. v. 24.03.1994, Rs. T-3/93, (Air France I/Kommission), Slg. 1994, II-126 (173).
[917]unter Verweis auf: EuG, U. v. 10.03.1992, Rs. T-68, 77 u. 78/89, (SIV u.a./Kommission), Slg. 1992, II-1405 (1535).
[918]dazu schon: Schwarze, Jürgen, Der funktionale Zusammenhang von Verwaltungsverfahrensrecht und verwaltungsrechtlichem Rechtsschutz, 1974.
[919]EuGH, U. v. 03.12.1981, Rs. 280/80, (Bakke d'Aloya/Rat), Slg. 1981, 2887 (2990); Asso, Bernard, Le contrôle de l`opportunité de la décision économique devant la Cour européenne de justice, RTDE 1976, S. 21 (25); Toth, A. G., The Individual and European Law, ICLQ 1975, S. 659 (671); Rideau, Joel/Picod, Fabrice, Code de procedure communautaires, 1994, S. 304; vgl.: Daig, Hans-Wolfram, Nichtigkeits- und Untätigkeitsklagen im Recht der europäischen Gemeinschaften, 1985, Rdnr. 220; Everling, Ulrich, Zur Funktion des Gerichtshofs der europäischen Gemeinschaften als Verwaltungsgericht, in: Festschrift für K. Redeker, 1993, S. 293 (306).

schon durch das System der Klagearten vorgegeben und trägt dem institutionellen Gleichgewicht zwischen den Gemeinschaftsorganen Rechnung[920].

Umgekehrt sollte eine wirksame Kontrolle des Handelns der Kommission sichergestellt sein, um dem Gebot des effektiven Rechtsschutzes zu genügen[921].

Im Einzelfall gilt es, diese konzeptionsübergreifende Einschränkung richterlicher Überprüfungskompetenz zu beachten.

3) Der Kontrollmaßstab in der VO Nr. 4064/89

Mit der Einräumung eines administrativen Entscheidungsspielraums unterliegen die Entscheidungen der Kommission einer reduzierten gerichtlichen Überprüfung. Mit dieser Feststellung ist für das EuG und den EuGH allerdings noch keine genaue abgegrenzte und endgültige Bestimmung des Kontrollumfangs verbunden[922]. Die Entscheidungen weisen insoweit erhebliche Unterschiede auf, die vor allem auf eine Abwägung der Verwaltungserfordernisse mit dem Rechtsschutzinteresse des Einzelnen im konkreten Fall zurückgehen.

---

[920] Herdegen, Matthias/Richter, Stefan, Die Rechtslage in den europäischen Gemeinschaften, in: J.A.Frowein (Hrsg.), Die Kontrolldichte bei der gerichtlichen Überprüfung von Handlungen der Verwaltung, 1993, S. 209 (218); Rausch, Rolf, Die Kontrolle von Tatsachenfeststellungen und -würdigungen durch den Gerichtshof der Europäischen Gemeinschaften, 1994, S. 247; Classen, Claus-Dieter, Die Europäisierung der Verwaltungsgerichtsbarkeit: Eine vergleichende Untersuchung zum deutschen, französischen und europäischen Verwaltungsprozeßrecht, 1996, S. 171; vgl.: Schuppert, Gunnar Volke, Self-Restraints der Rechtsprechung - Überlegungen zur Kontrolldichte in der Verfassungs- und Verwaltungsgerichtsbarkeit, DVBl 1988, S. 1191 ff.

[921] Rittner, Fritz, Kartellpolitik und Gewaltenteilung in der EG, EuZW 2000, S. 129, der den Grundsatz der Gewaltenteilung im Hinblick auf die "Machtkonzentration" bei der Kommission anmahnt.

a) Abweichende Betrachtungsweise in der VO Nr. 4064/89

Der EuGH und das EuG bestimmen grundsätzlich für den Fall, dass eine Würdigung komplexer wirtschaftlicher Gegebenheiten verlangt werde, dass der Gerichtshof seine Prüfung dieser Sachverhaltswürdigung auf die Frage zu beschränken habe, ob die Verfahrensvorschriften eingehalten worden sind, ob die Begründung ausreichend ist, ob der Sachverhalt zutreffend festgestellt worden ist und ob keine offensichtlich fehlerhafte Würdigung des Sachverhalts und kein Ermessensmissbrauch vorliegen[923].

In der europäischen Fusionskontrollverordnung zeichnet sich ein anderes Bild. Bereits der EuGH hat in der Entscheidung "Frankreich, SCPA u. EMC" trotz Einräumung eines bestimmten Ermessens wegen der Beurteilungen wirtschaftlicher Art, der Kommission in mehreren Punkten widersprochen, insbesondere in der Bewertung angeblich struktureller und verhaltensmäßiger "Verflechtungen" zwischen den Oligopol-Unternehmen[924]. Der EuGH führt aus, dass die Gemeinschaftsrichter die Befugnis haben, festzustellen, ob die Untersuchung des Zusammenschlusses und seine Auswirkungen auf dem relevanten Markt so, wie sie von der Kommission durchgeführt wurde, bestimmte Fehler enthalte, die die wirtschaftliche Beurteilung des betreffenden Zusammenschlusses beeinträchtigen[925]. Für die Fusionskontrollverordnung gilt daher ein besonderer Kontrollmaßstab, der den Grundregeln der Verordnung Rech-

---

922 Schwarze, Jürgen, die gerichtliche Kontrolle der europäischen Wirtschaftsverwaltung, in: J. Schwarze/E. Schmidt-Aßmann (Hrsg.), das Ausmaß der gerichtlichen Kontrolle in Wirtschaftsverwaltungs- und Umweltrecht, 1992, S. 203 (271).

923 EuGH, U. v. 11.07.1985, Rs. 42/84, (Remia/Kommission), Slg. 1985, 2545 (2573); EuGH, U. v. 17.11.1987, Rs. 142 u. 156/84, (BAT, Reynolds/Kommission), Slg. 1987, 4487 (4583); EuG, U. v. 15.07.1994, Rs. T-17/93, (Matra Hachette/Kommission), Slg. 1994, II-598 (632); EuG, U. v. 08.06.1995, Rs. T-7/93, (Langnese-Iglu GmbH/Kommission), Slg. 1995, II-1533 (1596); für die Beihilfenkontrolle: EuGH, U. v. 15.06.1993, Rs. C-225/91, (Matra/Kommission), Slg. 1993, I-3203 (3256); EuGH, U. v. 29.02.1996, Rs. C-56/93, (Belgien/Kommission), Slg. 1996, I-723 (772); für das Außenwirtschaftsrecht: EuG, U. v. 14.09.1995, Rs. T-571/93, (Lefebvre/Kommission), Slg. 1995, II-2379 (2400); EuG; U. v. 05.06.1996, Rs. T-162/94, (NMB France/Kommission), Slg. 1996, II-427 (456).

924 EuGH, U. v. 31.03.1998, Rs. C-68/94 u. C-30/95, (Frankreich, SCPA u. EMC/Kommission), Slg. 1998, I-1453 (1521).

925 EuGH, U. v. 31.03.1998, Rs. C-68/94 u. C-30/95, (Frankreich, SCPA u. EMC/Kommission), Slg. 1998, I-1453 (1520).

nung zu tragen hat. Die Rechtsprechungsanalyse zu Art. 81 Abs. 1 EGV hat gezeigt, dass das Wettbewerbsrecht im Vergleich zu anderen Sachbereichen durch eine intensive gerichtliche Kontrolle gekennzeichnet ist[926], so dass sich eine abweichende Betrachtungsweise zum Kontrollmaßstab einfügt. Es gilt, eine Konzeption für den Kontrollmaßstab zu entwickeln.

b) Gesteigerte Schlüssigkeitsprüfung als individuelles Korrektiv

Zentraler Gesichtspunkt im deutschen Verwaltungs- und Verfassungsrecht für die Reichweite eines Beurteilungsspielraums der Verwaltung ist, dass die Kontrolldichte der Verwaltungsgerichte im Lichte des Art. 19 Abs. 4 GG gesehen wird[927]. Das BVerfG bestätigte wiederholt, dass die Frage eines Beurteilungsspielraums bei unbestimmten Rechtsbegriffen eine verfassungsrechtlich zu diskutierende Frage sei[928] und sich an der Grundrechtsdogmatik zu orientieren habe[929]. Art 19 Abs. 4 GG garantiert das Verfahrensgrundrecht dem Beteiligten, der eine Verletzung subjektiver Rechte geltend macht[930]. Aus dem grundrechtlich verbürgten Recht wird eine Mindestgarantie richterlicher Kon-

---

926 Zweites Kapitel E. III.

927 Hufen, Friedhelm, Anmerkung zu BVerfGE 83, 130 ff.,-"Josefine Mutzenbacher", JuS 1992, S. 249 (250); Redeker, Konrad, Verfassungsrechtliche Vorgaben zur Kontrolldichte verwaltungsgerichtlicher Rechtsprechung, NVwZ 1992, S. 305 (308); ders., Über die Einflußmöglichkeiten des Fachgesetzgebers auf das verwaltungsgerichtliche Verfahren, DÖV 1993, S. 10 (12); Würkner, Joachim, BVerfG auf Abwegen? Gedanken zur Kontrolldichte verwaltungsgerichtlicher Rechtsprechung, NVwZ 1992, S.309 (310); Reidt, Olaf, Behördlicher Beurteilungsspielraum und Grundrechtsschutz, DÖV 1992, S. 916 (918); Geis, Max-Emmanuel, Josefine Mutzenbacher und die Kontrolle der Verwaltung, NVwZ 1992, S. 25 (34); BVerfGE 83, S. 130; BVerfGE 84, S. 34; BVerfGE 88, S. 40.

928 Schulze-Fielitz, Helmuth, Neue Kriterien für die verwaltungsgerichtliche Kontrolldichte bei der Anwendung unbestimmter Rechtsbegriffe, JZ 1993, S. 772 (776); Rupp, Hans Heinrich, "Ermessen", "unbestimmter Rechtsbegriff" und kein Ende, in: Festschrift für W. Zeidler, 1987, S. 455 (456).

929 BVerfGE 84, S. 34 (49); systematisch dazu: Schmidt-Aßmann, Eberhard/Groß, Thomas, Zur verwaltungsgerichtlichen Kontrolle nach der Privatgrundschul-Entscheidung des BVerfG, NVwZ 1993, S. 617 (618); Papier, Hans-Jürgen, Rechtschutzgarantie gegen die öffentliche Gewalt, in: J. Isensee/P. Kirchof (Hrsg.), Handbuch des Staatsrechts, 1989, Band VI, § 154 Rdnr. 1 ff.; Redeker, Konrad, Verfassungsrechtliche Vorgaben zur Kontrolldichte verwaltungsgerichtlicher Rechtsprechung, NVwZ 1992, S. 305 (309); Reidt, Olaf, Behördlicher Beurteilungsspielraum und Grundrechtsschutz, DÖV 1992, S. 916 (920).

930 BVerfGE 78, S. 214 (226); BVerfGE 83, S. 182 (194); Herzog, Roman, Verfassung und Verwaltungsgerichte-zurück zu mehr Kontrolldichte?, NJW 1992, S. 2601 ff.

trollkompetenz hergeleitet, wobei die vollständige Rechtsanwendungskontrolle das Grundmodell darstellt[931].

Eine dem deutschen Recht entsprechende Vorschrift des Art. 19 Abs. 4 GG fehlt im Gemeinschaftsrecht[932]. Das Fehlen einer entsprechenden Vorgabe hat aber nicht notwendig eine Verkürzung individueller Rechtspositionen zur Folge. Ausgangspunkt der Rechtsschutzkonzeption für die Fusionskontrollverordnung muss einerseits die Sicherung hinreichender Flexibilität, andererseits die Gewährleistung effektiven Rechtsschutzes sein. Es gilt im Gemeinschaftsrecht das Kriterium der Kontrolladäquanz zu etablieren. Wird nachvollziehende Kontrolle ineffektiv, fordern die allgemeinen Grundsätze der Gemeinschaftsordnung, Kontrollansätze- und Maßstäbe zu überdenken und anzupassen[933].

Die Entscheidung der Kommission, ob ein Zusammenschlussvorhaben eine marktbeherrschende Stellung einnimmt, sollte einer gesteigerten Evidenzkontrolle unterliegen, in dem das Gericht die Bewertung des ökonomischen Sachverhalts einer strikten Schlüssigkeitsüberprüfung unterzieht. Dies heißt, dass die richterliche Kontrolle nicht nur darauf beschränkt ist, zu prüfen, ob das vorbeschriebene Verfahren eingehalten wurde, und die Beurteilung nicht offensichtlich fehlerhaft oder ermessensmißbräuchlich ist. Mit der Zubilligung individueller Rechte, insbesondere der Konkurrenzunternehmen, ist ein Kontrollmaßstab angezeigt, der die Kontrolldichte nicht auf diese bloße Vetretbarkeitsprüfung zurücknimmt, um die Effektivität des subjektiven Rechtsschutzes zu gewährleisten[934]. Umgekehrt steht die Gewährung subjektiven Rechts-

---

[931]Schmidt-Aßmann, Eberhard, Die Kontrolldichte der Verwaltungsgerichte: Verfassungsgerichtliche Vorgaben und Perspektiven, DVBl 1997, S. 281 (283); Papier, Hans-Jürgen, Rechtschutzgarantie gegen die öffentliche Gewalt, in: J. Isensee/P. Kirchof (Hrsg.), Handbuch des Staatsrechts, 1989, Band VI, § 154 Rdnr. 1 ff.; BVerfGE 49, S. 89 (133); BVerfGE 61, S. 82 (111); kritisch für das deutsche Recht: Scherzberg, Arno, Wertkonflikte vor dem Bundesverfassungsgericht - zur Bewältigung politisch-moralischer Streitfragen im Verfassungsprozeß, DVBl 1999, S. 356 (362).

[932]Rausch, Rolf, Die Kontrolle von Tatsachenfeststellungen und -würdigungen durch den Gerichtshof der Europäischen Gemeinschaften, 1994, S. 156.

[933]für das deutsche Recht: Ladeur, Karl-Heinz, Zum planerischen Charakter der technischen Normen im Umweltrecht, UPR 1987, S. 253 (259).

[934]Schwaze, Jürgen, Die Vergabe öffentlicher Aufträge im Lichte des europäischen Wirtschaftsrechts, EuZW 2000, S. 133 (142); Rausch, Rolf, Die Kontrolle von Tatsachenfest-

schutzes nicht jeglicher Einschränkung gerichtlicher Kontrolldichte wegen des größeren Sachverstandes der Behörde für die Beurteilung eines komplexen wirtschaftichen Sachverhaltes entgegen[935].

Geboten ist, die Kontrollmaßstäbe nach der Maßgabe "praktischer Vernunft" zu handhaben[936]. Die Gemeinschaftsrichter verfolgen pragmatische Strategien. Das Gericht ist zwar nicht befugt, an die Stelle der Kommission eine eigene Beurteilung zu setzen, ob der Zusammenschluss eine beherrschende Stellung begründet, durch die wirksamer Wettbewerb im gemeinsamen Markt oder in einem wesentlichen Teil desselben erheblich behindert wird. Die Gemeinschaftsrichter haben dagegen die Befugnis, die Würdigung der Gesamtumstände auf deren Schlüssigkeit hin zu überprüfen.

Diesen Kontrollmaßstab legt das EuG und der EuGH in den fusionskontrollrechtlichen Entscheidungen offensichtlich selbst an, ohne dies zu formulieren. Eine geschlossene Dogmatik ergibt sich daraus noch nicht und darf nicht erwartet werden[937]. Das Fallrecht ist zu allgemeinen Erkenntnissen dogmatisch zu verdichten. Dass es sich um ein bewegliches System handelt, liegt in der Natur der Entscheidungen der Kommission im Rahmen der VO Nr. 4064/89, die gerade von dynamischen Erkenntnissen geprägt sind.

---

stellungen und -würdigungen durch den Gerichtshof der Europäischen Gemeinschaften, 1994, S. 197; Nolte, Norbert, Beurteilungsspielräume im Kartellrecht der Europäischen Gemeinschaft und der Bundesrepublik Deutschland, 1997, S. 266, der die betroffenen Individualinteressen im Rahmen der Verhältnismäßigkeit als Ansatz gesteigerter Prüfung anerkennt.

[935]Schwarze, Jürgen, Europäische Rahmenbedingungen für die Verwaltungsgerichtsbarkeit, NVwZ 2000, S. 241 (250).

[936]vgl.: Schlussantrag von GA Lagrange (ohne Datum), EuGH, Rs. 13/57, (WF Eisen- und Stahlindustrie u.a./Hohe Behörde), Slg. 1958, 321 ff., der mit dem "einfachen Gebot der Klugheit" einen Beurteilungsspielraum für die Kommission begründete.

[937]Gerhardt, Michael, in: F. Schoch/E. Schmidt-Aßmann/R. Pietzner (Hrsg.), VwGO-Kommentar, Stand Januar 2000, Vorb § 113 Rdnr. 31; Ossenbühl, Fritz, Gedanken zur Kontrolldichte in der verwaltungsgerichtlichen Rechtsprechung, in: Festschrift für K. Redeker, 1993, S. 55 (66).

4) Kompensation durch kontrollintensive Nachprüfung der Verfahrensgarantien

Die gemeinhin als Verkürzung des Rechtsschutzes angesehene Beschränkung des Kontrollumfangs setzt weiterhin verfahrensrechtliche und organisatorische Rahmenbedingungen voraus, um den im Gemeinschaftsrecht geltenden rechtsstaatlichen Grundsatz der Gewährung effektiven Rechtsschutzes Geltung zu verleihen[938].

a) Die Konzeption im Lichte des Gebotes effektiven Rechtsschutzes

Zu den ungeschriebenen allgemeinen Grundsätzen der Gemeinschaftsordnung wird seit der EuGH- Entscheidung "Johnston" das Recht auf effektiven Rechtsschutz gezählt[939]. Es muss eine effektive richterliche Kontrolle der Einhaltung der einschlägigen Bestimmungen des Gemeinschaftsrecht sichergestellt sein, die der Verwirklichung der in der Fusionskontrollverordnung vorgesehenen Rechte dient[940]. Es stellt sich die Frage, ob eine nur eingeschränkte Nachprüfung im Rahmen der VO Nr. 4064/89 in der dargestellten Form mit dem rechtsstaatlichen Grundsatz der Gewährung effektiven Rechtsschutzes vereinbar ist.

Der Bundesfinanzhof bat im Jahre 1990 den Gerichtshof, die bisherige Rechtsprechung zu überprüfen und die Praxis, die gerichtliche Überprüfung auf die Frage zu beschränken, ob die Kommissionsentscheidung mit einem offensichtlichen Beurteilungsfehler oder mit einem Ermessensmissbrauch behaftet

[938] EuGH, U. v. 07.05.1992, Rs. 104/91, (Colegio Oficial de Agentes de la Propiedad Immobiliaria), Slg. 1992, I-3003 (3029); Nowak, Carsten, Konkurrentenschutz in der EG: Interdependenz des gemeinschaftlichen und mitgliedstaatlichen Rechtsschutzes von Konkurrenten, 1997, S. 531; Schlussantrag des GA Jacobs v. 11.07.1991, EuGH, Rs. C-269/90, (TU München), Slg. 1991, I-5480 (5483).
[939] EuGH, U. v. 15.05.1986, Rs. 222/84, (Johnston/Kommission), Slg. 1986, 1651 ff.; EuGH, U. v. 15.10.1987, Rs. 222/86, (Unectef), Slg. 1987, 4097 ff.
[940] vgl.: EuGH, U. v. 09.03.1978, Rs. 106/77, (Staatliche Finanzverwaltung), Slg. 1978, 629 (644).

ist, aufzugeben[941]. Gegenstand des Rechtsstreits war die Gewährung einer Zollbefreiung für ein in die Gemeinschaft eingeführtes wissenschaftliches Gerät durch die TU München. In dem Vorlagebeschluss des Bundesfinanzhofes heißt es:

"Eine nur eingeschränkte Nachprüfung im Sinne der bisherigen Rechtsprechung des EuGH würde bedeuten, daß eine rechtlich unrichtige, den Marktbürger belastende Kommissionsentscheidung Bestand behielte, nur weil die der Kommission unterlaufenen Fehler nicht offensichtlich sind. Je schwieriger die zu entscheidenden technischen Fragen sind, desto unangreifbarer wäre die entsprechende Kommissionsentscheidung. Es ist fraglich, ob eine solche Verkürzung des Rechtsschutzes des Marktbürgers vereinbar wäre mit dem nach dem Gemeinschaftsrecht geltenden rechtsstaatlichen Grundsatz der Gewährung effektiven Rechtsschutzes"[942].

Zu dieser Problemstellung führte der Generalanwalt *Jacobs* in seinem Schlussantrag vom 11.07.1991 aus, dass es fundierte rechtspolitische Gründe gäbe, aus denen der Gerichtshof nur zurückhaltend in eine Entscheidung eingreifen sollte, die in einem technischem Bereich entsprechend den Empfehlungen einer Sachverständigengruppe getroffen wurde[943]. Der Generalanwalt knüpft die Unbedenklichkeit der Beschränkung der gerichtlichen Nachprüfung an die bestehenden Verfahrensgarantien, die seiner Ansicht nach dem Gebot effektiven Rechtsschutzes genügen[944].

Der EuGH lässt die Erwägungen des Generalanwalts unbeachtet und führt aus, dass die Kommission in einem Verwaltungsverfahren, das komplexe technische Beurteilungen zum Gegenstand habe, über einen Beurteilungs-

---

[941] EuGH, U. v. 21.11.1991, Rs. C-269/90, (TU München), Slg. 1991, I-5495.
[942] zitiert nach: Schlussantrag des GA Jacobs v. 11.07.1991, EuGH, Rs. C-269/90, (TU München), Slg. 1991, I-5480 (5483).
[943] Schlussantrag des GA Jacobs v. 11.07.1991, EuGH, Rs. C-269/90, (TU München), Slg. 1991, I-5480 (5483).
[944] Schlussantrag des GA Jacobs v. 11.07.1991, EuGH, Rs. C-269/90, Slg. 1991, I-5480 (5484).

spielraum verfüge, um ihre Aufgaben erfüllen zu können[945]. Die Frage, ob zulässigerweise die Nachprüfungskompetenz eingeschränkt ist, wird vom Gerichtshof nicht beantwortet, da er einen Verstoß gegen die Verpflichtung der Kommission zu sorgfältiger unparteiischer Prüfung aller relevanten Gesichtspunkte des Einzelfalls angenommen hat.

Für die VO Nr. 4064/89 gilt zu beachten, dass nach der vorliegenden Konzeption die gerichtliche Kontrolldichte nicht auf die blosse Vetretbarkeitsprüfung zurückgenommen ist, sondern die Entscheidungen der Kommission einer Schlüssigkeitsprüfung unterliegen. Gerade im Hinblick auf die Einräumung subjektiver Rechte ist zu konstatieren, dass dieser Gesichtspunkt dem Gebot des effektiven Rechtsschutzes gerecht wird. Dennoch sind gegenüber den restriktiven Elementen in der Konzeption des EuG und des EuGH von Umfang und Intensität gerichtlicher Kontrolle die besonderen Verfahrensgarantien von Bedeutung, die dadurch eine Kontrollfunktion erhalten[946].

b) Kontrollfunktion der Verfahrensgarantien der VO Nr. 4064/89

Nach ständiger Rechtsprechung des Gerichtshofs und des EuG kommt der Beachtung der Verfahrensgarantien, die die Gemeinschaftsrechtsordnung im Verwaltungsverfahren gewährt, rechtsgrundsätzliche Bedeutung zu, wenn der Kommission eine Einschätzungsprärogative eingeräumt wird[947].

---

[945] EuGH, U. v. 21.11.1991, Rs. C-269/90 (TU München), Slg. 1991, I-5495 (5499).

[946] siehe insbesondere: EuGH, U. v. 21.11.1991, Rs. C-269/90, (TU München), Slg. 1991, 5469 (5500 ff.); Herdegen, Matthias/Richter, Stefan, Die Rechtslage in den europäischen Gemeinschaften, in: J.A.Frowein (Hrsg.), Die Kontrolldichte bei der gerichtlichen Überprüfung von Handlungen der Verwaltung, 1993, S. 209 (247); Everling, Ulrich, in: J. A. Frowein (Hrsg.), Die Kontrolldichte bei der gerichtlichen Überprüfung von Handlungen der Verwaltung, Diskussionsbeitrag, S. 300; Adam, Winfried Anselm, Die Kontrolldichte-Konzeption des EuGH und der deutschen Gerichte, 1993, S. 100.

[947] EuG, U. v. 02.07.1992, Rs. T-61/89 (Dansk Pelsdyravlerforening/Kommission), Slg. 1992, II-1931 (1982); EuG, U. v. 21.10.1992, Rs. T-23/91, (Maurissen/Rechnungshof), Slg. 1992, II-2377 (2394); EuG, U. v. 09.11.1995, Rs. T-346/94, (France-aviation/Kommission), Slg. 1995, II-2841 (2857).

Der EuGH und das EuG verfolgen die Konzeption, dass bei bestehenden Ermessensspielräumen der Kommission gleichsam kompensatorisch eine besonders kontrollintensiv durchgeführte Nachprüfung der Verfahrensgarantien vorzunehmen ist[948]. Das Fehlen von Vorschriften, die eine Verfahrensbeteiligung Betroffener vorsehen oder nicht hinreichend bestimmte Normen sind mit dem gerichtlichen Schutzstandard dann nicht zu vereinbaren, wenn es als Folge an gemeinschaftsrechtlich verbürgten Verfahrensgarantien fehlt[949]. Dieser Ansicht ist uneingeschränkt zuzustimmen.

Zweifel, ob die Verfahrensordnung im Fusionskontrollverfahren im Hinblick auf die nicht eindeutige Regelung des Art. 18 VO Nr. 4064/89[950] mit dem Gebot effektiven Rechtsschutzes vereinbar ist, wurden mit der Verordnung Nr. 447/98 der Kommission vom 01. März 1998[951] über Anmeldungen, Fristen sowie Anhörung nach der Verordnung Nr. 4064/89 ausgeräumt. In den Erwägungsgründen heißt es zutreffend, dass einige Verfahrensbestimmungen der Fusionskontrollverordnung verbesserungsbedürftig waren, so dass aus Gründen der Klarheit diese durch eine neue Verordnung ersetzt werden. In Art. 11 der VO Nr. 447/98 wird die Anhörung der Beteiligten und Dritter normativ ausgestaltet. Der Grundrechtsfunktion des Verwaltungsverfahrens wird durch die detaillierte Regelung Rechnung getragen.

Die Gemeinschaftsrichter sind sich dieser kompensatiorischen Wirkung der Verfahrensgarantien der VO Nr. 4064/89 auch bewusst, indem eine kontrol-

---

[948] EuGH, U. v. 21.11.1991, Rs. C-269/90 (TU München), Slg. 1991, I-5495 (5498); Herdegen, Matthias/Richter, Stefan, Die Rechtslage in den europäischen Gemeinschaften, in: J.A.Frowein (Hrsg.), Die Kontrolldichte bei der gerichtlichen Überprüfung von Handlungen der Verwaltung, 1993, S. 209 (247); Danwitz, Thomas von, Verwaltungsrechtliches System und europäische Integration, 1996, S. 186.

[949] ähnlich: Nowak, Carsten, Konkurrentenschutz in der EG: Interdependenz des gemeinschaftlichen und mitgliedstaatlichen Rechtsschutzes von Konkurrenten, 1997, S. 531; siehe dazu: Vorabentscheidungsersuchen des BFH, EuGH, U. v. 21.11.1991, Rs. C-269/90,(TU München), Slg. 1991, I-5495.

[950] Nowak, Carsten, Konkurrentenschutz in der EG: Interdependenz des gemeinschaftlichen und mitgliedstaatlichen Rechtsschutzes von Konkurrenten, 1997, S. 532.

[951] ABl. 1998 Nr. L 61.

lintensive Nachprüfung der Form- und Verfahrensvorschriften stattfindet[952]. Daneben erkennt das EuG einen subjektiven Rechtsanspruch auf Beteiligug nach Art 18 Abs. 4 VO Nr. 4064/89 an, der auch gerichtlich durchsetzbar ist[953]. Durch die Kodifizierung besteht verstärkte Partizipationsmöglichkeit, die die Geltendmachung der Beteiligteninteressen gewährleistet und eine Rücknahme der Kontrolldichte rechtfertigt.

V. Bilanz

Der Rechtsschutzkonzeption für die VO Nr. 4064/89 liegt der Rechtsprechung des EuGH und des EuG folgend die Unterscheidung der reinen Tatsachenerfassung von der Würdigung der Tatsachen zugrunde, die Einschränkungen der gerichtlichen Kontrolle unterliegen kann. Für die Überprüfung von Entscheidungen nach der Verordnung gilt, dass die administrative Erfassung des entscheidungserheblichen Sachverhalts zu den Gegenständen gehört, die auf Vollständigkeit und Richtigkeit hin überprüft werden. Dabei wird durch die Entscheidungspraxis des EuG den Parteien im Vergleich zum deutschen Verwaltungsrecht strengere Darlegungsanforderungen auferlegt.

Die Verordnung räumt außerhalb des Art. 16 VO Nr. 4064/89 demgegenüber der Kommission auf der Ebene der Tatsachenwürdigung einen "Wertungs- oder Subsumtionsspielraum" ein. Kriterien für die Ermessenspielräume der Kommission sind: Der materielle Kontrollreduktionstopos der wirtschaftlichen Komplexität eines Sachverhalts, die funktionsgerechte Organstruktur und die industriepolitische Einwirkungsbefugnis. Diese Kriterien stehen nicht isoliert nebeneinander, sondern sind teilweise aufeinander bezogen und miteinander verschränkt. In die Konzeption aufzunehmen ist die Interdependenz zwischen

[952] EuG, U. v. 27.11.1997, Rs. T-290/94, (Kaysersberg SA/Kommission), Slg.1997, II-2144 (2183); EuG, U. v. 25.02.1999, Rs. T-87/96, (Generali/Kommission), WuW 2000, S. 77 (82).

[953] EuG, U. v. 27.04.1995, Rs. T-96/92, (CCE de la Société Générale des Grandes Sources u.a./Kommission), Slg. 1995, II-1216 (1232); EuG, U. v. 27.05.1995, Rs. T-12/93, (CCE de Vittel u. a./Kommission), Slg. 1995, II-1247 (1271).

der Reichweite des subjektiven Rechtsschutzes und der der Verwaltung vorbehaltenen Entscheidungsräumen sowie die Ausgestaltung des Verwaltungsverfahrens als kompensatorisches Element.

Mit der Einräumung eines administrativen Entscheidungsspielraums unterliegen diese Entscheidungen der Kommission einer reduzierten gerichtlichen Überprüfung. Mit der Zubilligung individueller Rechte, insbesondere der Konkurrenzunternehmen, ist ein Kontrollmaßstab angezeigt, der die Kontrolldichte nicht auf eine bloße Vetretbarkeitsprüfung zurücknimmt, um die Effektivität des subjektiven Rechtsschutzes zu gewährleisten

Eine geschlossene Dogmatik ergibt sich daraus noch nicht und darf auch nicht erwartet werden. Die Kriterien tragen jedoch zur Rechtssicherheit bei, insbesondere wenn ein Dritter den Rechtsweg gegen eine Entscheidung der Kommission in einem Fusionskontrollverfahren anstrengt.

G. Zusammenfassende Bewertung

Die Reichweite des subjektiven Rechtsschutzes ist nicht singulär zu beantworten, sondern in Verhältnis zu bringen mit dem Umfang der gerichtlichen Kontrolle. Der gerichtliche Rechtsschutz nach Art. 230 Abs. 4 EGV dient trotz des vorgesehenen objektivrechtlichen Prüfungsmaßstabs der Durchsetzung eigener materieller Rechte und Interessen der Betroffenen[954]. Die Möglichkeit der Durchsetzung dieser Rechte und Interessen ist daher nicht ausschließlich auf ein formales Kriterium der Verfahrensbeteiligung zurückzuführen.

Das Kriterium einer materiellen individuellen Betroffenheit für die Fusionskontrollverordnung ordnet sich in das System der von den Gemeinschaftsrichtern praktizierten Kontrolldichte ein, da die so definierte Klagebefugnis eine Überprüfung der verfahrensrechtlichen Gewährleistungen sicherstellt und gleichzeitig mit der Ausdehnung auf spezifische Interessen oder (Grund-) Rechte dem Kläger ausreichenden Schutz verschafft. Das Kriterium der Gefährdung im Wettbewerb besitzt im Gegensatz zu der Linie der Rechtsprechung ausreichende Trennschärfe, da es sich aus der Fusionskontrollverordnung selbst herleiten läßt. Als materielles Kriterium erfährt es durch Art. 2 VO Nr. 4064/89 eine klare Konturierung.

Das institutionelle Gleichgewicht ist durch diese Betrachtungsweise nicht gefährdet, da trotz Erweiterung der Klagebefugnis der Kommission ein Entscheidungsfreiraum eingeräumt wird, der für sich genommen wiederum für den Kläger ausreichenden Rechtsschutz bedingt.

Eine substantielle Erweiterung der Rechtsschutzmöglichkeit Dritter nach Art. 230 Abs. 4 EGV muss in ein sachliches Gleichgewicht gebracht werden mit den Kontrollbefugnissen der Gemeinschaftsrichter im Rahmen der VO Nr.

---

[954] Cremer, Wolfram, Nichtigkeitsklagen Einzelner gegen Rechtsakte der Gemeinschaft: Klagegegenstand und Klagebefugnis nach Art. 173 EGV, EWS 1999, S. 48 (53).

4064/89. Die Verordnung räumt außerhalb des Art. 16 VO Nr. 4064/89 der Kommission auf der Ebene der Tatsachenwürdigung einen "Wertungs- oder Subsumtionsspielraum" ein, der nur einer reduzierten gerichtlichen Überprüfung unterliegt. Mit der Zubilligung individueller Rechte, insbesondere der Konkurrenzunternehmen, ist ein Kontrollmaßstab angezeigt, der die Kontrolldichte nicht auf eine bloße Vetretbarkeitsprüfung zurücknimmt, um die Effektivität des subjektiven Rechtsschutzes zu gewährleisten. Bedingt durch die sachbereichsspezifischen Besonderheiten, die sich insbesondere auf die Komplexität der fachlichen Bewertungen und einer Verwendung von prognostischen Erkenntnissen bezieht, bedarf es einer besonders kontrollintensiven Nachprüfung der Verfahrensgarantien[955]. Die Rechtsprechung des EuG und EuGH sollte in ihren Entscheidungen deutlicher machen, dass nicht nur die Bereitstellung von Rechtsmitteln und die Einräumung von Klagebefugnissen über das Niveau des Rechtsschutzes entscheidet, sondern auch hinreichende gerichtliche Prüfungskompetenzen. Eine geschlossene Dogmatik ergibt sich daraus noch nicht und darf auch nicht erwartet werden.

Die Kommission hat im Jahr 2000 unter dem Titel "Merger Review 2000" eine umfassende Auswertung der Erfahrungen bei der Anwendung der Fusionskontrollverordnung begonnen. Ziel der Untersuchung ist es, den Reformbedarf festzustellen und darauf aufbauend eine Novellierung der Verordnung vorzubereiten[956]. Die Merger Task Force, die federführend mit dem "Review" betraut ist, interpretiert den Untersuchungsauftrag weit, so dass grundsätzlich alle Bestimmungen der Fusionskontrollverordnung auf ihre Zweckmäßigkeit hinterfragt werden. So wird nicht nur über eine Modifizierung der Umsatzschwellen des Art. 1 VO Nr. 4064/89, sondern auch über den materiellen Beurteilungsmaßstab des Art. 2 VO Nr. 4064/89 nachgedacht.

---

[955] Danwitz, Thomas von, Verwaltungsrechtliches System und europäische Integration, 1996, S. 186.

[956] Hirsbrunner, Simon, Neue Entwicklungen der Europäischen Fusionskontrolle in den Jahren 1999 und 2000, EuZW 2001, S. 197 (202).

Als Ergebnis der Untersuchung wäre es zu begrüßen, wenn die Kommission die Art die bei der Beurteilung von Zusammenschlüssen zu berücksichtigenden Erwägungen und ihre Gewichtung ausdrücklich klarstelle[957].

Wegen der eminent praktischen Bedeutung wäre in diesem Zusammenhang daran zu denken, dass es sinnvoll ist, wenn sich der europäische Gesetzgeber sowohl der Anfechtungslegitimation von Dritten als auch der Kontrollbefugnisse der Gemeinschaftsrichter im europäischen Fusionskontrollrecht grundlegend annähme[958].

---

[957]Opgenhoff, Carolin, Die europäische Fusionskontrolle zwischen Wettbewerbsrecht und Industriepolitik, 2000, S. 204.
[958]vgl.: § 71 Abs. 5 GWB für das deutsche Recht.

Literaturverzeichnis

Achenbach, Hans, Bußgeldverhängung bei Kartellordnungswidrigkeiten nach dem Ende der fortgesetzten Handlung, WuW 1997, S. 393 ff.

Adam, Winfried Anselm, Die Kontrolldichte-Konzeption des EuGH und deutsche Gerichte, 1993.

Alber, Siegbert, Neuere Entwicklungen der Rechtsprechung des Europäischen Gerichtshofes auf dem Gebiet des europäischen Wirtschafts- und Wettbewerbsrechts, in: J. Schwarze (Hrsg.), Neuere Entwicklungen auf dem Gebiet des europäischen Wettbewerbsrecht, 1999, S. 23 ff.

Albers, Michael, Fusionskontrolle zwischen Wettbewerbs- und Industriepolitik, CR 1990, S. 444 ff.

Albers, Michael, in: H. von der Groeben/J. Thiesing/C.-D. Ehlermann, Kommentar zum EU/EG-Vetrag, 5. Aufl. 1999.

Allekotte, Bernd, Konzentrationskontrolle im spanischen und EG-Recht, 1994.

Allkemper, Ludwig, Der Rechtsschutz des einzelnen nach dem EG-Vertrag, 1995.

Amstutz, Marc, Kollektive Marktbeherrschung im europäischen Wettbewerbsrecht, 1999.

André, Achim, Beweisführung und Beweislast in Verfahren vor dem Europäischen Gerichtshof, 1966.

André, Achim, Evidence before the European Court of Justice, with special reference to the Grundig/Consten Decision, CMLRev. 1967, S. 35 ff.

Anweiler, Jochen, Die Auslegungsmethoden des Gerichtshofes der Europäischen Gemeinschaften, 1997, S. 318 ff.

Arhold, Christoph, Das Geldbußenregime nach der Kartell-Verordnung, EuZW 1999, S. 165 ff.

Arnheim, Elke van/Sandrock, Otto, New Merger Control Rules in the EEC, in: The International Lawyer, 1991, S. 859 ff.

Arnull, Anthony, Private applicants and the action for annullment under Article 173 of the EC Treaty, CMLR 1995, S. 7 ff.

Asso, Bernard, Le contrôle de l`opportunité de la décision économique devant la Cour européenne de justice, RTDE 1976, S. 21 ff.

Auby, Jean-Marie/Drago, Roland, Traité de contentieux administratif, 3. Aufl. 1984, S. 334 ff.

Axster, Oliver, Die Europäische Fusionskontrolle, in: Festschrift für K. Quack, 1991, S. 569 ff.

Badura, Peter, Die Bedeutung von Präjudizien im öffentlichen Recht, in: U. Blaurock (Hrsg.), Die Bedeutung von Präjudizien im deutschen und französischen Recht, 1985, S. 49 ff.

Bael, Ivo van, Discretation powers of the Commission and their legal control in trade and antitrust matters, in: J. Schwarze (Hrsg.), Discretionary Powers of the Member States in Field of Economic Policies and their Limits under the EEC Treaty, 1988, S. 173 ff.

Bael, Ivo van/Bellis, Jean-Francois, Antidumping and other Trade Protection Laws of the EEC, 3. Aufl. 1994.

Barfuß, Walter/Czernich, Dietmar, Nichtigkeitseinrede von Mitgliedsstaaten gegen Richtlinien analog Art. 184 EGV?, EuZW 1996, S. 621 ff.

Baron, Michael, Die neuen Bestimmungen der europäischen Fusionskontrolle, WuW 1997, S. 579 ff.

Bartosch, Andreas, Von der Freistellung zur Legalausnahme - Was geschieht mit der Rechtssicherheit?, WuW 2000, S. 462 ff.

Baudenbacher, Carl (Hrsg.), Aktuelle Probleme des europäischen und internationalen Wirtschaftsrechts, 1998.

Baumann, Fritz-Achim, Die Nachprüfungsbefugnis des Gerichtshofes der Europäischen Gemeinschaft gegenüber Würdigungen der wirtschaftlichen Gesamtlage durch die Exekutivorgane der Gemeinschaften, 1965.

Baumhof, Angelika, Die Beweislast im Verfahren vor dem Europäischen Gerichtshof, 1996.

Baur, Jürgen E., Schadensersatz- und Unterlassungsansprüche bei Verstößen gegen die Kartellrechtsvorschriften des EWG-Vertrages, EuR 1988, S. 257 ff.

Bebr, Gerhard, Development of Judical Control of the European Communities, 1981.

Bebr, Gerhard, Prozeßmaximen, Les principes qui régissent la procédure, in: Institut für das Recht der Europäischen Gemeinschaften der Universität Köln (Hrsg.), 10 Jahre Rechtsprechung des Gerichtshofs der Europäischen Gemeinschaften - Dix ans de jurisprudence de la Cour des Justice Communautés Européennes, 1965, S. 77 ff.

Bechtold, Rainer, Anmerkung zu EuGH, U. v. 31.03.1998, Rs. C-68/94 u. C-30/95, (Frankreich, SCPA u. EMC/Kommission), EuZW 1998, S. 313 ff.

Bechtold, Rainer, Die Grundzüge der neuen EWG-Fusionskontrolle, RIW 1990, S. 252 ff.

Bechtold, Rainer, Die Stellung der Kommission und der Unternehmen im EWG-Kartellverfahren, EuR 1992, S. 41 ff.

Bechtold, Rainer, Zwischenbilanz zum EG-Fusionskontrollrecht, EuZW 1994, S. 653 ff.

Becker, Peter, Der Einfluß des französischen Verwaltungsrechts auf das Recht der europäischen Gemeinschaften, 1963.

Bellamy, Christopher/ Child, Graham D., Common market law of competition, 3. Aufl. 1987.

Bergmann, Helmut, Settlemenps in EC Merger Control Proceedings: A Summary of EC Enforcement Practice and a Comparison with the United States, Antitrust Law Journal 1993, S. 47 ff.

Bernhard, Rudolf, Probleme eines Beitritts der Europäischen Gemeinschaft zur Europäischen Menschenrechtskonvention, in: Festschrift für U. Everling, 1995, S. 103 ff.

Bernhardt, Rudolf, Gerichtlicher Rechtschutz in Grund- und Menschenrechtsfragen auf Europäischer Ebene, in: K. Stern (Hrsg.) 40 Jahre Grundgesetz, Entstehung, Bewährung und internationale Ausstrahlung, 1990, S. 197 ff.

Bernhardt, Wilfried, Verfassungsprinzipien-Verfassungsgerichtsfunktionen-Verfassungsprozeßrecht im EWG-Vertrag, 1987.

Birk, Axel, Die gerichtliche Kontrolle von Kommissionsentscheidungen bei Zurückweisung von Beschwerden, EWS 1999, S. 176 ff.

Bleckmann, Albert, Europarecht, 6. Aufl. 1997.

Bleckmann, Albert, Zur Klagebefugnis für die Individualklage vor dem EuGH, in: Festschrift für F. C. Menger, 1985, S. 871 ff.

Böhm, Monika, Die gerichtliche Kontrolle von Verwaltungsentscheidungen in Deutschland, DÖV 2000, S. 990 ff.

Borchardt, Klaus-Dieter, in: C. O. Lenz, EG-Vertrag, Kommentar, 2. Aufl. 1999,

Bos, Pierre/Steuyck, Jules/Wytinck, Peter, Concentration Control in the European Economic Community, 1992.

Boulois, Jean, Droit institutionel des communautés européenes, 2. Aufl. 1990.

Boulois, Jean/Chevallier, Roger-Michel, Grands Arrêts de la Cour de Justice des Communautés Européennes I, 2. Aufl. 1978.

Brealey, Mark, The Burdon of Proof before the European Court, ELR 1985, S. 250 ff.

Bronett, G.-K. de, Akteneinsicht in Wettbewerbsverfahren der Europäischen Kommission, WuW 1997, S. 383 ff.

Brown, Adrian, Judicial Review of Commission Decisions under the Merger Regualtion: The first Cases, ECLR 1994, S. 296 ff.

Brown, L. Neville/Jacobs G., The Court of Justice of the European Communities, 3. Aufl., 1989.

Buck, Carsten, Über die Auslegungsmethoden des Gerichtshofs der Europäischen Gemeinschaft, 1997.

Bullinger, Martin, Das Ermessen der öffentlichen Verwaltung, JZ 1984, S. 1001 ff.

Burchard, Friedrich von, Der Rechtsschutz natürlicher und juristischer Personen gegen EG-Richtlinien gemäß Art. 173 Abs. 2 EWG-Vertrag, EuR 1991, S. 140 ff.

Busse, Christian, Die Geltung der EMRK für Rechtsakte der EU, NJW 2000, S. 1074 ff.

Calliess, Christian, Anmerkung zu EuGH, U. v. 12.11.1996, Rs. C-84/94, (Vereinigtes Königreich/Rat), EuZW 1996, S. 757 ff.

Calliess, Christian, in: C. Calliess/M. Ruffert (Hrsg.), Kommentar zum EUV/EGV, 1999.

Calliess, Christian, Subsidiaritäts- und Solidaritätsprinzip in der Europäischen Union, 2. Aufl. 1999.

Camesasca, Peter D., The Explicit Efficiency Defence in Merger Control: Does it Make the Difference?, ECLR 1999, S. 14 ff.

Caranta, Roberto, Judicial Protection against Member States: A new jus commune takes Shape, CMLRev 1995, S. 703 ff.

Chapus, René, Droit du contentieux administratif, 3. Aufl. 1991, S. 387 ff;

Clapham, Andrew, Human Rights and the European Community: A critical Overview, in: A. Cassese/A. Clapham/J. Weiler (Hrsg.), European Union - The Human Rights Challenge, I, 1991.

Classen, Claus-Dieter, Die Europäisierung der Verwaltungsgerichtsbarkeit: Eine vergleichende Untersuchung zum deutschen, französischen und europäischen Verwaltungsprozeßrecht, 1996.

Clever, Friedrich, Ermessensmißbrauch und détournement de pouvoir nach dem Recht der europäischen Gemeinschaften im Licht der Rechtsprechung ihres Gerichtshofes, 1967.

Constantinesco, Léontin-Jean, Das Recht der Europäischen Gemeinschaften I, 1977.

Cooke, John D., Conflict of principle and Pragmatism - Locus standi under Article 174 (4) ECT, Vorträge, Reden und Berichte aus dem Europa-Institut- Sektion Rechtswissenschaft -, Nr. 353, 1996.

Cremer, Wolfram, Forschungssubventionen im Lichte des EGV: Zugleich ein Beitrag zu den gemeinschaftsrechtlichen Rechtsschutzmöglichkeiten gegenüber Subventionen, 1994.

Cremer, Wolfram, in: C. Calliess/M. Ruffert (Hrsg.), Kommentar zum EUV/EGV, 1999.

Cremer, Wolfram, Nichtigkeitsklagen einzelner gegen Rechtsakte der Gemeinschaft: Klagegegenstand und Klagebefugnis nach Art. 173 EGV, EWS 1999, S. 48 ff.

Daig, Hans-Wolfram, Nichtigkeits- und Untätigkeitsklagen im Recht der europäischen Gemeinschaften, 1985.

Dannecker, Gerhard, in: U. Immenga/E.-J. Mestmäcker, EG-Wettbewerbsrecht, 1997.

Dannecker, Gerhard/Fischer-Fritsch, Jutta, Das EG-Kartellrecht in der Bußgeldpraxis, 1989.

Danwitz, Thomas von, Die Garantie effektiven Rechtsschutzes im Recht der Europäischen Gemeinschaft, NJW 1993, S. 1108 ff.

Danwitz, Thomas von, Verwaltungsrechtliches System und europäische Integration, 1996.

Dauses, Manfred A./Fugmann, Friedrich, Europäische Fusionskontrolle: Wettbewerbspolitisches Instrument zur Verwirklichung des Binnenmarktes, ZfRV 1993, S. 177 ff.

Davies, John/Lavoie, Chantal, EEC Merger Control. A Half - Term Report Before the 1993 Review?, W. COMP. 1993, S. 27 ff.

Deimel, Albert, Rechtsgrundlagen einer europäischen Zusammenschlusskontrolle. Das Spannungsfeld zwischen Fusionskontrollverordnung und den Wettbewerbsregeln des EWG-Vertrages, 1992.

Delvaux, Louis, La Cour de Justice de la C.E. du Charbon et de l`Acier, 1956.

Deppe, Günter, Die Beweislast im Verwaltungsverfahren und im Verwaltungsprozeß, 1961.

Deringer, Arvid, Stellungnahme zum Weißbuch der Europäischen Kommission über die Modernisierung der Vorschriften zur Anwendung der Art. 85 und 86 EG-Vertrag (Art. 81 und 82 EG), EuZW 2000, S. 5 ff.

Deselaers, Wolfgang, Weißbuch zum Europäischen Kartellrecht - Rechtssicherheit ade?, EWS 2000, S. 41 ff.

Dietze, Philipp von, Verfahrensbeteiligung und Klagebefugnis im EG-Recht, 1995.

Dörr, Oliver, in: H. Sodann/J. Ziekow (Hrsg.), Nomos-Kommentar zur Verwaltungsgerichtsordnung, Stand November 1999.

Drauz, Götz, Neuere Entwicklungen der EU-Fusionskontrolle unter Einschluß der zum 01. März 1998 eingetretenen Änderungen, in: J. Schwarze (Hrsg.), Neuere Entwicklungen auf dem Gebiet des europäischen Wettbewerbsrechts, 1999, S. 103 ff.

Drauz, Götz/Schroeder, Dirk, Praxis der europäischen Fusionskontrolle, 3. Aufl. 1995.

Due, Ole, Verfahrensrechte der Unternehmen in Wettbewerbsverfahren vor der EG-Kommission, EuR 1998, S. 33 ff.

Ehle, Dietrich, Klage- und Prozeßrecht des EWG-Vertrages, Stand 1973.

Ehlermann, Claus-Dieter, Die europäische Fusionskontrolle - erste Erfahrungen, WuW 1991, S. 365 ff.

Ehlers, Dirk, Die Klagebefugnis nach deutschem Gemeinschaftsrecht und US-amerikanischem Recht, VerwArch 84, S. 139 ff.

Elben, Roland, Der Zusammenschluss von Großunternehmen im deutschen und europäischen Kartellrecht, 1992.

Emmerich, Volker, in: U. Immenga/E.-J. Mestmäcker, EG-Wettbewerbsrecht, 1997.

Enchelmaier, Stefan, Europäische Wettbewerbspolitik im Oligopol: Eine Untersuchung der Behandlung von Oligopolfällen durch die Kommission und den Gerichtshof der Europäischen Gemeinschaften, 1997.

Erichsen, Hans-Uwe/Weiß, Richard, System des Europäischen Rechtsschutzes, Jura 1990, S. 528 ff.

Esch, Bastiaan van der, Pouvoirs discrétionnaires de l`exécutiv Européen et contrôle juridictionnel, 1968.

Everling, Ulrich, Ansprache zum Abschied vom Gerichtshof der Europäischen Gemeinschaften, EuR 1988, S. 343 ff.

Everling, Ulrich, Auf dem Wege zu einem europäischen Verwaltungsrecht, NVwZ 1987, S. 1 ff.

Everling, Ulrich, Buchpreisbindung im deutschen Sprachraum und Europäisches Gemeinschaftsrecht, 1997.

Everling, Ulrich, Der Beitrag des EuGH zur europäischen Grundrechtsgemeinschaft, in: K. Stern (Hrsg.), 40 Jahre Grundgesetz, Entstehung, Bewährung und internationale Ausstrahlung, 1990, S. 167 ff.

Everling, Ulrich, Die Errichtung eines Gerichtshofes erster Instanz der Gemeinschaft, in: J. Schwarze (Hrsg.), Fortentwicklung des Rechtsschutzes in der europäischen Gemeinschaft, 1987, S. 39 ff.

Everling, Ulrich, EG-Wettbewerbsrecht - Praxis des Gerichtshofes -, WuR 1989, S. 34 ff.

Everling, Ulrich, Elemente eines Europäischen Verwaltungsrechts, DVBl 1983, S. 649 ff.

Everling, Ulrich, in: E. Wohlfahrt/U. Everling/H. J. Glaesner/R. Sprung, Die Europäische Wirtschaftsgemeinschaft, Kommentar zum Vertrag, 1960.

Everling, Ulrich, in: J. A. Frowein (Hrsg.), Die Kontrolldichte bei der gerichtlichen Überprüfung von Handlungen der Verwaltung, Diskussionsbeitrag, S. 300 ff.

Everling, Ulrich, Zur Funktion des Gerichtshofs der europäischen Gemeinschaften als Verwaltungsgericht, in: Festschrift für K. Redeker, 1993, S. 293 ff.

Everling, Ulrich, Zur richterlichen Kontrolle der Tatsachenfeststellung und Beweiswürdigung durch die Kommission in Wettbewerbssachen, WuW 1989, S. 877 ff.

Fasselt-Rommé, Ursula, Parteiherrschaft in Verfahren vor dem EuGH und dem Europäischen Gerichtshof für Menschenrechte, 1993.

Fine, Frank L., EC Merger Control: An Analysis of the New Regulation, ECLR 1990, S. 47 ff.

Fischer, Claudia, Die Stellung Dritter im euopäischen Wettbewerbsverfahren: Eine vergleichende Untersuchung mit Blick auf das Antidumping- und EGKS-Recht sowie ausgewählte nationale Rechtsordnungen, 1990.

Frowein, Jochen A., Die Überprüfungsbefugnis im Rahmen des Art. 6 Abs. 1 EMRK, in: Festschrift für F. Ermacora, 1988, S.141 ff.

Frowein, Jochen A./Peukert, Wolfgang, Europäische Menschenrechtskonvention, EMRK-Kommentar, 2. Aufl. 1996.

Fuchs, Andrea, Zusagen, Auflagen und Bedingungen in der europäischen Fusionskontrolle, WuW 1996, S. 269 ff.

Fuchs, Andreas, Widerruf der Genehmigung und nachträgliche Untersagungsmöglichkeit nach der Fusionskontroll-Verordnung, EuZW 1996, S. 263 ff.

Geiger, Andreas, Das Weißbuch der EG-Kommission zu Art. 81, 82 EG - eine Reform, besser als ihr Ruf, EuZW 2000, S. 165 ff.

Geiger, Rudolf, Kommentar zum Vertrag zur Gründung der Europäischen Gemeinschaft, 2. Aufl. 1995.

Geis, Max-Emmanuel, Josefine Mutzenbacher und die Kontrolle der Verwaltung, NVwZ 1992, S. 25 ff.

Gerhardt, Michael, in: F. Schoch/E. Schmidt-Aßmann/R. Pietzner (Hrsg.), VwGO-Kommentar, Stand Januar 2000.

Gilchrist, Joseph, Revision of the Merger Control Regulation, in: Forschungsinstitut für Wirtschaftsverfassung und Wettbewerb (Hrsg.), Schwerpunkte des Kartellrechts 1996, 1997, S. 59 ff.

Gillmeister, Ferdinand, Ermittlungsrechte im deutschen und europäischen Kartellordnungswidrigkeitenverfahren, 1985.

Gleiss, Alfred/Hirsch, Martin, Kommentar zum EG-Kartellrecht, 4. Aufl. 1993.

Grabitz, Eberhard, Europäisches Verwaltungsrecht - Gemeinschaftsrechtliche Grundsätze der Verwaltung, NJW 1989, S. 1776 ff.

Grabitz, Eberhard, in: E. Grabitz/M. Hilf (Hrsg.), Kommentar zur Europäischen Union, Stand Oktober 1999.

Groger, Thomas/Janicki, Thomas, Weiterentwicklung des Europäischen Wettbewerbsrecht, WuW 1992, S. 991 ff.

Gündisch, Jürgen, Rechtsschutz in der Europäischen Gemeinschaft, 1994.

Günther, Werner, Die Präklusion neuer Angriffs-, Verteidigungs- und Beweismittel im Verfahren vor dem Gerichtshof der Europäischen Gemeinschaften, 1970.

Haibach, Georg, Die Rechtsprechung des EuGH zu den Grundsätzen des Verwaltungsverfahrens, NVwZ 1998, S. 456 ff.

Halbey, Heinrich, Kartellbehörde und richterliche Kontrolle, WRP 1968, S. 349 ff.

Happe, Claus-Michael, Die Fristen im EG-Fusionskontrollverfahren, EuZW 1995, S. 303 ff.

Harding, Christopher, The Private Interest In Challenging Community Action, ELR 1980, S. 355 ff.

Harmjanz, Jan Dietrich, Auflagen und Bedingungen. Eine vergleichende Darstellung des EG-Fusionskontrollrechts und des U.S.-amerikanischen Antitrustrechts zu consent decrees, 1999.

Hartley, Trevor C., The Foundations of European Community Law, 2. Aufl. 1988.

Hawk, Barry E./Huser, Henry L., European Community Merger Control: A Practitioner`s Guide, 1996.

Heidenhain, Martin, Anmerkung zu EuG, U. v. 19.5.1994, Rs. T-2/93 (Air France II/Kommission), EuZW 1994, S. 540 ff.

Heidenhain, Martin, Zur Klagebefugnis Dritter in der Europäischen Fusionskontrolle, EuZW 1991, S. 590 ff.

Heidenhain, Martin, Zusagenpraxis in der EG-Fusionskontrolle, EuZW 1994, S. 135 ff.

Heitzer, Eric, Konzerne im Europäischen Wettbewerbsrecht unter vergleichender Berücksichtigung ihrer wettbewerbsrechtlichen Behandlung durch Aufsichtsbehörden und Gerichte in den USA, 1997.

Hellmann, Rainer, Europäische Industriepolitik: Zwischen Marktwirtschaft und Dirigismus, 1994.

Herdegen, Matthias, Beurteilungsspielraum und Ermessen im strukturellen Vergleich, JZ 1991, S. 747 ff.

Herdegen, Matthias/Richter, Stefan, Die Rechtslage in den europäischen Gemeinschaften, in: J.A. Frowein (Hrsg.), Die Kontrolldichte bei der gerichtlichen Überprüfung von Handlungen der Verwaltung, 1993, S. 209 ff.

Herzog, Roman in: T. Maunz/G. Dürig (Hrsg.), Grundgesetz, Kommentar, Stand Oktober 1999.

Herzog, Roman, Verfassung und Verwaltungsgerichte - zurück zu mehr Kontrolldichte?, NJW 1992, S. 2601 ff.

Hilf, Meinhard, Europäische Union und Europäsche Menschenrechtskonvention, in: Festschrift für R. Bernhard, 1995, S. 1193 ff.

Hilf, Meinhard/ Ciesla, Gritta/ Pache, Eckhard, Rights vis-á-vis the administration at the Community level, in: A. Cassese/A. Clapham/J. Weiler (Hrsg.), European Union - The Human Rights Challenge II, Human Rights and the European Community: Methods of Protection, 1991, S. 136 ff, 454 ff.

Hirsbrunner, Simon, Die revidierte EG-Fusionskontroll-Verordnung, EuZW 1998, S. 69 ff.

Hirsbrunner, Simon, Neue Entwicklungen der Europäischen Fusionskontrolle in den Jahren 1999 und 2000, EuZW 2001, S. 197 ff.

Hirsbrunner, Simon, Verweisung von Unternehmenszusammenschlüssen nach Art. 9 der EG-Fusionskontrollverordnung, EWS 1998, S. 233 ff.

Hofmann, Christian, Der Beitrag der neueren Rechtsprechung des BVerfG zur Dogmatik des Beurteilungsspielraums, NVwZ 1995, S. 740 ff.

Hölzler Heinrich, EG-Fusionskontrolle: Konzepte und Konsequenzen, WM 1990, S. 498 ff.

Hommelhoff, Peter, Industriepolitik versus Wettbewerbspolitik im Maastricht-Vertrag, in: P. Hommelhoff/P. Kirchof (Hrsg.), Der Staatenverbund der Europäischen Union: Beiträge und Diskussionen des Symposions am 21./22. Januar 1994 in Heidelberg, 1994, S. 131 ff.

Huber, Bertold, Anwendbarkeit des Art. 6 I MRK auf Asylstreitverfahren, NVwZ 1992, S. 856 ff.

Huber, Peter-Michael, Recht der europäischen Integration, 1996.

Hufen, Friedhelm, Anmerkung zu BVerfGE 83, 130 ff.,- „Josefine Mutzenbacher", JuS 1992, S. 249 ff.

Hummer, Waldemar/Obwexer, Walter, Vom „Gesetzesstaat zum Richterstaat" und wieder retour?, EuZW 1997, S. 295 ff.

Iglesias, Gil Carlos Rodriguez, Der Gerichtshof der Europäischen Gemeinschaft als Verfassungsgericht, EuR 1992, S. 225 ff.

Iliopoulos-Strangas, Julia (Hrsg.), Grundrechtsschutz im europäischen Raum: Der Beitritt der Europäischen Gemeinschaft zur Europäischen Menschenrechtskonvention, 1993.

Immenga, Ulrich, Die europäische Fusionskontrolle im wettbewerblichen Kräftefeld, 1993.

Immenga, Ulrich, Die Sicherung unverfälschten Wettbewerbs durch Europäische Fusionskontrolle, WuW 1990, S. 371 ff.

Immenga, Ulrich, in: U. Immenga/E.-J. Mestmäcker, EG-Wettbewerbsrecht, 1997.

Immenga, Ulrich, in: U. Immenga/E.-J. Mestmäcker, EG-Wettbewerbsrecht, Ergänzungsband, Stand Juli 1998.

Immenga, Ulrich, Wettbewerbspolitik contra Industriepolitik nach Maastricht, EuZW 1994, S. 14 ff.

Isaac, Guy, Droit Communautaire Général, 4. Aufl. 1993.

Janicki, Thomas, EG-Fusionskontrolle auf dem Weg zur praktischen Umsetzung, WuW 1990, S. 195 ff.

Jerusalem, Franz W., Das Recht der Montanunion, 1954.

Jestaedt, Thomas, EU-Kartellrecht: Ein Leitfaden für deutsche und österreichische Unternehmen, 1996.

Jones, Christopher/Gonzáles-Diaz, Enrique, The EEC Merger Control, 1992.

Joshua, Julian Mathic, Proof in Contested EEC Competition Cases: A Comparison with the Rules of Evidence in Common Law, ELRev 1987, S. 315 ff.

Jung, Hans, Das Gericht erster Instanz der Europäischen Gemeinschaften, EuR 1992, S. 247 ff.

Kakouris, Konstantinos, in: Iliopoulus-Strangas, Julia (Hrsg.), Grundrechtsschutz im europäischen Raum: Der Beitritt der Europäischen Gemeinschaft zur Europäischen Menschenrechtskonvention, 1993, S. 183 ff.

Kallmayer, Axel, in: C. Calliess/M. Roffert (Hrsg.), Kommentar zum EUV/EGV, 1999.

Kamburoglou, Panagiotis, EWG-Wettbewerbspolitik und Subsidiarität, WuW 1993, S. 273 ff.

Karl, Matthias, Die Rechtsstellung privater Dritter in der europäisches Fusionskontrolle in: W. Veelken/M. Karl/S. Richter (Hrsg.), Die europäische Fusionskontrolle. Grundzüge und Einzelfragen zur Verordnung (EWG) Nr. 4064/89, 1992, S. 37 ff.

Karl, Matthias, Inkrafttreten der Änderungen zur Europäischen Fusionkontrolle vom 1.3.1998, EuR 1998, S. 219 ff.

Kerber, Wolfgang, Die europäische Fusionskontrollpraxis und die Wettbewerbskonzeption, 1994.

Kerber, Wolfgang, Europäische Fusionskontrolle: Entwicklungen und Perspektiven, in: P. Oberender (Hrsg.), Die Europäische Fusionskontrolle, 2000, S. 69 ff.

Kilian, Wolfgang, Europäisches Wirtschaftsrecht, 1996.

Kindler, Peter, Europäische Fusionskontrolle auf Abwegen, EWS 1995, S. 321 ff.

Kirchhoff, Wolfgang, Europäische Fusionskontrolle, BB 1990, Beilage 14 zu Heft 11.

Kirschner, Heinrich, Das Gericht erster Instanz der Europäischen Gemeinschaften, 2. Aufl. 1998.

Kirschner, Heinrich, Die Kontrolldichte bei der Überprüfung der Entscheidungen der Kommission durch das Gericht Erster Instanz der Europäischen Gemeinschaft, 1996.

Klose, Tobias, Das Verhältnis des deutschen zum europäischen Kartellrecht in der Verfügungspraxis des Bundeskartellamtes, 1998.

Klüpfel, Karin, Zur Anfechtbarkeit von Richtlinien durch nicht-privillegierte Kläger, EuZW 1996, S. 393 ff.

Knittel, Michael, Die marktbeherrschende Stellung von Unternehmen nach der Fusionskontrollverordnung, 1999.

Koch, Hans-Joachim, in: E. Grabitz/M. Hilf (Hrsg.), Kommentar zur Europäischen Union, Stand Oktober 1999.

Koch, Klaus, Die Klagebefugnis Privater im Kartellverwaltungsrecht der Europäischen Entscheidungen gemäß Art. 173 Abs. 2 EWG-Vertrag, 1980.

Koch, Norbert, Die neuen Befugnisse der EG zur Kontrolle von Unternehmenszusammenschlüssen, EWS 1990, S. 65 ff.

Koenig, Christian/Sander, Claude, Einführung in das EG-Prozeßrecht, 1997.

Kommission, 15. Bericht über die Wettbewerbspolitik, 1985.

König, Jürgen, Die Tatsachenermittlung im Verfahren vor dem Gerichtshof der Europäischen Gemeinschaften, 1972.

Körber, Thorsten, Gerichtlicher Rechtsschutz in der europäischen Fusionskontrolle, RIW 1998, S. 910 ff.

Körber, Torsten, Die Konkurrentenklage im Fusionskontrollrecht der USA, Deutschland und der Europäischen Union, 1996.

Körber, Torsten, Konkurrentenklage in der europäischen Fusionskontrolle, EuZW 1996, S. 267 ff.

Korsch, Hans, Prozeßmaximen, Les principes qui régissent la procédure, in: Institut für das Recht der Europäischen Gemeinschaften der Universität Köln (Hrsg.), Zehn Jahre Rechtsprechung des Gerichtshofes der Europäischen Gemeinschaften - Dix ans de jurisprudence de la Cour de Justice des Communautés Européennes, 1965, S. 122 ff.

Kovar, Robert, Les accords liant des Communautés européennes et l`ordre juridique Communautaire: A propos d`une jurisprudence rêcente de la Court Justice, RMC 1974, S. 345 ff.

Krimphove, Dieter, Europäische Fusionskontrolle, 1992.

Kronast, Stephan, Die „Philipp-Morris-Doktrin" und die Europäische Fusionskontrolle, 1996.

Krück, Hans, in: A. Dauses (Hrsg.), Handbuch des EG-Wirschaftsrechts, Stand Januar 1999.

Krück, Hans, in: H. von der Groeben/J. Thiesing/C.-D. Ehlermann, Kommentar zum EU/EG-Vetrag, 5. Aufl. 1997.

Kruse, Eberhard, Die Rechtstellung Dritter im Beihilfekontrollverfahren, EuR 1999, S. 119 ff.

Kurz, Stefan, Das Verhältnis der EG-Fusionskontrollverordnung zu Art. 85 u. 86 EWG-Vertrages, 1993.

Ladeur, Karl-Heinz, Zum planerischen Charakter der technischen Normen im Umweltrecht, UPR 1987, S. 253 ff.

Lampert, Thomas, Die Anwendbarkeit der EG-Fusionskontrollverordnung im Verhältnis zum Fusionskontrollrecht der Mitgliedsstaaten, 1995.

Lange, Knut Werner, Beteiligungsrechte Dritter im Europäischen Fusionskontrollverfahren, in: Festschrift für K. Boujonge, 1996, S. 906 ff.

Langenheine, Bernd, in: H. von der Groeben/J. Thiesing/C.-D. Ehlermann, Kommentar zum EU/EG-Vetrag, 5. Aufl. 1999.

Lasok, K. P. E., Judicial Review of Issues of Fact in Competition Cases, ECLR 1983, S. 85 ff.

Lasok, K. P. E., The European Court of Justice, Practice and Procedure, 2. Aufl. 1994.

Lässig, Peter, Dezentrale Anwendung des euroäischen Kartellrechts, 1997.

Lecourt, Robert, Cour européenne des Droit de l'Homme et Cour de justice des Communautés européennes, in: Festschrift für G. Wiarda, 1988, S. 335 ff.

Lenaerts, Koen von, Sanktionen der Gemeinschaftsorgane gegenüber natürlichen und juristischen Personen, EuR 1997, S. 17 ff.

Lenz, Otto, Der europäische Grundrechtsstandard in der Rechtsordnung des Europäischen Gerichtshofs, EuGRZ 1993, S. 60 ff.

Levitt, Matthew, Access to the file: the commission's adminstrative procedure in cases under articles 85 and 86, CMLRev 1997, S. 1413 ff.

Löffler, Heinz, in: E. Langen/H.-J. Bunte (Hrsg.), Kommentar zum deutschen und europäischen Kartellrecht, 8. Auflage 1997.

Maselis, Ignace/Gilliams, Hans M., Rights of complainants in Community Law, ELR 1997, S. 103 ff.

Matscher, Franz, Art 6 EMRK und verfassungsgerichtliche Verfahren, EuGRZ 1993, S. 449 ff.

Matthies, Heinrich, Prozeßmaxime, Les principes qui régissent la procedure, in: Institut für das Recht der europäischen Gemeinschaften der Universität Köln (Hrsg.), 10 Jahre Rechtsprechung des Gerichtshofes der europäischen Gemeinschaften - Dix ans de jurisprudenz de la Cour de Justice des Communautées Européennes, 1965, S. 127 ff.

Matthies, Heinrich, Zur Nachprüfungsbefugnis des Gerichtshofs der Montanunion, ZaöRV 16, S. 427 ff.

Megret, Jacques, Waelbroek, Michel/Louis, Jean-Victor/Vignes, Daniel, Le droit de la Communauté Economique Europèene, 1972/1983.

Meister, Burkhardt W., Ermessensmißbrauch oder détournement de pouvoir als Fehlertatbestand der Nichtigkeitsklage des Montanvertrages, 1971.

Merker, Nils, Subsidiarität und Delegation: Anwendung der Artikel 85 EGV und Artikel 86 EGV durch die nationalen Kartellbehörden, Problematik des Artikels 85 III EGV und der "comfort letters", 1997.

Mestmäcker, Ernst-Joachim, Fusionskontrolle im Gemeinsamen Markt zwischen Wettbewerbspolitik und Industriepolitik, EuR 1988, S. 349 ff.

Mestmäcker, Ernst-Joachim, in: U. Immenga/E.-J. Mestmäcker, Gesetz gegen Wettbewerbsbeschränkungen: GWB-Kommentar, 2. Aufl. 1992.

Mestmäcker, Ernst-Joachim, Versuch einer kartellpolitischen Wende in der EU, EuZW 1999, S. 523 ff.

Miehsler, Herbert, in: Internationaler Kommentar zur Europäischen Menschenrechtskonvention, Stand 1995.

Miersch, Michael, Kommentar zur EG-Verordnung Nr. 4064/89 über die Kontrolle von Unternehmenszusammenschlüssen, 1991.

Mögele, Rudolf, Deutsches und Europäisches Verwaltungsrecht - wechselseitige Einwirkungen, BayVBl 1993, S. 552 ff.

Monopolkommission, Konzeption einer europäischen Fusionskontrolle, Sondergutachten 17, 1989.

Montag, Frank, Die Entwicklung des Europäischen Gemeinschaftsrechts, NJW 1998, S. 2088 ff.

Montag, Frank, Neuere Entwicklungen in der Fallpraxis zur europäischen Fusionskontrolle, Bericht EUROFORUM-Veranstaltung „Kartellrecht 1997", 1997.

Montag, Frank/Kaessner, Ralph, Neuere Entwicklungen in der Fallpraxis der europäischen Fusionskontrolle, WuW 1997, S. 781 ff.

Montag, Frank/Leibenath, Christoph, Aktuelle Probleme in der Europäischen Fusionskontrolle, WuW 2000, S. 842 ff.

Moore, Sarah, Annotation to Case T-30/91, Solvay v. Commission, Case T-36/91, ICI v. Commission, CMLRev 1996, S. 355 ff.

Möschel, Wernhard, Systemwechsel im Europäischen Wettbewerbsrecht, JZ 2000, S. 61 ff.

Mosler, Hermann, Die Entstehung des Modells supranationaler und gewaltenteilender Staatenverbindungen in den Verhandlungen über den Schumann-Plan, in: Festschrift für W. Hallstein, 1966, S. 355 ff.

Mülbert, Peter O., Zusagen im deutschen und europäischen Fusionskontrollrecht, ZIP 1995, S. 699 ff.

Müller-Ibold, Till, Die Begründungspflicht im europäischen Gemeinschaftsrecht, 1990.

Nagel, Heinrich, Die Grundzüge des Beweisrechts im europäischen Zivilprozeß, 1967.

Nazerrali, Julie/Cowan, David, Unlocking E. U. Distribution Rules - Has the European Commission Found the Right Keys?, ECLR 2000, S. 50 ff.

Neri, Sergio, Le recours en annulation dans les Communautés Européennes: Rôle et limites, RMC 1967, S. 452 ff.

Nettesheim, Martin, Horizontale Kompetenzkonflikte in der EG, EuR 1993, S. 243 ff.

Nicolaysen, Gert, Europarecht I, 1991.

Niederleithinger, Ernst, Das Verhältnis nationaler und europäischer Kontrolle von Zusammenschlüssen, WuW 1990, S. 721 ff.

Niemeyer, Hans-Joachim, Erweiterte Zuständigkeiten für das Gericht erster Instanz der Europäischen Gemeinschaft, EuZW 1993, S. 529 ff.

Niewiara, Manfred, Die novellierte europäische Fusionskontrollverordnung, EWS 1998, S. 113 ff.

Nihoul, Paul, La recevabilité des recours en annulation introduites par un particulier à l'encontre d'un acte communautaire de porté générale, RTDE 1994, S. 171 ff.

Nolte, Norbert, Beurteilungsspielräume im Kartellrecht der Europäischen Gemeinschaft und der Bundesrepublik Deutschland, 1997.

Nowak, Carsten, Der Rechtsschutz von Beschwerdeführern im EG-Wettbewerbs- und EG-Außenhandelsrecht, EuZW 2000, S. 453 ff.

Nowak, Carsten, Konkurrentenschutz in der EG: Interdependenz des gemeinschaftlichen und mitgliedstaatlichen Rechtsschutzes von Konkurrenten, 1997.

Nunez Müller, Marco/Kamann, Hans-Georg, Erweiterter Beteiligtenschutz im Beihilfenrecht der EG - die Untätigkeitsklage, EWS 1999, S. 332 ff.

Opgenhoff, Carolin, Behandlung von Gemeinschaftsunternehmen nach der EG-Fusionskontrollverordnung, EWS 1999, S. 372 ff.

Opgenhoff, Carolin, Die europäische Fusionskontrolle zwischen Wettbewerbsrecht und Industriepolitik, 2000.

Oppermann, Thomas, Europarecht, 2. Aufl. 1999.

Ossenbühl, Fritz, Aktuelle Probleme der Gewaltenteilung, DÖV 1980, S. 545 ff.

Ossenbühl, Fritz, Die richterliche Kontrolle von Prognoseentscheidungen der Verwaltung, in: Festschrift für C.F. Menger, 1985, S. 736 ff.

Ossenbühl, Fritz, Gedanken zur Kontrolldichte in der verwaltungsgerichtlichen Rechtsprechung, in: Festschrift für K. Redeker, 1993, S. 55 ff.

Pache, Eckhard, Die Kontrolldichte in der Rechtsprechung des Gerichtshofes der Europäischen Gemeinschaften, DVBl 1998, S. 380 ff.

Papier, Hans-Jürgen, Rechtschutzgarantie gegen die öffentliche Gewalt, in: J. Isensee/P. Kirchof (Hrsg.), Handbuch des Staatsrechts, 1989, Band VI.

Pernice, Ingolf, Gemeinschaftsverfassung und Grundrechtsschutz- Grundlagen, Bestand und Perspektiven, NJW 1990, S. 2409 ff.

Philippi, Nina, Divergenzen im Grundrechtsschutz zwischen EuGH und EGMR, ZEUS 2000, S. 97 ff.

Picot, Gerhard, Kauf und Restruktierung von Unternehmen, Handbuch zum Wirtschaftsrecht, 1995.

Plouvier, Liliane, Le Contentieux de pleine juridiction devant la Court de Justice des Communautés Européennes, RMC 1973, S. 265 ff.

Pohlmann, Petra, Die Vorschläge der Europäischen Kommission zu einer Änderung der Fusionskontrollverordnung, EWS 1997, S. 181 ff.

Polley, Romina, Die Konkurrentenklage im Europäischen Beihilfenrecht, EuZW 1996, S. 300 ff.

Prieß, Hans-Joachim, Europa 1992: Der Schutz des Außen- und Binnenhandels der Europäischen Gemeinschaft vor Dumping und Subventionen, JuS 1992, S. 629 ff.

Prütting, Hanns, Die Grundlagen des Zivilprozesses im Wandel der Gesetzgebung, NJW 1980, S. 361 ff.

Rabe, Hans-Jürgen, Das Gericht erster Instanz der Europäischen Gemeinschaften, NJW 1989, S. 3041 ff.

Rabe, Hans-Jürgen, Rechtsschutz im Außenwirtschaftsrecht der EG, EuR 1991, S. 236 ff.

Rausch, Rolf, Die Kontrolle von Tatsachenfeststellungen und -würdigungen durch den Gerichtshof der Europäischen Gemeinschaften, 1994.

Redeker, Konrad, Über die Einflußmöglichkeiten des Fachgesetzgebers auf das verwaltungsgerichtliche Verfahren, DÖV 1993, S. 10 ff.

Redeker, Konrad, Verfassungsrechtliche Vorgaben zur Kontrolldichte verwaltungsgerichtlicher Rechtsprechung, NVwZ 1992, S. 305 ff.

Reepinghen, Charles van/Orannie, Paul, La Procédure devant la Court de Justice des Communautés Européennes, 1961.

Reidt, Olaf, Behördlicher Beurteilungsspielraum und Grundrechtsschutz, DÖV 1992, S. 916 ff.

Rengeling, Hans-Werner, Deutsches und Europäisches Verwaltungsrecht, VVDStRL 53, S. 202 ff.

Rengeling, Hans-Werner/Middeke, Andreas/Gellermann, Martin, Rechtsschutz in der Europäischen Gemeinschaft, 1994.

Rideau, Joel/Picod, Fabrice, Code de procedure communautaires, 1994.

Riese, Otto, Die Verfahrensordnung des Gerichtshofs der Europäischen Gemeinschaft für Kohle und Stahl, NJW 1953, S. 521.

Rittner, Fritz, Kartellpolitik und Gewaltenteilung in der EG, EuZW 2000, S. 129 ff.

Rohardt, Klaus-Peter, Die europäische Fusionskontrolle beginnt Gestalt anzunehmen, WuW 1991, S. 365 ff.

Röhling, Andreas, Offene Fragen der Europäischen Fusionskontrolle, ZIP 1990, S. 1179 ff.

Rupp, Hans Heinrich, „Ermessen“, „unbestimmter Rechtsbegriff“ und kein Ende, in: Festschrift für W. Zeidler, 1987, S. 455 ff.

Rupprecht, W., Die Nachprüfungskompetenz des Europäischen Gerichtshofes gegenüber Ermessenshandlungen der Exekutive in der Montanunion und der Europäischen Gemeinschaften, 1962.

Schaub, Alexander/Dohms, Rüdiger, Das Weißbuch der Europäischen Kommission über die Modernisierung der Vorschriften zur Anwendung der Artikel 81 und 82 EG-Vertrag, WuW 1999, S. 1055 ff.

Schechter, M., The Rule of Reason in European Competition Law, LIEI 1982/2, S. 1 ff.

Scherer, Joachim/Zuleeg, Manfred, Verwaltungsgerichtsbarkeit, in: M. Schweitzer (Hrsg.), Europäisches Verwaltungsrecht, 1991.

Schermers, Henry G./Waelbroek, Denis, Judical Protection in the European Communities, 5. Aufl. 1992.

Scherzberg, Arno, Wertkonflikte vor dem Bundesverfassungsgericht - zur Bewältigung politisch-moralischer Streitfragen im Verfassungsprozeß, DVBl 1999, S. 356 ff.

Schlette, Volker, Die verwaltungsgerichtliche Kontrolle von Ermessensakten in Frankreich, 1991.

Schlochauer, Hans-Jürgen, Die Gerichtsbarkeit der Europäischen Gemeinschaft für Kohle und Stahl, ArchVR 1952, S. 385 ff.

Schloh, Bernhard/Hoenike, Mark, Die Anforderungsfrist bei der Konkurrentenklage im Beihilferecht nach Art. 173 EGV, EuZW 1997, S. 398 ff.

Schmidhuber, Peter, M., Die europäische Fusionskontrolle und ihr Verhältnis zum nationalen Recht, in: Forschungsinstitut für Wirtschaftsverfassung und Wettbewerb (Hrsg.), Wettbewerbspolitik an der Schwelle zum europäischen Binnenmarkt, 1989, S. 97 ff

Schmid-Lossberg, Alexander, Kontrolldichte im EG-Wirtschaftsrecht, 1992.

Schmidt, André, Die europäische Wettbewerbspolitik nach dem Vetrag von Amsterdam, WuW 1999, S. 133 ff.

Schmidt, Christian-Rudolf, Die „Entwicklung des technischen und wirtschaftlichen Fortschritts“: Der Konflikt Wettbewerbspolitik-Industriepolitik in der europäischen Fusionskontrolle, 1992.

Schmidt, Gudrun, in: H. Von der Groeben/J. Thiesing/C.-D. Ehlermann, Kommentar zum EU/EG-Vertrag, 5. Aufl. 1997.

Schmidt, Karsten, in: U. Immenga/E.-J. Mestmäcker, Gesetz gegen Wettbewerbsbeschränkungen: GWB-Kommentar, 2. Aufl. 1992.

Schmidt, Karsten, Kartellverfahrensrecht-Kartellverwaltungsrecht-Bürgerliches Recht, 1976.

Schmidt-Aßmann, Eberhard, Die Kontrolldichte der Verwaltungsgerichte: Verfassungsgerichtliche Vorgaben und Perspektiven, DVBl 1997, S. 281 ff.

Schmidt-Aßmann, Eberhard, in: F. Schoch/E. Schmidt-Aßmann/R. Pietzner (Hrsg.), VwGO-Kommentar, Stand Januar 2000.

Schmidt-Aßmann, Eberhard, in: T. Maunz/G. Dürig (Hrsg.), Grundgesetz, Kommentar, Stand Oktober 1999.

Schmidt-Aßmann, Eberhard/Groß, Thomas, Zur verwaltungsgerichtlichen Kontrolle nach der Privatgrundschul-Entscheidung des BVerfG, NVwZ 1993, S. 617 ff.

Schneider, Jens-Peter, Konkurrentenklage als Instrumente der europäischen Beihilfeaufsicht, DVBl 1996, S. 1301 ff.

Schoch, Friedrich, Die Europäisierung des verwaltungsgerichtlichen vorläufigen Rechtsschutzes, DVBl 1997, S. 289 ff.

Schockweiler, Fernand, Die richterliche Kontrollfunktion und Grenzen in Bezug auf den Europäischen Gerichtshof, EuR 1995, S. 191 ff.

Schreiber, Stefanie, Verwaltungskompetenzen der Europäischen Gemeinschaft, 1997.

Schröck, Jörg, Zusammenschlusskontrolle im EG-Binnenmarkt, WiB 1995, S. 539 ff.

Schröter, Helmut, in: H. von der Groeben/J. Thiesing/C.-D. Ehlermann, Kommentar zum EU/EG-Vertrag, 5. Aufl. 1999.

Schröter, Helmut, in: H. von der Groeben/J. Thiesing/C.-D. Ehlermann, Kommentar zum EG-Vertrag, 4. Aufl. 1991.

Schroth, Hans-Jürgen, Sanktionbewehrte Pflichtstellungen in der geplanten EWG-Fusionsverordnung, WuW 1989, S. 103 ff.

Schulte-Braucks, Reinhard, Die Auflösung marktbeherrschender Stellungen, 1980.

Schultz, Klaus-Peter, Kartellrechtspraxis und Kartellrechtsprechung, 1998/99, 1999.

Schulze-Fielitz, Helmuth, Neue Kriterien für die verwaltungsgerichtliche Kontrolldichte bei der Anwendung unbestimmter Rechtsbegriffe, JZ 1993, S. 772 ff.

Schuppert, Gunnar Volke, Self-Restraints der Rechtsprechung - Überlegungen zur Kontrolldichte in der Verfassungs- und Verwaltungsgerichtsbarkeit, DVBl 1988, S. 1191 ff.

Schütz, Jörg, Zur Änderung des Kartellverfahrens gemäß Artikel 81 EGV, WuW 2000, S. 686 ff.

Schwappach, Jürgen, EG-Rechtshandbuch für der Wirtschaft, 2. Aufl. 1996.

Schwarze, Grundzüge und neuere Entwicklung des Rechtsschutzes im Recht der Europäischen Gemeinschaft, NJW 1992, S. 1065 ff.

Schwarze, Jürgen, Der funktionale Zusammenhang von Verwaltungsverfahrensrecht und verwaltungsrechtlichem Rechtsschutz, 1974.

Schwarze, Jürgen, Der Gerichtshof als Verfassungsgericht und als Rechtsschutzinstanz, 1983.

Schwarze, Jürgen, Der Rechtsschutz von Unternehmen im Europäischen Gemeinschaftsrecht, Grundlagen und neuere Entwicklungen, RIW 1996, S. 893 ff.

Schwarze, Jürgen, Die gerichtliche Kontrolle der europäischen Wirtschaftsverwaltung, in: J. Schwarze/E. Schmidt-Aßmann (Hrsg.), Das Ausmaß der gerichtlichen Kontrolle im Wirtschaftsverwaltungs- und Umweltrecht, 1992, S. 203 ff.

Schwarze, Jürgen, Die Vergabe öffentlicher Aufträge im Lichte des europäischen Wirtschaftsrechts, EuZW 2000, S. 133 ff.

Schwarze, Jürgen, Europäische Rahmenbedingungen für die Verwaltungsgerichtsbarkeit, NVwZ 2000, S. 241 ff.

Schwarze, Jürgen, Europäisches Verwaltungsrecht, 1988.

Schwarze, Jürgen, Grundzüge und neuere Entwicklung des Rechtsschutzes im Recht der Europäischen Gemeinschaft, NJW 1992, S. 1065 ff.

Schwarze, Jürgen/Becker, Ulrich/Pollak, Christina, Implementation von Gemeinschaftsrecht, 1991.

Sedemund, Jochim/Montag, Frank, in: M. Dauses (Hrsg.), Handbuch des EG-Wirtschaftsrechts, Stand November 1999.

Sedemund,Jochim/Heinemann, Klaus, Rechtsschutz im Gemeinschaftsrecht, DB 1995, S. 713 ff.

Sendler, Horst, Die neue Rechtsprechung des Bundesverfassungsgerichts zu den Anforderungen an die verwaltungsgerichtliche Kontrolle, DVBl 1994, S. 1089 ff.

Sinnaeve, Adinda, Der Konkurrent im Beihilfeverfahren nach der neuesten EuGH-Rechtsprechung, EuZW 1995, S. 172 ff.

Slynn, Gordon, The Court of Justice of the European Communities, ICLQ 1984, S. 409 ff.

Smeddinck, Ulrich, Der unbestimmte Rechtsbegriff - strikte Bindung oder Tatbestandsermessen?, DÖV 1998, S. 370 ff.

Soell, Hermann, Das Ermessen der Eingriffsverwaltung, 1973, S. 57 ff.

Sommermann, Karl-Peter, Europäisches Verwaltungsrecht oder Europäisierung des Verwaltungsrechts?, DVBl 1996, S. 889 ff.

Starck, Christian, Das Verwaltungsermessen und dessen gerichtliche Kontrolle, in: Festschrift für H. Sendler, 1991, S. 167 ff.

Staudenmayer, Dirk, Das Verhältnis der Art. 85, 86 EWGV zur EG-Fusionskontrollverordnung, WuW 1992, S. 475 ff.

Stein, Torsten, Auslieferung und Europäische Menschenrechtskonvention, ZaöRV 41, S. 329 ff.

Stein, Torsten, Europäische Menschenrechtskonvention und Wehrdisziplinarrecht, NZWehrR 1977, S. 1 ff.

Stein, Torsten, Freier Wettbewerb und Werbeverbote in der Europäischen Union, EuZW 1995, S. 435 ff.

Stein, Torsten, Verwaltungsgerichtliche Kontrolle abgelehnter Ermessenseinbürgerungen?, DÖV 1984, S. 177 ff.

Stein, Torsten, Wehrdisziplinarrecht vor dem Europäischen Gerichtshof für Menschenrechte, EuGRZ 1976, S. 285 ff.

Steinbeck, Anja Verena, Umweltvereinbarungen und europäisches Wettbewerbsrecht, WuW 1998, S. 554 ff.

Steindorff, Ernst, Article 85 and the Rule of Reason, CMLRev 1984, S. 639 ff.

Steindorff, Ernst, Die Nichtigkeitsklage im Recht der Europäischen Gemeinschaften für Kohle und Stahl, 1952.

Stockenhuber, Peter, Europäisches Kartellrecht, 1999.

Stoffregen, Katrin, in: H. von der Groeben/J. Thiesing/C.-D. Ehlermann, Kommentar zum EU/EG-Vetrag, 5. Aufl. 1999.

Streinz, Rudolf, Europarecht, 4. Aufl. 1999.

Thiele, Willi, Der Rechtsschutz durch den Europäischen Gerichtshof, DVP 1990, S. 311 ff.

Tomuschat, Christian, Aller guten Dinge sind III? Zur Diskussion um die Solange-Rechtsprechung des BVerfG, EuR 1990, S. 340 ff.

Tonne, Michael, Effektiver Rechtsschutz durch staatliche Gerichte als Forderung des europäischen Gemeinschaftsrechts, 1997.

Toth, Akos G., Legal Protection of individuels in the European Communities, II., Remedies and Procedures, 1978.

Toth, Akos G., The Individual and European Law, ICLQ 1975, S. 659 ff.

Trianatafyllou, Dimitris, Zur Europäisierung des vorläufigen Rechtsschutzes, NVwZ 1992, S. 129 ff.

Ule, Carl Hermann, Der Gerichtshof der Montangemeinschaft als europäisches Verwaltungsgericht, DVBl 1952, S. 65 ff.

Usher, John, European Court Practice, 1983, S. 191;

Valentine, Donald G., The Court of Justice of the European Communities, 1965.

Vallender, Klaus A., Unbestimmter Rechtsbegriff und Ermessen, in: Mélanges A. Grisel, 1983, S. 819 ff.

Vandersanden, George/Barav, Ami, Contentieux Communautaire, 1977.

Vonnemann, Wolfgang, Die neue europäische Fusionskontrolle, DB 1990, S. 569 ff.

Vranes, Erich, Buchpreisbindung und Rule of Reason: zur Frage der Vereinbarkeit des deutsch/österreichischen Buchpreisbindungssystem mit dem EG-Kartellrecht, 1999.

Waelbroek, Denis/Fosselard, Denis, Annotation to joined cases T-480/93 and T-483/93, Antillean rice Mills, CMLRev 1996, S. 811 ff.

Weber, Albrecht, Das Verwaltungsverfahren, in: M. Schweitzer (Hrsg.), Europäisches Verwaltungsrecht, 1991, S. 55 ff.

Weber, Yves, La preuve du détournemet de pouvoir devant la Cour de Justice des Communautés Européennes, RTDE 1967, S. 507 ff.

Wegmann, Manfred, Die Nichtigkeitsklage Privater gegen Normativakte der Europäischen Gemeinschaften, 1976.

Wegner, Carsten, EuG setzt Geldbuße im Verfahren Volkswagen AG/Kommission herab, EWS 2001, S. 65 ff.

Weidinger, Wilhelm, Der Rechtsschutz betroffener Dritter im Kartellverwaltungsrecht der Europäischen Wirtschaftsgemeinschaft, 1968.

Weiß, Wolfgang, Die Europäische Menschenrechtskonvention, der Grundrechtsstandard in der EU und das EG-Kartellverfahren, EWS 1997, S. 253 ff.

Weiß, Wolfgang, Die Verteidigungsrechte im EG-Kartellverfahren, 1996.

Weitbrecht, Andreas, Zusammenschlusskontrolle im Europäischen Binnenmarkt, EuZW 1993, S. 687 ff.

Wenig, Fritz-Harald, in: E. Grabitz/M. Hilf (Hrsg.), Kommentar zur Europäischen Union, Stand Oktober 1999.

Wilfinger, Peter, Das Gebot effektiven Rechtsschutzes in Grundgesetz und Europäischer Menschenrechtskonvention, 1995.

Winterfeld, Achim von, Ermittlungsbefugnisse der EG-Kommission gegenüber Unternehmen am Beispiel des Kartellrechts, RIW 1992, S. 524 ff.

Würkner, Joachim, BVerfG auf Abwegen? Gedanken zur Kontrolldichte verwaltungsgerichtlicher Rechtsprechung, NVwZ 1992, S.309 ff.

Wyatt, Derrick/Dashwood, Alan, European Community Law, 3. Aufl. 1993.

Zäch, Roger, Wettbewerbsrecht der Europäischen Union. Praxis von Kommission und Gerichtshof, 1994.

Zilles, Stephan, Die Anfechtungslegitimation von Dritten im europäischen Fusionskontrollrecht, 1997.

Zweigert, Konrad, Empfiehlt es sich, Bestimmungen über den Rechtschutz zu ändern?, in: Institut für das Recht der Europäischen Gemeinschaften der Universität Köln (Hrsg.), Zehn Jahre Rechtsprechung des Gerichtshofes der Europäischen Gemeinschaften - Dix ans de jurisprudence de la Cour de Justice des Communautés Européennes, 1965, S. 579 ff.

FSC
www.fsc.org
MIX
Papier | Fördert gute Waldnutzung
FSC® C083411

Kolibri 360 GmbH
Ferdinand-Jühlke-Straße 7
99095 Erfurt, Deutschland
produktsicherheit@kolibri360.de

Druck:
CPI Druckdienstleistungen GmbH
im Auftrag der
Kolibri 360 GmbH
Ferdinand-Jühlke-Str. 7
99095 Erfurt